Ita Heinze-Greenberg

Zuflucht im Gelobten Land

Ita Heinze-Greenberg

Zuflucht im Gelobten Land

Deutsch-jüdische Künstler, Architekten und Schriftsteller in Palästina/Israel

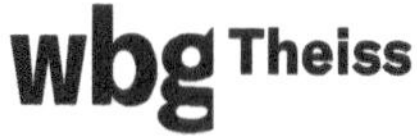

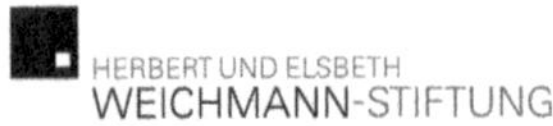

Veröffentlicht mit Unterstützung der
Herbert und Elsbeth Weichmann-Stiftung Hamburg.

Die Deutsche Nationalbibliothek verzeichnet diese Publikation in der Deutschen Nationalbibliografie; detaillierte bibliografische Daten sind im Internet über www.dnb.de abrufbar.

wbg Theiss ist ein Imprint der wbg.

Die Herausgabe des Werkes wurde durch die Vereinsmitglieder der wbg ermöglicht.
Satz: Arnold & Domnick, Leipzig
Umschlagabbildung: Immigranten bei der Ankunft in Erez Israel in den 1930er-Jahren, Foto: Walter Zadek © Jewish Images
Umschlaggestaltung: Andreas Heilmann, Hamburg
Gedruckt auf säurefreiem und alterungsbeständigem Papier
Printed in Europe

Besuchen Sie uns im Internet: www.wbg-wissenverbindet.de

ISBN 978-3-8062-4566-0

Elektronisch sind folgende Ausgaben erhältlich:
eBook (PDF): ISBN 978-3-8062-4590-5
eBook (epub): ISBN 978-3-8062-4591-2

Inhalt

Vorwort 7

Prolog: Emigrationsschiffe 15

Von Berlin nach Tel Aviv: Ankunft, Eingewöhnung und Beheimatung 29

»Exil« und »Heimat« im zionistischen Kontext 29

Das neue Vaterland der »Jeckes«: Palästina 1933 41

Berufsumschichtung: Hühnerzüchter mit Doktortitel 54

Transfer aus Nazi-Deutschland:
Hausrat, Baumaterialien und Fertighäuser 67

Europa in Asien: Translozierte westliche Lebenswelten 80

Das Handgepäck der jungen Architekten 80

Die neue Frau: Hauswirtschaft und Nationenbildung 96

Kibbuz und Bauhaus: Labore sozialer Utopien 108

Die »Weiße Stadt« von Tel Aviv: Hotspot der Moderne 125

Jerusalem: Vermächtnis in Stein und Wort 137

Die Kunstgewerbeschule »Bezalel« 137

Erich Mendelsohns Windmühle: Ost-West-Dialoge 149

Rehavia: Das Viertel der Dichter und Denker 163

Martin Bubers »Verdeutschung« der Heiligen Schrift 177

Sprache und Identität: Das Dilemma der Schriftsteller 190
Vom Widerstand der hebräischen Wörter 190
Deutschsprachige Literaturen als Räume geistigen Überlebens 203
Die Zweigs und ihr heterogenes Verhältnis zum Jüdischen Nationalheim 216
Die Sprache der Bilder: Helmar Lerskis Verwandlungen durch Licht 233

»Exil« und »Heimat« nach dem 8. Mai 1945 247
Vom Weiterwandern und Dableiben 247
Der Blick auf Deutschland 253
Rückkehr aus dem Exil 262

Epilog: Reparationsschiffe 273

Anmerkungen 283

Ausgewählte Bibliografie 299

Personenverzeichnis 319

Abbildungsnachweis 333

Vorwort

Der Verleger Martin Feuchtwanger eröffnete eine Suppenküche in Tel Aviv. Der Bauhäusler Max Bronstein nannte sich zum Zeichen des Neuanfangs Mordechai Ardon und etablierte den berühmten Vorkurs an der Jerusalemer Kunstschule Bezalel. Die Autorin Gabriele Tergit untersuchte ihr neues soziales Umfeld mit messerscharfem Berliner Sezierbesteck. Erich Mendelsohn, Stararchitekt der Spreemetropole, plädierte in Palästina für einen Ost-West-Dialog und mietete sich in einer alten arabischen Windmühle ein. Der Schriftsteller Arnold Zweig fühlte sich im Gelobten Land wie ein großer Fisch in flachem Wasser. Die Künstlerin Lea Grundig überlebte als illegale Immigrantin den Untergang des versenkten Flüchtlingsschiffs »Patria« und verbrachte danach ein Jahr in einem Internierungscamp bei Haifa.

Auch wenn es allgemeine Parameter für die deutsch-jüdische Emigration gibt – Einwanderungszahlen, Wirtschaftsstatistiken, politische Rahmenbedingungen –, setzt sich das Exil aus Einzelbiografien zusammen. Es ist weder angemessen noch sinnvoll, die aus Nazi-Deutschland Geflohenen als eine homogene Gruppe zu betrachten. Eine Annäherung an die Thematik kann nur über die Einbeziehung von persönlichen Schicksalen geschehen. Palästina/Israel, als das Land der Väter begriffen, kam zweifellos eine Sonderstellung unter den möglichen Zufluchtsorten zu. Und doch bedeutete es für die Mehrheit der zwischen 1933 und 1941 aus Deutschland einwandernden 60 000 Juden eine »Heimkehr ins Unbekannte«. Auf die mannigfaltigen Notstände und Unwägbarkeiten reagierte jeder anders.

In Palästina/Israel wurden diese Immigranten mit leicht spöttischem Unterton »Jeckes« genannt. Das stand für übertriebene Gründlichkeit, preußische Korrektheit, ausgeprägte Pünktlichkeit und eine gewisse zur Schau getragene Borniertheit gegenüber lokalen Gepflogenheiten. Die deutschen Juden galten als Paradebeispiele assimilierten Judentums, die sich in ihrem Geburtsland Deutschland »zu Hause« gefühlt und sich oft »deutscher als die Deutschen« verhalten hatten. Ihre Eingliederung in das neue Umfeld wurde als schwierig angesehen. Für manche unter ihnen blieb das orientalische Land in der Tat ein lebenslanges Exil, einige wenige kehrten nach dem Ende des Zweiten Weltkrieges wieder nach Deutschland zurück. Für viele Immigranten wurde Israel dennoch zur (zweiten) Heimat. Ihr Beitrag zur israelischen Kultur und Wissenschaft sollte sich als ebenso unverkennbar wie bedeutsam erweisen.

Das vorliegende Buch konzentriert sich auf ein spezifisches Berufs- und Gesellschaftssegment der deutsch-jüdischen Einwanderung nach Palästina: auf die Künstler, Architekten und Schriftsteller. In ihrem kreativen Handeln nahmen sie – aktiv oder kontemplativ – Bezug auf ihre Umgebung. Wie unter einem Brennglas offenbaren sich hier besonders eindringlich unterschiedliche, mitunter auch ambivalente Positionen zwischen Heimat und Exil, zwischen Resonanz und Distanz. Allein die nähere Betrachtung von Schriftstellern und Architekten verdeutlicht zwei sehr gegensätzliche Erfahrungen, die im Judentum eine lange Tradition haben und sich symbolhaft in Buch (Bibel) und Haus (Tempel) manifestieren. Die Realität in Palästina sollte sich für die Schriftsteller, die in ihrer Erstsprache Deutsch beheimatet waren, als desolat erweisen. Mit Hebräisch als Imperativ sahen sie sich ins Abseits gedrängt, ohne Stimme an einem fremden Ort. Architekten dagegen, deren Auftrag von Berufs wegen in der Schaffung neuer Lebenswelten liegt, wurden getragen vom Schwung des Aufbaus und dem steigenden Bedarf an mehr Wohnraum als Folge der Einwanderungswelle aus Deutschland und Mitteleuropa. Die nach Palästina immigrierten Künstler als dritte Gruppe profitierten von der Neueröffnung der Jerusalemer Kunstakademie im Jahr 1935 und der Etablierung erster Museen, allen voran das 1932 gegründete Tel Aviver Kunstmuseum, das die Einrichtung zahlreicher Galerien nach sich zog. Viele Künstler fanden darüber hinaus ein Zubrot in der Gebrauchsgrafik, die sich aufgrund neu entstehender Industrie- und Handelsunternehmen entwickelte. Ähnlich stellte sich die Situation für Fotografen und Filmemacher dar, denen sich ein Tätigkeitsbereich in der Dokumentation des Aufbaus sowie in der zionistischen Propagandaarbeit bot.

Generalisierend lässt sich sagen, dass die Schriftsteller und alle Sparten, die ihre Existenz auf Sprache aufbauten, in Palästina mit inkomparablen Schwierigkeiten zu kämpfen hatten. Vaterland und Muttersprache klafften ohne Aussicht auf Versöhnung auseinander. Das bedeutete nicht etwa, dass die Literaten nach ihrer Flucht aus Deutschland untätig blieben. Im Gegenteil, einige hervorragende Werke – denkt man nur an Arnold Zweigs *Erziehung vor Verdun* und *Das Beil von Wandsbek* oder Else Lasker-Schülers Gedichtband *Mein Blaues Klavier* und ihr Schauspiel *IchundIch* – entstanden gerade in der sprachlichen Isolation. Das Schreiben bedeutete für sie Medium des Überlebens und der Selbstbehauptung. Letztlich rettete die verbannte Literatur die deutsche Sprachkultur vor dem Versinken im nationalsozialistischen Morast. Das Weh der Schriftsteller, ihre Abgeschnittenheit und damit oft einhergehend ihre finanzielle Notlage, von der sie in zahllosen Briefen, Tagebucheinträgen und autobiografischen Beiträgen Zeugnis ablegten, ist der Fundus der Geschichtsforscher, der Einblick in den Seelenhaushalt der Emigration gewährt. Die Nachlässe der Autoren, die heute in verschiedenen israelischen und deutschen Archiven aufbewahrt werden, sind wahre Augenöffner. Hier findet sich in Breite und Tiefe ausgedrückt, was bei den Künstlern und Architekten – von einigen Ausnahmen wie Lea Grundig und Erich Mendelsohn abgesehen – meist unausgesprochen, respektive ungeschrieben blieb und nur schwer aus ihrem jeweiligen Werk erschlossen werden kann.

Das Archivwesen, das die Erkenntnis der Bedeutung amtlicher wie persönlicher Dokumente für zukünftige Generationen voraussetzt, ist in Palästina/Israel maßgeblich von deutschen Juden aufgebaut worden. Die erste Adresse für jeden Forscher, der sich mit der Geschichte des Zionismus und der Genese des jüdischen Staates in all seinen Facetten beschäftigt, ist zweifellos das Zionistische Zentralarchiv in Jerusalem. Es ist sozusagen das Gedächtnis Israels und beherbergt neben wichtigen politisch relevanten Beständen, zu denen zahllose Unterlagen zur Einwanderung zählen, inzwischen auch 1500 private Nachlässe. Seine Anfänge führen nach Berlin ins Jahr 1919 und zu einem Mann namens Georg Herlitz. Er ordnete die Bestände des zunächst in der Sächsischen Straße 8, später in der Meineckestraße 10 ansässigen Hausarchivs der Zionistischen Organisation, das den gesamten Schriftbestand des Zionistischen Zentralbüros und weiterer jüdischer Vereinigungen, eine Fotothek, eine Zeitschriftensammlung sowie eine Bibliothek umfasste. Der aus Oppeln gebürtige Herlitz hatte eine fundierte akademische Ausbildung in Geschichte, Philosophie und semitischen Sprachen an den Universitäten in Halle und Berlin genossen. Parallel hatte er Vorlesungen und Seminare an der Berliner Hochschule für die Wissenschaft des Judentums besucht, wodurch er sich für die ihm anvertraute Aufgabe im Besonderen profilierte. Sehr früh erkannte Herlitz die Gefahr der politischen Lage in Deutschland und lagerte bereits Ende 1932 eine Auswahl bedeutsamer Unterlagen im Partnerbüro des Zionistischen Zentralbüros in London aus, um sie vor potenzieller Zerstörung zu schützen. Für die Verbringung des großen Rests einige Monate später nach Palästina, so kolportiert Thomas Sparr in seinem kurzweilig geschriebenen Buch *Grunewald im Orient*, folgte Herlitz dem Ratschlag seiner Frau. Sie vermutete – zu Recht, wie sich herausstellen sollte –, dass die Preußen auch nach der Machtübernahme Hitlers noch die korrekten Beamten sein würden, die sie seit eh und je waren, und dass es deshalb nicht nötig sei, die Archivbestände aus Deutschland herauszuschmuggeln. Der ganz normale Transportweg für Stückgut, so ihre Einschätzung, sei vorzuziehen und wesentlich sicherer. Und in der Tat: Der involvierte deutsche Polizeihauptmann verbürgte sich persönlich für die ordnungsgemäße Verschickung der archivarischen Dokumente. In der Folge erschien vom 15. September 1933 an pünktlich jeden Morgen vor dem Haus in der Meineckestraße ein Lastwagen, der jeweils zehn bepackte gegen zehn leere Transportkisten austauschte. Im Lauf von drei Wochen wurden auf diese Weise 154 Kisten abtransportiert, bis die Räumlichkeiten des Archivs der Zionistischen Organisation komplett leergeräumt waren. In Jerusalem konnte bereits im Herbst 1934 mit der Berliner Dokumentensammlung gearbeitet werden. Sie bildete den Grundstock der Central Zionist Archives, denen Georg Herlitz bis 1955 als ihr Direktor vorstand und den Stempel preussischer Ordnung aufdrückte.

Während die Nachlässe von Künstlern und Architekten – sofern sie nicht wieder aus Israel auswanderten – in der Regel im Land blieben und entweder im Zionistischen Zentralarchiv oder in einer der zahlreichen anderen israelischen Sammlungseinrichtungen an Universitäten oder Museen aufbewahrt werden, so ist das Erbe vieler aus Deutschland geflohener Literaten, die als israelische Schriftsteller deutscher Zunge tätig blieben, heute zum größten Teil in den bekannten Exilarchiven in Frankfurt, Marbach, Berlin oder Leipzig zu finden. Aber auch an unerwarteten Orten wie Paderborn, wo der Nachlass Jenny Alonis liegt, kann der Historiker auf ungeahnten Materialreichtum stoßen. In den meisten Fällen gingen für die Übergabe der Vor- oder Nachlässe an deutsche Institutionen das Interesse der Emigranten selbst, das eigene Werk in den entsprechenden Sprachraum zu stellen und ihm damit Wahrnehmung und Wirkung zu ermöglichen, mit den Bemühungen einzelner engagierter Archivare und Bibliothekare Hand in Hand. Deren Vorstösse erhielten erst nach 1968 eine langsam zunehmende Unterstützung. Bis dahin wurde der Beschäftigung mit den Werken der Exilanten – parallel zur Aufarbeitung der Nazi-Täterschaft – eher mit Skepsis beziehungsweise mit Indifferenz begegnet. An den Universitäten der Bundesrepublik Deutschland hatte in den 1950er- und 1960er-Jahren zunächst die Aufarbeitung des bürgerlichen, kirchlichen und militärischen Widerstands gegen das NS-Regime Vorrang. In der Deutschen Demokratischen Republik standen Forschungen zu den kommunistischen Opfern im Vordergrund.

Exilforschung sollte sich erst langsam etablieren. Eine wichtige Rolle spielten hier die Exilierten selbst; verwiesen sei nur auf den 1920 in Krefeld geborenen Ernst Loewy. Ohne Schulabschluss aber mit einer landwirtschaftlichen Grundausbildung erreichte er als 16-Jähriger Haifa. Dem zunächst anvisierten Leben in einem Kibbuz kehrte er nach kurzer Zeit den Rücken, um in Tel Aviv eine Ausbildung als Buchhändler zu absolvieren. 1956 ging er mit seiner Familie nach Deutschland zurück und ließ sich in Frankfurt nieder. Er legte bei Theodor W. Adorno erfolgreich das Begabtenabitur mit Hauptfach Germanistik ab und übernahm die Leitung der Judaica-Abteilung der Frankfurter Stadt- und Universitätsbibliothek. Parallel arbeitete er publizistisch. 1966 gab er *Literatur unterm Hakenkreuz. Das Dritte Reich und seine Dichtung* heraus. Es handelte sich dabei um die erste breit angelegte und wissenschaftlich analysierte Sammlung exemplarischer Texte der NS-Zeit. 1979 publizierte er mit *Exil. Literarische und politische Texte aus dem deutschen Exil 1933 – 1945* das Gegenstück. Als Standardwerk der deutschen Exilliteratur legte es die Grundlage für deren Erforschung. So erstaunt es nicht, Ernst Loewy 1984 unter den Gründern der Gesellschaft für Exilforschung zu finden, dessen Vorsitz, später Ehrenvorsitz, er bis zu seinem Tod innehatte. Als Autor steuerte er essenzielle Beiträge zu ihren Jahrbüchern bei. Sein Engagement für die deutsche Exilliteratur, die sein Lebensthema war, hätte im damaligen Israel keinen Resonanzraum gefunden. In Deutschland leistete er einen überaus wertvollen Beitrag zur Aufarbeitung der NS-Zeit. Ernst Loewys Nachlass liegt im Exilarchiv der Deutschen Nationalbibliothek in Frankfurt a. M.

Mein Buch profitiert wie die vielen anderen, die gerade in der letzten Zeit zur Exilthematik und speziell auch zur Einwanderung nach Palästina publiziert wurden, maßgeblich von der Grundlagenarbeit Georg Herlitz' und Ernst Loewys. Das Zionistische Zentralarchiv in Jerusalem mit seinem schönen, stets angenehm temperierten Lesesaal war mir in den späten 1980er- und frühen 1990er-Jahren mehrfach über Wochen und Monate vertrauter Arbeitsplatz. Der eine oder andere ältere Mitarbeiter an der Rezeption oder in der Aufsicht freute sich über die Gelegenheit eines Plausches in Deutsch, das bei ihnen den zauberhaften Charme gewisser Antiquiertheit besaß, und ich nahm dankbar Tipps zu verborgenen Schätzen in den Archivbeständen entgegen. Meine Recherchen galten damals unterschiedlichen Themen, insbesondere aber Erich Mendelsohns Œuvre in Palästina, den frühen Jahren der Jerusalemer Kunstschule Bezalel, der Stadtentwicklung Tel Avivs, den israelischen Bauhäuslern und der Gründungsgeschichte des Technions, der Technischen Hochschule in Haifa. Hier war ich selbst einige Jahre am Aufbau einer Dokumentationsabteilung zum baulichen Erbe Israels beteiligt, bei dem mir die Bearbeitung der aus deutschsprachigen Gebieten eingewanderten Architekten oblag. Während meines 13-jährigen Aufenthaltes in Israel hatte ich das Glück, noch etliche ältere Jeckes zu treffen, unter ihnen Bauhaus-Schüler, ehemalige Mitarbeiter in Erich Mendelsohns Jerusalemer Büro oder Personen aus dem Umkreis Else Lasker-Schülers, und ihren Lebensgeschichten zuhören zu dürfen.

Die Ergebnisse meiner damaligen Recherchen flossen in zahlreiche Einzelstudien ein. In der vorliegenden Publikation sind sie nun erstmals zu einer Gesamtschau zusammengebunden, in der die politischen Katastrophen und Hoffnungen mit persönlichen Schicksalen und Leistungen verwoben sind. Hinzugekommen sind für mich selbst die Schriftsteller, deren Nachlässe ich während der letzten beiden Jahre in den deutschen Archiven – insbesondere im Exilarchiv der Deutschen Nationalbibliothek in Frankfurt a. M., im Deutschen Literaturarchiv Marbach und im Jenny-Aloni-Archiv an der Universität Paderborn – durchsehen konnte. Wenngleich die Zahl der näher untersuchten Künstler, Architekten und Schriftsteller mehrere Dutzend Namen umfasst, handelt es sich hier doch nur um eine Auswahl. Zeitliche und räumliche Kriterien setzten den groben Rahmen. Der Fokus lag auf der durch den Machtantritt Hitlers ausgelösten Migration zwischen 1933 und 1941. So blieben beispielsweise der Philosoph und Autor Gerschom Scholem, der schon 1923 nach Palästina übersiedelte, und die Dichterin Mascha Kaléko, die erst 1960 ihren Wohnsitz nach Israel verlegte, weitestgehend außen vor. Im Vordergrund stand die Einwanderung aus Deutschland beziehungsweise aus den deutschsprachigen Gebieten, was weite Teile Österreich-Ungarns miteinschloss. Darüber hinaus sind Künstler und Architekten mit aufgenommen, die aus Osteuropa und dem russischen Reich, beziehungsweise der Sowjetunion stammend ihr Hauptwirkungsfeld in Deutschland hatten. *Zuflucht im Gelobten Land* setzt Schlaglichter auf einzelne Protagonisten und Sachverhalte, mitunter auf ganz individuelle Befindlichkeiten und Situationen, die mir aussagekräftig und aufschlussreich genug erschienen, um dem Leser eine Annäherung an den überaus komplexen Untersuchungsgegenstand zu ermöglichen. Die Autorin hat sich für den Modus des generischen Maskulinums entschieden, da das grammatische Geschlecht nicht sexualisiert, sondern alle Menschen bezeichnet – ob männlich, weiblich oder divers.

Die Danksagungen, die so wichtig sind, weil sie zeigen, dass ein Buch nicht ohne die Unterstützung vieler entstehen kann, müssen in Anbetracht meiner über vierzigjährigen Beschäftigung mit der Materie notwendigerweise kursorisch ausfallen. Viele meiner israelischen Gesprächspartner, die mir den Zugang zu der Thematik geöffnet haben, sind längst verstorben. Ausnahmslos kompetente Hilfestellung habe ich von den Leitern und Mitarbeitern der diversen Archive in Israel und

Deutschland erhalten, zuletzt von Katrin Kokot vom Deutschen Exilarchiv 1933–1945 an der Deutschen Nationalbibliothek in Frankfurt a. M. Meine mehrwöchigen Archivrecherchen in Frankfurt, Marbach und Paderborn wurden großzügig von der Herbert und Elsbeth Weichmann-Stiftung unterstützt. Angestoßen wurde das Publikationsprojekt durch Jasmine Stern von der Wissenschaftlichen Buchgesellschaft, die den Entstehungsprozess mit konstruktiver Kritik und hoher sachdienlicher Kompetenz begleitet hat. Jonas Bogumil hat die redaktionelle Betreuung übernommen und sich kenntnisreich um die Klärung der Abbildungsrechte gekümmert. Mein größter Dank geht an zwei Personen, deren Zuspruch und Unterstützung essenziell war: Meine Freundin aus Studienzeiten Veronika Darius, vormalige Leiterin des gta Verlags an der ETH Zürich, hat Zeile für Zeile des vorliegenden Textes gelesen und einem ersten Lektorat unterzogen; mein Lebensgefährte Helge Pitz hat nicht nur die kritische Erstlektüre jedes fertiggestellten Kapitels übernommen, sondern mich darüber hinaus in der langen intensiven Schreibphase wunderbar bekocht.

Prolog: Emigrationsschiffe

Schiffe sind die klassischen Transportmittel von Auswanderern. Die Reise ins Exil geht meist übers Meer, da die Landrouten oft durch feindliche Territorien mit geschlossenen Grenzübergängen führen. Dies gilt insbesondere für die jüdischen Fluchtwege aus NS-Deutschland und dem nationalsozialistisch besetzten Europa. Die Schiffe, welche die Emigranten über den Seeweg nach Palästina brachten, sind im kollektiven Gedächtnis nicht als anonyme Fahrzeuge gespeichert, sondern fast immer mit ihren Namen: Hilda, Nicola, Toros, Breslau, Osiris, Socrates. Getauft wurden sie von ihren Eignern in Erinnerung und Referenz an Frauen, Städte, Tiere oder bekannte Persönlichkeiten. Manchmal wird mit der Benennung ein Wunsch, eine Hoffnung, ein Traumbild aufgerufen: Libertad, Kooperator, Vita, Atlantis; gelegentlich soll auch, häufig mit Rekurs auf die Mythologie, Stärke und Sicherheit signalisiert werden: Artemisia, Minerva, Tiger Hill. Mehr noch als für den Reeder hat der Name Bedeutung für Crew und Passagiere. Er verleiht dem Fahrzeug, dem sich der Reisende für eine gewisse Zeit anvertraut, eine individuelle Wesenheit, ein Proprium, das eine Identifizierung und ein Gefühl von Vertrautheit hervorruft. Das Schiff gewährt auf dem Wasser Boden unter den Füßen, ein Stück festen, wenngleich mitunter schwankenden Untergrund, der trägt und auf dem man aufrecht stehen und sich nach Menschenart bewegen kann. Für den Zeitraum der Reise wird es zu einem Zuhause, dem man sich zugehörig fühlt und das alle Personen an Bord zu einer Schicksalsgemeinschaft zusammenschweißt. Eine der Mittelmeerliner, die in den Dreißigerjahren Emigranten nach Palästina brachten, war die Patria. Ihr Name trägt dem Grundgefühl der Zuflucht Rechnung. Lateinisch für Vaterland ist er eine Art Meta-Bezeichnung und besitzt allegorische Eigenschaften insofern, als er die Qualität temporärer Beheimatung auf hoher See zu einem Begriff komprimiert. Jedes Schiff – man könnte auch sagen, das Schiff an sich – wird während der Passage zur Patria. Abfahrts- und Ankunftshafen spielen ihre Rolle im Blick zurück oder nach vorn: Für Patrioten wird mit dem Namen ein Stück ihres geschätzten Vaterlandes, für Emigranten das Versprechen einer neuen Heimat mittransportiert.

Die auf den Werften von La Seyne-sur-Mer an der französischen Riviera gebaute und Ende 1913 vom Stapel gelaufene Patria hat Flüchtlingsgeschichte geschrieben. Mit einer Länge von 156 Metern, einer Breite von 18 Metern und sieben Decks war sie ein durchaus stattliches Schiff. Neben zwei Masten besaß sie drei Schornsteine, von denen der hintere allerdings eine Attrappe war und offensichtlich allein dazu diente, den Eindruck von Leistungsstärke zu steigern. Kalkuliert und eingerichtet war die Patria zunächst für insgesamt 675 Passagiere in 150 Kabinen der ersten und 300 der zweiten Klasse. Als erster Ozeanliner bot sie neben den üblichen Vergnügungseinrichtungen den Luxus eines Bordkinos. Unter französischer Flagge verkehrte sie zunächst für die Compagnie Fabre auf der regulären Verbindungslinie zwischen Marseille und New York. Ab 1920 beförderte sie hauptsächlich italienische Auswanderer über den Atlantik in die Neue Welt. Im Januar 1932 wurde die Patria von den Messageries Maritimes übernommen, die sie auf ihrer Levante-Linie einsetzte. Die Mittelmeerroute war für die jüdischen Auswanderer und Flüchtlinge bis zum Kriegsausbruch der reguläre Weg nach Palästina. Abfahrtshäfen waren entweder Marseille oder Triest, wobei die Überfahrt von Südfrankreich nach Palästina sechs, von Italien aus fünf Tage dauerte. Meist wurde ein Zwischenstopp im ägyptischen Alexandrien eingelegt, bevor es zu den Zielhäfen Jaffa und Haifa weiterging. Als Auswandererschiff wurde die Kapazität der Patria

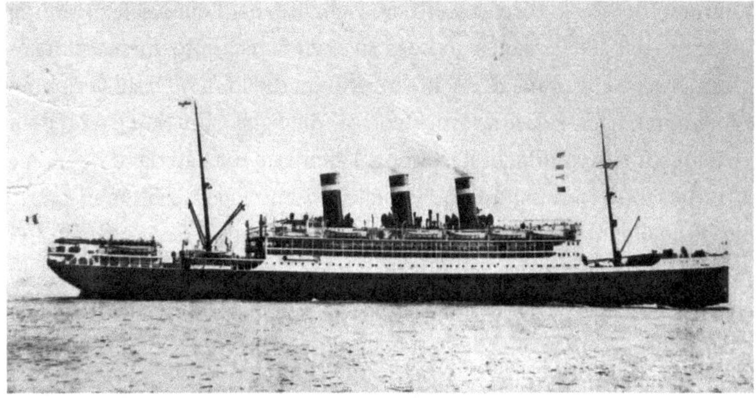

Das Emigrantenschiff Patria, Postkarte von 1930

nach und nach auf 2240 Passagiere, also um mehr als das Dreifache, erhöht. Sie besaß zwar immer noch Kabinen der ersten und zweiten Klasse, doch viele von ihnen waren zu Mehrbettzimmern umfunktioniert, sodass die zionistische Organisation in Berlin preisgünstige Überfahrten dritter und vierter Klasse für *Chaluzim* [hebr. für junge zionistische Pioniere] bewerben konnte.

Schiffspassagen von Auswanderern haben eine besondere Bedeutung. Sie markieren den Übergang zwischen der alten verlorenen und der neuen Heimat im Exil. Zwischen Abfahrt und Ankunft vollzieht sich auf dem Weg übers Wasser der Wandel vom Emigranten zum Immigranten. Die maritime Schwelle, dieses zeitliche wie räumliche Dazwischen, bildet einen eigenständigen Reflexionsraum. Er ist gefüllt mit Erinnerungen und Hoffnungen. Zeugnis davon geben zahllose Briefe und Tagebuchseiten oder später verfasste Autobiografien und Romane, in denen die Migranten ihre Reiseerfahrungen, ihre manchmal zuversichtlichen, manchmal angsterfüllten Betrachtungen und Träume verarbeitet haben. Mitunter sind die Befindlichkeiten an Bord auf Fotografien festgehalten. Filmdokumente dagegen sind rar. Eine Ausnahme bildet ein 3:16 Minuten langer Streifen, der von Ellen Auerbach, geborene Rosenberg, während ihrer Überfahrt von Triest nach Jaffa auf der Patria im Spätherbst 1934 gedreht wurde.

Der Kurzfilm gehört zum Nachlass der Fotografin, der sich heute in der Obhut der Akademie der Künste in Berlin befindet. In der Reichshauptstadt hatte die in Karlsruhe geborene Auerbach als Privatschülerin bei dem Bauhaus-Dozenten Walter Peterhans ihre professionelle Prägung erhalten und danach 1930 zusammen mit ihrer Studienfreundin Grete Stern das Atelier ringl + pit für Reklame und Portraitfotografie eröffnet. Im Dezember 1933 verließ sie 27-jährig Deutschland zum ersten Mal. Von Genua aus setzte sie mit einem Auswandererschiff nach Haifa über. Ihr präferiertes Exilland war eigentlich England, für das sie jedoch kein Visum erhielt. Palästina bedeutete für sie zunächst lediglich eine Option. So war ihre Überfahrt Ende 1933 eher eine Art »Probereise«, wie sie etliche deutsche Juden in den Jahren unmittelbar nach der Machtübernahme Hitlers machten. Nach kurzer Zeit in der Levante zog es Auerbach nach Europa zurück, wo sie während des Sommers 1934 gemeinsam mit ihrem Lebensgefährten und späteren Ehemann Walter Auerbach durch Italien, Österreich, Deutschland und Großbritannien tourte. Ihre zweite Fahrt übers Mittelmeer, die sie am 31. Oktober 1934 von Triest aus diesmal auf der Patria antrat, dürfte daher als ihr eigentlicher »Schritt in die endgültige Emigration aus NS-Deutschland« zu werten sein.[1] Die mentale Konstitution der Quasi-Touristen, die sich zunächst einen Eindruck vom Land verschaffen wollten, war meilenweit entfernt von der psychischen Verfassung der entschlossenen Auswanderer oder der späteren Flüchtlinge ohne alternative Perspektiven. Auerbachs Fahrten 1933 und 1934 dürften jeweils unter unterschiedlichen Vorzeichen gestanden haben.

Ellen Auerbachs filmische Dokumentation von der Überfahrt auf der Patria aus dem Jahr 1934 ist auf Augenhöhe mit den Migranten gedreht. Hinter der Kamera steht kein distanzierter Tourist mit Rückfahrkarte in der Brieftasche. Die Linse ist auf das Geschehen an Bord mit Blick auf die eigene Zukunft gerichtet. Was Auerbach von der Fahrt zwischen Triest und Jaffa auf Zelluloid bannte, sind zurückhaltend unaufgeregte Bilder, bei denen sie ihrer persönlichen Leitlinie folgt, »völlig eins zu sein mit dem Objekt, der Kamera und sich«.[2] Dabei lässt sich eine dem Bauhaus nahestehende, sachlich-funktionale Ästhetik, die ihrer Ausbildung bei Walter Peterhans geschuldet ist, nicht verleugnen. Auerbach bringt das Tatsachenmaterial ohne dramaturgische Eingriffe und mit wenigen stilistischen Mitteln wie gelegentlicher Auf- und Untersicht zum Sprechen. Der Film beginnt mit einer Einstellung von einem der oberen Decks herunter auf die zum Abschied winkenden Menschen am Quai. Ein Schwenk auf Sonne, Wellen, Möven informiert über gutes Reisewetter auf ruhiger See. Dann richtet Auerbach ihr Objektiv auf die verschiedenen Charaktere, die sich an Bord zusammengefunden haben. Die Fahrt übers Wasser ist für jeden ein zwangsläufiger Moment des Innehaltens angesichts all der Geschäftigkeit vor der Abfahrt und derjenigen, die nach der Ankunft zu erwarten ist. Während das Schiff sich vorwärtsbewegt, wird den Menschen an Deck eine Atempause gegönnt, ein Zeitfenster des sich Sammelns, des Sinnierens über Vergangenes und Zukünftiges. Die Passagiere, die Auerbach in ihrer Bildfolge festhält, nutzen die Passage auf unterschiedliche Weise zur Nach- und

Vorbereitung. Zu sehen sind nicht nur sämtliche Generationen, sondern die ganze Bandbreite jüdischer Lebenswelten: betende Orthodoxe, junge *Hora*, tanzende *Chaluzim*, sportliche Jugendliche, die im Tauwerk des Schiffsmasts hängend nach Land Ausschau halten, eng zusammengerückte Heimatvertriebene neben hoffnungsfrohen Zionisten auf dem Zwischendeck und elegant gekleidete Passagiere der ersten Klasse. Zwei von ihnen treffen sich zu einem Gespräch in Liegestühlen.

Die beiden gut situierten Herren, die Auerbachs Kamera auf dem Sonnendeck der Patria eingefangen hat, sind zwei bekannte Persönlichkeiten: Chaim Weizmann, langjähriger Präsident der Zionistischen Weltorganisation und später erster Präsident des Staates Israel, und der Berliner Architekt Erich Mendelsohn. Sie hatten die Reise miteinander angetreten, um zusammen das Grundstück für Weizmanns zukünftiges Domizil in Rehovot nahe Tel Aviv zu inspizieren. Der Auftrag wurde zum Auftakt für Mendelsohns insgesamt siebenjähriger Palästina-Phase mit zahlreichen wichtigen Arbeiten im Land. Die erste Überfahrt auf der Patria hat Eingang in die Memoiren von Luise Mendelsohn gefunden, die ihren Mann begleitete. Die Zeit an Bord gemeinsam mit Weizmann beschreibt sie als intensiv und inspirierend. Sehr eindringlich ist ihre Schilderung der Fürsorglichkeit, die er den Emigranten im überfüllten Zwischendeck zukommen ließ. Er besuchte sie immer wieder, mischte sich unter sie, ermutigte sie und dämpfte zugleich ihre allzu große Begeisterung in Erwartung des Gelobten Landes. Das Leben, das sie erwarte, sei keineswegs einfach.[3] Das Fotoalbum der Familie Mendelsohn enthält eine Aufnahme von einem entspannt an die Reling gelehnten Weizmann. Die fünftägige Schiffspassage bot Mendelsohn die Gelegenheit, seinen Bauherrn eingehend kennenzulernen und daraus erste Vorstellungen für das Haus des Politikers zu entwickeln. Darüber hinaus dürften sich ihre Gespräche um die Lage in Europa und im Nahen Osten gedreht haben. In seinem Architekten fand der Staatsmann Weizmann einen in politischen Dingen nicht nur interessierten, sondern durchaus auch kundigen Gesprächspartner, der sich mehrfach öffentlich zu europäischen Themen und zuletzt zur Situation in Deutschland geäußert hatte. Palästina war ebenfalls kein unbekanntes Land für Mendelsohn. Er hatte es im Zusammenhang eines Auftrags bereits 1923 bereist.

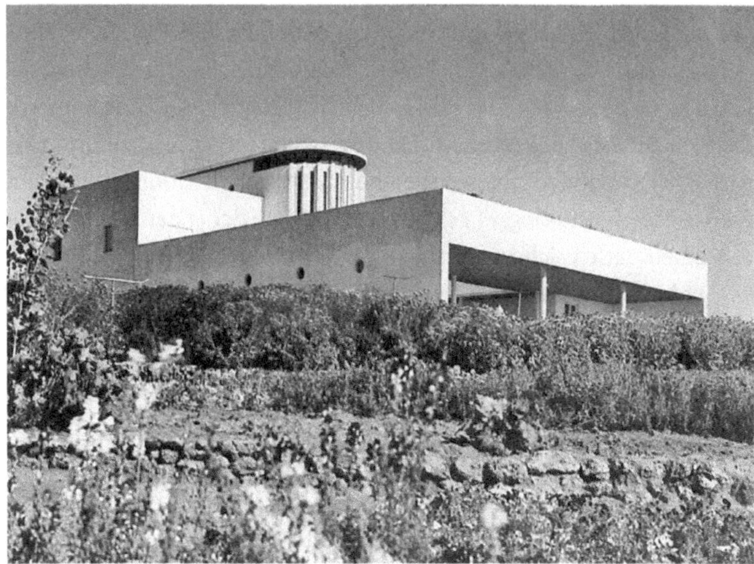

Das Haus der Familie Weizmann in Rehovot bei Tel Aviv, 1934–36, Architekt: Erich Mendelsohn

Das Haus des Präsidenten in spe des Staates Israel in spe, dessen Planung auf der Patria ihren Anfang nahm, referenziert eindeutig nautische Motive: Die klare symmetrische Hierarchie flachgestreckter Blöcke erinnert an den Längsschnitt eines Schiffrumpfes. Ein halbrund ausschwingender Treppenturm mit einem oben umlaufenden Fensterband suggeriert eine Kapitänsbrücke. Und Reihen runder Okulifenster evozieren die Bullaugen großer Schiffe. Die Einwohner Rehovots, so wird kolportiert, empfanden die Villa Weizmann als einen Dampfer auf einem weiten Ozean von wogenden Orangenbäumen. Das Bild des Schiffes löst bestimmte Assoziationen aus: Abreise – Fahrt zu einem fernen Bestimmungsort – Flucht und Rettung – Bewegung auf ein bestimmtes oder unbestimmtes Ziel zu – Hoffnung auf eine »brave new world«. Das archaische Grundmotiv hierfür ist die Arche Noah, die mit Mendelsohns Weizmann-Haus eine moderne Form mit zionistischer Konnotation erhält. Sie ist auf dem Berg Ararat angekommen, beladen mit allen Hoffnungen auf eine bessere Gesellschaft in einer neuen Heimstätte.

Das Schiff ist das Vehikel der Utopie. Die Verfasser der klassischen Zukunftsvisionen, angefangen bei Thomas Morus über Tommaso Campanella bis Francis Bacon, verorteten ihre Entwürfe alternativer oder idealer Gesellschaftsordnungen vorzugsweise auf unbekannten Inseln und in fernen, hinter großen Meeren liegenden Welten. Auch *Altneuland*, der visionäre Roman des zionistischen Altvaters Theodor Herzl, wird mit einer Reise über große Meere eingeleitet, die nach Umwegen ins Gelobte Land führt. Ein Schiff auf hoher See ist selbst ein temporäres Eiland mit einer eigenen sozialen und justiziellen Organisation. Es beherbergt eine Schicksalsgemeinschaft auf engem Raum, exterritorial ohne staatliche oder nationale Zugriffsmöglichkeit. Die Passagiere fühlen sich »wie auf einer anderen Erde«,[4] flüchtig fixiert in einem Ausnahmezustand aus »zeitlicher Entschleunigung und räumlicher Entgrenzung«.[5] Michel Foucault entwickelte daraus seine Idee der Heterotopie, mit der er jene anderen, meist temporären Räume bezeichnete, die abseits zur realen Alltagswelt existieren: »gewissermaßen Orte außerhalb aller Orte, wiewohl sie tatsächlich geortet werden können«. Das Schiff war für ihn die »Heterotopie par excellence«: »ein Stück schwimmender Raum […] in sich geschlossen und zugleich dem endlosen Meer ausgeliefert […] das größte Reservoir für die Fantasie«.[6]

Die Überfahrt wird in der nautischen Metaphorik aber auch mit Wagnis und Grenzüberschreitung assoziiert. Hinter dem bodenlosen und unsicheren großen Wasser liegt jedoch das Versprechen der Rettung: der sichere Hafen. Er verspricht das Ende einer Meeresüberquerung, die ungeachtet aller technischen Fortschritte und vermeintlicher Naturbeherrschung des Menschen immer noch als unheimlich empfunden wird. Und für Auswanderer bedeutet er meist die Rettung vor Verfolgung. In Mandats-Palästina waren Jaffa und Haifa die beiden wichtigsten Hafenstädte. Das biblische Jaffa hielt seine dominierende Position von der Antike bis ins 20. Jahrhundert hinein, allerdings eignete sich die natürliche Beschaffenheit seines Hafenbeckens mit nur circa zwei Metern Tiefe und vorgelagerten Felsen nicht für die Einfahrt großer Schiffe. Diese waren gezwungen, weit draußen in mehr als einem Kilometer Entfernung von der Küste vor Anker zu gehen. Passagiere und Fracht mussten umständlich auf kleinere Boote umgeladen werden,

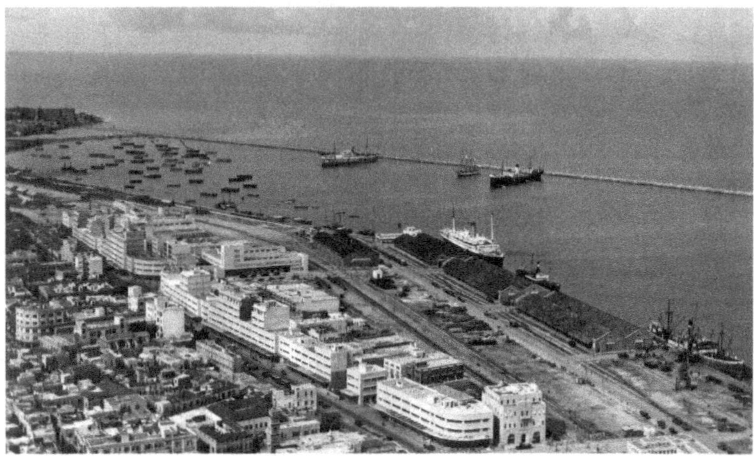

Hafen von Haifa und die moderne Bauentwicklung der Kingsway, ca. 1937; Foto: Zoltan Kluger

was sich vor allem bei stürmischer See als äußerst schwierig erwies. Mit dem Ausbruch des arabischen Aufstands 1936, der sich in erster Linie gegen die steigende Zahl jüdischer Einwanderer und die damit verbundene demografische Verschiebung zu deren Gunsten richtete, kam es zu einer temporären Schließung des arabisch kontrollierten Hafens von Jaffa. Die daraufhin von den jüdischen Körperschaften im Land geschaffene Anlegestelle in Tel Aviv diente als temporäre Ausweichstelle und sollte vor allem für die illegale Einwanderung eine wichtige Rolle übernehmen.

Haifas Entwicklung zur Hafenstadt, die Jaffa den Rang ablaufen sollte, begann mit ihrem 1905 erfolgten Anschluss an das Netz der Hedschas-Bahn. In der zionistischen Vision spielte der malerisch zwischen Mittelmeer und Karmelgebirge eingeschriebene Ort, der um die Jahrhundertwende gerade einmal 12 000 Einwohner zählte, von Anfang an eine zentrale Rolle. Theodor Herzl hatte Haifa eine glänzende Zukunft als internationale Küstenmetropole prophezeit, die sich als Nabel der Welt behaupten würde. Jüdisches Engagement sollte sich de facto aber zunächst auf das 1909 gegründete Tel Aviv fokussieren. Doch die Küstenstadt im Norden Palästinas zog das Interesse der britischen Man-

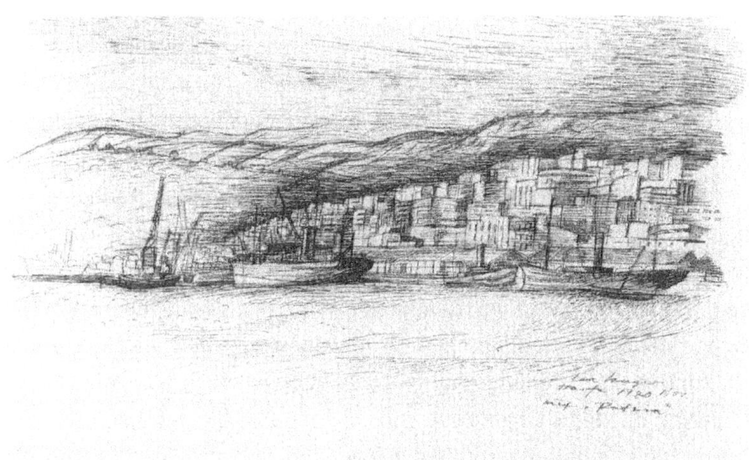

Lea Grundig (geb. Langer), Blick auf den Hafen von Haifa vom Flüchtlingsschiff Patria aus, November 1940

datsregierung auf sich, nachdem ein 1926 entdecktes Erdölvorkommen im irakischen Kirkuk zum Bau der *Mediterranean Pipeline* nach Haifa führte. Für die Verladung des begehrten Rohstoffs auf Tanker wurde das gesamte Hafengebiet ausgebaut. Im Vordergrund stand zunächst die Anlage eines Tiefseebeckens; der hierbei anfallende Erdaushub wurde für eine Verbreiterung des Küstenstreifens genutzt, der die Anlage neuer moderner Büro- und Geschäftsviertel erlaubte. Mit der Ende Oktober 1933 erfolgten Einweihung des neuen Hafenbeckens, der großen Frachtern und Passagierschiffen anzulegen ermöglichte, eroberte Haifa die maritime Vormachtstellung in Mandats-Palästina.

Für viele Migranten – Flüchtlinge, Einwanderer oder Exilanten – war der Blick vom Meer auf eine der Hafenstädte Palästinas der erste Eindruck vom Gelobten Land. Die 1906 in Dresden geborene Malerin und Grafikerin Lea Grundig, geborene Langer, hat im November 1940 Ansichten Haifas von der Patria aus festgehalten. Die Stadt am Karmel präsentiert sich in einer ihrer Zeichnungen als überschaubare, doch moderne Hafenmetropole. Im Vordergrund liegen einige Schiffe am Kai, in deren Rücken sich anonyme Administrationsgebäude und einige repräsentative Häuser befinden. Ihre senkrecht stehenden Fensterachsen verweisen auf traditionelle arabische Architektur. Den Hang hinauf folgen übereinander gestaffelte, flachgedeckte Bauten mit langen horizontalen Fensterbändern, die in Kontur und Volumetrie deutliche Anleihen am europäischen Neuen Bauen der Zwanzigerjahre nehmen. Einige Gebäude sind gut zu identifizieren, so am rechten Rand der wenige Monate zuvor fertiggestellte Talpiot Markt, entworfen von dem in Wien ausgebildeten und 1933 eingewanderten Architekten Moshe Gerstel. Für ihr Stadtportrait hatte Grundig beste Voraussetzungen: viel Zeit und statische Bedingungen. Die Patria bewegte sich nicht auf Haifa zu, sondern lag tagelang still im Hafenbecken vor Anker mit Flüchtlingen an Bord, die eine mörderische Fahrt auf völlig desolaten Kähnen hinter sich hatten und nun, auf der Patria »zwischengeparkt«, sehnlichst darauf warteten, endlich an Land gehen zu können.

Die Jüdin und Kommunistin Lea Grundig hatte nicht ins Exil gehen wollen, wurde aber von den nationalsozialistischen Behörden aus wiederholter Schutzhaft entlassen, zur Scheidung von ihrem deutschen Mann gedrängt und wider Willen abgeschoben. Bis Oktober 1941 »unterstützte« – beziehungsweise erzwang – der NS-Staat die jüdische Emigration. Adolf Eichmann, der im Oktober 1939 die Leitung der »Reichszentrale für jüdische Auswanderung« übernahm, nötigte jüdische Verbände zur Kooperation; ihnen wurde die Organisation und Durchführung der Schiffspassagen nach Palästina überlassen. 1940 auszuwandern, bedeutete nicht das Gleiche wie 1933 oder 1936. Im Laufe der Jahre von der Machtübernahme Hitlers bis zum generellen Ausreiseverbot für Juden im Herbst 1941 verschlechterten sich die Bedingungen dramatisch; auf zusehends miserableren Schiffen wurden die Fahrten immer gefährlicher.

Der Transport, mit dem Lea Grundig nach Haifa kam, ging auf das persönliche Engagement des später in Auschwitz ermordeten Wiener Kommerzialrats und k.u.k.-Majors Berthold Storfer zurück. Insgesamt wurden bei diesem Transfer fast 4000 Menschen, darunter freigelassene Häftlinge aus Dachau, viele ältere Personen, aber auch Kinder über die Donau zu rumänischen Häfen gebracht und dort auf drei umgebaute griechische Frachtschiffe verladen, die unter panamaischer Flagge in mehrwöchiger Fahrt über das Schwarze Meer am Bosporus ins Mittelmeer stießen und auf die levantinische Küste zusteuerten. »Eine seltsame Flotte […]«, erinnerte sich Lea Grundig, »Reste von Schiffen, halbtote Schiffe, wieder notdürftig aufgetakelt und wie mit Schorf bedeckt. Der Schorf waren rohe Aufbauten aus Holz, Stellagen, eine über der anderen. Zum Spott trugen diese widerwärtigen Schiffsgespenster noch überaus pompöse Namen: ›Pacifique‹, ›Milos‹, ›Atlantique‹. […] Fürwahr, eine Flotte war das, wie Aussatz, bis zum Bersten angefüllt mit einer seltsamen Ladung menschlicher Verzweiflung.«[7] Auf der Pacifique, mit der Grundig das Mittelmeer überquerte, gab es von Anfang an zu wenig Trinkwasser. Es konnte lediglich in Schichten geschlafen und nur abwechselnd das Deck betreten werden, um frische Luft zu schnappen. Der zu geringe Vorrat an Kohlen zum Antrieb der Schiffsmaschinen war schnell aufgebraucht, sodass zur Weiterfahrt alle brennbaren Gegenstände, Kabinenwände, Masten und Pritschen, demoliert und zu Brennholz verarbeitet wurden. Als die Pacifique die Gewässer vor der Küste Palästinas erreichte, war sie nur noch ein ausgeweidetes eisernes Skelett. Hier wurde sie zusammen mit der zeitnah eintreffenden Milos von der britischen Marine gestoppt und nach Haifa gelotst. Die annähernd 1900 Passagiere wurden auf die im Hafen liegende Patria umgeladen. Da unter den Migranten Fälle von Typhus aufgetreten waren, sollte hier zunächst eine dreiwöchige Quarantäne absolviert werden. Im Angesicht von Haifa, dessen Hafen Grundig als einen der schönsten beschrieb und zeichnete, fühlten sich die Flüchtlinge bereits angekommen in ihrem neuen Vaterland.

Die Patria war im Vergleich zu den zurückgelassenen »Schiffsgespenstern« ein Luxusdampfer, auf dem die hygienischen Verhältnisse und die Ausstattung der Kajüten den Vertriebenen paradiesisch vorkamen. Zudem wurden sie mit einwandfreien Nahrungsmitteln versorgt. Der französische Ozeanliner unterstand seit Kurzem dem britischen Militär. Mit der Einbeziehung des Mittelmeers in die Kriegshandlungen wurde die Patria bisweilen fremdbestimmt. So hatte sie im Februar 1939 als Lazarettschiff für die Verwundeten des Spanischen Bürgerkriegs gedient. Als sie Anfang Juni 1940 von Beirut kommend in den Hafen von Haifa einlief, wurde sie durch die Kriegserklärung Italiens an Frankreich und Großbritannien an der Weiterfahrt gehindert. Jedes Schiff der Alliierten, das Italien auf dem Weg nach Frankreich passierte, war der Gefahr eines Angriffs ausgesetzt. Nach der Kapitulation Frankreichs gegenüber Deutschland am 22. Juni 1940 beschlagnahmten die britischen Behörden das im Hafen liegende Schiff und unterstellten es den eigenen Truppen. Als sich die drei Flüchtlingskähne der levantinischen Küste näherten, wurde der erste Einsatz der Patria unter britischer Flagge vorbereitet: Sie sollte die menschliche Fracht der Pacifique, der Milos und der später eintreffenden Atlantique nach kurzem Aufenthalt zur Kronkolonie Mauritius im Indischen Ozean deportieren. Lea Grundig und ihre Mitreisenden waren zwar per Stempel Adolf Eichmanns legale Auswanderer, der Mandatsverwaltung galten sie jedoch als illegale Einwanderer. Weder Petitionen an den britischen Hochkommissar noch Demonstrationen vor Ort, die sich für die Aufnahme der Asylsuchenden einsetzten, vermochten daran etwas zu ändern. Auf der Patria wich die Hoffnung nur langsam einer verzweifelten Wahrheit: »Wir sind gar nicht angekommen.«[8]

Am Vormittag des 25. November 1940 wurden die Einwohner von Haifa Zeugen eines tragischen Schiffbruchs. Vor ihren Augen sank die im Hafenbecken vor Anker liegende Patria innerhalb von 15 Minuten auf den Meeresboden. Vorausgegangen war eine Explosion, die durch eine unter Deck geschmuggelte Sprengladung ausgelöst wurde. An Bord befanden sich neben Crewmitgliedern und Servicepersonal die annähernd 1900 Passagiere der Pacifique und der Milos. Lea Grundig als eine unter ihnen hat die Katastrophe in ihren Erinnerungen beschrieben:

> »Im Hafen von Haifa, einem der schönsten Häfen, im Angesicht der Stadt ging ein Schiff unter. Es wurde auf die Seite geworfen, die Treppen wurden unbegehbare Brücken, Stationen entsetzlichen Sterbens. Trauben verzweifelter Menschen hingen an den Geländern, bis sie hinabfielen, Stärkere drängten nach vorn, einander tretend und von Todesangst gequält, erstickten und ertranken sie in den eindringenden Wassern. Ich sah noch, wie einige sehr fromme Menschen, anstatt einen Ausweg zu suchen, sich auf die Knie warfen und gellend beteten, ich sah die schreckliche Wirkung der panischen Angst, die den Menschen jegliche Besinnung raubte.«[9]

Verantwortlich für das Kentern des Schiffes zeichnete die paramilitärische jüdische Untergrundorganisation *Haganah*. Sie hatte den Plan der britischen Mandatsregierung vereiteln wollen, die auf der Patria befindlichen Asylsuchenden nach Mauritius zu deportieren und dort zu internieren. Ihre Strategie zählte auf die international geltende Konvention, nach der Menschen in Seenot die Aufnahme an Land nicht verweigert werden darf. Eine gezielte Beschädigung des Rumpfes sollte einen kontrollierten Schiffbruch herbeiführen, um für die auf der Patria ausharrenden Flüchtlinge die Einreise in Mandats-Palästina zu erzwingen. Die Wucht und Auswirkung der Sprengladung erwies sich jedoch als falsch kalkuliert. Der zu schnell sinkende Dampfer wurde für 267 Menschen, die sich unter Deck aufgehalten hatten, zur tödlichen Falle. Die Angaben über die beim Untergang der Patria ums Leben gekommenen Menschen variieren. Die Zahl 267 orientiert sich an den Vermissten. Auf dem Haifaer Friedhof liegen 209 geborgene Opfer der Katastrophe. Die Mehrzahl der Schiffbrüchigen, unter ihnen Lea Grundig, konnte durch

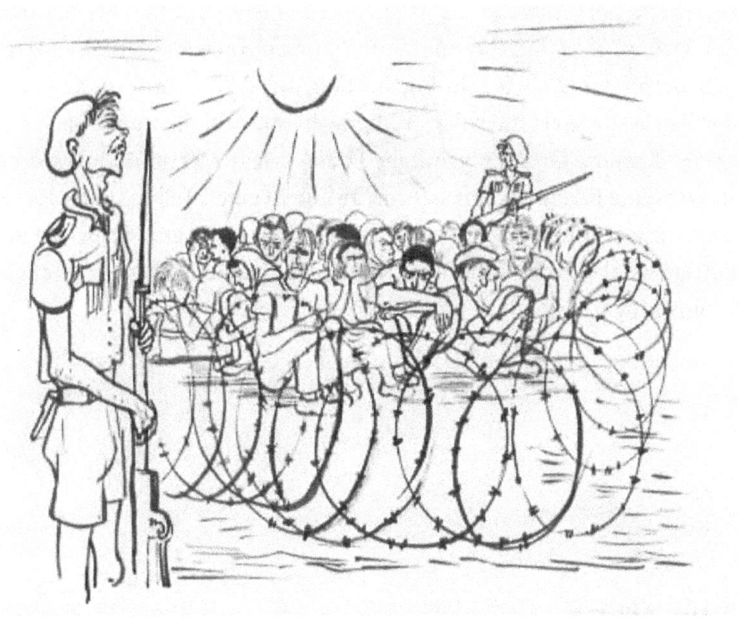

Lea Grundig, Von Engländern bewacht, 1940er-Jahre

herbeieilende Boote gerettet werden. Sie wurden von den britischen Mandatsbehörden registriert und danach im Lager von Atlit, südlich von Haifa, interniert.

Die Patria verblieb bis 1952 auf dem Meeresgrund vor Haifa, dann wurde sie gehoben und abgewrackt. Bis weit in die 1950er-Jahre wurde angenommen, so etwa von dem österreichisch-ungarisch-britischen Schriftsteller Arthur Koestler, die Flüchtlinge selbst hätten aus lauter Verzweiflung den Dampfer zum Sinken gebracht.[10] Die Motivation und die näheren Umstände des von der jüdischen Untergrundorganisation geplanten Schiffbruchs wurden erst durch die 1957 publizierten Memoiren von Munya Mardor bekannt, der selbst maßgeblich an der Planung und Ausführung der Sabotage beteiligt war. Er konnte nicht umhin, anzumerken, dass der Name des Schiffes, das die britischen Behörden für die Deportation der jüdischen Flüchtlinge ausgewählt hatten, wie ein ironischer Kommentar klang.[11] Zwei aus dem NS-besetzten Europa nach Palästina geflohene Schriftsteller haben die dramatischen Ereignisse rund um die Patria-Katastrophe zu Romanen verarbeitet: der 1906 bei Brünn geborene Gershon Erich Steiner und der 1907 in Krefeld geborene Rudolf Hirsch. Ersterer zählte selbst zu den Betroffenen: als Flüchtling auf der Milos, als Schiffbrüchiger auf der Patria sowie als Internierter im Lager von Atlit. Er wurde nach seiner Freilassung Gründungsmitglied des Moshav Mazor. Rudolf Hirsch stützte seine Erzählung *Patria Israel* zu einem guten Teil auf persönliche Gespräche mit Lea Grundig. Die Beschäftigung mit dem Schicksal der Patria veranlasste ihn zu einer kritischen Auseinandersetzung mit dem Zionismus.

Von Berlin nach Tel Aviv: Ankunft, Eingewöhnung und Beheimatung

»Heimkehr ins Unbekannte« Gerda Luft

»Exil« und »Heimat« im zionistischen Kontext

»Und so stand ich einsam im unbefreundeten Kosmos.«[1] Mit diesem Satz, der geradezu archetypisch das mit dem Exil assoziierte Gefühl von Weltverlorenheit ausdrückt, beschreibt Elise Reifenberg ihre Ankunft im Hafen von Haifa. Palästina, wo die unter ihrem Pseudonym Gabriele Tergit bekannte Berliner Schriftstellerin im November 1933 zusammen mit ihrem fünfjährigen Sohn eintraf, war nach der Tschechoslowakei ihre zweite Exilstation. Ihr Ehemann, der Architekt Heinz Reifenberg, hatte sich mit einem Auftrag in der Tasche schon etliche Monate zuvor in Jerusalem niedergelassen. Mit viel Glück waren die Reifenbergs im März 1933 einem Überfall der SA auf die Familienwohnung in Siegmundshof im Berliner Stadtteil Tiergarten entkommen und hatten ihr Geburtsland unmittelbar danach zunächst in unterschiedliche Richtungen verlassen. Tergit war keine Unbekannte in der deutschen Hauptstadt. Sie genoss einen hervorragenden Ruf als Feuilletonistin der *Vossischen Zeitung* und des *Berliner Tageblatts*. Ihr 1931 herausgekommener Debütroman *Käsebier erobert den Kurfürstendamm*, der den Presse- und Kulturbetrieb der Spreemetropole unter die Lupe nimmt, hatte sie auf Anhieb in die Charts gefeierter Autoren katapultiert. Ihr unmittelbar anschliessend begonnenes zweites Buch *Die Effingers* konnte sie aufgrund zahlreicher Domizilwechsel erst Jahre später fertigstellen und publizieren. Vor allem den Umzug nach Palästina empfand Tergit

M.A. 9.07 U. 21.18	M.A. 9.17 U. 22.34	M.A. 9.26 U. 23.48	M.A. 9.36 U. —	M.A. 9.50 U. 1.04	M.A. 10.08 U. 2.19	M.A. 10.33 U. 3.32
29	30	31	1	2	3	4
Sonntag	Montag	Dienstag	Mittwoch	Donnerstag	Freitag	Sonnabend

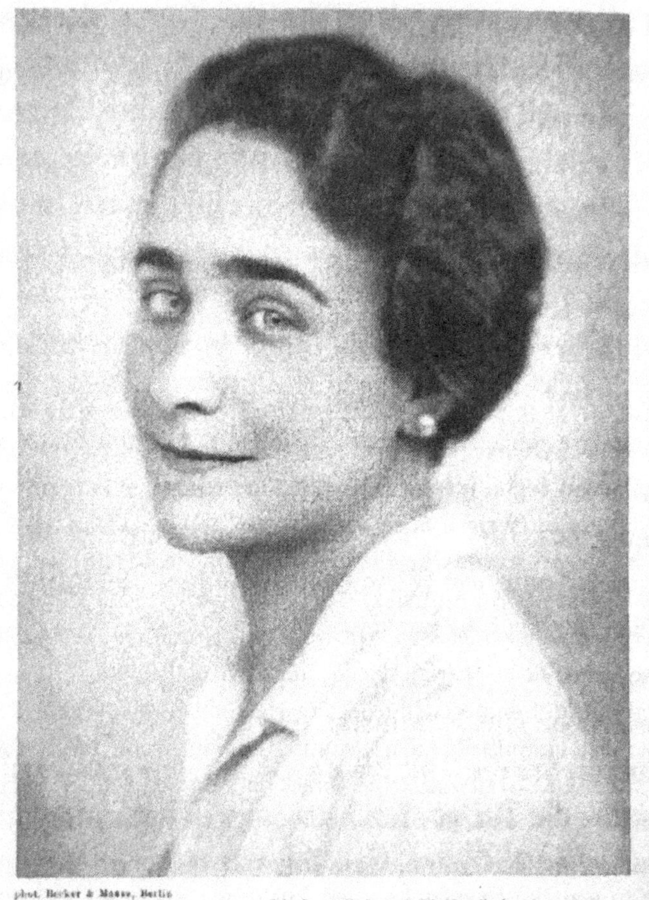

phot. Becker & Maass, Berlin

Die Journalistin und Schriftstellerin
Gabriele Tergit (Dr. Elise Reifenberg), Berlin.

SPEMANNS LITERATUR-KALENDER — JANUAR/FEBRUAR 1933

Kalenderblatt der letzten Januarwoche 1933 aus Spemanns Literaturkalender mit einem Portrait von Gabriele Tergit als einschneidende Zäsur: »Ich habe mich gefürchtet, mit Recht, kann ich nur sagen, vor einer Unterbrechung meiner Arbeit an dem Roman. Auch vor dem Haushaltführen in einem orientalischen Land, das ich nicht gewöhnt war. Das alles war ein Berg für mich.«[2] Die bei der Ankunft in Haifa empfundene Fremdheit sollte sich bei ihr als Grundgefühl der folgenden Jahre etablieren. Gabriele Tergit verließ Palästina bereits 1938 wieder. Gemeinsam mit Ehemann und Sohn kehrte sie nach Europa zurück und ließ sich in London nieder. Trotz ihrer jüdischen Abstammung fühlten sich die Reifenbergs in dem zionistischen Projekt der nationalen Heimstätte in Erez Israel [hebr. für Land Israel] nicht zu Hause. Es blieb Ausland für sie, ein Verbannungsland wie jedes andere.

In der einschlägigen biografischen Literatur über Gabriele Tergit werden zumeist alle auf ihr Geburtsland Deutschland folgenden Aufenthaltsorte – Tschechoslowakei, Palästina, England – gleichermaßen als Exil geführt. Der Begriff ist dehnbar, er variiert kontext- und personenbezogen und bedarf daher immer einer individuellen Betrachtung. Eine Taxonomie der Emigration ergibt sich vorderhand über die unterschiedlichen Beweggründe, die ein Verlassen der Heimat bewirken. Sie reicht von freiwilliger Expatriierung über ökonomisch bedingte Auswanderung bis zur politischen Verbannung oder Flucht vor akuter Bedrohung, bei der es ums nackte Überleben geht. Mitunter durchlaufen Exilanten mehrere Migrationen, hinter denen jeweils andere Motivationen stehen können. Die subjektive Wahrnehmung und Erfahrung des Exils ist bei den Betroffenen oft unabhängig von den »objektiven« äußeren Konditionen. Gabriele Tergits Flucht aus Deutschland begann mit einem als Urlaub deklarierten Aufenthalt im tschechischen Skiresort Spindlermühle, den sie selbst als willkommene Abwechslung vom hektischen Alltag in Berlin beschrieb. Auch der nachfolgende mehrmonatige Aufenthalt in Prag wurde unter der von vielen geteilten Annahme, dass die Nationalsozialisten sich nicht lang an der Macht würden halten können, eher als angenehmer, heiterer »Wartesaal« empfunden. Erst die Entscheidung für Palästina, die auf der allmählichen Erkenntnis des Ausmaßes nationalsozialistischer Gefahr und auf dem Wunsch der Familienzusammenführung basierte, ließ sie das erdrückende Gewicht des Heimatverlustes empfinden. Hinter der erneuten, dritten Migration nach fünf Jahren, diesmal nach England, stand kein Druck von außen, sie beruhte auf dem bleibenden Gefühl von Fremdheit in Palästina und der Sehnsucht nach einer vertrauteren Umgebung. Da eine Rückkehr nach Deutschland zu diesem Zeitpunkt außerhalb jeglichen Ermessensspielraums lag, sollte es doch zumindest Europa sein. In London fand Tergit über ihre Tätigkeit als Sekretärin des PEN-Zentrums deutschsprachiger Autoren im Ausland eine »geistige Heimat«, doch blieb ihr Verhältnis zur britischen Nation und zur englischen Sprache distanziert.

So unterschiedlich die jeweiligen individuellen Triebfedern für Emigrationen sein mochten – Verbannung, Vertreibung, Angst, Fremdheit, Not und drohende Armut, Monotonie –, die gängigen Begriffsdefinitionen von Exil fallen in der Regel wesentlich enger aus. Der Duden begrenzt es auf den »langfristige[n] Aufenthalt außerhalb des Heimatlandes, das aufgrund von Verbannung, Ausbürgerung, Verfolgung durch den Staat oder unerträgliche politische Verhältnisse verlassen wurde«.[3] In der virtuellen Ausstellung *Künste im Exil* findet man mit der »erzwungenen Entortung« eine in die gleiche Richtung weisende griffige Kurzformel.[4] Für beide Bestimmungen ist der von außen erfolgte, meist staatliche Zwang maßgeblich, aus dem sich eine grundsätzlich unfreiwillig erfolgte Auswanderung ableiten lässt. Auch das Asylrecht zieht in der Regel eine scharfe Trennungslinie zwischen freiwillig und unfreiwillig erfolgter Ausreise, zwischen Migrant und Flüchtling. Diese wird durch die allgemeine Anerkennung, dass niemand seine Heimat ohne gravierenden Druck oder existenzielle Not verlässt, selten relativiert. Die russisch-US-amerikanische Emigrantin und Schriftstellerin Masha Gessen fügt mit dem Aspekt der Alternativlosigkeit eine in der öffentlichen Meinung übliche Abgrenzung hinzu:

> »Wir unterscheiden zwischen Menschen, die die Wahl getroffen haben, ihr Land zu verlassen, weil sie wirtschaftliche Chancen suchen oder aus einem anderen Grund, und Menschen, die keine Wahl hatten. Letztere nennen wir Flüchtlinge, Erstere verdächtigen wir, Wirtschaftsmigranten zu sein, Opportunisten. [...] Wir sind sehr misstrauisch gegenüber Migranten, die Handlungsmacht haben.«[5]

Zwang und Alternativlosigkeit taugen als Parameter für den Exilbegriff jedoch nur bedingt. »Wir wurden nicht verjagt«, schrieb die Fotografin Ellen Auerbach über ihre Ende 1933 erfolgte Emigration aus Deutschland nach Palästina, »wir schienen freiwillig zu gehen«.[6] Angesichts der unmittelbar nach der Machtübernahme Hitlers einsetzenden Maßnahmen gegen Juden kann jedoch kaum von einer zwanglosen Ausreise gesprochen werden. Meilensteine der Ausgrenzung waren allein im Jahr 1933 der Boykott gegen jüdische Händler, Handwerker, Anwälte und Ärzte am 1. April; das Gesetz zur Wiederherstellung des Berufsbeamtentums vom 7. April, das alle nichtarischen Beamten in den Ruhestand versetzte; die Bücherverbrennungen vom 10. Mai, die sich gegen undeutsches Schrifttum wandten; die Verordnung der Reichskulturkammer vom 22. September, die Juden von nichtjüdischen Kultureinrichtungen ausschloss. Dennoch sahen viele, vor allem ältere deutsche Juden den Weggang aus dem Land, das sie als ihre Heimat empfanden, zu diesem Zeitpunkt (noch) nicht als zwingend an. Dahinter stand meist die Hoffnung, dass der braune Spuk bald vorbei sei. Diejenigen, die sich wie Ellen Auerbach dennoch bereits 1933 zur Auswanderung aus Deutschland entschließen konnten, taten dies – scheinbar – aus freien Stücken und häufig mit mehreren Optionen als Einwanderungsdestinationen. Wird für den Exilbegriff die zwangsweise und alternativlos erfolgte Auswanderung zugrunde gelegt, so verwehrt er sich gegen Begründungen wie elementare (wirtschaftliche) Perspektivlosigkeit und gesellschaftliche Ausgrenzung. Vorausschauende Erkenntnis als Motivation für den Weg ins Exil wird meist erst in der Rückschau anerkannt und gewürdigt.

Bertolt Brecht und Hannah Arendt haben sich beide am Exilbegriff abgearbeitet und seine soziale Fieberkurve in ein Koordinatensystem aus Entscheidungsfreiheit und Zeitlichkeit gestellt. So fordert Brecht in seinen Svendborger Gedichten von 1939 für sich einen als temporär antizipierten Flüchtlingsstatus ein:

»Immer fand ich den Namen falsch, den man uns gab: Emigranten.
Das heißt doch Auswandrer. Aber wir
Wanderten doch nicht aus, nach freiem Entschluß

> Wählend ein anderes Land. Wanderten wir doch auch nicht
> Ein in ein Land, dort zu bleiben, womöglich für immer.
> Sondern wir flohen. Vertriebene sind wir, Verbannte. […]«[7]

Diametral konträr dazu präsentiert sich die Haltung der jüdischen Einwanderer in Amerika, die Hannah Arendt in ihrem 1943 in New York verfassten Aufsatz »We refugees« analysierte. Trotz des Verlustes von Vaterland, von vertrauter Umgebung, Sprache und Beruf wehren sich die Geflohenen, dies in die Waagschale zu werfen, und:

> »Vor allem mögen wir es nicht, als ›Flüchtlinge‹ bezeichnet zu werden. […] Wir haben unser Bestes getan, um den anderen zu beweisen, dass wir ganz normale Einwanderer sind. […] Wir wollten unser Leben neu aufbauen, das war alles. Um sein Leben wieder aufzubauen, muss man stark und ein Optimist sein: Also sind wir sehr optimistisch.«[8]

Was Arendt in ihren weiteren Ausführungen als vorgeblendeten Optimismus demaskiert, ist letztlich die Überlebensstrategie Entwurzelter. Wenn Brecht den Begriff der Verbannung, des Exils für seine Situation einfordert, so steht der Rückkehrwille in das verlassene Vaterland dahinter. Diese Option entfällt für den von Arendt analysierten Kreis jüdischer Einwanderer in die USA. Die Heimat, wenn man diese mit dem Geburtsland gleichsetzt, wird nicht nur als absolut und endgültig verloren verstanden, sondern viel mehr noch in ihrer grundsätzlichen Bedeutung negiert. Der Versuch, sich ein dauerhaftes Zuhause an einem neuen Ort aufzubauen, muss die Bezeichnung Exil, bei der die Hoffnung auf Heimkehr mitschwingt, zurückweisen, um Solidarität und Integrationswillen zu demonstrieren.

Weder Brechts noch Arendts Darstellungen greifen für das zionistische Verständnis der jüdischen Einwanderung ins Mandatsgebiet Palästina. Erez Israel wird als das den Juden versprochene Land gesehen und verbietet sich daher einer Auffassung und Deutung als »Wartesaal« im Brecht'schen Sinn. Der Gedanke an eine eventuelle Rückkehr ins Auswanderungsland stand weder für die Visionäre noch für die Macher des

Judenstaates zur Debatte. Betonung der Wahlheimat und Negierung des Exilbegriffs, Aspekte, die Arendt für die jüdische Einwanderung in die USA analysiert, kommen zwar in der zionistischen Auffassung zum Tragen, doch was dort individuelle Anpassungsstrategie ist, stellt sich im nationalen jüdischen Heimstätten-Projekt als konstituierendes ideologisches Konzept dar. Die Immigration von Juden ins Mandatsgebiet Palästina wird als Heimkehr ins Gelobte Land verstanden. Das bedeutet, alle jüdischen Einwanderer werden, unabhängig von persönlichen Beweggründen oder Zwängen, als Nach-Hause-Kommende begriffen. Mit dem Begriff Exil wird die jüdische Diaspora bezeichnet – zweitausendjährig und weltweit. Die Definitionen von Heimat und Exil sind somit einer radikalen Umkehrung unterworfen. Der jüdische Migrant, der Hitlers Schergen in Deutschland entkommt und sich ins Mandatsgebiet Palästina einschifft, flieht demnach aus dem Exil in seine Heimat. Diese Vorstellung wird durch eine entsprechende Terminologie unterstützt. So wird die Immigration ins Land der Verheißung traditionsgemäß mit Alija [pl. Alijot; hebr. für Aufstieg, Einwanderung] übersetzt, was eine ethische Erhebung impliziert. Der hebräische Ausdruck für die Auswanderung aus Israel ist dementsprechend Jerida [hebr. für Abstieg, Auswanderung] mit eindeutig abwertender Konnotation.

Die Geschichte der zionistischen Einwanderung nach Palästina vor der Staatsgründung Israels wird in fünf Immigrationswellen [Alijot] eingeteilt. Die ersten beiden brachten ab 1882 überwiegend Juden aus Russland ins Land, die sowohl in der zaristischen Ära als auch nach der Revolution wiederholt unter schweren Pogromen zu leiden hatten. Mit der dritten und vierten Alija kamen neben russischen viele polnische Juden. Die aus dem nationalsozialistischen Deutschland fliehenden Juden, die ins britische Mandatsgebiet Palästina einwanderten, werden der fünften Alija zugerechnet, die allgemeinhin von 1932 bis 1939 angesetzt wird, wobei die letzten größeren Schiffe noch Ende 1940 die Häfen von Haifa oder Tel Aviv erreichten. In diesem Zeitraum immigrierten insgesamt ungefähr 250 000 Juden, 12 000 von ihnen illegal, vorwiegend aus Mitteleuropa und dem Balkan.[9] Etwa ein Viertel, also rund 60 000, stammte aus Deutschland, was etwa zwölf Prozent der 1933 in Deutschland lebenden Juden entsprach. Schätzungen zufolge gelang es insgesamt 278 500 deutschen Juden, sich vor der NS-Mordmaschinerie durch Emigration beziehungsweise Flucht zu retten. Palästina war nicht das Land erster Wahl; gemessen an den absoluten Zahlen standen die USA mit gut 102 000 aus Deutschland geflohenen Jüdinnen und Juden an oberster Stelle. Mit Palästina vergleichbare Einwanderungszahlen verzeichnen Großbritannien und Argentinien. Die Quantität spiegelt jedoch nicht unbedingt die Priorisierung der Migranten wider, sondern ebenso das Einwanderungsreglement der jeweiligen Länder.

Eine 2006 vom Jüdischen Museum in Berlin ausgerichtete Ausstellung und die dazugehörige Publikation mit dem Titel *Heimat und Exil* untersuchten die Auswanderungsziele der deutschen Juden nach 1933. Die Kuratoren listeten insgesamt 95 Exilländer. Dass sie Palästina/Israel einbezogen, nötigte ihnen eine Erklärung ab:

> »Manchen wird nicht ganz wohl dabei sein, wenn *Erez Israel*, das Land Israel, in eine Reihe mit den anderen Exilländern der deutschen Juden gestellt wird. ›Israel‹, so werden sie sagen, ›ist doch etwas anderes‹. Und damit haben sie zugleich recht und unrecht. ›Nächstes Jahr in Jerusalem!‹ – dieser Wunsch war über die Jahrhunderte hinweg fester Bestandteil der jüdischen Tradition. Und mit der zionistischen Bewegung wird Erez Israel auch zu einer realen Option, ein jüdisches Heimatland zu schaffen. Auf der anderen Seite ist das Palästina des Jahres 1933 [...] für die deutschen Juden einer der möglichen Zufluchtsorte vor nationalsozialistischer Verfolgung: ein Exilland.«[10]

Aus deutscher Perspektive wird Palästina/Israel gemeinhin – wie andere Auswanderungsländer – als Exil geführt. Das lässt sich in Anbetracht der deutschen Judenverfolgung kaum anders verhandeln, ohne Gefahr zu laufen, nationalsozialistischer Ideologie und Versuchen der Schuldverdrängung oder -leugnung das Wort zu reden. Mit dem Begriff Exil ist die Anerkennung des erzwungenen Exodus der Juden aus Deutschland unmittelbar impliziert. Auch die Annahme, dass die Mehrzahl der deutschen Juden ihr Geburtsland ohne die NS-Diktatur nicht verlassen hätte, dürfte zutreffen; allerdings hegte nur ein geringer Prozentsatz der Auswanderer und Geflüchteten nach dem Zusammenbruch des Deutschen Reiches den Wunsch, in ihr Geburtsland zurückzukehren. Wenn bedeutende jüdische Persönlichkeiten trotz eindeutiger Absage an das Nachkriegsdeutschland in manchen Enzyklopädien und Lexika als deutsch bezeichnet werden, so mag hinter dieser Heimholung der Gedanke der Wiedergutmachung stehen oder aber das Einsammeln verlorener Lorbeeren zur Dekorierung Deutschlands. Dem Dilemma zwischen erneuter Ausgrenzung und leichtfertiger oder anmaßender Vereinnahmung lässt sich nur durch nuancierte und sensible Biografien ohne nationale Kategorisierung oder Einverleibung gerecht werden.

Die Verwendung des Heimatbegriffs wird von deutscher wie von zionistischer/israelischer Seite – oft über die Köpfe der Betroffenen hinweg – praktiziert und mit jeweils unterschiedlicher, kontextbezogener Bedeutung aufgeladen. Die israelischen Historiker Moshe Zimmermann und Yotam Hotam bringen die gegensätzliche Doppelbelegung im Titel ihres Konferenzbandes auf den Punkt: *Zweimal Heimat.* In offensichtlicher Anlehnung an Moshe Zuckermanns *Zweimal Holocaust* werden hier die divergierenden Perspektiven und der daraus abgeleitete Umgang mit der historischen Bürde thematisiert. Bei der zwiefachen Beheimatung der deutschen Juden im Auswanderungs- wie im Einwanderungsland sieht sich der einzelne Migrant um das Exil betrogen, das heißt um die Anerkennung des schmerzhaften Verlusts der in der Regel mit dem Geburtsland identischen Heimat. Der Raum für Trauerarbeit fehlt. Mit der Einrichtung der Erinnerungsstätte Yad Vashem in Jerusalem wurde zwar dem Gedenken an den Holocaust und seiner Opfer Rechnung getragen, doch wurden die Formen und Inhalte der Erinnerung kollektiviert und gewissermaßen verstaatlicht. Bei den Überlebenden wurde à priori vorausgesetzt, dass sie aktiv am Aufbau und an der Gestaltung der nationalen Heimstätte teilnehmen.

Im Unterschied zu anderen Exilländern, wo es galt, sich in eine bestehende Staatsordnung einzugliedern, befand sich Erez Israel auf dem Weg der Nationenbildung. Am Vorabend des Zweiten Weltkriegs machte die jüdische Bevölkerung mit 475 000 Einwohnern etwa dreißig Prozent der Gesamtbevölkerung Palästinas aus. Da die lokale arabische Zivilisation nur bedingt in das zionistische Projekt einbezogen wurde, entfiel eine Anpassung an eine vorhandene Gastgeberkultur weitestgehend. Dafür herrschte eine Art Konkurrenz zwischen den aus den verschiedenen Auswanderungsländern mitgebrachten sozio-kulturellen Gewohnheiten und Standards vor. Sollten Berlin oder Wien, Warschau oder Moskau Vorbilder für zukünftige Konventionen des Judenstaates liefern? Die städtische Entwicklung, insbesondere der vorstaatlichen Ära, reflektierte de facto meist das Umfeld, aus dem die Einwanderer gekommen waren. In der Hoffnung, die kulturelle Kluft zwischen der alten und der neuen Heimat ansatzweise zu verringern, schufen sich die Einwanderer mit translozierten Lebensformen und Gepflogenheiten im Orient ein insulares Zuhause, das das Herkunftsland spiegelte.

Den aus Deutschland nach Palästina geflohenen Juden und ihrer mitunter – entgegen zionistischer Vorstellung – schwierigen Anpassung an ihre altneue Heimat hat Gerda Luft früh eine Stimme verliehen. Die Journalistin, die wie Hannah Arendt in Königsberg aufgewachsen war, arbeitete seit 1924 in Palästina. Sie schrieb für die im Land erscheinenden jüdisch-hebräischen, liberalen Tageszeitungen *Haaretz* und *Jerusalem Post*, aber auch für ausländische Blätter wie die Schweizer *Neue Zürcher Zeitung* oder die *Jüdische Rundschau*, die noch bis zur Reichspogromnacht in Berlin erschien. Im deutschsprachigen *Mitteilungsblatt*, dem israelischen Organ der Vereinigung der Immigranten aus Mitteleuropa, veröffentlichte sie im Laufe von mehr als fünfzig Jahren hunderte Artikel und Kommentare, in denen sie sich kritisch mit den realen Lebensbedingungen der Einwanderer aus Deutschland in Palästina/Israel auseinandersetzte. Ihre an der Wirklichkeit orientierten, sachlichen Berichte enttarnten das zionistische Versprechen des selbstverständlichen Zuhauses im Gelobten Land als Illusion. Luft fasste ihre analytischen Beobachtungen in einem 1977 publizierten Buch zusammen, dessen Titel *Heimkehr ins Unbekannte* bereits den Widerspruch zwischen dem zionistischen Konzept von Heimat und der konkreten Befindlichkeit der Flüchtlinge kaum besser hätte ausdrücken können.

Der Aufbau einer nationalen Heimstätte verschließt sich dem Exilbegriff, muss sich ihm qua Definition verschließen. Ziel des zionistischen Projekts war die Rückkehr in das biblische Land der Hebräer und damit das Ende der zweitausendjährigen jüdischen Diaspora. Der Terminus, der sich mit dem des Exils in Vielem überschneidet, führt zurück in das 6. Jahrhundert v. Chr. und wurde als Bezeichnung für jüdische Siedlungen außerhalb Palästinas zur Zeit der Babylonischen Gefangenschaft benutzt. Hier – im Exil – entstand mit der Verschriftlichung der jüdischen Geschichte, der Mythen und Gesetze ein Instrument, das der Bewahrung kollektiver jüdischer Identität diente: die Tora, die hebräische Bibel. Als Buch der Bücher ersetzte es das Haus der Häuser, den Tempel Salomos, der von Nebukadnezar zerstört worden war. Die Tora blieb auch während der langen Diaspora, die auf die Zerstörung des zweiten Tempels folgte, der gemeinsame Nenner des jüdischen Volkes. Heinrich Heine bezeichnete sie treffend als das »portative Vaterland« der Juden: »Ein Buch ist ihr Vaterland, ihr Besitz, ihr Herrscher, ihr Glück und ihr Unglück. Sie leben in den Marken dieses Buches, hier üben sie ihr Bürgerrecht, hier kann man sie nicht wegjagen [...].«[11] Viele jüdische Autoren von Baruch Spinoza über Heinrich Heine bis Hannah Arendt und Walter Benjamin, die Ausgrenzung und Vertreibung durch ihre jeweilige angestammte Gastgebernation erfahren mussten, haben sich über die wichtige Funktion des Buches – sei es die Bibel, weltliche Literatur oder das eigene Schreiben – in der Grenzsituation des Exils geäußert. Die Lyrikerin Rose Ausländer hat dies in ein ebenso knappes wie pointiertes Gedicht gefasst: »Mein Vaterland ist tot – Sie haben es begraben – Im Feuer – Ich lebe – in meinem Mutterland – WORT.«[12]

Juden in der Diaspora werden gemeinhin als Volk der Zeit beschrieben. Zeit wird in Bewegung gemessen. Während das Haus – sei es als Tempel, als Territorium oder als Heimat gedacht – ein statisches Objekt an einem fest definierten Ort meint, steht das Buch für Dynamik; es gewährt Identität in Mobilität, unabhängig von geografisch-territorialen Definitionen. Für die moderne jüdische Kultur bedeutete die Errichtung einer nationalen Heimstätte einen grundlegenden Wandel der Vorstellungen von Raum und Zeit. Theodor Herzl, die Vaterfigur des modernen politischen Zionismus, hatte zunächst noch ganz aus einer diasporischen Perspektive heraus an eine Bewegung gedacht: »Große Dinge brauchen kein festes Fundament. [...] Die Erde schwebt in der Luft. So kann ich den Judenstaat vielleicht ohne jeden sicheren Halt gründen und befestigen. Das Geheimnis liegt in der Bewegung.« Das

Bild, das ihm vorschwebte, war das eines »lenkbaren Luftschiffes«.[13] Herzl überwand seine anfängliche Scheu vor einer konkreten geografischen Verortung seines Judenstaates erst in der Erfahrung der im osteuropäischen Judentum lebendigen Erinnerung an das Gelobte Land. In der säkularen politischen Rhetorik sollte sich die Bezeichnung »HaBayit HaShlishi« – der Dritte Tempel (wörtlich: das dritte Haus) – als Metapher für den Staat Israel durchsetzen. Nach zweitausend Jahren Diaspora und Migration wurde damit das Buch wieder durch das Haus ersetzt.

Die Einrichtung des Hauses, die es zu einem Heim werden lassen sollte, stellte eine große Herausforderung für die aus Deutschland geflohenen Juden und Jüdinnen dar. Ihre starke Prägung durch die deutsche Kultur ließ sich nicht leicht abschütteln. Sie galten als Paradebeispiele assimilierten Judentums, die sich in ihrem Geburtsland oft »deutscher als die Deutschen« verhalten hatten. In Palästina/Israel wurden sie mit leicht spöttischem Unterton »Jeckes« genannt. Das stand für übertriebene Gründlichkeit, preussische Korrektheit, ausgeprägte Pünktlichkeit und eine gewisse zur Schau getragene Überheblichkeit gegenüber levantinischen oder polnisch-russischen Gepflogenheiten. Ihre Eingli-

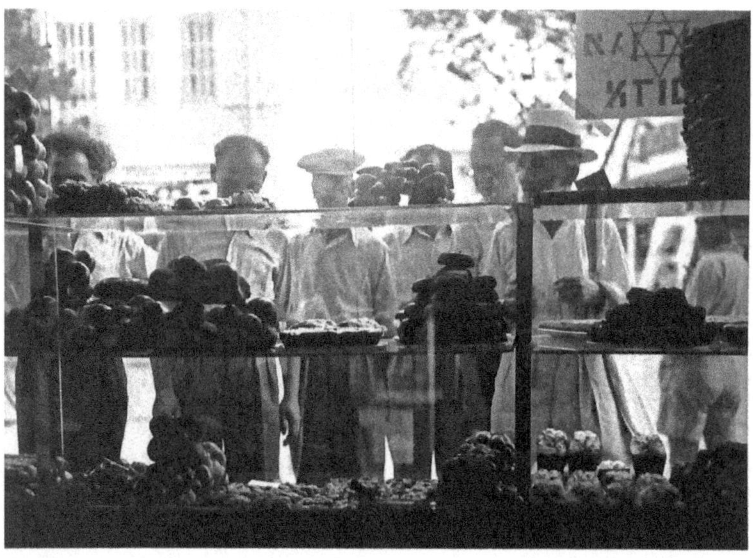

Konditorei Kapulski Brothers in Tel Aviv, um 1945; Foto: Alfons Himmelreich

derung in die Gegebenheiten Palästinas wurde als schwierig angesehen. Vielmehr versuchten sie, ihr Umfeld nach jenen Befindlichkeiten umzuformen, in denen sie erzogen und groß geworden waren. So ergab sich eine für Migrationsgesellschaften nicht untypische Paradoxie, die Gabriele Tergit in ihren Palästina-Reportagen aus den 1930er-Jahren mit drei kleinen Milieu-Skizzen bedachte. Allein die Titel ihrer literarischen Vignetten sind glänzend gewählt: »Von den Kuchen der Völker, die uns hinauswarfen«, »Von den Kleidern der Völker, die uns hinauswarfen« und »Von den Liedern der Völker, die uns hinauswarfen«. Mit dem geschulten Auge einer Reporterin analysiert Tergit exemplarisch den kometenhaften Erfolg einer neu eröffneten Konditorei in der Hauptstraße Tel Avivs, den sie auf das entsprechende Angebot zurückführt: »Auf dem Ladentisch liegen [...] keine levantinischen Kuchen, es liegt dort Streuselkuchen und Bienenstich, der Blätterteig ist so geformt wie gewohnt und heißt Schweineohr. Das wollen die Menschen, sie wollen ihren Streuselkuchen, ihren Bienenstich und ihre Schweineohren.«[14]

Das neue Vaterland der »Jeckes«: Palästina 1933

Die ersten Überlegungen zur Errichtung einer nationalen jüdischen Heimstätte, die Theodor Herzl 1895 in seinem Tagebuch notierte, beinhalteten bereits Aspekte, welche er für eine erfolgreiche Beheimatung der Neueinwanderer als wichtig erachtete: »Bei Verpflanzung alle Ortsgewohnheiten liebevoll berücksichtigen. Salzstangl, Kaffee, Bier, gewohntes Fleisch etc. sind nicht gleichgiltig [sic]. Moses vergass die Fleischtöpfe Egyptens mitzunehmen. Wir werden daran denken.«[15] Herzls Gedankengebäude fußte von Anfang an auf der Idee des Transfers westlicher Lebenswelten, in denen er die europäischen Juden – und auf sie war sein Fokus gerichtet – so stark verwurzelt sah. In seinem 1902 publizierten utopischen Roman *Altneuland*, in dem er ein um zwanzig Jahre in die Zukunft verlegtes Palästina unter jüdischer Kontrolle im Jahr 1923 entwarf, konzipierte er Haifa als eine Stadt, in der das ganze Spektrum historischer Baustile Europas vertreten sein sollte. Neben prunkvollen Renaissancepalazzi stellte er sich für die Hafen-

Metropole große Warenhäuser nach Pariser Fasson vor, daneben kleine zierliche Wohnhäuser, wie man sie in belgischen Städten sieht, und, mit einem Touch abendländischer Orientromantik auch Villen in maurischem Stil. Als probates Verkehrsmittel dachte Herzl an die Wuppertal-Elberfelder Schwebebahn. Die ansässigen lokalen Lebensformen hatten für ihn lediglich musealen Wert. Er war der festen Überzeugung, dass die arabische Bevölkerung Palästinas den kulturellen Import durch die jüdischen Einwanderer als einzigartigen Zivilisationssprung freudig begrüßen würde. Wenngleich Herzls »Europa in Asien« bei den sogenannten Kulturzionisten, die für eine Renaissance genuin jüdisch-semitischer Traditionen plädierten, auf Kritik in den eigenen Reihen stieß, so kam der Ansatz des zionistischen Altvaters eher der psychologischen Verfassung von Immigranten entgegen. Sie schleppten in der Regel die alte Heimat in ihren Koffern mit.

Auch wenn das, was die Neuankömmlinge auspackten, in vielen Fällen nicht kompatibel mit der im Ankunftsland herrschenden Realität war, so wurde ihr ideelles wie materielles Gepäck Teil der kulturellen Verhandlungsmasse. Beispielhaft war hier die viel beschriebene »korrekte« Kleidung der deutsch-jüdischen Neuankömmlinge, mit der vor allem die männliche Spezies in den staubigen Straßen Palästinas auffiel. Trotz erbarmungsloser Sonnenhitze wurden die in Berliner, Münchner oder Stuttgarter Konfektionshäusern gekauften, mitunter maßgeschneiderten Anzüge inklusive passender Westen, Hemden und Krawatten getragen. Es sollte viele Jahre dauern, bis sich die Herren an lässige kurzärmlige Sporthemden gewöhnten. Gerda Luft berichtete von Jugendlichen, die im Hafen von Haifa mit Tennisschlägern und Fahrrädern ankamen. Beide Gegenstände waren im damaligen Palästina so gut wie unbekannt. Luft verwies nachdrücklich darauf, dass die Einwanderer aus Deutschland im Durchschnitt aus Schichten mit höheren Lebensstandards kamen als die vorhergehenden Alijot aus Osteuropa: »Sie sind eines der wenigen, vielleicht das einzige Beispiel dafür, daß eine Immigrantenschicht im Land gezwungen wurde, ihren Standard erheblich zu senken.«[16] Doch sollte sich ihr Qualitätsniveau langfristig durchsetzen und neue Maßstäbe setzen. Mit der Entwicklung klimatisierter Büroräume wurde der modische Ein- oder Zweireiher mit passendem Schlips zur Regel, und Tennis- oder

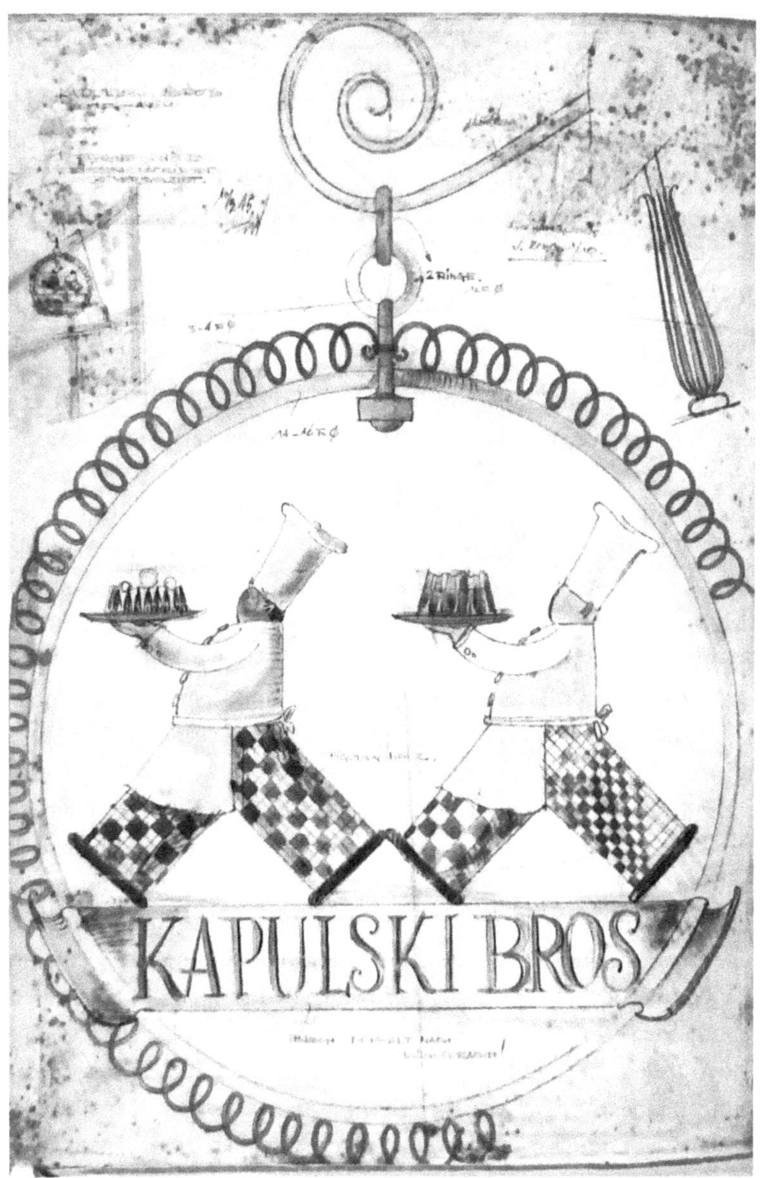

Firmenschild für die Konditorei Kapulski Brothers, Tel Aviv, Entwurf von Chaim Fenchel, 1939

Fahrradsport sind heute in Israel als willkommene Freizeitbeschäftigung verbreitet. Auch andere deutsche Tugenden wie Pünktlichkeit, Arbeitsdisziplin und Pflichtbewusstsein, für die die »Jeckes« anfänglich von ihren osteuropäischen Glaubensbrüdern belächelt wurden, gewannen nach und nach in moderater Form an Zuspruch.

In den Dreißigerjahren war das Land, dem sich nach der Machtübernahme Hitlers circa ein Zehntel der deutschen Juden zuwandte, in gesellschaftlicher, kultureller und wirtschaftlicher Hinsicht jedoch in keiner Weise mit ihrem bisherigen Lebensumfeld zu vergleichen. Das historisch bedeutende Palästina, das während seiner mehrtausendjährigen Geschichte unter wechselnden Herrschern und Bezeichnungen heiß umkämpfte Begehrlichkeiten zu wecken vermochte, war ein kleines Land, das mit gut 26 000 qkm nur wenig größer als das heutige Hessen war. Hier lebten – gemäß einer Volkszählung von 1931 – etwa eine Million Menschen, von denen circa 17 Prozent jüdisch waren. Die Bevölkerung, vor allem die jüdische, akkumulierte sich vorwiegend in den vier großen Städten mit Jerusalem an der Spitze. Von den 90 500 Bewohnern der Heiligen Stadt war eine knappe Mehrheit jüdisch. Die aufstrebende Stadt Haifa im Norden zählte zum Zeitpunkt der Populationserhebung 50 000 Bürger, davon war gut ein Drittel jüdisch. Jaffa und Tel Aviv, die bis 1950 eigenständige Städte waren, vollzogen eine ziemlich klare Trennung: Die alte biblische Hafenstadt blieb überwiegend muslimisch, während Tel Aviv sich zur ersten rein jüdischen Stadt der Welt entwickelte. Wenngleich 1931 die Einwohnerzahlen mit 46 000 gegenüber 52 000 noch Jaffa als zahlenmäßig überlegen auszeichneten, überholte die junge jüdische Mittelmeermetropole bereits 1933 mit 60 000 Einwohnern die biblische Schwesterstadt.

Die Regierung Palästinas lag in den Händen Großbritanniens, das die Amtsgewalt seit Ende des Ersten Weltkrieges im Auftrag des Völkerbundes innehatte. Das hierfür gewählte Mandatssystem war ein politischer Kompromiss, der dem vom amerikanischen Präsidenten Woodrow Wilson geforderten Selbstbestimmungsrecht der Völker gerecht werden wollte, ohne dabei die imperialen Interessen der europäischen Großmächte im Nahen Osten zu beschneiden. Bereits zwei Jahre vor Kriegsende hatten Frankreich und Großbritannien in geheimer Absprache – im nach ihren Unterhändlern benannten Sykes-Picot-Abkommen – die Gebiete des Osmanischen Reiches unter sich aufgeteilt. Frankreich erhob Anspruch auf Syrien und den Libanon; die Engländer fokussierten sich auf den Irak und Palästina, zu dem damals noch das erst 1923 durch Teilung geschaffene Jordanien gehörte. In die Präambel des im Juli 1922 ratifizierten Palästinamandats wurde die Balfour-Deklaration vom November 1917 mit aufgenommen. Diese war ein persönliches, offiziöses Schreiben des britischen Außenministers Arthur James Balfour an Lionel Walter Rothschild, 2. Baron Rothschild, in dem er die Unterstützung der jüdisch-zionistischen Ziele in Palästina seitens der britischen Regierung zusagte, allerdings »mit der Maßgabe, dass nichts geschehen soll, was die bürgerlichen und religiösen Rechte der bestehenden nicht-jüdischen Gemeinschaften in Palästina [...] beeinträchtigen kann«.[17]

Das Selbstverständnis der britischen Kolonialpolitik basierte auf einem Treuhänderprinzip, der sogenannten »doctrine of trusteeship«, die eine Administration zum Besten der lokalen Bevölkerung versprach. Die Devise, nach der alle Amtshandlungen ausgerichtet werden sollten, lässt sich auf die Formel »in the spirit of the place« bringen. Die Deutungshoheit, was dem Interesse der Allgemeinheit entsprach, oblag der britischen Verwaltung. Mit paternalistischer Grundhaltung entschied sie – im Kontrast zu Theodor Herzls Ansatz – gegen eine Europäisierung des Landes zugunsten einer Konservierung des pittoresken Orients. Bei aller tatsächlichen Faszination und einer akademisch-wissenschaftlichen Auseinandersetzung mit dem Genius loci führte diese Haltung streckenweise zu einer Politik des »development of underdevelopment«.[18] Die Entwicklung zur Unterentwicklung sollte später von dem in Palästina geborenen amerikanischen Literaturtheoretiker Edward W. Said als »Orientalisierung des Orients« bezeichnet werden. Er prangerte die Festlegung auf das Profil des naturhaften, vorindustriellen und mysteriös-exotischen Morgenlandes an, dem kein Fortschritt zugestanden wurde. Gerda Luft war zu ähnlichen Schlüssen gekommen. Sie attestierte den Engländern eine negative Einstellung gegenüber jeglicher Modernisierung, sei es in der Landwirtschaft oder der industriellen Produktion: »Sie verfielen meist dem Zauber des Landes, wie es war.«[19]

Der britische Verwaltungsbeamte und der europäische Tourist mochten in Palästina zu Beginn der Dreißigerjahre noch alle Reize des Orients finden, die romantisches Staunen garantierten. Für die aus Deutschland kommenden Flüchtlinge, die sich hier ihr neues Zuhause einrichten mussten, war die Ausgangslage eine grundlegend andere. Bei ihnen löste der Übergang von einem technologisch, sozial und kulturell hochentwickelten Staat in die zurückgebliebene Levante in der Regel einen Schock aus. Die Verwirrung begann meist schon bei der Ankunft im Hafen von Haifa oder Jaffa, wo nichts in der ihnen gewohnten Ordnung ablief, was dem Ankömmling bereits einen Vorgeschmack auf die lokalen Befindlichkeiten vermittelte. Er wurde »von einer wilden Menge schreiender Gestalten empfangen, die einem Räuberroman entstiegen schienen und ihn mit seinem Gepäck buchstäblich vom Schiff in ein Boot warfen«.[20] Auch das Reisen im Land selbst war mühselig und langsam; auf Zeitpläne war kein Verlass. Die vollgepackten Autobusse und Eisenbahnen waren primitiv und ließen hinsichtlich Sauberkeit zu wünschen übrig. Letzteres traf auch auf die Wohnsituation zu. Vielfach mussten die meist aus gutbürgerlichen Verhältnissen stammenden Neueinwanderer zunächst mit Hütten aus Wellblech und Zeltlagerstätten vorliebnehmen oder sich in bunt zusammengewürfelten Wohngemeinschaften auf engstem Raum arrangieren. Ihr Leben wurde zudem durch die ungewohnten klimatischen Verhältnisse erschwert; in den langen Sommern konnten die nächtlichen Temperaturen in den Schlafräumen immer noch bei 30 Grad liegen. Im Gegensatz zu den vorhergehenden Einwanderungswellen, die sich noch ohne elektrische Stromversorgung und fließendes Wasser behelfen mussten, konnte die fünfte Alija jedoch bereits von den Errungenschaften der vor ihnen Gekommenen profitieren. So gab es vielerorts inzwischen Wasserklosetts und Glühlampen, ferner Kühlschränke, in denen sich die in der Hitze schnell verderbenden Nahrungsmittel aufbewahren ließen. Mit den landesüblichen Gerichten wie Chumus, Tahina, Labaneh oder dem extensiven Gebrauch von Knoblauch und Zwiebeln taten sich die deutschen Juden, die an Rinderschmorbraten, Salzkartoffeln oder Klöße mit Rotkraut gewöhnt waren, schwer. Auch sonst mussten sie auf vieles verzichten, was in Deutschland ihren Alltag gewürzt hatte: Besuche in Museen, Theatern,

Opern- und Konzerthäusern. Am Aufbau dieser Kultureinrichtungen sollten sie selbst maßgeblichen Anteil haben. Zu den Entbehrungen kamen enorme Verständigungsprobleme. Deutsch war zwar die Sprache Goethes und Schillers, doch die Schergen Hitlers hatten sie entwürdigt und mit Täter-Rhetorik besudelt. Der Jischuv, die jüdische Gemeinde Palästinas, begegnete ihr nicht zuletzt darum mit schroffer Ablehnung. Die Hebräischkenntnisse der deutschen Juden waren in der Regel bescheiden; sie beschränkten sich meist auf das zur Bar Mitzwa geforderte Lesen eines Tora-Passus. Vor allem für ältere Neueinwanderer stellte das Erlernen von Iwrith, Neu-Hebräisch, eine riesige Hürde dar, was die Verständigung generell, insbesondere aber amtliche Kommunikation sowie Behördengänge enorm erschwerte.[21]

Zu den wenigen deutschen Juden, die bei der Einreise nach Palästina gute Hebräischkenntnisse vorweisen konnten, zählte die aus Paderborn gebürtige Schriftstellerin Jenny Rosenbaum, später verheiratete Aloni. Sie kam 1939 22-jährig mit einem Stipendium für die Hebräische Universität ins Land. Doch trotz mehrerer Anläufe in Iwrith, schrieb sie ihre Gedichte, Erzählungen und Romane weiterhin in ihrer Muttersprache. Mit ihrem zehn Bände umfassenden Gesamtoeuvre gilt Aloni heute als bedeutendste deutschsprachige Autorin ihrer Generation in Israel. Viele ihrer Werke tragen autobiografische Züge und beschäftigen sich mit der Thematik der Fremdheit, der sie sich als Jüdin in Deutschland ausgesetzt sah und die sie als »Deutsche« in Palästina/Israel auch nur schwer überwand. In ihrem Roman *Zypressen zerbrechen nicht* von 1961 erzählt sie die Geschichte einer jungen Frau, die wie sie selbst allein und mittellos in Palästina ankommt und unter harten äußeren Lebensbedingungen ihren Weg in der neuen Heimat finden muss. Aloni zeichnet ein schonungsloses Bild von den Verhältnissen in Erez Israel in den Dreißigerjahren frei von jeglicher ideologischen Beschönigung oder moralischer Entschuldigung. Hagar, ihre Protagonistin, sieht sich einem erbarmungslosen Kampf um ihre Existenzsicherung ausgesetzt. Sie muss niedrige Arbeiten – putzen, bügeln, kellnern – annehmen, um sich die Mittagsmahlzeit in der Mensa leisten zu können. Für ihr Studium bleibt kaum Zeit noch Energie. Die Alteingesessenen früherer Alijot aus Osteuropa zeigen wenig Empathie für die Neuankömmlinge aus Deutschland, wenig Verständnis für ihre besondere Situation, weder für ihre Verzweiflung über den abgrundtiefen Verrat jenes Landes, dem sie sich so sehr zugehörig gefühlt hatten, noch für die quälenden Sorgen um zurückgebliebene Familienmitglieder. Hagar beklagt sich bitter über die Ignoranz ihrer Kommilitonen:

> »Sie sprachen von ihrem Zeitvertreib, von ihren Liebeleien und von ihrem Genießen. [...] Wißt ihr denn nicht, was drüben mit uns Juden geschieht? Es war doch unmöglich, daß sie es nicht wußten. Vielleicht kümmerte es sie nicht, weil sie keine Verwandten drüben hatten. Doch selbst wenn sie keine Familie, keine Bekannten dort hatten, sie waren ja Juden. Kinder von Einwanderern, die selbst einmal verfolgt wurden, denn was jetzt drüben geschah, war nur in seinen Ausmaßen, nur in dem Grade seiner organisierten Grausamkeit etwas Neues.«[22]

Gegengelesen mit den entsprechenden Stellen in Alonis ebenfalls überwiegend in deutsch verfassten Tagebüchern wird deutlich, wie sehr die Autorin gerade unter diesem innerjüdischen Unverständnis, der fehlenden Empathie litt. »Wenn das Wort ›jüdisches Volk‹ keine Phrase ist, dann muss es irgendwie eine gemeinsame Verantwortlichkeit geben«, notierte sie im Dezember 1939 zweieinhalb Wochen nach ihrer Ankunft in Haifa.[23] Viele in Deutschland geborene und nach Palästina/Israel eingewanderte Juden haben sich später in Interviews über die nicht gerade sehr jeckenfreundliche Einstellung der vor ihnen ins Land gekommenen Menschen aus Russland, Polen, Ungarn oder Litauen geäußert. Das unter ihnen kursierende geflügelte Wort »Kommst Du aus Überzeugung oder aus Deutschland?« lässt die herrschenden zwiespältigen Gefühle gegenüber den Flüchtlingen erahnen.

Die innerjüdischen Zwistigkeiten schmerzten umso mehr, als auch die beiden anderen Gruppierungen im Land, Araber und Engländer, die deutschen Immigranten kaum willkommen hießen. Arabische Nationalisten hatten bereits in den Zwanzigerjahren gewalttätige Ausschreitungen gegen die britische Verwaltung im Land lanciert, da sich die Regierung weigerte, das Mandatsgebiet als arabischen Staat in die Unabhängigkeit zu entlassen. In der darauffolgenden Dekade lösten dann die steigenden

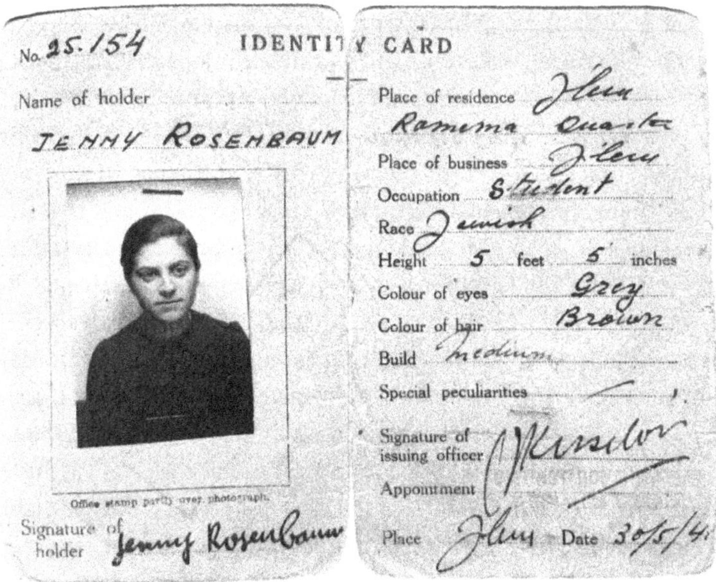

No. 25.154 IDENTITY CARD

Name of holder

JENNY ROSENBAUM

Office stamp partly over photograph.

Signature of holder

Place of residence

Place of business

Occupation

Race

Height 5 feet 5 inches

Colour of eyes Grey

Colour of hair Brown

Build

Special peculiarities

Signature of issuing officer

Appointment

Place Date 30/5/41

Personalausweis von Jenny Rosenbaum, verh. Aloni, ausgestellt am 30. Mai 1941 von der Britischen Mandatsbehörde

Einwanderungszahlen von Juden aus dem Deutschen Reich und seinen besetzten Gebieten Ängste bei der arabischen Bevölkerung aus, die um den Verlust ihrer demografischen wie territorialen Dominanz bangte. Die jüdischen Flüchtlingsströme verzeichneten mehrere Höhepunkte, die jeweils auf spezifische politische Ereignisse folgten; dazu gehörten vor allem der Boykott gegen jüdische Geschäfte und Freiberufler am 1. Mai 1933, der sogenannte Anschluss Österreichs am 13. März 1938, die Eingliederung des zur Tschechoslowakei gehörenden Sudetengebietes am 30. September 1938, die Novemberpogrome in Deutschland um den 9. November 1938 sowie der Beginn des Zweiten Weltkrieges mit dem Überfall auf Polen am 1. September 1939. Die jüdische Bevölkerung Palästinas wuchs de facto von 17 Prozent im Jahr 1931 auf 31 Prozent im Jahr 1941, als die NS-Regierung die Strategie der Zwangsemigration aufgab und in Vorbereitung auf die Endlösung ein generelles Ausreiseverbot für Juden aus Deutschland und den nationalsozialistisch besetzten Gebieten verhängte.

Die als »Großer arabischer Aufstand« in die Geschichte eingegangene Revolte begann im April 1936 und endete mit Beginn des Zweiten Weltkrieges 1939. Ihr Anstifter Mohammed Amin al-Husseini, Großmufti von Jerusalem, rief zu einem Generalstreik gegen die jüdische Immigration und gegen Bodenkäufe seitens der zionistischen Institutionen auf. Er beanspruchte ganz Palästina als arabischen Staat und beabsichtigte, lediglich jenen jüdischen Mitbürgern Wohnrecht zu gewähren, die vor 1917 im Land geboren waren. Den Höhepunkt erreichte die Rebellion im Frühjahr 1938 mit rund 15 000 bewaffneten Aufständischen, die Gewaltakte gegen jüdische Einwohner und gegen die britische Mandatsmacht verübten. Auf politischer Ebene bemühten sich al-Husseini und sein arabisch-nationalistischer Block um Stärkung über Bündnisse mit den deutschen Nationalsozialisten, den italienischen Faschisten und dem französischen Vichy-Regime. Die Kooperation mit den Nationalsozialisten gipfelte in der Erklärung al-Husseinis, die Beseitigung der nationalen jüdischen Heimstätte in Palästina nach hitlerischem Vorbild zu lösen. Von den Briten gesucht, erhielt der selbsternannte Palästinenserführer in der ersten Hälfte der Vierzigerjahre nicht nur mehrjähriges Asyl in Deutschland, sondern zudem finanzielle Unterstützung für seine dem NS-Staat dienliche antijüdische Propaganda in der arabischen Welt. Selbst Mitglied der SS, mobilisierte er Moslems auf dem Balkan für die Waffen-SS und unterstützte aktiv den Holocaust.

Obwohl sich die arabische Revolte auch gegen britische Ziele richtete, zeigte sich die Mandatsregierung vor dem Hintergrund des heraufziehenden Zweiten Weltkrieges zu Zugeständnissen gegenüber den Aufständischen bereit und ging auf einige ihrer Forderungen ein. Diese wirkten sich vor allem in drastischen Beschränkungen der jüdischen Einwanderung aus. De facto kontrollierten die britischen Behörden seit 1922 die Quoten der Immigranten über die Vergabe von Zertifikaten, die in vier Kategorien unterteilt waren: Zur A-Klasse zählten die sogenannten »Kapitalistenzertifikate«, welche an alle vergeben wurden, die den Nachweis erbringen konnten, sich aus eigenen Mitteln im Land finanzieren zu können. Zur B-Kategorie gehörten in erster Linie allein einwandernde junge Menschen: Waisen, Schüler und Studierende. »Arbeiterzertifikate« liefen unter C für Immigranten, die eine sichere Aus-

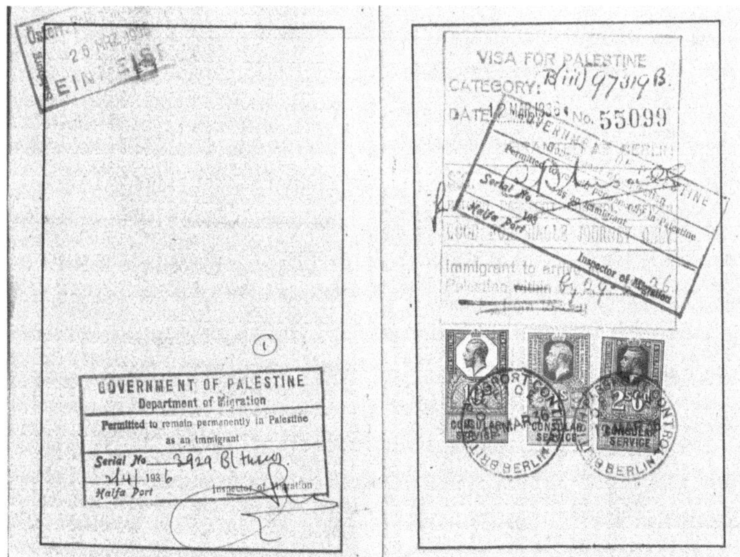

Einreisevisum Kategorie B von Ernst Loewy, ausgestellt im April 1936

sicht auf Beschäftigung hatten. Sonstige Genehmigungen wurden unter D geführt und betrafen zum Beispiel Familiennachzug. Die Vergabe der Bescheinigungen wurde in den ersten Jahren der Mandatsregierung relativ großzügig gehandhabt. Dies sollte sich unter dem Druck des arabischen Aufstandes ändern.

Im Mai 1939 gaben die Briten ein Weißbuch heraus, das die Einwanderungsquoten und den Erwerb von Grund und Boden durch Juden in äußerst empfindlicher Form beschnitt. Für die nächsten fünf Jahre wurde die Zahl der zu diesem Zeitpunkt überwiegend aus Deutschland, Österreich und dem tschechoslowakischen Raum stammenden jüdischen Immigranten auf insgesamt 75 000 beschränkt, 10 000 pro Jahr und zusätzlich 25 000 Flüchtlinge auf den ganzen Zeitraum verteilt. Danach sollte jeder weitere Zuzug von Juden nur mit arabischer Zustimmung gestattet werden. Zudem wurden harte Maßnahmen gegen illegale Einwanderung angekündigt. Die neuen Grundsätze der britischen Palästina-Politik garantierten der arabischen Bevölkerung eine Zweidrittelmehrheit. In den Augen der Zionisten stellten sie einen Verrat an der Balfour-Deklaration von 1917 dar. Für die deutschen Juden waren die verschärften Einwanderungsrestriktionen für Palästina fatal. Zeitgleich zur Publikation des Weißbuches irrte die *St. Louis*, ein Hamburger Passagierschiff, mit 937 aus NS-Deutschland geflohenen Juden an Bord auf dem Atlantik herum. Am Zielhafen von Havanna verweigerte die kubanische Regierung die Landeerlaubnis. Als nachfolgend sowohl die USA als auch Kanada gleichfalls ablehnend reagierten und sich gegen eine Aufnahme der Asylsuchenden entschieden, sahen sich die Heimatvertriebenen mit der erschreckenden Erkenntnis konfrontiert, dass sie weltweit ungewollt und verdammt waren. Nach erzwungener Rückkehr wurden die Passagiere letztendlich von Antwerpen aus auf Belgien, die Niederlande, Frankreich und Großbritannien verteilt. Viele von ihnen kamen später in Konzentrationslagern um. Das erschütternde Flüchtlingsdrama der *St. Louis* steht stellvertretend für die unsägliche Verengung der Welt, der sich die deutschen Juden bar jeder Hoffnung ausgesetzt sahen. Mit dem britischen Weißbuch für Palästina wurde ein weiteres Tor bis auf einen schmalen Spalt geschlossen.

»Um zu erleben, was Geschichte ist, muss man Jude sein.«[24] Mit dieser universellen Feststellung beginnt der Tagebucheintrag der jungen Jenny Rosenbaum vom 8. November 1938. Der nächste Tag brachte das Entsetzen der Reichspogromnacht. In Paderborn fand sie das Elternhaus geplündert und ihren Vater und weitere Verwandte nach Buchenwald deportiert. Die Vorfälle verarbeitete die Schriftstellerin ein Vierteljahrhundert später in dem Text »Kristall und Schäferhund«. Der 9. November 1938 sollte der Beginn einer enormen Radikalisierung der antisemitischen Politik des NS-Staates sein. Auch wenn der Vater zunächst zurückkehrte – er wurde später genau wie die Mutter und die Schwester in Theresienstadt ermordet –, verlor er im Rahmen der sogenannten »Judenbuße« Haus und Geschäft, was die Familie von heute auf morgen in die Verarmung trieb. Die Schockstarre, welche die Geschehnisse bei den deutschen Juden auslöste, bedingte eine Verzagtheit, die jede Alternative als aussichtslos erscheinen ließ: »Ins Nichts gehen, im Verderben bleiben?«, so brachte es Victor Klemperer auf den Punkt.[25] Von der Familie Rosenbaum entschied sich allein Jenny für die Auswanderung. Sie bestieg Ende November 1939, gut ein Jahr nach der Reichskristallnacht, in Triest das Schiff. Auf das

Zertifikat als Begleiterin einer Gruppe von jüdischen Kindern und Jugendlichen hatte sie monatelang warten müssen. Es garantierte ihr eine legale Ausreise aus Deutschland und eine legale Einreise nach Palästina. Mit ihrem ersten Tagebucheintrag nach der Ankunft in Palästina Anfang Dezember 1939 kündigte sie einen analytisch-distanzierten Blick auf das »Nichts« an, das sie vor dem »Verderben« rettete: »Vorgestern waren es 8 Tage, dass ich im Land war (am 5.12.). Man dringt sehr schnell in die Wirklichkeit ein. Man trinkt sich voll an der Schönheit und dem Ungewohnten, was es birgt, aber man sieht nackt und jeder Ideologie entkleidet die Schäden.«[26]

Die Tagebuchvermerke Jenny Rosenbaums aus Palästina, ab 1948 als verheiratete Jenny Aloni im gerade gegründeten Staat Israel, bieten eine kritische Sicht auf ihr neues Heimatland. Ihre Betrachtungen erscheinen – gerade in den ersten Jahren nach der Immigration – wie spiegelbildliche Umkehrungen: In Deutschland fühlte sie sich als Jüdin – in Palästina als Deutsche. »Ich leide an Erez J[israel] wie ich früher an Deutschland gelitten habe. Hier wie dort bin ich fremd.«[27] In Palästina, so schreibt sie an anderer Stelle, wiegen missliche Umstände noch schwerer für sie. Den Grund hierfür sieht sie in einem stärkeren Anspruch an die eigene ethische Haltung: »In Deutschland habe ich mich nicht so für alles verantwortlich gefühlt, was geschah (im Gegenteil). Hier aber unter Juden fühle ich mich mitverantwortlich für das Gebaren der Einzelnen.«[28] Mit dem Diarium der Jenny Aloni liegt ein Zeitdokument von besonderer Bedeutung vor. Begonnen im Alter von 17 Jahren, führte es die Autorin von 1935 bis zu ihrem Tod 1993 über 58 Jahre. Damit zählen die Aufzeichnungen zu den wenigen bekannten Beispielen, die die Befindlichkeiten in Deutschland und in Palästina/Israel über einen derart langen Zeitraum dokumentieren. Dass sie von einer äusserst scharfsinnigen und reflektierenden Frau verfasst sind, die schon sehr früh die Schriftstellerei als ihre Bestimmung erkannte, gibt den erst posthum 2006 publizierten Tagebüchern Alleinstellungswert: Weibliche Perspektive verschmilzt mit authentischer Dokumentation und literarischer Qualität. Aloni schreibt, weil sie schreiben muss, aus einer inneren Notwendigkeit heraus, die sie oft als Qual bezeichnet. Damit meint sie die harte Arbeit an der Formfindung, aber auch die Verarbeitung des Erlebten: »Ich muss mir diese Zeit von der Seele schreiben, sonst wird sie mich nie zufriedenlassen.«[29] Die Erinnerungen an Deutschland, das Jenny Aloni in späteren Jahren mehrfach besuchte, bleiben in ihren Tagebüchern bis zu ihrem Tod präsent. Die Annäherung an die neue Heimat Erez Israel wird als schwieriger und langwieriger Prozess erkennbar. Die Dichotomie zweier Heimaten treibt sie ein Leben lang um, bis sie sich am Ende ihres neuen Zuhauses Israel sicher ist: »Ich möchte auf Dauer in keinem anderen Land leben.«[30]

Berufsumschichtung: Hühnerzüchter mit Doktortitel

> »Viele Wandlungen, Ereignisse und Schicksale gehen über jeden einzelnen hin, der ins Land kommt, bis er sich ihm einfügt und er an seinen Steinen Freude hat und seinen Staub liebt, und die Ruinen des Landes Israel ihm lieber sind als ein Palast im Ausland. [...] Aber nicht in einem Tag und nicht in zweien, nicht in einem Monat und nicht in einem Jahre, – sondern manches Jahr geht hin, bis die Tage der Aufnahme vorüber sind, seiner Aufnahme ins wahre Leben. Dann aber wohnt er in der Heimat. [...] Wer herkommt und bringt sein Wissen mit, jeder, was er sich nach seinen Graden erworben, der fügt sich anfangs nicht ein, sein Sinn wird geradezu verwirrt, er wird umher geworfen, ohne Ruhe und Sicherheit zu finden [...] und er schafft anderen Mühe durch seine Angelegenheiten und Handlungen.«[31]

Die Sätze sind einem 1795 in Tiberias verfassten Brief entnommen, den ein jüdischer, aus Litauen nach Palästina eingewanderter Gelehrter an Freunde in Europa schrieb. Da die Schilderung seiner Migrationserfahrungen letztlich dem entsprach, was einen Immigranten auch 140 Jahre später noch erwartete, publizierte der Berliner Schocken Verlag Auszüge des rabbinischen Rapports in seinem Almanach von 1933/34 unter dem hinweisenden Titel Hachschara [hebr. für Vorbereitung].

»Ja, hast Du denn wirklich gedacht, du könntest hier genau da anfangen, wo Du dort aufgehört hast?«,[32] fragte sich Martin Feuchtwanger kurze Zeit nach seiner Ankunft in Palästina. Der in Deutschland als Schriftsteller und vor allem als Publizist tätige jüngere Bruder von Lion Feuchtwanger erreichte im September 1939 mit einem illegalen Flüchtlingstransport die Küste von Tel Aviv. Es war seine zweite Flucht. 1933 hatte er seine erfolgreiche Verlegertätigkeit in Halle aufgeben müssen und war zunächst nach Prag geflohen. Von hier aus gelang es ihm, mit der Herausgabe diverser Romanzeitschriften und seichter Trivialliteratur an sein deutsches Verlagsprogramm mit vergleichbar hohen Auflagen und Verkaufszahlen anzuknüpfen. In Palästina jedoch war aufgrund der vielen unterschiedlichen Sprachen und den daraus resultierenden geringen Auflagen eine ökonomisch tragbare selbstständige Verlegertätigkeit aussichtslos. Dennoch gründete Feuchtwanger in Tel Aviv einen Kleinstverlag, der unter dem Namen Edition Olympia firmierte. Bis zu seinem Tod 1952 konnte er immerhin circa vierzig Titel vorwiegend in Deutsch, vereinzelt auch in Englisch und Hebräisch herausbringen. Inhaltliche Schwerpunkte lagen auf informativen Büchern über Palästina, praktischen Lebensratgebern für Neueinwanderer sowie Prosa und Poesie von aus Deutschland emigrierten Schriftstellern. Über die Kooperation mit exilierten Autoren hinaus nahm Feuchtwanger vor den Nazis geflohene Künstler wie Rico Blass und David Schneurer sowie Fotografen wie Zoltan Kluger, Alfons Himmelreich oder Walter Zadek unter Vertrag. Erwartungsgemäß gestaltete sich das Verlagsunternehmen als pekuniäres Fiasko. Der Hutsalon, den Feuchtwangers Frau Trude, geborene Loewy, in Tel Aviv eröffnete, verzeichnete unterm Strich größere Gewinne. Im April 1946 klagte Martin Feuchtwanger seinem inzwischen in Pacific Palisades etablierten Bruder Lion: »Wie klein und bedeutungslos meine hiesige verlegerische Tätigkeit ist. Es liegt an dem Land […] das wie eine von der Welt abgeschnittene Insel ist. Ernaehren kann ich mich von diesem Verlag nicht. Meine Haupttätigkeit besteht im Kochen.«[33] Für den Unterhalt der vierköpfigen Familie trug Martin Feuchtwanger durch einen von ihm organisierten privaten Mittagstisch in der eigenen Wohnung bei, der zeitweise bis zu 25 Personen verköstigte.

Den harten Existenzkampf beschrieb Martin Feuchtwanger eindrücklich in seinen erst lange nach seinem Tod publizierten Erinnerungen. Über die eigenen schwierigen Befindlichkeiten hinaus nimmt der

Autor hier viele Einzelschicksale ins Visier und legt damit eine bemerkenswerte Dokumentation zur deutsch-jüdischen Einwanderung nach Palästina vor. So geht er unter anderem den Wegen jener Menschen nach, mit denen er gemeinsam auf dem völlig abgewrackten Dampfer »Frossula« das Mittelmeer überquert hatte:

> »Von den 800 Frossulanern waren die meisten Kaufleute, Industrielle und Akademiker. Die Zahl der Handwerker und der Arbeiter war nur gering. Ihnen fiel es viel leichter, sich in die neue Lage zu schicken und Arbeit zu finden. Kaufleute, Ärzte, Rechtsanwälte, Gymnasiallehrer erkannten bald, daß ihre in Jahrzehnten gesammelten Erfahrungen ihnen hier nicht halfen. Ein Arzt bemühte sich, als Masseur ein wenig zu verdienen, ein anderer mit Pediküren, einer assoziierte sich mit einem Trödler. [...] Einige Hundert bemühten sich, in Kibbuzim oder Kwuzot Aufnahme zu finden. Zum großen Teil ohne Erfolg. [...] [D]ie landwirtschaftlichen Siedlungen [suchten] kräftige, arbeitsgewohnte, am liebsten landwirtschaftlich geschulte Kräfte. Mit einem Röntgenologen war ihnen nicht gedient, auch nicht mit einem Landgerichtsrat und seiner Familie, mit einem Regisseur, einem Chemiker oder einem Gymnasialdirektor mit seiner Frau, seiner Schwiegermutter und sechs Kindern. Immerhin wurden einige Dutzend junger Leute von den Kibbuzim aufgenommen.«[34]

Unter den jugendlichen Einwanderern aus Deutschland gab es einen relativ hohen Prozentsatz, der sich nicht nur mental auf das Land vorbereitet, sondern in sogenannten Hachschara-Lagern für die Arbeit in landwirtschaftlichen Kollektiven qualifiziert hatte. Eine der Emigration vorgeschaltete Berufsausbildung in Disziplinen, an denen in Palästina Bedarf herrschte, versprach sowohl eine Existenzsicherung in der neuen Heimat als auch grünes Licht für ein Einwanderungszertifikat der Kategorie C seitens der britischen Behörden. Die zionistische Weltorganisation förderte daher europaweit die Einrichtung von Handwerksbetrieben – Tischlereien, Schlossereien, Schreinereien, Schneidereien –, und insbesondere von landwirtschaftlichen Lehrgütern mit dem Ziel einer Berufsumschichtung fern von den Einflüssen der meist bürgerlich-städtisch geprägten Elternhäuser. Hachschara, eine direkt anschließende Alija und nachfolgend der Anschluss an eine landwirtschaftliche Siedlung in Erez Israel wurden zum Königsweg einer jüdischen Renaissance erklärt. Ab Ende der 1920er-Jahre entstanden agrarische Schulungsfarmen in Schweden, Dänemark, Jugoslawien, Italien, den Niederlanden und Großbritannien. Die meisten Hachschara-Betriebe wurden jedoch – insbesondere nach Beginn der nationalsozialistischen Verfolgung – in Deutschland eingerichtet, wo Mitte der 1930er-Jahre in mehr als dreißig Trainingslagern mit insgesamt rund 1500 Ausbildungsplätzen junge Juden beiderlei Geschlechts auf ein neues Leben im Gelobten Land vorbereitet wurden. Allein dreizehn Standorte befanden sich in Brandenburg, also im unmittelbaren Umkreis von Berlin. Eine detaillierte Aufstellung der Lehrstätten publizierte der Schocken Verlag in seinem Almanach von 1938/39.

Der Inhaber des Verlags, Salman Schocken, stand selbst hinter einer der größten Einrichtungen, dem Gut Winkel in Spreenhagen. Das knapp 40 Kilometer Luftlinie südöstlich von Berlin gelegene Anwesen war 1925 von seinem ebenfalls als Kaufhauspionier und Philanthrop bekannten Bruder Simon erworben und zu einer Agrarschule und Großgärtnerei erweitert worden. Nach dessen Tod 1929 übernahm Salman Schocken den Betrieb und wandelte ihn sukzessive in ein beispielgebendes Hachschara-Lager um. Die Erfahrung kollektiven Lebens in einem Kibbuz, das der zionistisch engagierte Schocken während seiner ersten Palästinareise 1921 kennenlernen konnte, stand hinter dem nachhaltigen Ausbau des brandenburgischen Gutshofs. Ab 1933 bis zu seiner Schließung durch die Nazis im Juni 1941 wurde die Lehrfarm fachkompetent von dem Diplomlandwirt und Gartenbauinspektor Martin Gerson geleitet, der parallel im Auftrag der Reichsvertretung der deutschen Juden die Regie aller jüdischen Ausbildungsbetriebe in Deutschland innehatte. Er entwickelte einen für alle Güter geltenden, straff organisierten Tagesablauf, der den Jugendlichen kaum Zeit ließ, das zunehmend feindliche Umfeld zu reflektieren. Die Lehrfarmen fungierten über etliche Jahre als Schutzinseln im braunen nationalsozialistischen Meer, wurden jedoch ab 1940 immer häufiger von der Gestapo kontrolliert.

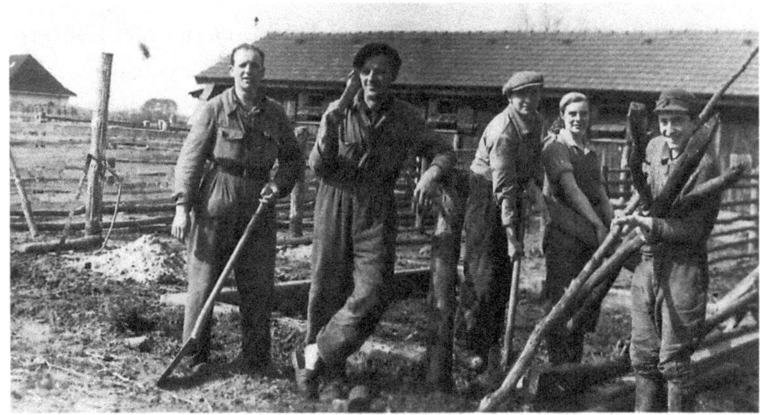

Hachschara auf Gut Winkel ca. 1936; Foto: Chanan Bahir

Gut Winkel konnte bis zu hundert männliche und weibliche Lehrlinge gleichzeitig aufnehmen. Den meist städtisch, kosmopolitisch geprägten jungen Juden und Jüdinnen wurden agronomische Grundkenntnisse vermittelt, die als nutzbringend sowohl für die Neueinwanderer selbst als auch für den Aufbau eines Jüdischen Nationalheims in Palästina galten. Das Anwesen in Spreenhagen verfügte Mitte der Dreißigerjahre über eine eigene Geflügelzucht, eine Viehwirtschaft mit angeschlossener Molkerei, über große Flächen für Obst- und Gemüseanbau sowie über eine eigene kleine Konservenfabrik. Das Lehrprogramm stimmte mit dem aller Hachschara-Farmen überein: Neben die praktische Arbeit in den verschiedenen Sparten der Landwirtschaft trat die theoretische Vermittlung agronomer Grundkenntnisse; darüber hinaus gab es Unterricht in Hebräisch, Palästinakunde sowie in Geschichte und Gedankengut des Zionismus. Die tragenden Säulen der nationalen jüdischen Idee – Bearbeitung des Bodens als Voraussetzung für die Verwurzelung eines Volkes und Erziehung zum Gemeinschaftsdenken als konstitutiver Faktor gesellschaftlicher Erneuerung – bildeten das ideologische Gerüst der Hachschara-Lager.

Alle jüdischen Lehrfarmen waren mit Bibliotheken zum Selbststudium ausgestattet. Sie wurden meist aus den mitgebrachten und der Allgemeinheit zur Verfügung gestellten Büchern der Lehrer und Schüler aufgebaut. Das Gut Winkel dürfte in dieser Beziehung eine Sonderstellung eingenommen haben, da Salman Schocken den dortigen Bestand aus dem Repertoire seines Verlags aufstockte. Dessen Gründung im Juli 1931 fiel mit dem intensivierten Ausbau der Lehrfarm zu einer Hachschara-Ausbildungsstätte zusammen. Beide Einrichtungen, so unterschiedlich sie sein mochten, gingen Hand in Hand in der Förderung jüdischer Selbstbehauptung. Das Ziel des deutschsprachigen Schocken Verlags lag laut Werbebroschüre »in allmählichem Aufbau aus dem fast unübersehbaren und häufig unzugänglichen jüdischen Schrifttum aller Zeiten in sorgfältiger Auswahl«.[35] Eine abwechslungsreiche Melange aus Belletristik, Poesie, historischen Abhandlungen und jüdisch-religiösen Themen bot einer mehr und mehr von ihrer Umwelt ausgestoßenen Leserschaft zumindest für den Zeitraum der Lektüre eine geistige Beheimatung. Salman Schocken war seit 1910 engagiertes Mitglied der zionistischen Organisation, ab 1913 Teilnehmer an allen zionistischen Weltkongressen und hatte in den 1920er-Jahren mehrfach Palästina besucht. Dennoch war seine 1934 erfolgte Emigration ins Gelobte Land nur unter dem Druck des Nationalsozialismus geschehen. Seine herausragenden wirtschaftlichen Fähigkeiten, die er mit der in vierzehn deutschen Städten vertretenen Kaufhauskette unter Beweis gestellt hatte, konnten sich nur in einem hochentwickelten Industrieland entfalten. Palästina war trotz seines großen zionistischen Engagements letztendlich zu eng für Menschen seines Schlags. Salman Schocken wanderte 1940 in die USA weiter.

Als schlichtweg zu klein erwies sich das Land Israel auch für viele einwandernde Akademiker. Schlagendes Beispiel ist der mit der deutschen Immigration einhergehende Medizinerüberschuss in Palästina. Im April 1937 setzte der Vorsitzende des Verbandes der Jüdischen Ärzte in Tel Aviv in der *Jüdischen Rundschau* folgenden Signalruf »Zur Notlage der jüdischen Aerzte« ab:

> »Als einmal in Berlin die Zahl der Aerzte so anstieg, daß ein Arzt auf weniger als 1000 Köpfe der Bevölkerung kam, erhoben sich warnende Stimmen. [...] In Tel Aviv kommt heute auf 220 Einwohner ein Arzt. [...] In wenigen Monaten [kamen] 400 jüdische Aerzte,

> fast alle aus Deutschland, neu ins Land. [...] Die Folgen sind mehr als bedrohlich. Mindestens 200 Aerzte Tel Awiws dürften heute nicht mehr in der Lage sein, ihr Existenzminimum durch die Berufsarbeit aufzubringen.«[36]

Der Autor des Beitrags war der in Königsberg geborene Pädiater Siegfried Shimon Rosenbaum, der bereits im Frühjahr 1933 nach Palästina eingewandert war. Er konnte sich zu diesem Zeitpunkt noch erfolgreich als Kinderarzt in Tel Aviv etablieren. Danach wurde die Situation für neu einwandernde Ärzte von Jahr zu Jahr aussichtsloser.

Bezeichnend ist eine der damals kursierenden Anekdoten, die der bekannte israelische Historiker Tom Segev, selbst Sohn jüdischer Flüchtlinge aus Deutschland – der beiden Bauhaus-Schüler Ricarda und Heinz Schwerin –, kolportiert. Es ist die Geschichte einer Frau, »bei der auf einer Busfahrt plötzlich die Wehen einsetzen. Die Fahrgäste rufen nach einem Arzt, und sofort eilen sechs kürzlich aus Deutschland eingewanderte Ärzte der Frau zur Hilfe. Doch der Busfahrer, ebenfalls ein deutscher Immigrant und früherer Arzt, weist die anderen zurück: ›Entschuldigen Sie bitte, meine Herren, aber in meinem Bus bringe ich die Babys zur Welt.‹«[37]

Noch dramatischer stellte sich der Sachverhalt für die zweite klassisch jüdische Berufssparte, die Jurisprudenz, dar. Schon im April 1934 publizierte die *Jüdische Rundschau* eine nicht gerade ermutigende Einschätzung zur Lage der »Rechtsanwälte in Palästina«. Für Laufbahnen als Richter, Syndizi oder Regierungsangestellte bestünde im Land aufgrund der britischen Verwaltungsstruktur und des Fehlens größerer jüdischer Betriebe nur geringer Bedarf. Es bliebe für den neu einwandernden Juristen daher allein die Tätigkeit als Anwalt, doch hier stelle, so der Autor des Beitrags R. Zysmann, das von jedem auswärtigen Advokat verlangte Examen in der Rechtsprechung des britischen Mandats eine nicht zu unterschätzende Klippe dar, weil der – meist nicht mehr junge – Prüfling sich in ein fremdes Gesetzsystem in einer ungewohnten Sprache einarbeiten müsse. Im Amtsalltag des Jischuv kam zusätzlich noch Hebräisch hinzu, das sich in den 1930er-Jahren bereits als schriftliche wie mündliche Kommunikationssprache fest etabliert hatte.

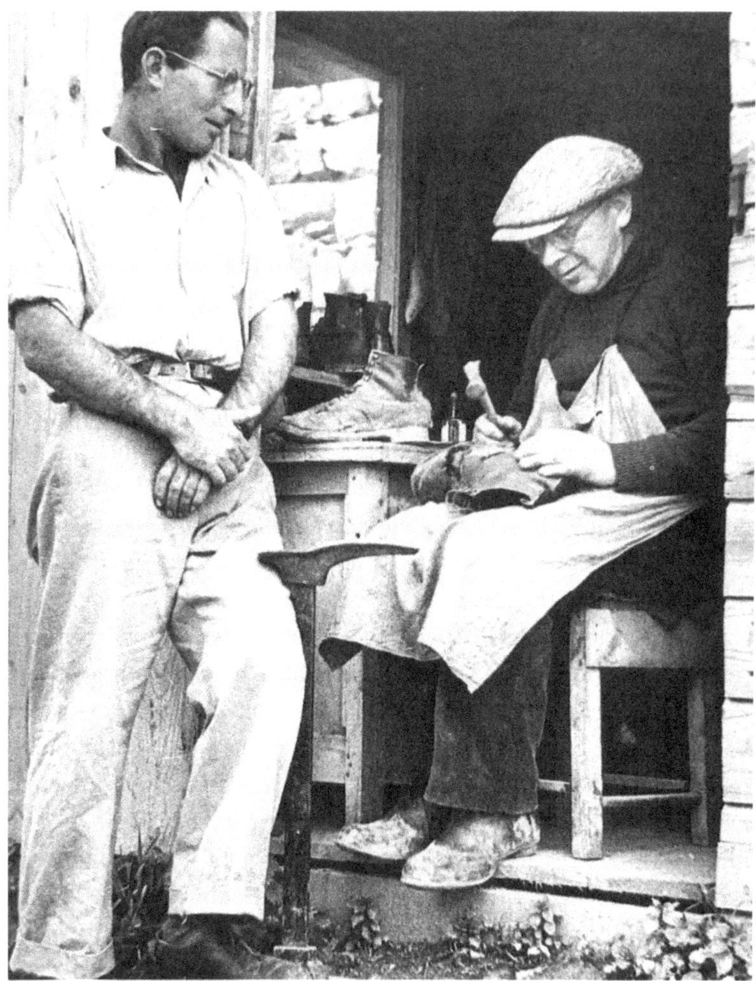

Ehemaliger Stuttgarter Landgerichtsrat als Schuster auf der Jaffa Road in Jerusalem, 1937; Foto: Walter Zadek

Zysmann verhehlte nicht, dass sich die meisten Neueinwanderer aus Deutschland damit extrem schwertaten. Da nur wenige jüdische Anwälte Verbindungen zu einer arabischen Klientel unterhielten, sei die Berufssparte mit mehr als 200 hauptsächlich in den drei großen Städten ansässigen Juristen bereits deutlich überbesetzt:

> »94 Tel Awiwer Anwälte versorgen Tel Awiw und die jüdische Umgebung von ca. 120 000 Menschen, so daß je ein Anwalt auf etwa 1300 bis 1400 Menschen kommt. In den anderen Städten sind die Verhältnisse ähnlich. Die entsprechende Zahl in Deutschland war bis zur Umwälzung etwa drei- bis viermal so hoch.«[38]

Mit Bangen beobachtete der Autor die steigende Tendenz bei den Examensanmeldungen, welche – bei bestandenen Prüfungen – das Verhältnis noch ungünstiger verschöben. Zysmann plädierte daher dezidiert für eine Umschichtung der aus Deutschland einwandernden Juristen.

Einer, der das Dilemma der proportionalen Unverhältnismäßigkeit an einwandernden Akademikern früh erkannte, war Arthur Ruppin. Der aus Posen stammende promovierte Soziologe, der seit 1908 als Leiter des Palästinaamtes in Jaffa die jüdische Besiedlung des Landes lancierte, versuchte eine Umstrukturierung der Erwerbstätigkeit auf dem Weg der Raumplanung anzugehen: »Die deutschen Juden kleben sehr an den Städten«, schrieb er Ende 1934 in sein Tagebuch, »ich bemühe mich, für sie vorstädtische und landwirtschaftliche Siedlungskerne zu gründen, wo sie billiger wohnen und allmählich zur Landwirtschaft übergehen können.«[39] Die beiden ersten größeren Ortschaften für Neueinwanderer aus Deutschland, die Ruppin auf dieser Linie initiierte, wurden bereits Ende 1933 angelegt: Kirjat Bialik als vorstädtisches Wohnquartier mit kleinen Nutzgärten nordöstlich von Haifa und Ramot Hashawim als intensiv-landwirtschaftliche Siedlungsgenossenschaft nordöstlich von Tel Aviv. Zielgruppe beider Niederlassungen war der Mittelstand, der überwiegend mit sogenannten »Kapitalistenzertifikaten« ins Land gekommen war. Über »learning by doing« wurden aus den arbeitslosen Akademikern nach und nach umtriebige Gemüsebauern und Kleintierhalter. In Ramot Hashawim, das sich auf Hühnerzucht und Eierproduktion konzentrierte, schufen die »Eier-Jeckes« eine mustergültig durchorganisierte Genossenschaft. Erfolge halfen, das Trauma der Umschichtung nach und nach zu überwinden und gegen ein neues Selbstverständnis auszutauschen. Damit wurde auch die hierarchische Unterteilung in geistige und körperliche Arbeit obsolet. Gelehrte, Arbeiter, Bauern standen zumindest für die Zeit des Umbruchs auf gleicher sozialer Stufe. Über Jahre hinweg resistent gegen Aufweichungen zeigten sich gewisse Benimmregeln, Verhaltensformen und Kleiderordnungen. Eine viel kolportierte Anekdote aus der Aufbauphase des Hühnerdorfs bei Tel Aviv erzählt von einem weithin vernehmbaren Gemurmel bei Annäherung an die »deutsche« Siedlung. Beim Näherkommen erkennt der Besucher eine Kette von Jeckes, die von Hand zu Hand Bausteine weitergeben. Das Raunen entpuppt sich als endlose Wiederholung: »Bitte schön, Herr Doktor, danke schön, Herr Doktor.«

Die größte Gründung deutscher Juden war die nördlich von Akko an der damals offenen Verbindungsstraße nach Beirut, unmittelbar am Mittelmeer gelegene Stadt Naharija. Hinter der auf Gemüse- und Kernobstanbau sowie Kleintierhaltung basierten Siedlung steckte die konzertierte Vision und Aktion zweier Zionisten der ersten Stunde: des Bauingenieurs Joseph Loewy und des Agrarwissenschaftlers Selig Eu-

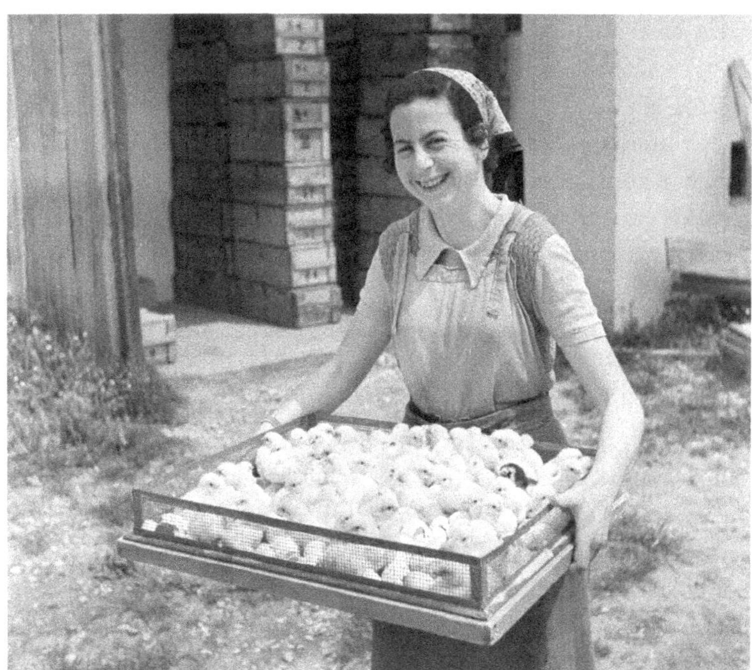

Bewohnerin von Ramot Hashawim präsentiert eine Kiste mit gerade geschlüpften Küken, ca. 1948

gen Soskin. Ersterer stammte aus Gleiwitz und war beruflich wie familiär mit dem Berliner Bauunternehmer Adolf Sommerfeld verbunden, dessen Baukonzern in Zusammenarbeit mit Architekten wie Walter Gropius und Bruno Taut die Siedlungslandschaft des Südwesten Berlins maßgeblich prägte. Bei dem Projekt Naharija trat der in allen Sparten der Bauwirtschaft kundige Loewy als Investor auf. Über eine von ihm gegründete Aktiengesellschaft konnte er 200 Hektar von einer in Beirut ansässigen arabischen Großgrundbesitzerfamilie erwerben. Die Fläche wurde unterteilt in unterschiedlich große Parzellen für jeweils andersgeartete Bodennutzung: 5000 bis 9000 Quadratmeter standen für die Farmen bereit, 1500 Quadratmeter waren für Handwerkerbetriebe vorgesehen und 675 bis 1000 Quadratmeter wurden als sogenannte Weekend-Parzellen direkt am Strand ausschließlich für Wohnzwecke reserviert. Die jeweiligen Grundstücke wurden – so jedenfalls stand es im Vertrag zwischen Käufern und der Nahariyya Ltd. – komplett mit Haus, ameliorierter Gartenfläche, Kleintieren (Junghennen und eine Ziege) und entsprechenden Ställen, agrarischen Gerätschaften, Wasseranschlüssen und der notwendigen Infrastruktur ausgestattet, sodass der Käufer unmittelbar mit der landwirtschaftlichen Intensivbewirtschaftung beginnen konnte. Zudem garantierte die Gesellschaft, dem frisch gebackenen Agronomen über ein Jahr lang fachliche Unterweisung durch Instruktoren für Gemüse- und Obstanbau sowie Hühnerhaltung zur Seite zu stellen.

Loewys Unternehmen trat als größter privater jüdischer Bodenbesitzer auf. Damit unterlief der Bauingenieur das zionistische Prinzip der Nationalisierung und zentralen Verwaltung von Land. Doch wusste er seine privatwirtschaftlichen Interessen und Fähigkeiten mit der zionistischen Sache zu vereinen. Er wollte verhindern, »dass deutsche Juden, die in Erez Israel keine geeignete Beschäftigung fanden, ihr mitgebrachtes Kapital in wenigen Monaten oder ersten Jahren nach ihrer Einwanderung aufzehren würden. Stattdessen sollten sie ihr Vermögen in landwirtschaftlichen Parzellen anlegen und gleichzeitig ›aufs Land verpflanzt‹ werden«.[40] Die ersten Siedler-Aktionäre und Bewohner Naharijas rekrutierten sich aus dem unmittelbaren Berliner Bekanntenkreis Loewys, insbesondere aus Mitgliedern der Verbindung *Verein Jü-*

discher Studenten. Weitere zukünftige Bewohner wurden durch gezielte Werbekampagnen in Deutschland gewonnen. Die Gruppe der ersten vierzig Naharijaner, die sich im Doppeljahr 1934/35 in den Dünen nahe der heutigen Grenze zum Libanon zusammenfand, bestand zu einem Drittel aus promovierten Hochschulabsolventen: sieben Juristen, drei Ärzte, zwei Ingenieure und ein Nationalökonom. Darüber hinaus waren mindestens acht Siedler in Deutschland im Kaufmannsberuf tätig gewesen. Nur zwei Personen hatten vor ihrer Emigration eine Ausbildung genossen, die sie für eine agrarische Tätigkeit qualifizierten: ein gelernter Gärtner und ein Lehrling des Hachschara-Lagers Gut Winkel. Auf der Liste der Erstbewohner befinden sich auch fünf alleinstehende Frauen ohne Berufsbezeichnung; zu den verbleibenden Siedlern liegen diesbezüglich keine Angaben vor.

Das städtebauliche Layout für Naharija lieferte Selig Eugen Soskin. In zahlreichen Publikationen und Referaten auf Zionistenkongressen hatte der in Deutschland ausgebildete Agronom und Bewässerungsfachmann für genossenschaftlich organisierte Kleinsiedlungen auf den intensiven Gartenbau als effektivste Nutzung des begrenzten jüdischen Siedlungsraumes in Palästina plädiert. Inspirieren ließ er sich von dem vielleicht bekanntesten deutschen Landschaftsarchitekten Leberecht Migge. Dessen Konzept *Jedermann Selbstversorger* hatte sich bei der Bewältigung der akuten Arbeits-, Nahrungs- und Wohnungsnot in der deutschen Wirtschaftskrise nach dem Ersten Weltkrieg bewiesen. Soskin sah hier Lösungen, die sich auf die Situation einer Pioniergesellschaft übertragen ließen. Er beauftragte Migge mit dem Entwurf einer »Palästina-Siedlung«, die er 1920 publizierte. Doch die zionistische Bodenpolitik setzte zunächst auf extensive Landwirtschaft. Das Soskin-Migge-Modell gewann erst mit dem Strom von Einwanderern und Flüchtlingen aus Deutschland an Bedeutung, denen die Migge'schen Selbstversorgergärten aus zahlreichen deutschen Großsiedlungen bekannt gewesen sein dürften – bei den Naharijanern allemal, waren doch Adolf Sommerfeld und Joseph Loewy als Bauunternehmer an etlichen von ihnen beteiligt. Der Gründungsplan Naharijas ist eine adaptierte Version der von Leberecht Migge für Soskin entworfenen »Palästina Siedlung«.

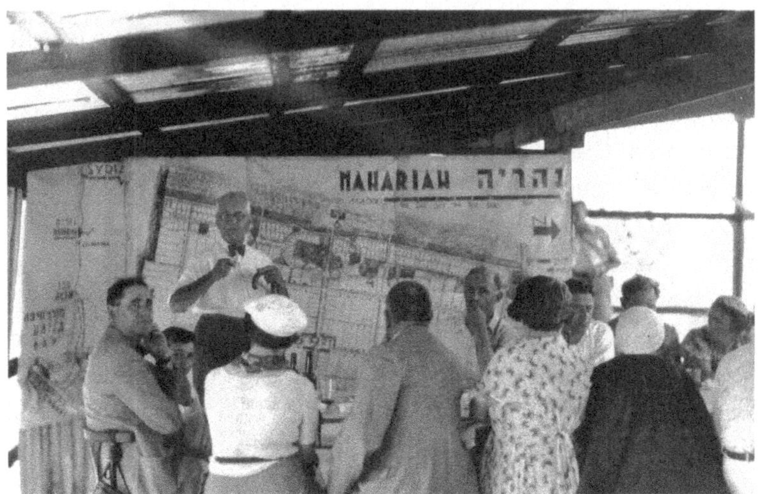

Selig Soskin bei der Erläuterung des Bebauungsplans von Naharija, 30. Mai 1935

Doch Naharijas Entwicklung sollte einen anderen Lauf nehmen als von Joseph Loewy und Selig Eugen Soskin intendiert. Die »Akademiker« verabschiedeten sich bald von ihrer Rolle als Versuchspersonen eines landwirtschaftlichen Siedlungs-Labors. Nachdem sie sich mit ihrer Umschichtung, das heißt mit der überlebenswichtigen Neuorientierung ihrer Karriere abgefunden hatten, zeigten viele von ihnen eine erstaunliche Flexibilität, sich anbietende Chancen im Dienstleistungs- und Gewerbesektor auszubauen. So bot die unmittelbare Nähe zum Mittelmeer die Anlage von Hotels und Restaurants für Erholungssuchende an. Daneben etablierten sich Großunternehmen der Lebensmittelindustrie wie die Fleischwarenfabrik des aus Breslau gebürtigen Reinhard Abraham Soglowek und die Molkerei des aus Ulm stammenden Ehepaars Dr. Richard und Hilda Strauss, deren Eiscreme Generationen israelischer Kinder beglücken sollte. Weltbekanntheit erlangten die Glaserei des aus dem westfälischen Rheda gebürtigen Andreas Mayer und die Metallverarbeitungsindustrie ISCAR von Stef Wertheimer, der 1937 mit seinen Eltern aus dem baden-württembergischen Kippenheim immigrierte. Wenn auch die Umschulung zur Landwirtschaft als gescheitert angesehen werden muss, so stellt das Projekt Naharija ein bemerkenswertes

Beispiel in kultureller und soziologischer Hinsicht dar. Anders als etwa in Tel Aviv waren die deutschen Juden hier unter sich, mussten sich ihrer Sprache und Konventionen nicht schämen. Sie ließen sich nicht »gleichschalten«, nicht in die Schablone des Neuen Hebräers pressen, sondern pflegten den ihnen eigenen Charakter und Habitus über zwei Generationen hinweg. Ein Ghettoisierungseffekt blieb dennoch aus, im Gegenteil nutzten die Naharijaner ihre gegenseitige Rückendeckung, um aus sich herauszugehen und national wie international erfolgreich tätig zu werden.

Die Erinnerung an die Jeckes, an ihre Geschichte und Kultur, ihren Beitrag innerhalb der israelischen Gesellschaft wurde Stef Wertheimer zum Anliegen. Anfang der 1990er-Jahre bot er einer in Naharija entstandenen Privatsammlung zum Erbe des deutschsprachigen Judentums ein finanzielles Fundament und ein Dach in seinem Industriepark Tefen zwanzig Kilometer östlich von Naharija. Das einzigartige Museum mit angegliedertem Archiv, das inzwischen etwa eine Million Objekte vom herübergeretteten Meissen-Geschirr bis zur Totenmaske Else Lasker-Schülers beherbergt, musste 2020 seine Tore schließen, da sich der heute 95-jährige Stef Wertheimer aus allen Geschäften zurückgezogen hat. Es bleibt zu hoffen, dass das Interesse am Vermächtnis der Jeckes nicht mit der Generation Wertheimers verschwindet.

Transfer aus Nazi-Deutschland: Hausrat, Baumaterialien und Fertighäuser

Das Gedeck aus Meissner Porzellan, das bis kürzlich im Jeckes-Museum in Tefen zu sehen war, fand seinen Weg an die Ostküste des Mittelmeeres vermutlich in einem der abertausenden Liftvans. Abgekürzt als »Lift« bezeichnet, handelte es sich dabei um eine für den Schiffsverkehr ausgelegte hölzerne Transportkiste in den Standardmaßen von 2,28 Meter mal 2,20 Meter mal 2 Meter, wobei auch längere Ausführungen mit bis zu 4 oder sogar 5 Metern Länge auf dem Markt waren. Damit das Umzugsgut unbeschadet seinen Bestimmungsort erreichte, wurde allgemein empfohlen, auf eine gute Qualität der Kisten zu achten: starkes

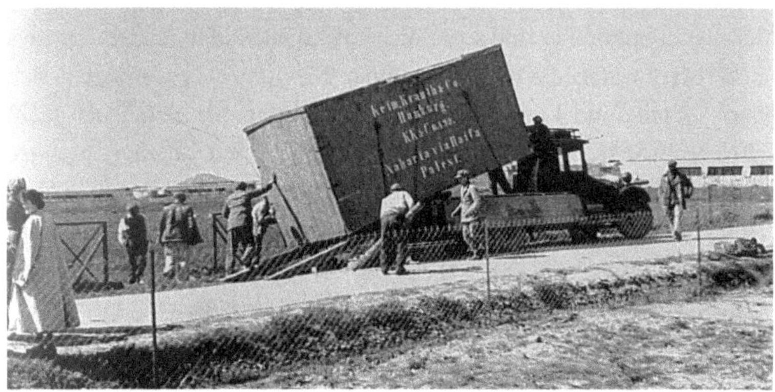

Ein Liftvan erreicht Naharija, 1937

Balkengerüst, das mit auf Nut und Feder gearbeiteten Bretterwänden umschlossen ist, innen mit teerfreier Pappe ausgeschlagen, außen gegen Feuchtigkeit mit Karbolineum gestrichen, doppelter Fußboden. Zusätzliche Stabilität verleihen die um den ganzen Kasten herumgelegten Eisenbänder mit den zum Verladen notwendigen Krangehängen.

Was der aus Deutschland Auswandernde zweckmäßigerweise in die hölzernen Kisten einpacken sollte, dazu gab es detaillierte Ratschläge seitens des bis 1941 in Berlin operierenden Palästina-Amtes. Unter der Überschrift »Was der Einwanderer wissen muß!«, empfahl die Organisation in ihrer – aufgrund großer Nachfrage sowie sich dauernd ändernder Vorschriften – ständig neu aufgelegten Mitteilungsbroschüre, »Hausgerät, insbesondere Geschirr, Küchengeräte, Wäsche; Leinen, Decken, Kissen, Teppiche, elektrische Geräte usw. mitzunehmen. Außerdem Radio, Schreibmaschine usw.« Gleichzeitig wurde davor gewarnt, »sich nicht mit zu viel Haushaltsgut zu belasten, da der Einwanderer mit viel bescheideneren Verhältnissen als in Europa rechnen muß«. Von der Mitnahme ganzer Wohnungseinrichtungen wurde prinzipiell abgeraten. Möbel seien in Palästina, wenngleich billig in Material und Herstellung, preisgünstig zu erwerben. »Infolgedessen«, so die Empfehlung, »lohnt es sich nur dann Möbel aus Deutschland nach Palästina mitzunehmen, wenn es sich um teure und unbedingt lebenswichtige Gegenstände handelt.«[41]

Die Formulierungen »teuer« und »unbedingt lebensnotwendig« ließen verschiedene Lesarten zu und führten dazu, dass gerade in den ersten Jahren ganze Wohnungseinrichtungen nach Palästina überführt wurden. Immerhin gedachten die Migranten, ihren gutbürgerlichen Lebensstil so weit wie möglich aufrecht zu erhalten. Wer wollte schon auf einer Couch oder auf Sesseln billigster Machart seinen wohlverdienten Feierabend verbringen oder Gäste empfangen? Und wem waren nicht die gewohnte Einrichtung und sogar überflüssiger Nippes vor dem Hintergrund eines endgültigen Abschieds plötzlich ans Herz gewachsen und unentbehrlich? Der hölzerne Container, im Format selbst ein kleines Haus, verkörperte das Versprechen, wenigstens ein Stück alte Heimat ins neue unbekannte Land herüberretten zu können. Er wurde randvoll mit Gegenständen gepackt, die das bisherige, wohl situierte Leben in Deutschland ausgemacht hatten: schwere Eichenmöbel, teures Porzellan, Kristallglas, Silberbestecke, Bilder, Musikinstrumente und zumeist große Bücherbestände oft mitsamt dazugehöriger Regale.

In Palästina angekommen, mussten die Einwanderer dann schnell erkennen, dass ihre ersten Wohnungen mitunter nicht viel größer waren als die Kisten, in denen das Umzugsgut verpackt war. Der aus Mähren stammende und ab 1934 in Jerusalem lebende Schriftsteller Hugo Herrmann beschrieb die deutschen Juden, die mitsamt ihrer Siebensachen in Palästina eintrafen, als »Sklaven ihres Gepäcks«. Sie befanden sich in einem Dilemma, denn

> »den Lift unausgepackt zu deponieren, kostete viel Geld und bedeutete meist, daß sein Inhalt durch Staub und Sommerhitze zugrunde ging; ihn auspacken, hieß eine große Wohnung mieten, viel zu groß und zu teuer für einen Emigranten [...] und immer noch zu klein für die vielen Sachen, die die kleinen Zimmer ausfüllten wie einen Möbelspeicher. Monatelang kreisten alle Gedanken dieser Liftmenschen um ihr Übersiedlungsgut, wurden nicht frei für den so nötigen Anlauf zur neuen Existenz.«[42]

Auch die *Jüdische Rundschau* beklagte bereits Anfang 1935 die schweren Fehler, die durch falsche Informationen und missverständliche

Empfehlungen zur Mitnahme von zu viel Mobiliar geführt hatten. Ein wahrer Leidensweg wurde da beschrieben, gezeichnet von »Unterbringungsschwierigkeiten, Reparaturen, Transport und – last but not least – überflüssiger vermehrter Arbeit für die Hausfrau«. Der Autor des Artikels kolportierte einen zeitgenössischen Witz, »die neuen Siedler hätten die Häuser um ihre Möbel herum gebaut«, um dann auf die auffällige Dichotomie zwischen den zu Arbeitern und Bauern umgeschichteten deutschen Juden und ihren überaus komfortablen Wohnungseinrichtungen zu verweisen: »Es ist, als stoßen plötzlich zwei sehr entfernt liegende Welten zusammen.«[43]

Der Liftvan musste käuflich erworben werden. Er ging in das Eigentum des Migranten über, der meist hoffte, ihn in Palästina wieder gut verkaufen zu können. Wenn der stabile Holzcontainer Anfang der 1930er-Jahre vielleicht noch 5 Pfund erzielte, so war der Markt bereits 1934 übersättigt, und niemand wusste so recht, wohin mit den überdimensionierten Boxen. Die Konsequenzen beschrieb Gideon Kaminka, Architekt aus Wien, der selbst 1933 nach Palästina eingewandert war, anschaulich in seinen Erinnerungen:

> »Überall, wo Jecken sich niedergelassen hatten, waren in der Nähe gewöhnlich auch leere ›Lifts‹ zu finden. […] Es war eine Art Vorläufer der heutigen Container. Diese Lifts standen nach Gebrauch oft jahrelang an den Straßenrändern und in den Höfen herum, ein Greuel für die Behörden, wie ausgediente Automobile, bis man sie später als Lager- und sogar Wohnräume in die Dörfer abschob.«[44]

Auch in einer für die jungen Leser der *Jüdischen Rundschau* geschriebenen herzigen Geschichte voll zionistischem Heilsversprechen endet der Umzugscontainer als geschickt umgebaute, flotte Behausung für Neueinwanderer in einem ländlichen Ambiente. Zuvor darf sich die kleine Miriam über ihren Puppenwagen freuen, der zusammen mit dem ziemlich verstimmten Klavier ihres Vaters nach der langen Schiffsreise aus dem Bauch des Riesenkastens hervorgeholt wird.[45]

Doch nicht jedes auf die Reise geschickte Umzugsgut erreichte seine Besitzer. Dafür gab es mehrere Gründe. Manche Einwanderer sahen sich schlichtweg außerstande, das Entgelt für Zoll, Ausschiffung und Lagerung zur Freistellung ihrer Umzugskisten zu bezahlen. Je länger die Lifts in den Lagerhallen des Ankunftshafen standen – sei es, dass noch keine Wohnung zur Aufnahme der überführten Möbel angemietet war oder dass die mitgebrachte Barschaft nicht mehr für die Begleichung der anfallenden Gebühren reichte –, desto höher stiegen die Kosten für die Aufbewahrung. Teils konnten hier Kleinkredite der Hitachdut Olej Germania [hebr. für Vereinigung der Einwanderer aus Deutschland], der 1933 in Tel Aviv gegründeten Organisation zur Beratung von jüdischen Einwanderern aus Deutschland, weiterhelfen. Anders verhielt es sich mit den Lifts, die an den Abfahrtshäfen feststeckten. Ab Frühjahr 1938 wurde die Ausfuhr von Hausrat aus Deutschland offiziell genehmigungspflichtig und mit einer Ausreisesteuer von bis zu 100 Prozent berechnet. Das bedeutete, der Auswanderer musste für jedes Möbelstück, das er mitnehmen wollte, den vollen Wert desselben bei den deutschen Behörden entrichten. Bereits gepackte Liftvans konnten oft nicht mehr ausgelöst werden und blieben in den Depots der Speditionen liegen. Als mit Beginn des Zweiten Weltkrieges die zivile Schifffahrt und damit auch die Beförderung von Übersiedlungsgut auf Jahre hin ganz eingestellt wurde, führte das zu einem regelrechten Stau der Transportkisten in den Lagerhallen der Hamburger und Bremer Häfen. Im Frühjahr 1940 bemächtigte sich die Gestapo ihrer und beschlagnahmte die Inhalte. Möbel, Bilder, Silberbestecke, Kristallglas, Porzellan, Bücher, kurz alles, was wertvoll erschien, wurde im Auftrag der Oberfinanzdirektion zugunsten des Deutschen Reiches an meistbietende Käufer, unter ihnen auch Museen, Kunst- und Antiquitätenhändler sowie Bibliothekare, versteigert.

Einer von vielen Anhaltspunkten für die heutige Provenienzforschung dürfte neben den von den nationalsozialistischen Zollbehörden, Treuhändern und der Gestapo akribisch geführten Nachweisen über die Gegenstände und Wege des jüdischen Übersiedlungsgutes die detaillierten Packlisten sein, welche die Emigranten in dreifacher Ausführung auszustellen hatten. Darin musste genau verzeichnet werden, »1) welche Gegenstände nachweislich vor d[em] 1.1.1933 im Eigentum des Auswanderers waren, 2) welche seitdem erworben, 3) welche in unmittelbarem Zusammenhang m[it] d[er] Auswanderung angeschafft wurden. 4) Voraussichtlicher Zeitpunkt f[ür] Verpackung und Verladung.«[46] Außerdem wurden Nachweise zum Zeitpunkt des Kaufs und zum Wert der Gegenstände verlangt sowie Begründungen für den Erwerb neuwertiger Gegenstände; das Ganze innerhalb kürzester Fristen vor dem Verschiffen der Kisten. Die Anordnungen betrafen nicht nur das große Umzugsgut in den Liftvans, sondern ab 1939 auch den Inhalt kleinerer Transportkisten sowie das Reisegepäck. Das Jenny Aloni Archiv in Paderborn bewahrt detaillierte Aufstellungen aller Gegenstände, mit denen die 22-jährige Schriftstellerin – damals noch Jenny Rosenbaum – ihre Existenz in Palästina begann. Ihre Liste enthält neben Bekleidungsstücken für die kalte und warme Jahreszeit und einem Skianzug (!) Dinge, die an eine von den Eltern zusammengestellte Aussteuer denken lassen: Tischdecken, Servietten, Handtücher, Staublappen, Laken, Bettdecken und -bezüge, ein sechsteiliges Nickelservice. Jenny Rosenbaum heiratete erst 1948. Zu diesem Zeitpunkt lebten ihre Eltern und Geschwister nicht mehr. Sie waren alle in Konzentrationslagern ermordet worden.

Deutsche Produkte kamen aber nicht nur in den individuell zusammengestellten Umzugskisten nach Palästina, sondern in viel größerem Umfang über das sogenannte Ha'avara- oder zu deutsch Transfer-Abkommen, das im August 1933 zwischen der Zionistischen Vereinigung und dem deutschen Reichswirtschaftsministerium unterzeichnet wurde. Es sah vor, dass jüdisches Vermögen, dessen Ausfuhr in Form von Bargeld auf ein verhältnismäßig niedriges Limit beschränkt war, über den Erwerb deutscher Waren und ihren Verkauf in Palästina transferiert werden konnte. Die nationalsozialistischen Machthaber versprachen sich davon eine Förderung der jüdischen Emigration, die Schonung von Devisenbeständen der Reichsbank sowie insbesondere eine Stärkung der deutschen Industrie. Gleichzeitig wurde damit – ausgerechnet über das Kapital der ausgegrenzten und verfolgten jüdischen Bürger – der internationale Wirtschaftsboykott gegen NS-Deutschland unterlaufen. Die Abwicklung der ausgehandelten Kapital-Transaktionen erfolgte über Treuhandgesellschaften in beiden Ländern und funktionierte im Großen und Ganzen folgendermaßen: Jüdische Auswanderer deponierten ihr Vermögen vor ihrer Ausreise bei einer der Transfer-Banken in

Deutschland. Von diesem Geld wurden deutsche Waren für den Export nach Palästina gekauft. Der Erlös wurde nach Abzug der Transport- und Vermittlungskosten und nach dem Verkauf der Produkte auf dem palästinensischen Markt den inzwischen im Land eingetroffenen Emigranten ausbezahlt. Das scheinbar einfache Verfahren stellte sich in der Verwaltungspraxis als höchst kompliziert dar. Abgesehen von einem endlosen Formularkrieg mussten die Einwanderer oft Jahre warten, bis ihr Geld – meist mit gehörigen Einbußen – ausbezahlt wurde. Im Jischuv galt das Ha'avara-Abkommen, das offiziell bis 1941 lief, als »Pakt mit dem Teufel«.[47] Dennoch war es die einzige Möglichkeit, jüdisches Vermögen aus Deutschland herauszubekommen.

Durch diese Transfer-Vereinbarungen rückte das Deutsche Reich Mitte der 1930er-Jahre auf Platz Eins der Exporteure in das britisch verwaltete Palästina. Zu den bevorzugten Importwaren, die auf diesem Weg ins Land kamen, zählten insbesondere Baustoffe. Neben der Landwirtschaft entwickelte sich im Zuge der fünften Alija aufgrund des steigenden Bedarfs an Wohnraum für Neueinwanderer gerade das Baugewerbe zu einer aufstrebenden Branche. Ganz oben auf der Liste der eingeführten Güter standen Zement, Kacheln, Stahlrohre, Armaturen, Sanitäreinrichtungen, Zubehör für Leitungen, Heizungsanlagen und Baumaschinen. In direktem Zusammenhang mit dem Ha'avara-Abkommen wurde 1934 von der deutschen Abteilung der Jewish Agency in Tel Aviv die RASSCO (Rural and Suburban Settlement Company) gegründet. Ihr oberstes Ziel bestand in der Lancierung der Waren- und Kapitalströme aus Deutschland zugunsten der Ansiedlung und Eingliederung der deutschen Juden. Innerhalb weniger Jahre gelang es – mit Produkten »Made in (Nazi-)Germany« – komplett neue Stadtteile, Vororte und mittelständische Siedlungen zu errichten, welche die urbane wie dörfliche Landschaft Palästinas/Israels entscheidend veränderten und prägten.

Das Ha'avara-Abkommen ermöglichte auch eine direkte Transaktion: Über den sogenannten Bautransfer konnten finanzkräftige jüdische Auswanderer ihr Kapital ohne zwischengeschaltete Treuhänder in eigene Bauvorhaben stecken. Der Kaufhaus-Tycoon Salman Schocken, der 1934 nach Palästina einwanderte, machte davon für die Errichtung seines Familiendomizils und seiner Privatbibliothek in Jerusalem

Gebrauch. Den Einkauf und Transfer von Baumaterialien ließ er über sein Baubüro im sächsischen Zwickau abwickeln, das bis dato für die gesamte strukturelle Organisation seiner deutschen Kaufhauskette zuständig gewesen war. Wenngleich die unmittelbare Verwendung der gekauften Waren für eigene Bauprojekte, bei der die Rückumwandlung in einen monetären Gegenwert eingespart wurde, zwar äusserst ökonomisch war, ergaben sich in der praktischen Durchführung zuvor ungeahnte Schwierigkeiten. Erich Mendelsohn, der Architekt der beiden Schocken-Gebäude in Jerusalem, sah sich gezwungen, lange Bestell-Listen mit den gewünschten deutschen Gütern von Mauersteinen bis hin zu Isoliermaterialien zu erstellen, deren Lieferung dann nur schleppend voranging und mit endlosen Nachfragen verbunden war. Hinzu kam, dass Entscheidungen bei Produktengpässen oder -änderungen letztlich in Zwickau vom Leiter des deutschen Baubüros getroffen wurden, was dem detailverliebten Mendelsohn in Jerusalem oft zuwiderlief. Zudem waren etwa spezielle Installationssysteme in Palästina unbekannt und konnten daher nur von Fachleuten der jeweiligen deutschen Lieferfirmen montiert werden. Diese nach Palästina zu bringen, war schon aus ethischen Gründen ein schwieriges Unterfangen. Damit waren Konflikte zwischen Zwickau und Jerusalem vorprogrammiert, zu denen die politischen Befindlichkeiten ihr Übriges taten. Sie verzögerten den Baubeginn und damit auch den Einzug der Familie Schocken in ihr neues Jerusalemer Heim um etliche Monate.

Das Transfer-Abkommen eröffnete ungeahnte Möglichkeiten im Bauwesen. In Haifa beispielsweise errichtete der aus Chemnitz gebürtige und an der Technischen Hochschule Berlin-Charlottenburg ausgebildete Architekt Bruno Kalitzki zusammen mit seinem Büropartner Dov Eitan zwei- bis dreigeschossige Wohnhäuser nach dem Böhler System. Es handelte sich dabei um ein spezielles Verfahren für Häuser in Massivbauweise mit einem Stahlgerüst des in Berlin ansässigen Werks der international operierenden Böhler AG. Aus seiner Tätigkeit in Deutschland war Kalitzki mit der Technik vertraut und sah die Chancen seiner Anwendung im Rahmen des Ha'avara-Deals. Das Prozedere für mindestens sechs Bauten verlief folgendermaßen: Mit seinen Klienten erarbeitete er die jeweiligen Pläne, schickte sie dann nach Deutschland,

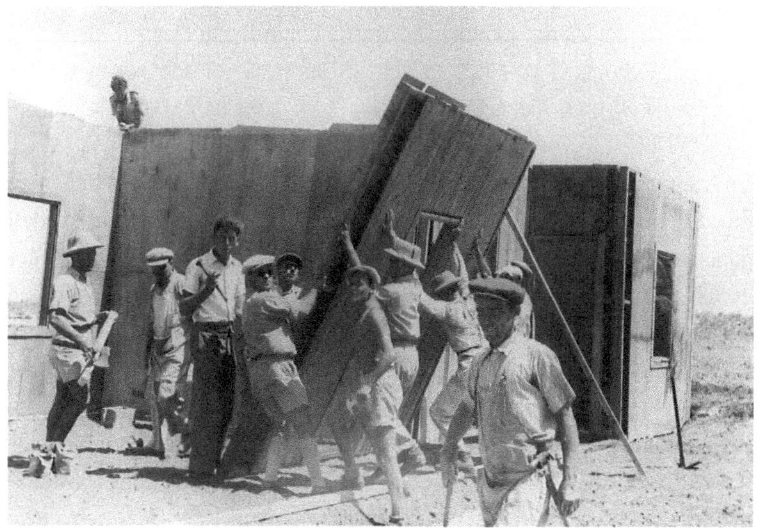

Errichtung eines Holz-Fertighauses in einer Siedlung, 1930er-Jahre; Foto: Walter Zadek

wo die entsprechenden Stahlprofile im Berliner Stahlwerk Böhler hergestellt und nach Palästina verschickt wurden.

Der Import von kompletten Fertighäusern, die sich historisch stets in Krisenzeiten und -gebieten bewiesen haben, versprach eine ganzheitliche Alternative und eine schnelle Lösung der Wohnungsnot unter Neueinwanderern. Es waren ausgerechnet Kupferhäuser, die in der fünften Alija eine zwar kurze, aber durchaus bemerkenswerte Rolle spielten. Mit Einsetzen der Auswanderungswelle brachte die *Jüdische Rundschau* im Juni 1933 eine erste kleine Notiz:

> »Wie unsere Leser wissen werden, hat sich das Interesse für das Kupferhaus in Deutschland sehr stark entwickelt. Die seinerzeit auf der Berliner Bauausstellung und der Kolonialausstellung in Paris, wo der Grand Prix erzielt wurde, gezeigten Kupferhäuser eignen sich sehr für subtropische Gebiete. Die Häuser, die aus einzelnen Wandelementen zusammengesetzt werden, verfügen über eine hervorragende Isolierung gegen Wärme, Kälte und Feuchtigkeit.

> Die 12 cm starke Kupferwand entspricht wärmetechnisch einer Vollziegelmauer von 2,22 m Stärke. Das Haus ist sehr leicht zu transportieren und kann in wenigen Tagen aufgestellt werden.«[48]

In knappen Worten sind hier die Vorteile des kupfernen Fertighauses bündig umrissen. Palästina wird als Importland zwar nicht explizit genannt, lässt sich aber zwischen den Zeilen herauslesen. Die in der gleichen Ausgabe und dann bis Ende 1933 in regelmäßigen Abständen aufgeschalteten Werbeanzeigen der Berliner Herstellerfirma Deutsche Kupferhaus-Gesellschaft m.b.H. waren indes direkt auf Palästina gemünzt. Das »unbegrenzt haltbare« Kupferhaus wurde nicht nur für den Eigenbedarf, sondern auch als Mietobjekt beworben, das dem Neueinwanderer angesichts der großen Wohnungsnot eine sichere Existenzgrundlage verschaffe – alles in allem also eine »beste Kapitals-Anlage für Palästina«.[49]

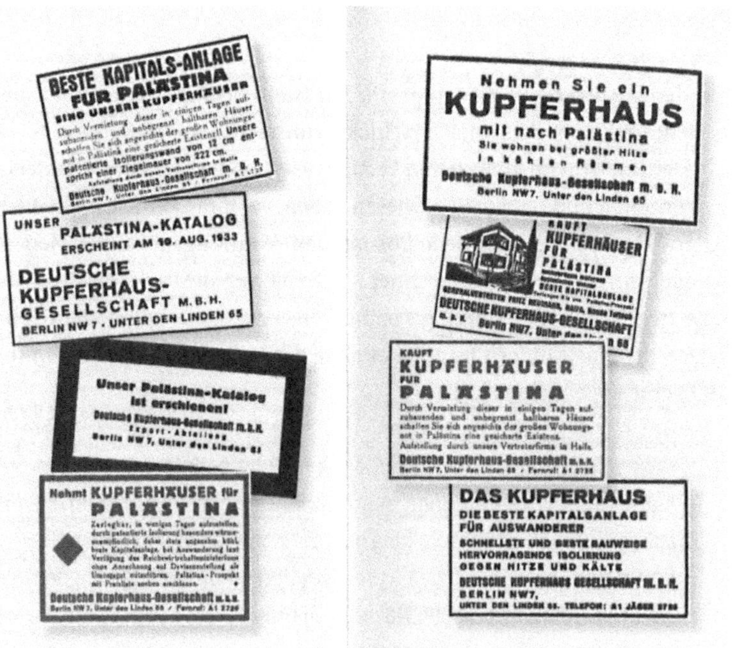

Gesammelte Werbe-Annoncen für Kupferhäuser in der *Jüdischen Rundschau*

Kupferhäuser wurden ab 1929 von der Hirsch Kupfer- und Messingwerke AG in Eberswalde-Finow, etwa 40 Kilometer Luftlinie nordöstlich von Berlin, als Fertighaussystem in Tafelbauweise hergestellt. Eine werkseigene bis heute erhaltene Mustersiedlung präsentierte die Bandbreite der für den deutschen Markt entwickelten, in der Nutzfläche zwischen 50 und 100 Quadratmetern variierenden Typen. Ihre schillernden Namen suggerierten familiäres Glück im Eigenheim: »Kupfercastell«, »Sonnenschein«, »Lebensquell«, »Frühlingstraum«, »Eigenscholle« oder »Maienmorgen«. In der Formgebung eher konservativ, lag die tatsächliche Qualität der Kupferhäuser vor allem auf technischem Gebiet. Sie überzeugten durch ihre leichten, tragfähigen und schnell zu montierenden Wandelemente, die eine selbst für heutige Verhältnisse sensationelle Dämmung besaßen. Die einzelnen Paneele bestanden aus mehreren Schichten, deren äußere, das Kupferblech, bereits bei der Herstellung mit einer künstlichen, grün-bräunlichen Patina versehen wurde, die entfernt an Holzplanken erinnerte. Leitungen für Wasser, Strom und Gas waren in die Vertäfelung integriert, ebenso Fenster und Türen. Bei der Innengestaltung konnte der zukünftige Besitzer seine individuellen Dekor- und Farbvorlieben ausleben. Er hatte die Wahl zwischen verschiedenen geometrischen und floralen Mustern, die als Relief in die innere Blechverkleidung gestanzt wurden. Bei der Farbgebung standen neun unterschiedliche Nuancen von Resedagrün über Bergblau und Korallenrot bis Beige Rosé zur Auswahl.

Einen kurzen Abstecher in die Moderne erlaubte sich die Firma 1931 mit einem Auftrag an den ersten Direktor des Bauhauses Walter Gropius. Seine Vorschläge zur Weiterentwicklung des Kupferhauses betrafen zunächst funktionelle Verbesserungen wie eine effizientere Wärme- und Schallisolierung sowie ein neues Montagesystem, darüber hinaus Überlegungen zur kostensenkenden Serienproduktion. Hinsichtlich der ästhetischen Gestaltung schlug Gropius eine Formensprache vor, die das technisch innovative Innenleben und das modulare Prinzip nicht hinter einer biederen Außenhaut versteckte. Ein zweckmäßiges Design sollte das spektakuläre Potenzial des Kupferhauses nach außen tragen: Als Montagehaus konnte es an einem Tag aufgestellt und genauso schnell wieder abgebaut und verschickt werden. Damit wurde die

Immobilie zur Mobilie. Als wanderungsfähiges Heim antwortete es auf die nomadischen Befindlichkeiten der Zeit. Das kurze Intermezzo des Bauhaus-Gründers endete mit der Insolvenz der Hirsch Kupfer- und Messingwerke AG Mitte 1932. Die Abteilung der Kupferhäuser wurde ausgegliedert und in der Folge vom Schwiegersohn des Firmeneigners weitergeführt. Gropius' technische Verbesserungen wurden übernommen, seine gestalterischen Vorschläge blieben auf der Strecke.

Im August 1933 gab das Unternehmen, das inzwischen als Deutsche Kupferhaus-Gesellschaft firmierte, einen speziellen, auf Palästina zugeschnittenen Katalog heraus. Wenig später eröffnete es eine Beratungsstelle in Haifa und lernte eigens einen Monteur an. Bei den levantinischen Modellen wurde generell auf die in Deutschland erprobten technischen Qualitäten in konservativem, gutbürgerlichem Gewand zurückgegriffen. Allein in Größe und Benennung nahmen sie auf den Ort und die Bedürfnisse der Einwanderergesellschaft Bezug. Das mit 70 Quadratmetern Nutzfläche kleinste Exemplar »Haifa« war als Einfamilienhaus gedacht. Es wog etwa 15 Tonnen und konnte in 34 Paketen ab Werk in Eberswalde-Finow nach Palästina verschifft werden. Es folgten die Haustypen »Jerusalem«, »Tel Aviv«, »Jaffa«, »Scharon« und

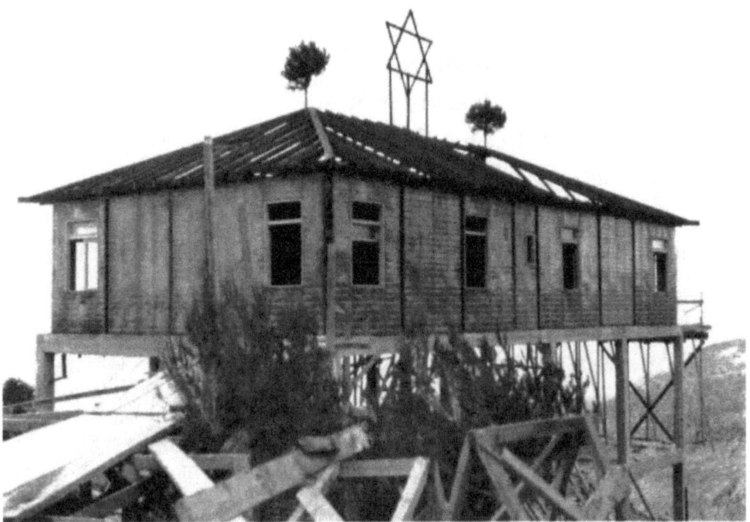

Richtfest beim Kupferhaus der Familie Tuchler in Haifa, 1934

»Libanon«. Im Vergleich zur deutschen Produktpalette, handelte es sich generell um größere, zweigeschossige Bauten mit bis zu 260 Quadratmetern Nutzfläche. Unterteilt in vier bis sechs Wohneinheiten konnten sie als Pension genutzt werden und versprachen so ihrem Eigentümer über die eigene Wohnung hinaus durch Mieteinnahmen eine gesicherte Existenzgrundlage in der neuen Heimat. Insgesamt gelangte ein gutes Dutzend der Eberswalder Kupferhäuser nach Erez Israel, von denen drei noch heute in Haifa stehen und bewohnt sind, ein weiteres in Safed. In Deutschland kamen zwar einige mehr zur Ausführung, dennoch lässt sich nicht von einem durchschlagenden Erfolg sprechen. Eine Wiederaufnahme der Herstellung nach dem Zweiten Weltkrieg war aufgrund des enorm gestiegenen Preises für das Halbedelmetall Kupfer obsolet. So bleiben allein die wenigen erhaltenen Häuser Zeugen einer in sich abgeschlossenen außergewöhnlichen Episode deutsch-israelischer Architekturgeschichte.

Europa in Asien: Translozierte westliche Lebenswelten

»Tel Aviv schneidet sich selbst vom arabischen Hinterland ab.«

Erich Mendelsohn

Das Handgepäck der jungen Architekten

Eine der drängendsten Fragen, die sich Auswanderer und Flüchtende aus Deutschland gestellt haben mögen, war sicherlich: Wie werden wir in Palästina wohnen? Oder: Wie wird sich die nationale jüdische Heimstätte entwickeln – wird sie eine morgenländische oder eine abendländische Gestalt annehmen? Die zionistische Bewegung selbst war diesbezüglich gespalten. Hinter den entgegengesetzten Polen standen die konträren Positionen des politischen Zionismus und des Kulturzionismus. In seinem Staatsroman *Altneuland* von 1902 beschreibt Theodor Herzl das zukünftige Land Israel als von einem aus Wien stammenden Baumeister aufgebaut, dem ein Team von hundert Architekten und Bauingenieuren, allesamt frisch diplomierte Absolventen der technischen Hochschulen Deutschlands, Österreichs und der Schweiz, zur Seite steht. Diesen Stab junger Architekten lässt Herzl in der europäischen Bautradition des ausgehenden 19. Jahrhunderts hochkarätige Ingenieurprojekte in späthistoristischem Gewand des Wiener Ringstraßen-Stils entwerfen. Sein Altneuland profitiert von einem erfolgreichen Know-how-Transfer fortschrittlicher westlicher Errungenschaften. Auch der wortgewaltige zweite Mann der Bewegung, Max Nordau, unterstrich das Primat der abendländischen Kultur für das jüdische Nationalheim in Palästina und wollte es als Bollwerk gegen ein »kulturfeindliches, wildes Asiatentum« aufgebaut sehen.[1] Für die sogenannten

Kulturzionisten mit Achad Ha'am und Martin Buber an der Spitze lag die Bedeutung des Zionismus dagegen weniger auf einer politischen Lösung der Judenfrage durch die Schaffung eines an den Westen angeglichenen Staates als vielmehr auf einer inneren Wesensstärkung des Judentums und seiner uralten Werte und Traditionen. Sie erhofften sich gerade von der Berührung mit dem Land der Väter eine innere kulturelle Renaissance der jüdischen Nation. Ein viel zitierter Satz Martin Bubers lautete: »Eine nationale Kunst braucht einen Erdboden, aus dem sie hervorwächst, und einen Himmel, dem sie entgegenblüht.«[2] Die Rückkehr zu den eigenen Wurzeln in Palästina bedeutete für die Kulturzionisten die Aufgabe des westlichen kulturellen Führungsanspruchs zugunsten einer intensiven Auseinandersetzung mit der Levante und eine Integration in die semitische Kultur der Region.

Die Beziehung des europäischen Judentums zum Orient war durch ein überaus komplexes und ambivalentes Verhältnis gekennzeichnet. Wenn der Osten auf der einen Seite Ursprung, nationale Vergangenheit und Zukunft verkörperte, so standen andererseits fast 2000 Jahre physischer Trennung dagegen, in denen sich die Juden Europas und Amerikas – um diese ging es zunächst bis zur Staatsgründung – als größtenteils assimilierte Bürger und Träger der westlichen Zivilisation etabliert hatten. Auch wenn die Erinnerung an Jerusalem und an das Gelobte Land in der religiösen Liturgie sowie in der stilistischen Gestaltung einiger Synagogen wachgehalten wurde, so blieb sie doch vergleichsweise abstrakt. Für konkrete Vorstellungen über ein an die östliche Mittelmeerregion adaptiertes Nationalheim fehlte den Neueinwanderern in der Regel die Kenntnis Palästinas und seiner Kultur. Ihr Bild von diesem Land wurde wesentlich durch eine eurozentrische Perspektive bestimmt, in welcher der Orient als rückständig, mystisch und irrational erschien. Die eigene Ankunft in Palästina änderte daran kaum etwas. Wenn es noch hoffnungsvolle Beziehungen zwischen den Einwanderern der ersten Alijot und der lokalen Bevölkerung gegeben hatte, so waren diese nach den Massakern arabischer Nationalisten an jüdischen Mitbürgern im Jahr 1929 zutiefst erschüttert. Neugier und Faszination schlugen in Furcht und Ablehnung um. Für die Neuankömmlinge der fünften Alija ergaben sich daher nur wenige bis gar keine sozialen Berührungspunkte mit ihren arabischen Nachbarn.

Vorbild für das Traumhaus in der neuen Heimat ist für Auswanderer gewöhnlich das Haus ihrer Kindheit oder das der besseren Gesellschaftsschicht des Landes, das sie verlassen haben. Theodor Herzl hatte die Psychologie der Migranten fest im Blick, als er ihnen versprach: »Man trennt sich nicht von seinen lieben Gewohnheiten, sondern findet sie wieder.«[3] Einer, der mit großer Vehemenz gegen den Transfer europäischer Baustile nach Palästina polemisierte und für eine »bodenständige« Bauweise eintrat, war der aus Berlin gebürtige preußische Regierungsbaumeister Alexander Baerwald, der zwischen 1910 und 1914 das Gebäude des Technikums, des späteren Technion, in Haifa plante und eben dort ab 1924 die Abteilung für Bauingenieurwesen als ihr Leiter aufbaute. Er wird in der heutigen israelischen Architekturgeschichte als der erste akademisch ausgebildete jüdische Architekt in Palästina gehandelt. Bereits für seinen ersten Auftrag in Palästina – und es sollten bis zu seinem Tod 1930 viele folgen – arbeitete sich Baerwald mit preußischer Akribie in die bauliche Tradition des Landes ein und versuchte, sie in seinen eigenen Entwürfen umzusetzen. Seine beruflichen Aktivitäten in Palästina und seine eigene Position zum Baugeschehen im Land publizierte er – auch noch nach seinem Umzug von Berlin nach Haifa – regelmäßig im *Zentralblatt der Bauverwaltung*, einer der wichtigsten Fachzeitschriften für Bauwesen und Architektur in Deutschland. So schrieb er 1926:

> »Mit Bedauern sieht der künstlerisch empfindende Abendländer, daß überall da, wo im Orient neue Ansiedlungen entstehen, der Charakter und Reiz des Orients verloren geht. Der Durchschnittseinwanderer fühlt die Schönheiten der orientalischen Landschaft nicht und sieht nicht, wie die bodenständige arabische Architektur mit der Landschaft restlos zusammengeht. Er will sogar häufig bewußte Abkehr von allem Morgenländischen und will ‚amerikanisch' oder wenigstens ‚europäisch' bauen. Das Problem ist ganz einfach. Auf der einen Seite trennen sich die Abendländer bewußt vom Okzident, wandern in den Orient, lernen hebräisch und arabisch, auf der anderen Seite wollen sie die Errungenschaften des Abendlandes nicht aufgeben, besonders nicht bei ihren Bauten.

> [...] Der in Palästina bauende Architekt muss sich entscheiden: Entweder morgenländisch oder abendländisch zu bauen. Der Verfasser hat sich mit aller Entschiedenheit zur morgenländischen Bauweise bekannt. Es gibt für ihn keine Frage, dass bodenständig gebaut werden muss, da die orientalischen Bauten die klimatischen Anforderungen restlos erfüllen und mit der Landschaft zum einheitlichen Eins verschmelzen. Selbstverständlich ist dabei, daß die technischen und hygienischen Erfahrungen des Abendlandes benutzt werden.«[4]

Baerwald ging es im Wesentlichen um die Erhaltung des authentisch palästinensischen Orts- und Landschaftsbildes sowie um die Vermeidung seiner europäischen Überformung. In seinen eigenen Projekten, hinter denen immer aus Europa eingewanderte Auftraggeber standen, trennte Baerwald zwischen äußerer Erscheinung und innerer Disposition. Weil die arabische Wohnkultur ganz offensichtlich als fremdartig oder rückständig empfunden wurde, setzte er auf state-of-the-art technisches Know-how aus Europa und auf westlichen Lebensstandard. Das Ganze kleidete er, um dem Lokalkolorit Genüge zu tun, in ein orientalisches Gewand. Bei aller Wertschätzung seines architektonischen Werks,

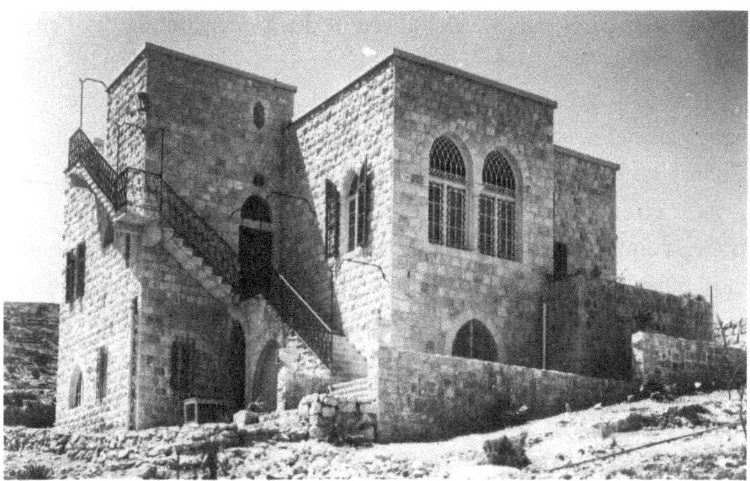

Haus Hermann Struck, Haifa, 1926, Architekt: Alexander Baerwald

Baerwalds Bauten in Palästina zeugen letztlich von einem tiefen Dilemma in der Rezeption lokaler Architektur und Lebenswelt. Sie fallen ebenso wie die europäischen Häuserfassaden seiner Berufsgenossen unter die Historismuskritik, die Hermann Muthesius – ein sehr geschätzter Berliner Architektenkollege Baerwalds – in einem Satz zusammenfasste: »Es ist der Fluch jedes abgeleiteten Stils, dass er in dem Vorbilde nur die Form sieht und bewundert, während diese doch in jeder echten Kunst nur eine Aeußerung des inneren Wesens […] ist.«[5]

Die im Jischuv bis Ende der Zwanzigerjahre viel diskutierte Stilfrage, die zwischen morgenländisch und abendländisch oszillierte, war mit der fünften Alija in den 1930er-Jahren bald überholt. Unter den Immigranten befanden sich auffallend viele, meist junge Architekten. In ihren Koffern brachten sie die moderne Architektur mit, deren funktionaler Ansatz pragmatische Antworten für die drängenden Probleme einer Einwanderergesellschaft parat hielt. Neu, modern, international, das waren zunächst einmal Schlagworte, die den Zielen und Vorstellungen der jüdischen Gemeinschaft in Palästina über das zu errichtende nationale Heim entgegenkamen. Sie symbolisierten Zukunft und Zusammenführung der aus unterschiedlichen Ländern stammenden Menschen. In Europa feierte der ahistorische Ansatz der Moderne den Sieg über einen vermufften, unproduktiven Historismus. Im zionistischen Bewusstsein deckte sich dies mit der Überwindung der bedrückenden Enge des Gettos. Die damit verbundene soziale Utopie vom Neuen Menschen, der wie ein Phönix aus der Asche zu einem besseren Leben aufsteigt, passte zum zionistischen Konzept der Stunde Null, der Geburt des Israeli, der quasi aus dem Nichts ersteht. Er sollte die kleinste Zelle einer modernen sozialistisch orientierten Gesellschaft sein, die sich auf einer Tabula rasa formiert. Zur Erreichung dieses Ziels sollten kulturelle Differenzen bei den Immigranten nivelliert und präexistente Identitätsmodelle der Diaspora aufgelöst werden. Eine Bauweise, die sich allein an Gegebenheiten wie Klima, Material, Zweck ausrichtet und eine kulturelle Neutralität vorgibt, kam diesem Anliegen entgegen. Der pragmatische Funktionalismus des Neuen Bauens gab den Architekten zudem wirtschaftlich effiziente, funktional adäquate und ästhetisch befriedigende Lösungen an die Hand, um der dramatisch ansteigenden

Wohnungsnachfrage für Neueinwanderer und Flüchtlinge zu begegnen. Ganz anders als Juristen oder Ärzte fanden viele der ins Land kommenden Architekten in Palästina ein reiches Betätigungsfeld im Rahmen des nationalen Aufbaus.

Der Beruf des Baumeisters hatte sich innerhalb der europäischen Judenheit erst gegen Ende des 19. Jahrhunderts – mit der Generation Alexander Baerwalds – etabliert und zu Beginn des 20. Jahrhunderts einen enormen Aufschwung gezeitigt. Im Zuge der großen Deutschen Bauausstellung in Berlin 1931 fühlte sich der Centralverein deutscher Staatsbürger jüdischen Glaubens bemüßigt, in seiner Zeitung nicht ohne gewissen Stolz auf den bemerkenswerten Anteil jüdischer Baumeister in Deutschland zu verweisen. Er zielte damit auf zweierlei: »das judengegnerische Schlagwort von der Unproduktivität jüdischer, angeblich nur ›händlerischer‹ Geisteshaltung zu widerlegen und zugleich die unlösbare Verbundenheit jüdischen Schaffens, Denkens und Seins mit deutscher Kultur und Heimaterde von neuem zu erhärten«. Das Verhältnis zur Kunst habe sich im Judentum, so der Autor des Beitrags, in den einhundert Jahren seit der Emanzipation noch nicht wirklich voll entwickeln können. In der Baukunst allerdings beweise die hohe Anzahl der in der Ausstellung vertretenen deutsch-jüdischen Architekten, dass sie durchaus bereits eine wichtige Rolle auf der europäischen Bühne spielten.[6] Weniger als zwei Jahre später sah sich die Mehrheit der jüdischen Architekten gezwungen, aus Deutschland zu fliehen.

Dem Andenken an die verfolgten jüdischen Baumeister hat die 1930 in Haifa geborene Myra Warhaftig, selbst Architektin jüdischer Abstammung und Nachfahrin von Schoah-Opfern, ihr Lebenswerk gewidmet. Über Jahrzehnte recherchierte sie akribisch in Deutschland, Israel, England und Amerika und konnte 2005 ein Werk enzyklopädischen Ausmaßes vorlegen, das 500 Biografien jüdischer Architekten und Architektinnen umfasst, die um 1933 in Deutschland tätig waren. Ihr Verzeichnis basiert auf einer auf den 8. Juni 1938 datierten Namensliste der bis dato von der Mitgliedschaft in der Reichskammer der bildenden Künste aufgrund von »Verjudung« ausgeschlossenen Architekten. 146 von ihnen waren zu diesem Zeitpunkt bereits nicht mehr in Deutschland, da sie unmittelbar nach Hitlers Machtübernahme das Land verlassen hatten.

Weitere 175 Architekten flohen in den darauffolgenden Jahren bis 1941. Palästina stand mit insgesamt 78 immigrierenden Architekten an oberster Stelle auf der Liste der Fluchtorte. Insgesamt zählte Warhaftig 15 weitere Destinationen: England, Amerika, Argentinien, Brasilien, Chile, Dänemark, Indien, Kolumbien, Kuba, Neuseeland, Portugal, Schweden, Schweiz, Südafrika und die Türkei. Von den in Deutschland verbliebenen jüdischen Architekten wurden 84 deportiert, in Vernichtungslagern ermordet oder blieben verschollen. 18 Architekten starben während der NS-Zeit in Deutschland, einige eines natürlichen Todes, andere begingen Selbstmord. 16 Architekten überlebten die NS-Zeit entweder im Untergrund oder in Konzentrationslagern. Mitaufgenommen in der Liste der Reichskammer – und in Warhaftigs Publikation – waren die dreivierteljüdischen, halbjüdischen, dreiachteljüdischen, vierteljüdischen sowie die mit einem Juden oder einer Jüdin verheirateten Architektinnen und Architekten. Auch wenn die Liste der Ausgeschlossenen oft nicht einmal Basisinformationen über Geburts- oder Ausbildungsort hergab, der Grad der »Verjudung« war immer erfasst.

Mitunter ist Myra Warhaftig der Vorwurf gemacht worden, ihr Werk nähme eine erneute Ghettoisierung der Juden vor. Dagegen hält das gewichtige Argument, dass sie die Namen vieler deutscher jüdischer Architekten dem Orkus des Vergessens entrissen hat. Auch das verbreitete Vorurteil, es hätte noch zu Beginn des 20. Jahrhunderts überhaupt kaum und erst recht keine bedeutenden jüdischen Baumeister gegeben, wird mit ihrer Arbeit obsolet. Warhaftig hat ihrem »Lexikon« der 500 Biografien eine andere gewichtige Publikation vorausgeschickt, in der sie das Leben und Wirken deutschsprachiger jüdischer Architekten im britischen Mandatsgebiet Palästina dokumentierte. Unter dem Titel *Sie legten den Grundstein* wird ihrer Bedeutung für den Aufbau des Landes Israel Rechnung getragen. Warhaftigs Auswahl ist auf 47 Architekten beschränkt, von denen elf bereits vor 1933 nach Erez Israel einwanderten. Zu ihnen zählt neben Alexander Baerwald der aus Frankfurt am Main gebürtige Theodor-Fischer-Schüler Richard Kauffmann, der ab 1921 zum wichtigsten Siedlungsplaner in Mandats-Palästina werden sollte, und Lotte Cohn, die als eine der ersten Frauen ihre Diplom-Prüfung an der Technischen Hochschule Charlottenburg ablegte, um ebenfalls ab 1921 im Gelobten Land ein bedeutendes architektonisches Werk zu schaffen.

Der von Warhaftig herausgestellte quantitative wie qualitative Anteil der aus deutschsprachigen Gebieten nach Palästina eingewanderten Architekten an der baulichen Entwicklung des Landes wird durch die Ergebnisse einer von der Autorin der vorliegenden Arbeit in den 1980er-Jahren erfolgten Studie untermauert und ergänzt. Sie basiert auf der Mitgliederkartei des in Tel Aviv ansässigen Vereins jüdischer Architekten und Ingenieure. Hier konnten Daten wie Geburtsland, Ausbildungsorte, Zeitpunkt der Einwanderung und vereinzelt auch Angaben zur Tätigkeit in Palästina von 440 zur britischen Mandatszeit, also zwischen 1918 und 1948 aktiven Architekten statistisch erfasst und ausgewertet werden. Der repräsentativen – nicht absoluten – Liste zufolge waren nur knapp sieben Prozent von ihnen in Palästina geboren, das heißt, bei 93 Prozent handelte es sich um Einwanderer. 108 Architekten gaben als Geburtsland Polen an, 88 Russland und 74 Deutschland, gefolgt von Österreich, Ungarn, Tschechoslowakei, Rumänien und 17 weiteren Ländern, aus denen jeweils nur vereinzelte Einwanderer kamen. Die 74 aus Deutschland gebürtigen Architekten machten etwa 17 Prozent der erfassten Gesamtzahl aus. Betrachtet man im Vergleich die Ausbildungsländer der 440 Architekten, so zeigt sich ein völlig anderes Bild: Hier nimmt Deutschland mit großem Abstand den ersten Rang ein, gefolgt von Palästina, wo ab 1924 das Technion in Haifa eingewanderten jungen Menschen die Möglichkeit einer Architektenausbildung bot. Österreich steht mit seinen bedeutenden Wiener Einrichtungen der Technischen Hochschule, der Kunstgewerbeschule und der Akademie an dritter Stelle. Von den 108 aus Polen gebürtigen Architekten studierten lediglich 25, weniger als ein Viertel, in Warschau oder Krakau, 83 besuchten Schulen im Ausland. In Russland erhielten von den 88 hier gebürtigen Architekten nur 15 ihre Ausbildung. Renommierte Schulen in der Tschechoslowakei, in Frankreich, England und Belgien folgen in der Liste der Ausbildungsländer.

An den deutschen Technischen Hochschulen und Akademien graduierten 108 später in Palästina tätige jüdische Architekten; das macht bei einer Gesamtzahl von 440 annähernd ein Viertel aus. Wer studierte in Deutschland? Neunzig Prozent der in Deutschland geborenen jüdischen Architekten nahm das hervorragende und bis zum Aufstieg der Nationalsozialisten offene Ausbildungsangebot ihres Geburtslandes wahr. Die vierzig weiteren jungen Juden, die Architektur an deutschen Schulen studierten und später nach Palästina auswanderten, kamen vorwiegend aus Osteuropa und Russland, wo streckenweise ein universitärer Numerus clausus für Juden bestand. Die Betroffenen wichen deshalb auf westeuropäische, insbesondere deutsche Architekturschulen aus. Die individuellen Lebensläufe weisen daher bereits vor der Flucht aus NS-Deutschland Mehrfachmigrationen auf, die in besseren Ausbildungs- und Arbeitsmöglichkeiten begründet lagen. Unter den deutschen Technischen Hochschulen lag Berlin-Charlottenburg ganz vorn, gefolgt von München, Darmstadt, Stuttgart, danach von Danzig, Dresden, Braunschweig, Karlsruhe, Oldenburg, Hannover und Breslau. Erwähnenswert ist auch der Zeitpunkt der Immigration. Während sich die allgemeine Einwanderungsquote von deutschen Juden nach Palästina – mit gewissen Schwankungen – gleichmäßig auf die sechs Jahre von 1933 bis zum Kriegsausbruch verteilte, erreichte die Ankunft der Architekten bereits 1933 ihren absoluten Höhepunkt. Dies mag unter anderem daran liegen, dass diese Berufsklasse für sich eher ein professionelles Betätigungsfeld im Rahmen des Aufbaus der Nationalen Jüdischen Heimstätte sah und sich daher leichter mit der Entscheidung für eine Auswanderung nach Palästina tat als Sparten, die auf Sprache und Schrift angewiesen waren und für die Hebräisch ein fast unüberwindbares Hindernis darstellte.

Die Mitgliederkartei des in Tel Aviv ansässigen Architektenvereins zeigt auch, dass es meist junge Architekten waren, noch ohne Ruhm und Namen, die Palästina etwa anstelle von Amerika als ihr neues Wirkungsfeld ansteuerten. Für das Land in der Levante bedurfte es der Bereitschaft, sich einer mitunter entbehrungsreichen Aufbauarbeit zu widmen. Für etablierte Künstler, deren Idealismus bereits Gestalt angenommen hatte, bot Palästina kaum eine adäquate Bühne. So hatten mehr als zwei Drittel der einwandernden Architekten aus Deutschland bei ihrer Ankunft in Palästina das 35. Lebensjahr noch nicht überschritten. Nicht allen gelang es, beruflich Fuß zu fassen. Etliche ausgebildete Architekten verdingten sich zunächst als technische Zeichner in bereits

ARCHITEKTEN BAUEN IN PALÄSTINA

Diplom-Ingenieur / Architekt
EDGAR AUERBACH
Tel-Aviv, Trumpeldor St 24

INDUSTRIEBAU
בנין בתי חרשת

מהנדס מדופלם / אדריכל
אדגר אורבך
תל־אביב, רח׳ טרומפלדור 24

מהנדס מדופלם רוברט פרידמן, אדריכל
בית דרום אפריקה, רחוב אלנבי, חיפה

Dipl. Eng. **ROBERT FRIEDMANN**, Architect
SOUTH AFRICA BUILDING, ALLENBY ST., HAIFA
NEW BUSINESS CENTRE מרכז חדש

E. GIDONI - L. ZEISLER - ARCH - ENG.
13 FRISHMANN STREET, TEL-AVIV

WOHNHAUS-, SIEDLUNGS-, INDUSTRIE-BAUTEN

HEINRICH GOTTLIEB
INNEN-ARCHITEKT
TEL-AVIV
HAJARDON STREET 17

Architekt
W. HALLER
TEL-AVIV
60, Jehuda Halevi
(Ecke Maza Street)

Gutachten
Hausverwaltungen
Bebauungspläne
ENTWURF
und
BAULEITUNG
Parzellierungen
Beratung

WOHNHAUS
Ecke Jehuda Halevi und Maza Street
Erbaut 1934

S. DOSTROVSKY & J. GREEN
ARCHITECTS
BUSINESS CENTRE HAIFA
TELEFON 970

Generalvertretung der „P. N." für
Palästina
HEINZ ZEIMANN
Tel-Aviv, Dizengoffstraße 109

Dr. ing.
Gideon G. Kaminka
Architekt
Haifa P. O. B. 972
Phone: 766

ד״ר אינג׳. גדעון
ג. קאמינקא
אדריכל
חיפה ת. ד. 972
טלפ: 766

Diplom-Architekt
J.-A. Minor — י. מינור
Vorprojekte, Kostenanschläge, Bauleitung, Expertise; Auskunft gratis.
Büro: **Tel-Aviv, Hess Str. 7**

MUHLBAUER & MITTELMANN
BAU-INGENIEURE
TEL-AVIV · PINSKER 12
מילבואר את מיטלמאן, מהנדסים
תל־אביב, רחוב פינסקר 12

PLÄNE
BAULEITUNG
BAUBERATUNG
תכניות · השגחה · הוצאות לבנין

A. ORDOWER
TEL-AVIV / ALLENBY STREET 43
INNENARCHITEKT
WOHNUNGEN – LADEN
AUSFÜHRUNG IN EIGENER REGIE
ZEHN JAHRE PRAXIS IM LANDE

Architektur-Büro Achad Haamstr. 42, Tel-Aviv
J. ORNSTEIN Dipl.-Ing., Wien, 13 Jahre Praxis in Palästina
S. LIASKOWSKI Architekt, Zürich, Seit 1933 in Tel-Aviv
Geschäfts-, Wohnhaus-, Fabrik-Bau etc.

KALITZKI-ENTIN
ARCHITEKT / HAIFA
NEW BUSINESS CENTRE
HOUSE FREUND, TEL.: 813

קליצקי־אנטין
אדריכלים / חיפה
מרכז חדש
בית פרוינד. טלפ: 813

»Architekten bauen in Palästina«, Anzeigenseite in *Palästina Nachrichten, Zeitschrift für Wirtschaftsentwicklung im Vorderen Orient*, Berlin 17. Oktober 1935

bestehenden Büros, andere übergangsweise als Bauarbeiter. »Klein-Haifa hatte damals so viele Architekten wie Groß-Hamburg«,[7] erinnert sich einer von ihnen, und dennoch war die Lage besser als bei den Medizinern oder den Juristen. Vergleichsweise viele schafften den enormen Sprung, eröffneten eigene Architekturbüros oder nahmen später wichtige Positionen in Stadtplanungsämtern ein. Hinter den Listen, Zahlen und Statistiken steht ein Kaleidoskop an Einzelschicksalen, von denen keines dem anderen gleicht. Abhängig von den zur Verfügung stehenden Fakten und ihrer interpretatorischen Rezeption erscheinen manche ihrer Geschichten bewegend und dramatisch, andere vergleichsweise ruhig und geordnet. Im Rahmen dieser Publikation können nur wenige als Repräsentanten der aus Deutschland eingewanderten Architekten kurze Erwähnung finden.

Der Name der alteingesessenen jüdischen Berliner Familie Wittkower ist Kunsthistorikern ein Begriff. Das berühmte Standardwerk *Architectural Principles in the Age of Humanism* schrieb Rudolf J. Wittkower im Londoner Exil. Sein jüngerer, 1903 geborene Bruder Werner J. Wittkower wählte Palästina als Emigrationsland. Er hatte ein Architekturstudium an der Technischen Hochschule Stuttgart bei Paul Bonatz und Paul Schmitthenner absolviert und parallel in die Praxis des Planens und Bauens bei Richard Döcker Einblick genommen. Nach dem Diplom folgte die Gründung eines eigenen Architekturbüros in Berlin. Neben einem Einfamilienhaus in Berlin-Charlottenburg ist ein kleines jüdisches Kinderheim am Scharmützel-See in Bad Saarow von ihm bekannt. Beide Bauten sind einer funktionalen, moderaten Moderne verpflichtet, die an Bauten Bruno Tauts und Hugo Härings denken lassen, mit denen er in der Siedlung Onkel Toms Hütte kooperierte. 1932 nahm er mit dem Entwurf eines Wochenendhauses an der großen Ausstellung »Sonne, Luft und Haus für Alle« teil. Wittkower war schon als Jugendlicher in zionistischen Verbünden organisiert, denn, so schrieb er an Myra Warhaftig, er erkannte früh: »Wenn ich in Deutschland bleibe, bin ich Bürger zweiter Klasse.« Zusammen mit seiner Frau verließ er sein Geburtsland am 31. März 1933, einen Tag vor dem Judenboykott. In der Rückschau zeichnete er einen rosigen Start in der neuen Heimat Palästina:

> »Wir waren sehr jung – alles war herrlich. Noch im Sommer 1933, sofort nach der Ankunft, konnten wir schon unser Brot verdienen. Das Land erschien uns als ein Paradies. Die Wohnungstüren in Tel Aviv (immerhin eine Stadt von ca. 40 000 Einwohnern) hatten keine Schlösser. [...] In diesem ›Paradies‹ gab es auch Arbeit für einen jungen Architekten, obwohl damals in Palästina, das englisches ›Mandats-Land‹ war, nur ca. 160 000 Juden wohnten. Aber es wanderten viele europäische Juden ein.«[8]

Zu Wittkowers ersten Arbeiten im Land zählten ein kleines Privat-Krankenhaus in Ramat Gan, ein 26-Zimmer-Hotel in Tel Aviv, der Umbau der unter den Jeckes bekannten Pension Käthe Dan sowie etliche Inneneinrichtungen für Privatwohnungen und Hotels. Weit über Tel Aviv hinaus wurde Wittkower namhaft durch seine theoretischen wie praktischen Arbeiten zu klimatisch gesunden Innenräumen, mit denen er ab 1936 im Auftrag des damals neugegründeten meteorologischen Instituts begann. 1946 eröffnete und leitete er noch unter der britischen Mandatsverwaltung die Abteilung Siedlungswesen des jüdischen Landesplanungsamtes und war bis 1954 Mitglied im Stadtplanungskomitee Tel Aviv. 1953 übernahm er zudem das Amt des Chefarchitekten der Universität Tel Aviv. 1979 organisierte er eine Ausstellung israelischer Architekten in West-Berlin.

Wenn der renommierte Architekturkritiker Julius Posener, der von 1935 bis 1941 ein kurzes, aber nachhaltiges Intermezzo in Palästina gab, bevor er nach mehrjährigen Aufenthalten in London und Kuala Lumpur 1961 einen Ruf an die Berliner Hochschule für Bildende Künste annahm, nach herausragenden Architekten im damaligen Palästina befragt wurde, dann nannte er nicht etwa als ersten Erich Mendelsohn, bei dem er immerhin einige Monate in Berlin und später in Jerusalem gearbeitet hatte. Er verwies mit Nachdruck auf Heinz Rau. In einem empathischen Nekrolog, den er nach dessen relativ frühem Tod im Alter von 68 Jahren Anfang 1965 verfasste, charakterisierte er ihn als »Berliner Kind, ein Kind vom Wedding«.[9] Poseners Sympathien für den in seiner eigenen Geburtsstadt als Innenarchitekt ausgebildeten und insbesondere durch rationale Küchenentwürfe bekannten Rau mögen in ähnlichen Migrationsverläufen begründet sein, denn auch Raus Lebenslauf begann in Berlin, gefolgt von Stationen in Palästina und England, um letztlich wieder in Deutschland zu enden. Posener sprach jedoch in erster Linie von Raus großartigen Projekten in Jerusalem. Der Wohnblock für den ebenfalls aus Deutschland immigrierten Bankier, Max Rosenbaum, im Stadtteil Rehavia sticht unter den frühen Bauten Raus besonders durch eine ästhetisch überzeugende und klimatisch günstige Terrassierung mit weit überhängenden, verschattenden Dächern heraus. Die Anlage wirkt wie ein in sich geschlossener Wohnhof, der über eine geschickt rhythmisierte Staffelung der Baumassen geschützte semi-private Außenräume schafft. Mit dem renommierten Rechter-Preis für Architektur wurde Rau indes für seinen ikonischen Synagogenbau auf dem Jerusalemer Universitätscampus in Givat Ram geehrt, den er Mitte der 1950er-Jahre zusammen mit David Reznik entwarf. Nach der Staatsgründung arbeitete Rau am Bebauungsplan für Jerusalem, bevor er in den frühen 1960er-Jahren an die Universität Manchester ging. Kurz vor seinem Tod im Jahr 1965 ließ er sich im Schwarzwald nieder.

Neben Heinz Rau gehörte auch der um einige Jahre jüngere, 1911 in Königsberg als Arthur Glücksohn geborene Artur Glikson zum interdisziplinär zusammengesetzten Team, das ab 1949 im Auftrag des gerade gebildeten Innenministeriums einen nationalen Entwicklungsplan für Israel ausarbeitete. Glikson gilt heute in Israel als der bedeutendste Stadt- und Regionalplaner seiner Generation, als der intellektuelle Kopf, der die Ideen und Konzepte, die Poesie und wissenschaftliche Legitimation für die Konkretisierung der Nationenbildung lieferte. Sein Ansatz, der unterschiedliche Fachdisziplinen wie Anthropologie, Soziologie, Geografie, Biologie, Ökologie und Ökonomie sowie Statistik für die Stadt- und Regionalplanung fruchtbar machte, bewies sich als konstitutiv in der entscheidenden Phase der Formierung und Identitätsfindung des jungen Staates. Als Glikson 1935 24-jährig im britisch verwalteten Palästina ankam, war das Land nicht fremd für ihn. Er hatte es nach seinem Gymnasialabschluss bereist, war jedoch nach Deutschland zurückgekehrt, um ein Studium an der Technischen Hochschule Berlin-Charlottenburg bei Hans Poelzig zu absolvieren. Nach seiner Immigration konnte er das Gelernte in unterschiedlichen Arbeitskonstellationen anwenden und erweitern:

in privaten Architekturbüros, im Public Works Department, als Chefarchitekt von Petah Tikva, später als Leiter der dem Arbeitsministerium unterstellten Planungsabteilung für Wohnungsbau, um nur einige Stationen seines dynamischen Lebenslaufs zu nennen. Neben seinen konkreten Planungsprojekten war Glikson an umfangreichen nationalen wie internationalen Forschungsarbeiten beteiligt, deren Fokus auf Gesellschaften im Umbruch gerichtet war. Sein interdisziplinärer Planungsansatz sowie seine Vorstellungen von ethnisch durchmischter Urbanität inspirieren bis heute Diskurse über bestmögliche Wohn- und Lebensformen von Einwanderergesellschaften. Seine Theorien konnte Glikson Ende der 1950er-Jahre in seinem bekanntesten Projekt, dem Gesamtplan für die fünfzig Kilometer südlich von Tel Aviv liegende Kreishauptstadt Kiryat Gat umsetzen, dessen experimentelles, von ihm entwickeltes Wohnviertel nach seinem viel zu frühen Tod 1966 mit seinem Namen verbunden wurde. Kiryat Glikson gilt als Paradebeispiel für integratives Wohnen, das die ethnische Durchmischung von Einwanderern und Flüchtlingen aus 35 Nationen, unter ihnen Überlebende aus den Konzentrationslagern, umsetzte.

Mit weiteren drei exemplarisch ausgewählten Lebensläufen sollen Architekten vorgestellt werden, die, in Osteuropa beziehungsweise Russland geboren, aufgrund von antisemitischen Restriktionen und Exklusion ihr Geburtsland verließen und zum Studium nach Deutschland übersiedelten. Hier nahmen sie das bis 1933 offene Ausbildungsangebot beziehungsweise die Möglichkeit der beruflichen Profilierung wahr, bevor sie nach erfolgreichen Jahren erneut, diesmal vor einem ungleich größeren Ausmaß an Hass und Verfolgung, nach Palästina flüchteten.

Der 1873 aus dem österreich-ungarischen Újszentanna gebürtige Oskar Kaufmann ging zum Studium nach Karlsruhe und war ab 1900 hauptsächlich in Berlin tätig. Mit zahlreichen Theaterentwürfen, wozu unter anderen das Hebbeltheater, das Deutsche Künstlertheater, die Krolloper und die Volksbühne zählten, etablierte er sich als führender Theaterarchitekt seiner Zeit. 1933 kam er mit dem Auftrag des renommierten Habimah-Theaters nach Tel Aviv. Er konnte neben einigen privaten Wohnhäusern mit dem markanten Orah-Kino in Haifa einen weiteren bedeutenden Bau in Palästina verwirklichen, bevor er aufgrund

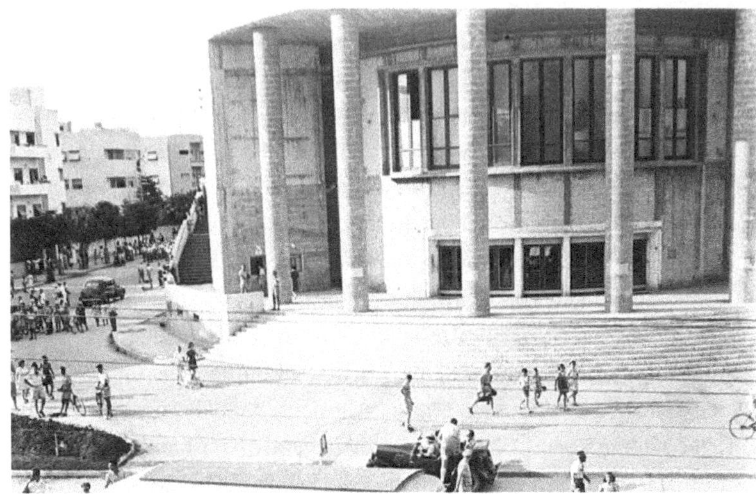

Habimah Theaterbau, Tel Aviv, 1. Bauphase, Zustand 1946, Architekt: Oskar Kaufmann; Foto: Zoltan Kluger

fehlender Aufträge 1939 nach Europa zurückging. Vom Kriegsausbruch überrascht, gestaltete sich seine Rückkehr als dramatische Odyssee, in deren Verlauf ihm die angestrebte Einreise nach England wie auch die Möglichkeit einer Umkehr nach Palästina verwehrt wurde. Er wich zunächst nach Rumänien aus; ab 1947 lebte und arbeitete er bis zu seinem Tod 1956 in Budapest.

Joseph Klarwein wurde 1893 in Warschau geboren und kam bereits als Zwölfjähriger mit seinen Eltern nach Deutschland. Dem Architekturstudium an der Technischen Hochschule München sowie bei Hans Poelzig an der Akademie in Berlin folgte eine langjährige Anstellung im Büro Fritz Högers in Hamburg, das mit großen Kontorbauten wie dem Chilehaus und dem Sprinkenhof in den 1920er-Jahren zum führenden Vertreter des norddeutschen Backsteinexpressionismus wurde. Wenngleich unter Högers Namen publiziert, gingen nachweislich viele Entwürfe des Büros auf dessen Hauptentwurfsarchitekten Klarwein zurück. Noch vor der Machtübernahme Hitlers kündigte Höger seinem »ausgezeichneten Mitarbeiter«, um sich als judenfreies Büro den Nationalsozialisten anzudienen. Klarwein emigrierte nach Palästina und machte sich in Haifa selbstständig, wo er sich mit einer Reihe von anspruchsvollen Apartmenthäusern auf dem Carmel für Neueinwanderer aus Deutschland, einem großen Büro- und Geschäftskomplex im Stadtzentrum und einem spektakulären Getreidesilo im Hafenbereich erfolgreich etablieren konnte. Sein bekanntester, wenngleich heftig umstrittener Bau ist die Knesset, das israelische Parlamentsgebäude in Jerusalem.

Alexander Klein, 1879 in eine wohlhabende jüdische Familie in Odessa geboren, absolvierte sein Architekturstudium in Sankt Petersburg, wo er sich aufgrund einiger erfolgreicher Wettbewerbsteilnahmen einen Namen machte. Ab 1913 hatte er hier den Posten des Stadtbaurats inne. Antisemitische Vorfälle veranlassten ihn, 1920 mit seiner Familie nach Berlin überzusiedeln. Mit seinem Interesse für die Optimierung von Grundrissen für Kleinwohnungen bewegte er sich am Puls der Zeit. Kleins Ideen, die er in renommierten deutschen Fachzeitschriften publizierte, gaben Antworten auf den nach dem Ersten Weltkrieg drängenden Bedarf an Wohnraum für die Arbeiterklasse. Er optimierte die Wohnung für das Existenzminimum indem er beispielsweise den dunklen Flur durch einen hellen Wohnzimmervorraum ersetzte. Die zweckmäßige Aufteilung ging Hand in Hand mit einer Verbesserung der klimatischen Konditionen in den Innenräumen. Klein zog für seine innovative und mathematisch strenge Entwurfsmethodik typologische Vergleichsreihen heran. Dabei verfolgte er einen holistischen Ansatz, der auch die Auswirkungen von Wohnbedingungen auf die menschliche Psyche mit einbezog. Seine theoretischen Ansätze konnte er in zahlreichen Siedlungen wie etwa der Gagfah-Siedlung in Berlin-Zehlendorf oder in Zusammenarbeit mit Walter Gropius in der Großsiedlung Bad Dürrenberg bei Leipzig umsetzen. 1933 wurde Klein mit Berufsverbot belegt und immigrierte nach Palästina, wo er seine Planungsexpertise in den Dienst des Jischuv stellte. Zu seinen wichtigsten Projekten zählten hier die Gartenvorstädte Kiryat Bialik und Tivon. Mit einer Professur am Technion in Haifa betraut, konnte er seine Erfahrungen in der Gestaltung von rationalen Wohnungsgrundrissen an die nächste Generation weitergeben. Eine seiner Schülerinnen war Myra Warhaftig, die das bei ihm Gelernte für die Frauenbewegung fruchtbar machte und bei Julius Posener an der Technischen Universität Berlin mit einer Dissertation promovierte, die den bemerkenswerten Titel trägt: *Die Behinderung der Emanzipation der Frau durch die Wohnung und die Möglichkeit zur Überwindung.*

Die neue Frau: Hauswirtschaft und Nationenbildung

> »Frikadellen: Sie sind allbekannt aus Fleisch mit geweichter ausgedrückter Semmel, Eiern und gerösteter Zwiebel. Wenige wissen aber, dass man hervorragende Kzizoth [hebr. für Frikadellen, Anm. d. Autorin] ohne Fleisch vor allem aus Haferflocken bereiten kann.
> Grundmasse: 150g Haferflocken, 1/2 l Milch oder Wasser, 3-4 Eier, Salz und gehackte grüne Kräuter, eventuell Zwiebeln.
> Zubereitung: Die Flocken werden mit der Flüssigkeit überbrüht und 2 Stunden zugedeckt stehen gelassen. Dann Eier, Salz, geröstete Zwiebeln und gehackte Petersilie (Dill) unterrühren, mit Tomatenmark oder Ketchup oder gedünsteten Pilzen würzen und mit dem Esslöffel Plätzchen abstechen, die in heissem Kokosin [Kokosöl, Anm. d. Autorin] schwimmend gebacken werden. Zu Gemüse und Salaten sind sie eine gesunde und sättigende Beigabe. Natürlich kann man auch unter diese Haferkzizoth frisches und gekochtes durchgedrehtes Fleisch mischen.«[10]

Das Rezept findet sich zusammen mit vielen anderen in dem dreisprachig (deutsch, englisch, hebräisch) verfassten, 1936 in Tel Aviv publizierten Ratgeber *Wie kocht man in Erez Israel*, der sich vorrangig an die aus Deutschland, beziehungsweise Mitteleuropa eingewanderten Jüdinnen richtete. Deutschsprachige Printmedien, wie die bis Anfang November 1938 noch in Berlin erscheinende *Jüdische Rundschau*, empfahlen das Buch auf das Wärmste. Über Kochrezepte hinaus fand die interessierte Leserin hier wertvolle Angaben über einheimische Gemüse- und Obstsorten, über lokale Haustechnik und Hygiene, über Haushaltsmaße ohne Waage sowie ein Wörterverzeichnis, das die wichtigsten Vokabeln rund um den Esstisch vom Englischen und Deutschen ins Hebräische übersetzte. Die Zielleserschaft war zahlreich: Laut einer zeitgenössischen Statistik betrug der Anteil an Hausfrauen der fünften Alija zwischen 30 und 40 Prozent.[11] Das bedeutete, die Mehrheit unter den Einwanderinnen, die zwischen 1933 und 1941 ins Land kamen, hatte keine außerfamiliäre, professionelle Ausbildung genossen. Eingedenk der Tatsache, dass etliche von ihnen der gehobenen Schicht angehört hatten, wo das Putzen, Bügeln und Kochen von Dienstpersonal erledigt worden war, stellte die Umstellung auf die Verhältnisse in einem levantinischen Land eine große Herausforderung dar. Den zahlreichen Dokumentationen über die Jeckes ist jedoch zu entnehmen, dass sowohl geübte als auch ungeübte Hausfrauen nicht selten aus ihrer eher nachrangigen Rolle als Ehefrauen heraustraten und häufig sogar den Posten des Familienernährers übernahmen. Der Arbeitsmarkt in Palästina zeigte sich gerade für den Bereich Hauswirtschaft freundlicher als für die akademischen Berufe, die viele deutsch-jüdische Männer vor ihrer Auswanderung bekleidet hatten. Der vom Palästina-Amt in Berlin herausgegebene Leitfaden für Neueinwanderer bewertete die Aussichten auf eine Anstellung und damit auf eine gesicherte Existenzgrundlage für Immigrantinnen allgemein als besser denn für ihre Juristen- oder Mediziner-Ehemänner. Unter der Rubrik »Frauen-Berufe« wurde hier besonders auf das große Potenzial von in der Hauswirtschaft tätigen Frauen verwiesen. Als Beispiele spezieller Einsatzbereiche nannte der Ratgeber vor allem landwirtschaftliche Haushalte, Massenküchen sowie den Sektor Säuglingsernährung. Aber auch für Putzhilfen oder Köchinnen in Privathaushalten wurden die Chancen für eine Erwerbstätigkeit als günstig eingeschätzt.

Der Schriftsteller und Publizist Martin Feuchtwanger hat in seinen Erinnerungen mehrere Fälle geschildert, in denen Frauen aus gutbürgerlichen bis gehobenen Verhältnissen nach ihrer Einwanderung in Palästina als Oseret [hebr. für Haushaltshilfe] das Grundeinkommen für sich und ihre nächsten Angehörigen gesichert haben. Mit dem Beispiel einer aus Deutschland immigrierten Familie beginnt er sein Kapitel »Klassenunterschiede verschwinden«:

> »Der Mann war in Deutschland Rechtsanwalt oder Gymnasiallehrer. Sie haben drei Kinder mitgebracht, nur wenig Geld. An einen

> kaufmännischen Beruf wagte er sich nicht. Man bot ihr einen ganztägigen Oseretposten an. Sie nahm ihn an, die Arbeit war ihr sauer, aber es ging. Sie verdiente so viel, daß die Familie davon leben konnte, zumal der Mann auch gelegentlich Arbeit hatte, als Sekretär, Übersetzer, Hilfspolizist. Die Kinder sind groß, 14- bis 17jährig, sie besuchen das Gymnasium, die Mädchen besorgen nebenher den Haushalt. Der Mann ist inzwischen Staatsbeamter, aber das Geld reicht keineswegs für eine fünfköpfige Familie. Die Frau ist nach wie vor Oseret in demselben Haus, in dem sie als Oseret angefangen hat. Für konventionelle Begriffe unvorstellbar: Er höherer Staatsbeamter, sie Oseret, die Kinder Gymnasialschüler. Die Frau besorgt nicht den eigenen Haushalt, sondern einen fremden. Einen fremden? Keineswegs. Die beiden Familien sind befreundet. Man schätzt sich. Wenn die Familie des Arbeitgebers Gäste einlädt, wird auch die Oseret mit ihrer Familie zu Gast gebeten, wenn die Oseret eine Gesellschaft gibt, dann wird auch die Familie des Arbeitgebers eingeladen. Die Oseret sagt nicht Gnädige Frau oder Madame, sondern Mirjam und zu dem Mann Gabriel.«[12]

Feuchtwanger hebt in seiner Analyse der Einwanderergesellschaft vor allem die Auflösung von Berufshierarchien und eine daraus folgende soziale Gleichstellung unterschiedlicher Beschäftigungen hervor. Damit einher ging aber auch eine Neudefinition des Geschlechterverhältnisses sowie eine allgemeine Aufwertung der Hausarbeit. Feuchtwanger selbst war hierfür ein gutes Beispiel. Da seine publizistischen Unternehmungen in Palästina kaum Geld abwarfen, verdiente er seinen Anteil am Familieneinkommen durch einen Mittagstisch, bei dem er für bis zu 25 Personen kochte. Es ist nicht auszuschließen, dass mitunter die Haferkzizoth auf seinem Speisezettel standen und das populäre Erez Israel-Kochbuch – wiewohl an »Liebe Leserinnen« gerichtet – aufgeschlagen auf der Anrichte seiner beengten Küche lag. Vielleicht ließ Feuchtwanger sich dabei auch von den attraktiven wie informativen Illustrationen beeindrucken, die die Rezepte begleiteten. Sie stammten von dem aus Breslau gebürtigen, 1934 über die Schweiz nach Palästina eingewanderten Künstler Rico Blass. Beginnend mit dem ersten, in seinem Tel

Aviver Olympia-Verlag erschienenen Buch nahm Feuchtwanger ihn wiederholt unter Vertrag. Blass war ausgebildeter Architekt, fühlte sich jedoch Zeit seines Lebens der Malerei verbunden. Sein großes grafisches Talent nutzte er, um seinen Lebensunterhalt zu verdienen. Viele ikonische Plakate und Werbeposter aus dem vorstaatlichen Israel gehen auf sein Konto.

Der von Rico Blass gestaltete Einband des Ratgebers *Wie kocht man in Erez Israel* dürfte mit zum Besten gehören, was in seiner Generation auf diesem Gebiet in Palästina geschaffen wurde. Die Darstellung überzeugt nicht nur ästhetisch, sondern auch in der grafischen Vermittlung der Inhalte. Den Bildvordergrund dominiert eine schlanke moderne Frau, die multitaskingfähig in dem sich selbst referenzierenden Kochbuch liest und gleichzeitig das Essen rührt, das – wie damals in Palästina üblich – auf einem »Primus« zubereitet wird. Eine kalte Vorspeisen-Platte steht bereits angerichtet neben dem Kocher, auf der anderen Seite liegt eine Auswahl von heimischem frischen und gesunden Obst und Gemüse: Auberginen, Zucchini, Orangen und Weintrauben. Die Köchin steht vor einer abwaschbaren Kachelwand, die Hygiene suggeriert. Rechts öffnet sich das Zimmer auf einen Balkon, auf dem Ehemann, Sohn und Tochter an einem Tisch Platz genommen haben. Sie erscheinen als passive Schutzbefohlene in einem Kokon aus ruhigem Blau von Himmel und Meer. Komplementär dazu ordnet der Künstler der Hausfrau ein energetisches, aktives Orange zu. Sie ist die Protagonistin, stark, überlegen und beinahe heroisch: »Es ist nun höchste Zeit«, so heißt es im Vorwort, »dass wir Hausfrauen mit mehr Energie als bisher versuchen, unsere Küche zu befreien von den ihr anhaftenden Galuth-Traditionen […]. Und diese Umstellung sollen wir nicht griesgrämig vollziehen, wie es oft genug geschieht, nicht gezwungenermassen, sondern Ja-sagend in der Erkenntnis, dass dies eines der wichtigsten Mittel ist zu unserer eigenen Verwurzelung in unserer altneuen Heimat.«[13] Text und Darstellung gehen Hand in Hand: Die Hausfrau übernimmt die Verwirklichung der zionistischen Ziele in ihrer Küche.

Autorin des Koch-Bestsellers war Erna Meyer. Sie kam 1933 als international bekannte Fachfrau nach Palästina, die in den Zwanzigerjahren eine unüberhörbare Stimme in den engagierten Haushalts- und

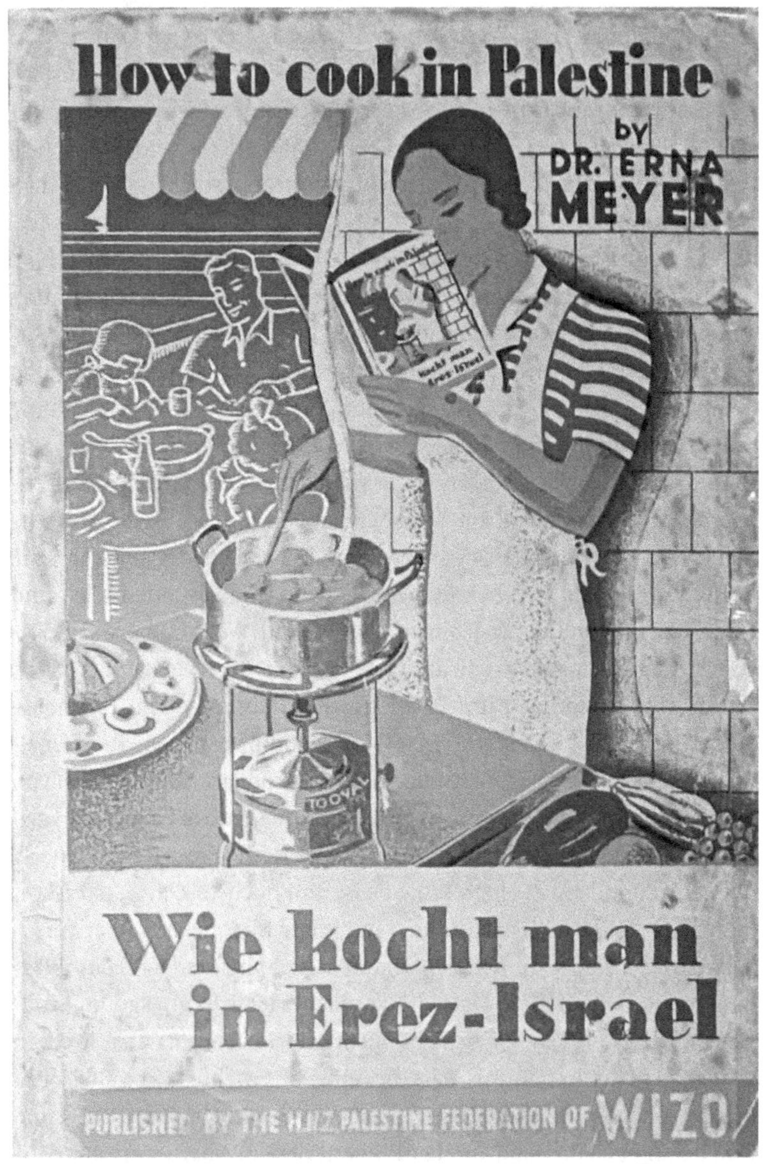

Cover des hebräisch-deutschen Kochbuchs von Erna Meyer, 1936; Design: Rico Blass

Küchendebatten Deutschlands und Mitteleuropas hatte. Ihre Reputation basierte auf einem fundierten Werk als Autorin und Herausgeberin auflagenstarker Fachzeitschriften, Bücher und Kalender, die sich mit der Effizienzsteigerung und Systematisierung des Haushaltes befassten. Ihr Ziel war es nicht, die Frau vom Herd wegzuholen, sondern ihre Arbeit aufzuwerten und diese durch eine rationale Gestaltung der Wirtschaftsräume, insbesondere der Küche, zu verbessern und zu erleichtern. Meyers erfolgreichstes Buch war *Der Neue Haushalt – Ein Wegweiser zu wirtschaftlicher Haushaltsführung*, das in Deutschland zwischen 1925 und 1932 in 41 Auflagen erschien. Ab 1929 gab sie das Journal *Neue Hauswirtschaft* heraus, das sich als eigenes Genre zwischen Frauenillustrierter und Fachzeitschrift positionierte. Hier wurden neben praktischen Arbeits- und Einrichtungstipps beispielsweise auch Architekturausstellungen oder neue Bauten besprochen. Meyer war neben der Architektin Margarete Schütte-Lihotzky die maßgebliche Autorität, die für beinahe jede Küchenplanung in Versuchssiedlungen oder auf Messen in Deutschland zurate gezogen wurde. Sie tauschte sich mit führenden Architekten wie dem Holländer Jacobus Johannes Pieter Oud oder Ludwig Mies van der Rohe aus. Beide Architekten waren entscheidend an der gefeierten Weißenhofsiedlung im Rahmen der Stuttgarter Werkbund-Ausstellung »Die Wohnung« von 1927 beteiligt – Letzterer als Verantwortlicher für das Gesamtlayout. Für die zentrale Hallenschau wurde Erna Meyer die Auswahl und Präsentation unterschiedlicher Musterküchen übertragen. Neben Schütte-Lihotzkys bekannter »Frankfurter Küche« waren weitere Reformküchen von der »Stuttgarter Kleinküche« bis zur »Stuttgarter Lehrküche« zu sehen. Ergänzt wurden diese durch die Küchen in den Häusern der Weißenhofsiedlung, die von den jeweils entwerfenden Architekten konzipiert waren. Meyers fachliches Urteil über die Wirtschaftsräume der einzelnen Bauten fiel kritisch aus. Eine ausführliche und lobende Besprechung schenkte sie der Küche im Wohnkomplex von Oud, dem sie bescheinigte, »von jeher den Anregungen der Hausfrau ein offenes Ohr entgegengebracht« zu haben.[14] Ihre langjährigen Erfahrungen brachte Meyer schliesslich in die Entwicklung der sogenannten »Münchner Küche« ein, die weniger radikal als Schütte-Lihotzkys Frankfurter Kochlabor Elemente der traditionellen Wohnküche berücksichtigte und damit familiengerechter ausfiel. Der engen fordistischen Funktionsküche, welche die Frau räumlich isoliert und vom Rest der Familie trennt, erteilte sie eine Absage und leistete so dem offenen Küchengrundriss Vorschub, für den sich einige Dekaden später die israelisch-deutsche Architektin Myra Warhaftig und Feministinnen ihrer Generation stark machten.

Dass Erna Meyer in Palästina unmittelbar an ihre Erfolge in Deutschland anknüpfen konnte, ist nicht zuletzt der damals wie heute weltweit größten Frauenorganisation WIZO (Women's International Zionist Organisation) zu verdanken. Die 1920 gegründete Institution, die feministische und zionistische Ziele bündelte, förderte Meyer als Publizistin und Dozentin. Sie zeichnete auch für die Herausgabe ihres Kochbuchs verantwortlich, wo die Leitgedanken der Organisation im Vorspann erläutert wurden: »In der Schulung der Frau in Erez-Israel zu rationeller Hauswirtschaft und Ernährung« wird »eine der wichtigsten Voraussetzungen gedeihlichen Aufbaus« gesehen.[15] Zur Umsetzung dieser Ziele initiierte und finanzierte die WIZO unterschiedliche Einrichtungen, so unter anderem hauswirtschaftliche Beratungsdienste, Fachbüchereien und Abendkurse, die von Wanderinstruktorinnen für alle Bevölkerungsschichten an verschiedenen Orten des Landes abgehalten wurden. Darüber hinaus unterhielt sie eigene Lehranstalten, die Frauen, insbesondere Neu-Einwanderinnen, zu einer qualifizierten beruflichen Existenzgrundlage verhelfen sollten. Vorzeigeprojekte waren die Landwirtschaftsschule in Nahalal sowie die Hauswirtschaftsschule in Nachlath-Jizchak bei Tel Aviv. Sie waren Musterbeispiele moderner Architektur und »von Frauen für Frauen« entworfen.[16] Die Einrichtung in Nahalal stammte von der in Berlin geborenen und ausgebildeten Lotte Cohn, die bereits 1921 nach Palästina eingewandert war.

Bei dem zweiten, Anfang 1936 fertiggestellten Schulungsgebäude nahe Tel Aviv, das für eine zweijährige Ausbildung von 25 Schülerinnen pro Jahrgang ausgelegt war, ist anzunehmen, dass Erna Meyer als fachliche Beraterin für die Konzeption der Lehrküchen hinzugezogen wurde. Den von der WIZO ausgeschriebenen baulichen Wettbewerb konnte die Architektin Elsa Gidoni-Mandelstamm für sich entscheiden. Ihr L-förmig angelegter, zweigeschossiger Komplex überzeugte mit einer kla-

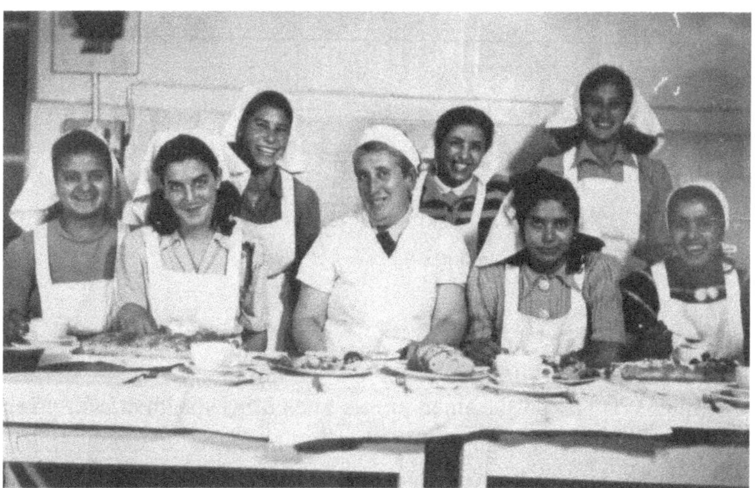

Erna Meyer mit Schülerinnen eines Hauswirtschafts- und Kochkurses, Palästina 1943

ren Linienführung. Die Schlafräume im Obergeschoss, vor allem aber die Lehr-, Arbeits- und Gemeinschaftsräume im Erdgeschoss für Kochschule, Bibliothek, Mensa und Verwaltung entsprachen den höchsten zeitgenössischen Standards derartiger Einrichtungen. Die *Jüdische Rundschau* lobte die Anlage als ein »Zentrum […], das den modernsten und besteingerichteten Lehrbetrieben des Auslandes an die Seite zu stellen ist«. Über eine ausführliche Rezension, die den ansprechend modernen Geist der Architektur herausstellte, warb die *Rundschau* einmal mehr für eine Einwanderung nach Palästina:

> »Mit feinem Formgefühl ist alle Monotonie und Steifheit von diesem Zweckbau einer Schule mit Internat ferngehalten. Die Schlichtheit der großflächigen Front des Eingangstraktes nimmt für sich ein, besonders gewinnend aber ist die Gestaltung der Hoffassade, innerhalb deren Umrahmung sich das eigentliche Leben der Anstalt abspielt. Der lang sich entfaltende Seitentrakt bildet mit dem kürzeren Fronttrakt einen zum Gartenhof offenen Winkelhaken. Gefällig und leicht sitzt der Oberstock mit seinem umlaufenden

> Balkon auf dem Untergeschoß mit dem breit vorgelagerten Gang, den blumenbepflanzte, niedrige Balustraden abgrenzen. Die Aufteilung des mächtigen Gebäudes in zwei verhältnismäßig schmale, in die Richtung der kühlenden Winde gestellte Flügel erlaubt eine ideale Durchlüftung. Von allen Seiten kann auch auf diese Weise das Licht heran, das zahlreiche Fenster einlassen, sodass sich auch nicht eine einzige dunkle Ecke ergibt.«[17]

Die Datenlage zu Leben und Werk der Architektin Elsa Gidoni-Mandelstamm ist bislang trotz neuerer, vielversprechender Forschungen israelischer Wissenschaftlerinnen immer noch bruchstückhaft, was unter anderem an ihrem bewegten Lebenslauf mit häufigen Ortswechseln liegen mag. Fest steht offenbar, dass sie 1899 in eine intellektuelle Familie in Riga hineingeboren wurde. Ihr Architekturstudium begann sie an der Kunstakademie St. Petersburg, wo sie sich im Freundeskreis ihres Vetters, des Dichters Ossip Mandelstam, bewegte. 1924 wechselte sie nach Berlin und schrieb sich an der Technischen Hochschule Berlin-Charlottenburg ein. In der zweiten Hälfte der Zwanzigerjahre begann sie, für verschiedene Berliner Architekten, unter ihnen wohl auch Leo Nachtlicht, zu arbeiten. 1928 machte Gidoni-Mandelstamm sich als Innenarchitektin mit Atelier in Berlin-Schöneberg selbstständig. Sie verliess die Stadt an der Spree unmittelbar nach der Machtübernahme Hitlers und wanderte nach Palästina aus. Später gab sie zu Protokoll, dass sie zunächst an Großbritannien als Fluchtziel gedacht hatte, ihre Entscheidung aber zugunsten des Britischen Mandatsgebiets in der Levante fällte, weil das Land aufgrund der hohen Einwandererzahlen eine gute Auftragslage versprach sowie die Möglichkeit, sich als Frau beruflich verwirklichen zu können.

Gidoni-Mandelstamms Start in Palästina war ungewöhnlich erfolgreich. Sie ließ sich in Tel Aviv nieder und fand unmittelbar nach ihrer Ankunft eine Anstellung im technischen Büro der für 1934 geplanten internationalen Levante-Messe. Hier konnte sie drei Gebäude verwirklichen: das Galina Café (zusammen mit Genia Averbuch und Shlomo Ginsburg), den Schwedischen Pavillon und das Ausstellungsgebäude der WIZO. Die Bauten wurden extensiv, auch über Palästina hinaus, publiziert und legten damit den Grundstein für ihre weitere Karriere.

In der Folge nahm Gidoni-Mandelstamm an diversen Wettbewerben teil, von denen sie drei gewann. Innerhalb weniger Jahre schuf sie ein beeindruckendes Oeuvre, das Wohnhäuser, ein Altenheim sowie weitere Projekte im Auftrag der WIZO und anderer Frauenorganisationen umfasste. Ein Hauptwerk ist neben der oben beschriebenen Hauswirtschaftsschule das »Haus der Pionierinnen« im Zentrum von Tel Aviv, das als Wohn- und Ausbildungsstätte für junge alleinstehende Frauen und für Neu-Einwanderinnen neben Logis-Trakten mit einem Hörsaal, Seminar- und Büroräumen, einer Mensa und einer Küche ausgestattet war. Gidoni-Mandelstamms klares funktional-modernes Formenvokabular hatte Signalwirkung für das Selbstverständnis der Neuen Frau in Palästina. Wenngleich von Erfolg gesegnet, entschloss sich die Architektin im Frühjahr 1938, das Land zu verlassen und in die USA weiterzuwandern. Die Gründe für ihre Entscheidung sind unklar, scheinen aber überwiegend privater Natur gewesen zu sein. Viele Angehörige der Familie Mandelstamm waren inzwischen in New York beheimatet. Verstärkend hinzu kamen sicher die durch die arabische Revolte ausgelösten aggressiven Spannungen in Palästina, die 1938 einen Höhepunkt er-

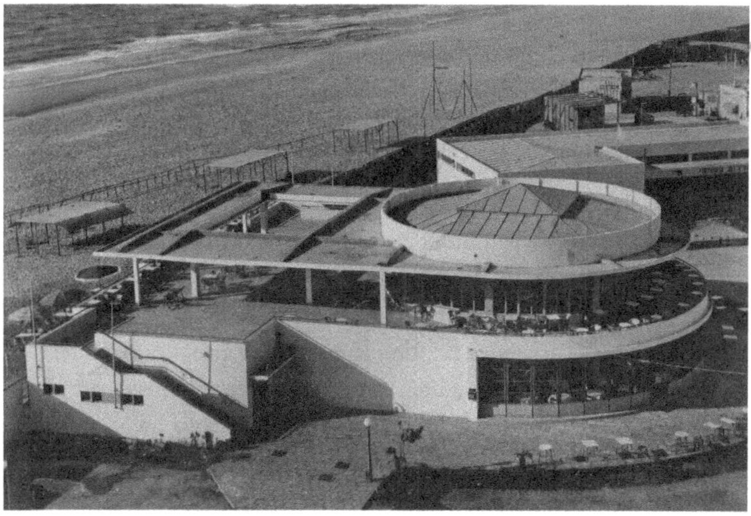

Café-Restaurant »Galina« auf der Levante-Messe, Tel Aviv 1934, Architekten: Elsa Gidoni-Mandelstamm, Genia Averbuch, Shlomo Ginsburg

reichten. In Amerika gelang Elsa Gidoni-Mandelstamm ein beruflicher Neuanfang. Sie wurde 1943 als eine von wenigen Architektinnen in das American Institute of Architects aufgenommen. In Palästina hatte sie der Association of Engineers and Architects angehört.

Von den 440 in der Mitgliederkartei des in Tel Aviv ansässigen Architektenverbandes verzeichneten, während der britischen Mandatszeit in Palästina tätigen Architekten waren 19 weiblich, was einem Anteil von etwas mehr als vier Prozent entspricht. Wie bei den männlichen Kollegen ist diese Zahl zwar repräsentativ, aber nicht absolut, denn nicht alle Architektinnen und Architekten schlossen sich der Vereinigung an. Die israelische Architekturhistorikerin Sigal Davidi, die zu den zwischen 1918 und 1948 tätigen Architektinnen forscht, konnte Informationen zu 15 Baumeisterinnen zusammentragen. Ein Namensabgleich mit der Mitgliederkartei zeigt, dass fünf von ihnen nicht registriert waren. Es ist also davon auszugehen, dass im besagten Zeitraum de facto insgesamt etwa 25 oder mehr Architektinnen im Land aktiv waren. Vor 1933 sind es zwei prominente Namen: Neben der immer wieder als erste Baumeisterin im Land referenzierten Lotte Cohn aus Berlin ist Genia Averbuch zu nennen, die als Kleinkind zusammen mit ihren Eltern aus Russland nach Palästina kam. 1926 ging sie zum Architekturstudium zunächst an die Technische Hochschule in Rom, später nach Gent, und schließlich machte sie 21-jährig ihren Abschluss an der Académie Royale des Beaux-Arts in Brüssel. 1930 nach Tel Aviv zurückgekehrt, eröffnete sie nach kurzer Zeit ihr eigenes Büro und konnte ihren ersten Erfolg mit der Gestaltung des zentralen Zina Dizengoff-Platzes in Tel Aviv erringen.

Die ab 1933 nach Palästina eingewanderten Architektinnen hatten meist – ähnlich wie ihre männlichen Kollegen – an deutschen oder österreichischen Technischen Hochschulen studiert. Aber auch die Hochschulen in Paris oder London sind in der Kartei des Architektenverbandes als Ausbildungsstätten der zukünftigen Baumeisterinnen zu finden oder das Technion in Haifa, an dem in Europa nicht mehr begonnene oder abgebrochene Studiengänge abgeschlossen wurden. Mit noch druckwarmen Diplomzeugnissen des Polytechnikums Warschau kam 1934 das Architektenpaar Irena und Ruben Mitelman ins Land. Der Zufall eines gewonnenen Studentenwettbewerbs für ein kollektives

Siedlungsprojekt in Palästina sollte sich für sie letztlich als lebensrettend erweisen. Als jüdische Atheisten ohne besondere Verbindung zum Zionismus hatten sie nicht geplant, aus Polen auszuwandern. Aber die von NS-Deutschland ausgehende Bedrohung ließ sie die Rückkehr nach Polen immer wieder verschieben, bis sie sich angesichts der deutschen Besetzung ihres Geburtslandes entschieden, dauerhaft in Palästina zu bleiben. Ihre Familien in Polen sahen beide nicht wieder. Irena Mitelman arbeitete bis zu ihrer Pensionierung im Public Works Department und spezialisierte sich auf Krankenhausbau. Ihr Mann Ruben verstarb relativ jung. Es wäre denkbar, dass die Namen von Architektinnen hinter denen ihrer männlichen Kollegen oder ihrer Ehepartner – es gab etliche Architektenpaare – verschwanden. Doch wenngleich die Aufarbeitung ihrer Geschichte noch in den Anfängen steckt, spricht vieles dafür, dass die Frauen im Rahmen des Aufbaus der nationalen jüdischen Heimstätte in Palästina vergleichsweise bessere Chancen auf Sichtbarkeit hatten als ihre Berufsgenossinnen in England oder den USA. Die Malerin und Grafikerin Lea Grundig verwies bereits früh auf die quantitativ wie qualitativ wichtige Rolle, die die Architektinnen für die Aufbauarbeit in Erez Israel spielten.

Elsa Gidoni-Mandelstamms Annahme, dass sie als Frau in Tel Aviv bessere Aussichten auf berufliche Entwicklung und Anerkennung haben werde als in London, bestätigte sich für sie wie für viele ihrer Kolleginnen. Dabei wirkten spezifische Faktoren unterstützend. Mit der WIZO hatte die zionistische Frauenbewegung eine mächtige international operierende Organisation im Hintergrund, die sich für die Belange von Jüdinnen weltweit einsetzte, insbesondere aber von Neueinwandererinnen in Palästina. Als Bauherrin lukrativer Projekte favorisierte sie Architektinnen. Zudem wirkte sich die Wettbewerbspraxis, für die sich der Architektenverband erfolgreich engagiert hatte, positiv auf die Vergabe von Aufträgen an Frauen aus. Anonymisiert garantierte sie Chancengleichheit. Viele selbstständige Architektinnen nahmen an Wettbewerben teil und gewannen einige der prominentesten Konkurrenzen. Bei der Publikation der ausgeführten Bauten setzten sich Frauen dafür ein, die Geschlechter-Unkenntlichkeit aufzuheben. Entgegen dem Usus, Pläne und Abbildungen in den Medien zwar mit ausgeschriebenem Nachnamen, aber nur mit einem auf die Initiale beschränkten Vornamen zu drucken, bestanden sie auf voller Namensnennung. Damit machten sie weibliches Können in der Architektur publik und verwiesen all jene in die Schranken, die – wie auch noch der Bauhaus-Direktor Walter Gropius – glaubten, Frauen seien für die Baukunst ungeeignet.

Kibbuz und Bauhaus: Labore sozialer Utopien

»Für mich war es völlig klar«, so gab der aus Berlin gebürtige Künstler Johanan Ben-Jaacov später zu Protokoll, »[w]enn man nach Palästina geht, dann denkt man überhaupt nicht daran zu malen. Wenn man nach Palästina geht, dann muß man mit einer Turia – das ist ein primitives Hackgerät – auf dem Lande arbeiten, man muß singen und tanzen, man muß Nachtwache machen, aber malen? Das wäre ja Drückebergerei.«[18] Ben-Jaacov, der bei seiner Einwanderung 1933 zwanzig Jahre alt war, brachte einige landwirtschaftliche Grundkenntnisse mit, die er sich nach einer kaufmännischen Lehre auf Gütern des Berliner Verlegers Rudolf Mosse angeeignet hatte mit der Vision von der Einrichtung kollektiver agrarischer Siedlungen für Juden in Deutschland. Er war der festen Überzeugung, dem Antisemitismus würde der Boden entzogen, sobald Juden den Beweis erbrächten, zu körperlicher Arbeit befähigt und bereit zu sein. »Ich fand es wirklich unmöglich, daß Juden sich in der Hauptsache mit intellektuellen Berufen beschäftigten oder als Ärzte, Bankiers oder als Schriftsteller oder berühmte Musiker arbeiteten.«[19] Doch die Nationalsozialisten sollten dem jungen Idealisten einmal mehr und unmissverständlich beweisen, dass nicht die Juden die Landwirtschaft scheuten, sondern dass ihnen seit Generationen Bodenerwerb und -bearbeitung vorenthalten wurde. Als Ben-Jaacov 1933, nach seinen eigenen Angaben, vom »Dorfnazi« mit der Begründung »Juden dürfen nicht auf dem Lande arbeiten« nach Hause geschickt wurde, entschloss er sich, nach Palästina auszuwandern. Nach einer Übergangszeit wurde er Gründungsmitglied des von deutschen Juden aufgebauten Kibbuz Hasorea, um hier seine Vision von jüdischer Landwirtschaft gemeinsam mit Gleichgesinnten umzusetzen.

Auch wenn in den kommunistisch organisierten Siedlungen nie mehr als sieben Prozent der Gesamtbevölkerung des Landes lebten, ist der Kibbuz das große Monument Israels: Form gewordene Rebellion einer jüdischen Jugend, Denkmal der heroischen vorstaatlichen Pionierphase, Inbegriff zionistisch-israelischer Identität, Referenz für gelebte Gemeinschaft, im Ausland über Jahrzehnte neben Jaffa Orangen als Markenzeichen des jungen Staates wahrgenommen. Der Kibbuz Hasorea, der circa zwanzig Kilometer südöstlich von Haifa am Rand der Jesreel-Ebene liegt, ist einer von insgesamt 270 Kibbuzim, die vor und nach der Staatsgründung Israels im Laufe von drei Generationen errichtet wurden. Als Johanan Ben-Jaacov 1935 zum ersten Mal seine Turia in den Ackerboden Hasoreas schlug, konnte die kleine Gründergemeinschaft, allesamt aus Deutschland geflohen, schon auf den Erfahrungen anderer aufbauen. Zu diesem Zeitpunkt existierten bereits drei Dutzend Kibbuzim mit einer Population von über 10 000.[20] Sie befanden sich allesamt auf Böden, die der Jüdische Nationalfonds von arabischen Großgrundbesitzern käuflich erworben und zur Bearbeitung in jüdische Hände gegeben hatte. Die Bewegung war 1910 mit einer aus acht jungen Männern und einer Frau bestehenden *Kwuza* [hebr. für Gruppe] – am See Genezareth entstanden, die sich den Namen »Degania« [hebr. für Kornblume] gab. Ihr Experiment egalitärer Lebensform machte nach dem Ersten Weltkrieg Schule. Bis 1920 konnten bereits zwölf weitere Gründungen verzeichnet werden. In der ersten Phase galt der gemeinsame Esstisch, an dem alles besprochen und verhandelt wurde, als Maß für die Größe der Gruppe. Doch interner Zuwachs durch die Akzeptanz von Frauen als reguläre Mitglieder und die Geburt von Kindern sowie externe Parameter, die zur Aufnahme von Neueinwanderern drängten, führten Mitte der Zwanzigerjahre zum Konzept des »großen Kibbuz«; die größten sollten auf weit über tausend *Chawerim* [hebr. für Genossen] anwachsen. Sie alle verpflichteten sich dem wirtschaftlichen und sozialen System einer basisdemokratischen Vollgenossenschaft, beruhend auf dem kommunistischen Prinzip: Jeder gibt, was er kann, und jeder erhält, was er benötigt.

Die Geschichte des Kibbuz Hasorea geht auf die deutsche Jugendbewegung zurück, unter anderem auf den Wandervogel, dem zu Beginn des zwanzigsten Jahrhunderts etliche jüdische Schüler und Studenten angehörten. Aufgrund antisemitisch motivierter Ausschlüsse von jüdischen Mitgliedern kam es während des Ersten Weltkriegs zur Gründung des Deutsch-Jüdischen Wanderbunds, aus dem 1932 eine Gruppierung hervorging, die sich Werkleute nannte. Für die Ableitung des Namens, die nicht eindeutig geklärt ist, wird unter anderem ein Bezug zum Deutschen Werkbund vermutet. Wenngleich zunächst auf die Stärkung jüdischen Lebens in Deutschland ausgerichtet, wurde dieses Bestreben nach der Machtübernahme Hitlers obsolet. Die Werkleute entschlossen sich in Übereinstimmung mit zionistischen Idealen zur Einwanderung nach Palästina und zur Gründung von kollektiven agrarischen Gemeinschaften. In einer zuvor organisierten Geldbeschaffungskampagne konnten sie die relativ hohe Summe von 50 000 Pfund sammeln, die dem Jüdischen Nationalfonds zwecks Ankaufs von Böden übergeben wurde. 1935 zogen 39 junge Männer und 22 junge Frauen im Alter zwischen 18 und 28 Jahren auf das ihnen zugewiesene Land und bildeten im April 1936 den Kibbuz Hasorea. Der Name – zu deutsch »Der Sämann« – sollte Programm sein: Die Gruppe wollte Samen für die Einrichtung vieler weiterer Kibbuzim ausstreuen. Insgesamt kamen bis zur Staatsgründung Israels 300 Werkleute nach Palästina, von denen die Hälfte in Hasorea Aufnahme fand, das ihre einzige Siedlung bleiben sollte.

Die Werkleute stammten durchweg aus begüterten Familien mit hohem Bildungsniveau und hatten größtenteils abgeschlossene oder abgebrochene Universitätsstudien hinter sich. Auf den ihnen zur Verfügung gestellten 320 Hektar Land, die sie sukzessive von arabischen Pächtern übernahmen, versuchten sie sich zunächst in Getreideanbau und Schafzucht. Das erste feste Gebäude beherbergte eine Tischlerei. Die Siedler selbst lebten vorerst in einer alten, ruinösen arabischen Karawanserei, in Zelten, Holzbaracken oder in den Containern (Lifts), in denen sie ihr persönliches Hab und Gut aus Deutschland verschickt hatten. Nur langsam wichen die temporären Provisorien gemauerten Unterkünften. Da die Landwirtschaft in der Anfangsphase nicht genügend Gewinn abwarf, verdingten sich einige Männer als Hafenarbeiter in Haifa, und mehrere Frauen fanden Anstellung in reichen Haushalten. Als eine durch den Jüdischen Nationalfonds finanzierte Arbeitsbeschaffungsmaßnahme von ökologischem Nutzen, begannen die Kibbuzmitglieder, das unter ottomanischer Herrschaft völlig abgeholzte Land aufzuforsten. Einen der so entstehenden Haine benannten sie nach Martin Buber, dessen Begriff von Gemeinschaft eine zentrale Bedeutung für das Selbstverständnis der Gruppe hatte. Mit zwei weiteren Anpflanzungen wurden Thomas Mann und Hermann Hesse geehrt – Beweis ihrer tiefen Verwurzelung in der zeitgenössischen deutschen Kultur.

Ende 1936 nahm Hasorea die Tochter Martin Bubers, verheiratete Eva Strauß, und ihren Mann, den aus Aachen gebürtigen Dichter und Literaturwissenschaftler Ludwig Strauß, auf. Das Ehepaar war mit seinen beiden kleinen Kindern im Jahr zuvor aus Deutschland geflohen, nachdem sich der habilitierte Germanist und Dozent an der Rheinisch-Westfälischen Technischen Hochschule (RWTH) Aachen antisemitischen Anfeindungen vonseiten seiner Kollegen ausgesetzt sah. In Palästina fand die Familie zunächst Quartier in Jerusalem, wo Ludwig Strauß seinen 1934 während einer Erkundungsreise durch Palästina begonnenen Gedichtzyklus *Land Israel* abschliessen konnte. Martin Buber sah in den Versen das Potenzial, »einmal als schlechthin der lyrische

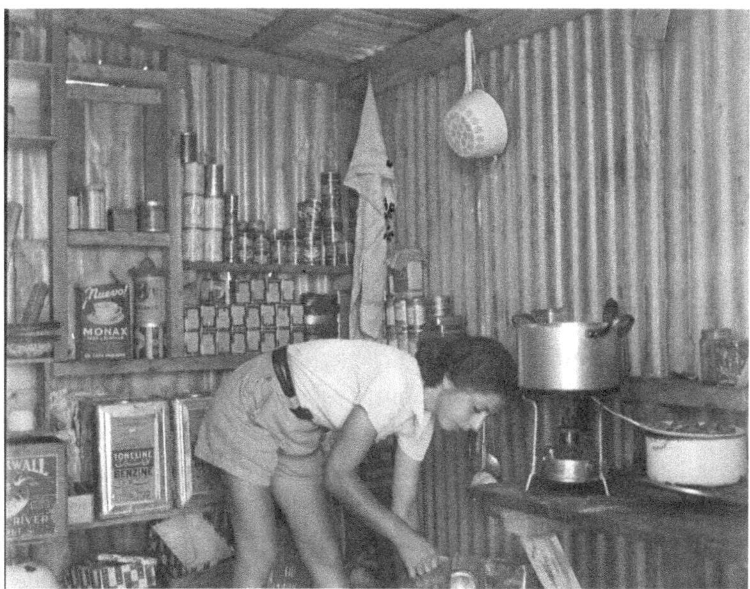

Küche in einem Kibbuz, ca. 1937; Foto: Walter Zadek

Ausdruck der deutschen Alija« zu werden.[21] Ludwig Strauß führte seit 1913 – lange Jahre bevor er Eva Buber ehelichte – einen regen Austausch mit dem Dialogphilosophen und Hauptvertreter des utopischen Sozialismus innerhalb der zionistischen Bewegung. Dieser war daher aus verschiedenen Gründen der erste Adressat, dem Strauß eine detaillierte Begründung für den geplanten Anschluss an einen Kibbuz schickte. Er betonte insbesondere den menschlichen Zusammenhalt in der Gemeinschaft: »Auch im Kibbuz gibt es Wirtschaftssorgen, aber es sind die einer Schar verbundener Menschen – in der Stadt ist man ziemlich allein. […] In den Kibbuzim […] ist gegenseitige Hilfe selbstverständlich.«[22] Selbst nicht Mitglied der Gruppe der Werkleute, hatten Eva und Ludwig Strauß jedoch bereits in Deutschland in loser Verbindung zu der Organisation gestanden.

Das Kibbuzleben, so empfand Ludwig Strauß, brachte ihm über den menschlichen Zusammenhalt hinaus positive Belebung für seine schriftstellerische Tätigkeit, die er in einer anregenden Wechselwirkung von physischem und geistigem Tun sah:

> »Für mich bedeutet […] die körperliche Arbeit einen solchen Durchbruch, so hart und schwer sie oft auch ist, sie lehrt mich die Landschaft und das Schicksal anders sehen als zuvor und gibt mit ihren konkreteren Erfahrungen meiner dichterischen Arbeit eine breite feste Basis.«[23]

Wenngleich sich ihre Erwartungen an den Kibbuz in vielen Punkten erfüllten, so entschieden sich Eva und Ludwig Strauß dennoch nach einer weniger als zweijährigen Probezeit gegen eine dauerhafte Existenz in Hasorea. Grund dafür waren in erster Linie kontroverse Auffassungen bezüglich der Kindererziehung, insbesondere hinsichtlich der im Kibbuz praktizierten getrennten Unterbringung von Eltern und Kindern. Ludwig Strauß nahm eine Stelle an als Pädagoge und Lehrer für Geschichte und Kunst im Jugenddorf Ben Shemen, südöstlich von Tel Aviv; später bekleidete er bis zu seinem frühen Tod 1953 im Alter von sechzig Jahren eine Dozentenstelle für vergleichende Literatur an der Hebräischen Universität in Jerusalem.

Die beiden Jahre, die Familie Strauß in Hasorea verbrachte, zählten zu den schwierigsten in der Anfangsphase des jungen Kibbuz. Es herrschten extrem primitive Lebensbedingungen. Die Holzbaracke, in der sich die vierköpfige Familie zwei Räume teilte, gehörte noch zu den luxuriösen Unterkünften. Die Kibbuzmitglieder litten unter Empfindungen elementarer Unsicherheit und Existenzangst. Ulrike Pilarczyk,

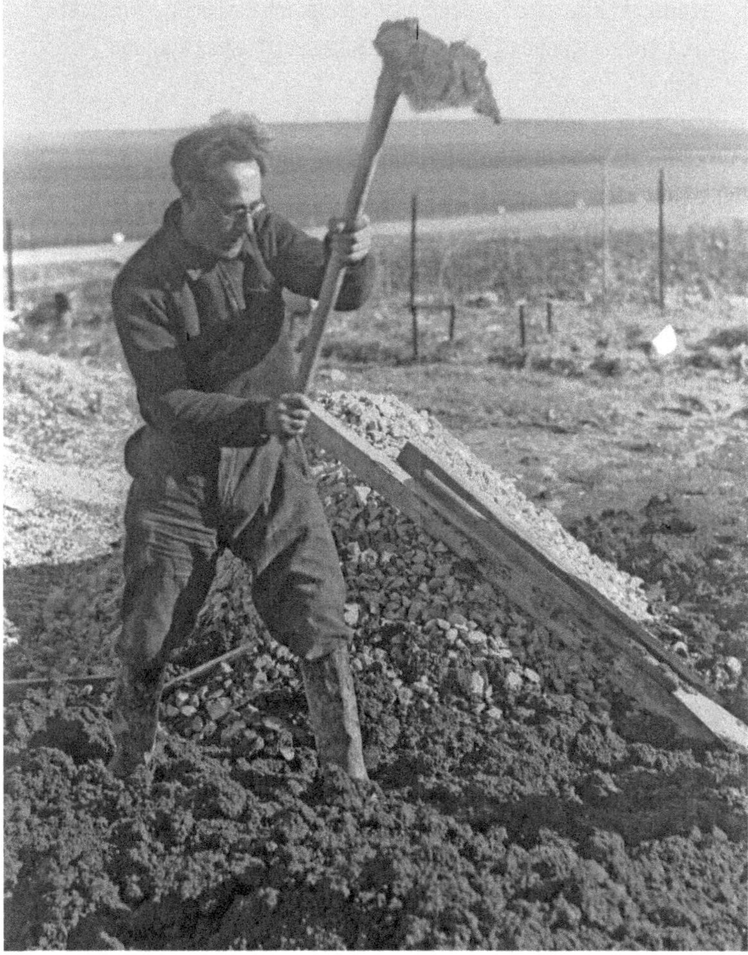

Der Dichter Ludwig Strauß bei landwirtschaftlicher Bodenbearbeitung im Kibbuz Hasorea, Anfang 1937; Foto: Zoltan Kluger

die Fotomaterial aus der Frühzeit deutsch-jüdischer Kibbuzgründungen auswertete, spricht in Bezug auf Hasorea vom sichtbaren »Zustand einer Sprachlosigkeit«:

> »Was die jungen Menschen erlebten, rührte an die grundlegenden Dispositionen ihrer Weltwahrnehmung und -deutung, die sie im europäischen Kulturkreis aufgenommen hatten. Das konnte wohl zunächst nicht anders denn als Orientierungslosigkeit, verbunden mit einem extremen Gefühl des Ausgesetztseins, erfahren werden.«[24]

Die traumatisierte Befindlichkeit änderte sich schlagartig mit der Fertigstellung der ersten festen Gebäude. Sie gaben dem Zusammenleben – nach Pilarczyk deutlich ablesbar in dokumentarischen Aufnahmen – Struktur, Bezug und Halt. Ihre Beobachtungen bestätigen die Auffassung Martin Bubers, der die elementare Aufgabe der Architektur in einer humanisierenden Begrenzung der unendlichen, Schrecken einflößenden Weite Gottes sah. Für den Kibbuz Hasorea wurde 1943, sieben Jahre nach seiner Gründung, ein Bebauungsplan für die inzwischen auf 120 Mitglieder angewachsene Gemeinschaft erstellt, der sukzessive im Verlauf der Vierzigerjahre umgesetzt wurde und welcher der Gemeinschaft mittels räumlicher Ordnung zu einem stabileren psychischen Halt verhalf.

Im gleichen Jahr, 1943, meldete Johanan Ben-Jaacov, der zu den Hasoreanern der ersten Stunde zählte, einen längeren Urlaub vom Kollektiv an. Er hatte mehrere Jahre als Schafhirte, Obstpflücker, Traktorfahrer, Anstreicher und Feldhüter sein Bestes für den Aufbau des Kibbuz gegeben. Um seine bisher lediglich in der Freizeit ausgeübte Malerei und Bildhauerei zu professionalisieren, ging er zum Kunststudium an die Bezalel-Akademie in Jerusalem. Die Schule wurde zu diesem Zeitpunkt von Mordechai Ardon geleitet, der zwischen 1921 und 1925 als Max Bronstein am Bauhaus in Weimar immatrikuliert war. Ardon hatte bei Lyonel Feininger, Wasili Kandinsky, Johannes Itten und Paul Klee studiert. Insbesondere die beiden letzteren übten deutliche Einflüsse auf ihn aus: Itten inspirierte seine Lehre, Klee sein künstlerisches Schaffen.

Wenn man so will, könnte man Ben-Jaacov als Enkelschüler bezeichnen. In seinem Werk lassen sich durchaus noch Spuren von Klee finden, so in der radikal kargen Linienführung seiner Zeichnungen, die an die späten figürlichen Darstellungen des Bauhaus-Meisters erinnern. Nach seiner Rückkehr nach Hasorea wurde Ben-Jaacov teilweise von der Arbeit in der Landwirtschaft freigestellt, um sich seinem künstlerischen Schaffen widmen zu können. Zudem wurde ihm die Gestaltung von Fassaden und Innenräumen der neu errichteten Gemeinschaftsgebäude angetragen. Was Ludwig Strauß als das große Plus gesehen hatte, der anregende Wechsel zwischen körperlicher und geistiger Arbeit, verwirklichte sich für Johanan Ben-Jaacov nachhaltig.

Mit zunehmendem wirtschaftlichen Aufstieg entwickelten sich kulturelle Initiativen, Veranstaltungen und Körperschaften in den Kibbuzim. Hasorea gab 1946 die Planung eines Museums in Auftrag, eine für zeitgenössische Kibbuzim noch eher ungewöhnliche Bauaufgabe. Hintergrund dafür war die testamentarisch verfügte Schenkung der Sammlung fernöstlicher Kunst von Wilfrid Israel, der 1943 im Golf von Biscaya bei einem Flugzeugabschuss durch die Deutsche Luftwaffe ums Leben gekommen war. Der aus Berlin gebürtige Geschäftsmann und Philanthrop hatte größte Sympathien für die Ideale der Werkleute und ihre Anstrengungen in der Aufbauarbeit gehegt. Unter den Mitgliedern Hasoreas, die ideologisch auf eine streng agrarisch ausgerichtete, spartanische Lebensweise eingeschworen waren, hatte die Annahme der Sammlung und der Bau des Museums zunächst zu kontroversen Diskussionen geführt. Allein die hohe Wertschätzung für Wilfrid Israel bestimmte den Entscheidungsprozess. Er hatte eine Schlüsselrolle in Kindertransport-Rettungsaktionen gespielt, und unter den Hasoreanern befanden sich einige, die ihm ihr Überleben verdankten. Zudem besaß der Kibbuz mit dem aus München stammenden promovierten Kunsthistoriker Rudolf (Rudi) Baer, der bis zu seiner Entlassung 1933 als Redakteur beim renommierten Propyläen-Verlag tätig gewesen war, die professionelle Kompetenz, um der mit der Stiftung verbundenen Verantwortung gerecht zu werden. Mit der Akzeptanz und Einhausung der Sammlung Wilfrid Israel erhielt der Kibbuz einen Ort geistigen Mehrwerts.

Das in den Bauplänen als *Beit Tarbut* [hebr. für Kulturhaus] bezeichnete Gebäude kam im Gesamtlayout Hasoreas am Rand der großen Rasenfläche zu liegen, die sich als grüner Versammlungsplatz vor dem zentralen Speisesaal der Gemeinschaft öffnet. Als Kulturhaus trat es inhaltlich und formal das Erbe des sozialistisch geprägten urbanen Volkshauses oder Arbeiterclubs mit multifunktionalen Räumlichkeiten für Versammlungen, Vorträge, Kino- oder Theateraufführungen an. In Hasorea nahm der Bau zunächst zwei Säle auf, von denen einer als Ausstellungsfläche für die Sammlung, der andere als Bibliothek diente. Stilistisch fügte sich der Museumsbau in die charakteristische zweckorientierte Kibbuz-Bauweise ein – ein symmetrisch angelegter Komplex bestehend aus zwei durch eine gedeckte Passage verbundenen Flügelbauten. Es ist eine Architektur der leisen Töne. Mit wenigen Mitteln wird der Bau dem Alltag enthoben und nobilitiert: durch Aufsockelung der offenen Durchgangs- und Eingangszone, zu welcher der Besucher über seitliche Treppen emporsteigt, durch akzentuierende rhythmisierende Rundpfeiler im Mittelteil sowie durch ein großzügig über die gesamte Länge des Gebäudes sich erstreckendes Walmdach. Die Bauaufgabe eines Kunsttempels für einen Kibbuz hätte kaum besser gelöst werden können. Der zwischen Anspruch und Selbstbescheidung exzellent austarierte Entwurf stammt von dem in Haifa ansässigen Büro Weinraub und Mansfeld, das wenige Jahre zuvor bereits das Gesamtlayout für Hasorea erstellt hatte. Auch die Ausführung nahezu aller Bauten vom Babyhaus mit Schatten spendender vorgestellter Pfeilerarkade über die spartanisch anmutenden, Ziegel gedeckten Wohnunterkünfte der Chawerim bis zum repräsentativen Speisesaal, der ein eindrucksvolles Beispiel moderner Architektur ist, ging auf das Konto der beiden Architekten. Der aus St. Petersburg stammende Al(fred) Mansfeld hatte bis 1933 an der Technischen Hochschule in Berlin-Charlottenburg, danach bei Auguste Perret in Paris studiert. Munio Weinraub (Gitai), aus dem polnischen Szumlany (damals Österreich-Ungarn) gebürtig, war einige Zeit am Bauhaus in Dessau immatrikuliert. Beide Architekten operierten von 1937 bis 1959 als Büropartner und gehörten zu den meistbeschäftigten ihrer Generation im Land. Ihre Werkliste umfasst zahlreiche Bebauungspläne für urbane wie ländliche Siedlungen, Privathäuser, Apartmentblocks, Schulen sowie Bauten für Verkehr, Industrie, Administration, Handel und Kultur. Für die Planungen in Kibbuzim zeichnete mehrheitlich Weinraub verantwortlich, da er seit frühester Jugend der sozialistisch-zionistischen Vereinigung *HaShomer Hatza'ir* [hebr. für Junger Wächter] angehörte, aus dem sich viele Kibbuzim rekrutierten.

Munio Weinraub hatte 21-jährig im Frühjahr 1930 sein Architekturstudium am Dessauer Bauhaus bei Ludwig Mies van der Rohe und Ludwig Hilberseimer aufgenommen. Aufgrund politischer Aktivitäten im linken Flügel der Studentenschaft wurde er 1932 exmatrikuliert und verließ die Schule ohne Diplom. Nach Zwischenaufenthalten in Frankfurt am Main und in der Schweiz gelangte er 1934 nach Palästina. Weinraub war einer von insgesamt 200 jüdischen Schülern und Schülerinnen, die am Bauhaus während dessen 14-jähriger Existenz studierten. Das macht bei einer Gesamtzahl von circa 1200 Bauhäuslern etwa 17 Prozent aus. Hans M. Wingler, Gründer des Bauhaus-Archivs, wollte daran eine »jüdische Komponente des Bauhauses« festmachen, als deren Träger er nicht die Lehrer-, sondern die Studentenschaft sah: »Die Möglichkeit, Einfluß auszuüben, war dadurch gegeben, daß das Moment der Selbsterziehung und der produktiven Mitarbeit der Studierenden ein fester Bestandteil des Bauhaus-Programms war.«[25] Als besonders nachhaltig diagnostizierte er die jüdische Präsenz in den Dessauer Jahren. Während die jüdischen Schüler am Weimarer Bauhaus meist aus akkulturierten bürgerlichen Familien in Deutschland stammten, kamen in Dessau zahlreiche Juden aus Osteuropa hinzu. Ihre Motivation sah Wingler im »Gemeinschaftsgedanken des Bauhauses« begründet, der ihnen »als verheißungsvoller Schritt zur Verwirklichung ihrer eigenen sozialen Utopie erschien.« Wingler erkannte darin einen Schulterschluss mit dem Zionismus: »Es scheint, daß den Juden das vom Bauhaus postulierte Ideal der Arbeitsgemeinschaft, das zugleich gemeinschaftliche Verantwortung bedeutete, auf besondere Weise entsprach, weil es mit dem zionistischen Ideal der ›Erlösung durch Arbeit‹ identifiziert werden konnte.«[26] Als Marginalie sei hier – eingedenk der Gründer Hasoreas – hinzugefügt, dass Walter Gropius in seinem berühmten Bauhaus-Manifest von 1919 Maler, Bildhauer und Architekten unter dem Begriff Werkleute zusammenfasste, die gemeinsam den Bau der Zukunft errichten sollten.

Bei aller Wertschätzung des von Wingler aufgestellten Thesenpapiers bleibt zu hinterfragen, inwieweit die Annahme einer »jüdischen Komponente« am Bauhaus sich auf ein religiöses oder nationales Zusammengehörigkeitsgefühl unter den jüdischen Studierenden stützen konnte oder ob es sich um eine kategorische und kategorisierende Fremdeinschätzung handelte. Aus Gesprächen mit Bauhausschülern in Israel ging hervor, dass sich die Studierenden in der Regel nicht nach Konfession, wohl aber nach politischer Einstellung, Herkunftsland und Sprache gruppierten. Auf die Frage nach einem jüdischen Zusammengehörigkeitsgefühl mag die Antwort der Textilgestalterin Ruth Kaiser-Cohn, die von 1928 bis 1932 am Bauhaus Dessau studierte, hier stellvertretend stehen:

> »1) bestand fuer mich in der Zeit meiner Bauhaus-Lehre kein juedisches Problem; d.h. mein Juedisch-sein hat in meinem Lebensgefuehl keine Rolle gespielt. 2) war so viel ich weiss und so weit ich mich entsinne, keiner der Meister und Lehrer juedisch. (Moholy?) Jedenfalls niemand von meinen Lehrern. Und so duerfte eine ausgesprochen juedische Komponente kaum vorhanden gewesen sein. Wie weit der Anteil juedischer Studenten zu einer juedischen Komponente beigetragen hat, kann ich nicht sagen. Die allgemeine Orientierung war (politisch) sozialistisch und (arbeitsmaessig) international.«[27]

Hans M. Wingler erinnert in seinem Beitrag auch an zwölf Frauen und Männer, die in Konzentrationslagern ermordet wurden. Diejenigen, die rechtzeitig fliehen konnten, waren in der ganzen Welt verstreut und trugen zur Internationalisierung des Bauhauses bei. Insgesamt 21 Personen wanderten nach Palästina aus. Von ihnen hatten vier am Weimarer Bauhaus studiert. Neben dem bereits erwähnten Mordechai Ardon, der Maler Eri (Erich) Glas, die Bühnenbildnerin Marianne Ahlfeld-Heymann und die Weberin Ruth Cidor-Citroën. Die beiden Frauen kamen beide relativ jung ans Bauhaus, tauchten während der NS-Zeit in Frankreich unter und wanderten erst nach der Staatsgründung nach Israel ein. Cidor-Citroën, die aus einer Berliner Künstlerfamilie stammte, hat in ihren publizierten Lebenserinnerungen die Zeit als »Bauhausbaby« in Weimar und ihre nach 1933 einsetzende dramatische Odysee durch verschiedene Lager und geheime Verstecke beschrieben, in denen sie und ihr Mann zusammen mit ihren drei kleinen Kinder überlebten. 1952 wanderten sie nach Israel ein. Marianne Ahlfeld-Heymann stammte aus Köln, studierte nach dem obligatorischen Vorkurs bei Oskar Schlemmer Holzbildhauerei und besuchte gleichzeitig die von ihm geleitete Bühnenwerkstatt. Die Vereinigung beider Disziplinen fand sie in der Marionetten- und Masken-Schnitzerei. Mit Auflösung des Bauhauses in Weimar beendete sie ihre Ausbildung und arbeitete erfolgreich für unterschiedliche deutsche Theater und Opernhäuser als Bühnen- und Kostümdesignerin. Nach ihrer Zeit im französischen Untergrund immigrierte sie 1949 nach Israel, wo sie an frühere Bühnenerfolge anknüp-

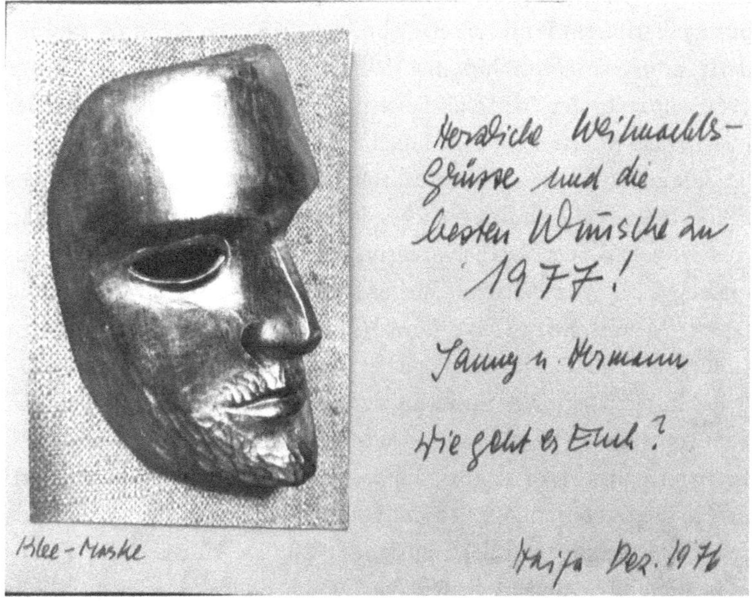

Marianne Ahlfeld-Heymann, Weihnachts- und Neujahrsgrüße an Freunde, mit einem Foto einer von ihr gefertigten Maske von Paul Klee, Haifa Dezember 1976

fen konnte. 1972 zeigte das Wilfrid Israel Museum in Hasorea eine Ausstellung ihrer Masken.

Am Dessauer Bauhaus änderten sich Curriculum und Fächerangebot. Die klassischen Sparten Malerei und Skulptur verloren an Bedeutung. Im Gegenzug kamen neue Disziplinen hinzu: eine Abteilung für Fotografie und endlich ab 1927 die seit der Gründung in Weimar anvisierte Architekturklasse. Die stärkere Ausrichtung der Schule auf technische, funktionale und pragmatische Aspekte kam den elementaren Bedürfnissen des Jischuv gelegen. Selbst die Ausbildung im Textilfach, die Monica Bella Ullmann-Broner und Ruth Kaiser-Cohn in Dessau absolvierten, hatte eine völlige Neuorientierung erfahren. Anstelle von handgewebten Unikaten ging die Entwicklung hin zur industriellen Herstellung von Strukturstoffen, die in der Möbelproduktion, aber auch in der Architektur – etwa in der Bespannung von Wänden zur Schalldämmung – Einsatz fanden. So kooperierte die in Nürnberg geborene Monica Bella Ullmann-Broner nach ihrer Ankunft in Palästina mit dem ebenfalls am Bauhaus ausgebildeten Architekten Arieh Sharon. Die gebürtige Berlinerin Ruth Kaiser-Cohn, die 1935 nach Palästina einwanderte, arbeitete in verschiedenen Werkstätten in Israel und den USA. 1962 wurde ihr der Posten als Leiterin der Textilklasse an der Jerusalemer Bezalel Kunstschule angetragen.

Alle anderen später in Palästina tätigen Bauhäusler nahmen das Angebot der neu eingeführten Fächer Fotografie oder Architektur wahr. Aus der von Walter Peterhans gegründeten Fotoklasse gingen die Fotografen Moses Worobeitschik (später Moshe Raviv), Naftaly Rubinstein (später Avnon), Ernst Georg Gross (später Shlomo Ben-David), Erich Comeriner und Ricarda Schwerin hervor. Frühe Erfolge konnten Naftaly Rubinstein, der mit Arbeiten auf der Werkbund-Ausstellung *Film und Foto* von 1929 vertreten war, sowie Moses Worobeitschik verzeichnen. Letzterer hatte, bevor er ans Bauhaus kam, Malerei in Wilna studiert. Erst in Dessau begann er, sich mit Fotografie auseinanderzusetzen. Als sein erstes größeres Projekt entstand 1929 eine künstlerische Dokumentation des Wilnaer Ghettos, die 1931 als Bildband herauskam. Mit den Stilmitteln der Moderne – Fotocollage, Überblendungen, extreme Perspektiven – zeigte er das traditionelle Leben der orthodoxen Juden.

1931 folgte unter dem Künstlernamen Moï Ver das Portfolio *Paris*, zu dem Fernand Leger ein Vorwort schrieb. Ebenfalls von 1931 datiert sein Entwurf zu *Ci-contre*, der wegen der Machtübernahme der Nationalsozialisten keinen Verlag fand und erst 2004 im Rahmen einer Ausstellung seiner Fotografien in der Münchner Pinakothek der Moderne publiziert wurde. Worobeitschik floh 1934 nach Palästina, wo er zunächst

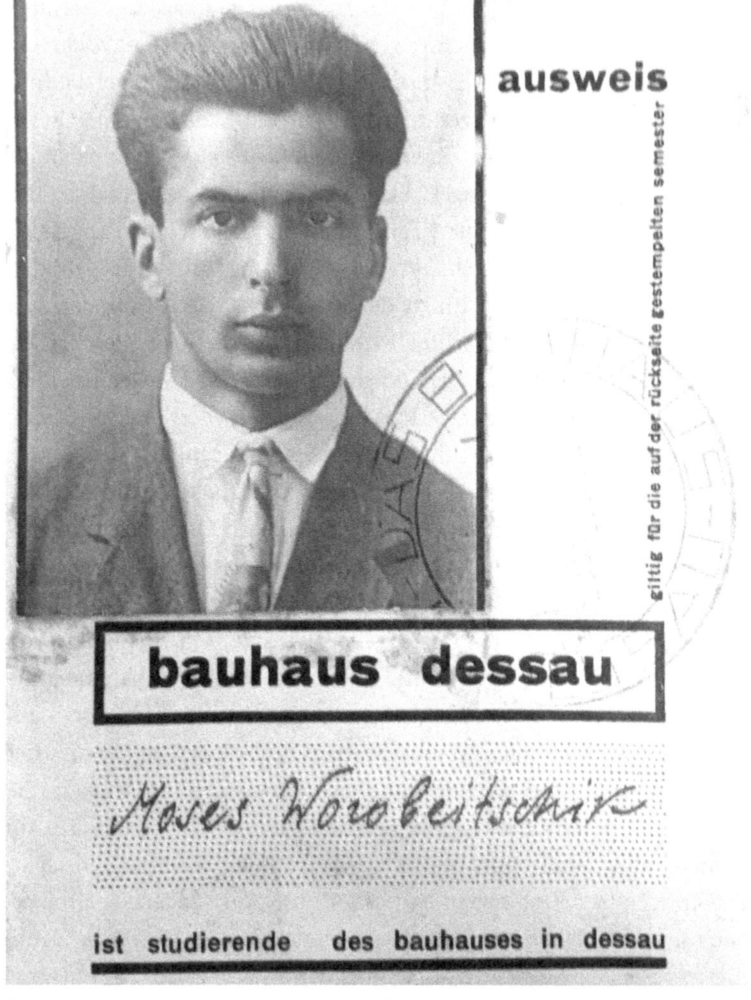

Studentenausweis für Moses Worobeitschik am Bauhaus Dessau, ca. 1929

versuchte, sich als Fotograf zu etablieren. 1950 zog er sich unter dem hebräisierten Namen Moshe Raviv nach Safed zurück und widmete sich ausschliesslich religiöser Malerei. Allein die zahlreichen Namenswechsel des Künstlers verweisen auf radikale Brüche in seiner Vita, verbunden mit immer neuen Identitätskonstruktionen. Seine Arbeiten aus den Jahren vor 1933 werden heute als Meilensteine der internationalen Fotografie gehandelt.

Die Zionisten und »Palästinenser« unter den Bauhaus-Studierenden schrieben sich in der vom Schweizer Hannes Meyer neu eingerichteten Bauabteilung beziehungsweise in der von seinem Nachfolger Ludwig Mies van der Rohe weitergeführten Architekturklasse ein. Der Beruf des Architekten gehörte im Rahmen des Aufbaus einer nationalen jüdischen Heimstätte und angesichts steigender Einwandererzahlen mit zu den am meisten benötigten Tätigkeiten und sicherte damit zugleich ein Einkommen. Acht Architekten wurden am Bauhaus ausgebildet, neun, zählt man Ze'ev Joffe hinzu, der jedoch später als Allrounder oder *Uomo Universale* in unterschiedlichen Sparten als freier Künstler, als Kunstkritiker, Innenarchitekt, Kunstlehrer und Schriftsteller arbeitete. Er war 1926 aus Lettland nach Palästina eingewandert und zwei Jahre später zum Studium ans Bauhaus nach Dessau gegangen. Vier weitere Architekturstudenten waren ebenfalls bereits als Jugendliche nach Palästina immigriert, bevor sie mit Ziel Dessau nach Europa zurückkehrten: Shlomo Bernstein aus Wilna stammend, Hans-Hermann (Chanan) Frenkel aus Halle, Shmuel Mestechkin aus Vylkove am Schwarzen Meer und Arieh Sharon aus dem galizischen Jaroslau. Mit Ausnahme von Bernstein, der nach seiner Immigration unmittelbar ein Architekturstudium am Technion in Haifa aufgenommen hatte und von dort – auf Empfehlung seines Lehrers – ans Bauhaus und danach zu Le Cobusier ging, kamen die drei übrigen mit Kibbuzerfahrung ans Bauhaus. Sie hatten sich jungen Kollektiven angeschlossen und versprachen sich am Bauhaus eine dem Kooperationsgedanken affine Arbeitsgemeinschaft. Die übrigen vier Architekten hatten vor ihrer Auswanderung am Bauhaus studiert: Neben dem bereits erwähnten Munio Weinraub waren dies der aus Leipzig gebürtige Leo Baumann sowie Edgar Hecht (Hed) und Heinz Schwerin, beide aus dem schlesischen Kattowitz stammend.

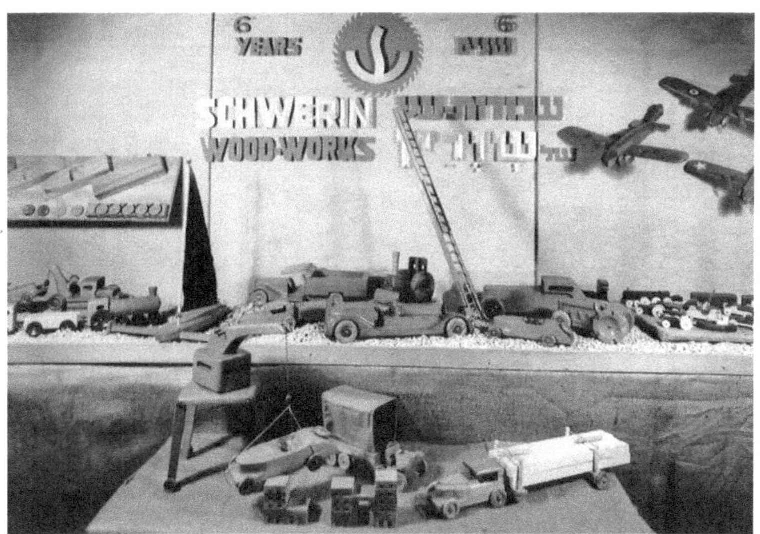

Schwerin Wood-Works, Jerusalem Anfang 1940er-Jahre; Foto: Ricarda Schwerin

Letzterer gehörte zusammen mit seiner nicht-jüdischen Lebensgefährtin Ricarda Meltzer (Schwerin) zum harten Kern der politisch aktiven Bauhäusler, die – wie auch Munio Weinraub – aufgrund ihrer kommunistischen Propagandaarbeit Anfang 1932 Hausverbot erhielten und die Schule ohne Diplom verlassen mussten. Über die Zwischenstationen Tschechoslowakei, Schweiz und Ungarn kamen sie schließlich 1935 nach Palästina. Von einer zionistischen Motivation haben sie sich dezidiert distanziert und sich selbst als Flüchtlinge und Exilanten in Israel begriffen. In Jerusalem eröffneten sie eine Werkstatt mit angeschlossenem Verkaufsgeschäft für Kinderspielzeug aus Holz.

So wie der Kibbuz das große Monument Israels ist, so ist es, wenngleich auf einer anderen Ebene, das Bauhaus für Deutschland. Es wird als Repräsentant für »das andere Deutschland« gehandelt, für den guten, unschuldigen, ebenfalls ins Exil vertriebenen Teil Deutschlands, auf den sich die Bundesrepublik – insbesondere im Austausch mit Israel – gefahrlos als koshere Exportware beziehen kann. »Kibbuz und Bauhaus« hieß eine 2011 von der Stiftung Bauhaus Dessau ausgerichtete, erfolgreiche Ausstellung, die zeigen sollte, dass das »Bauhaus in Israel

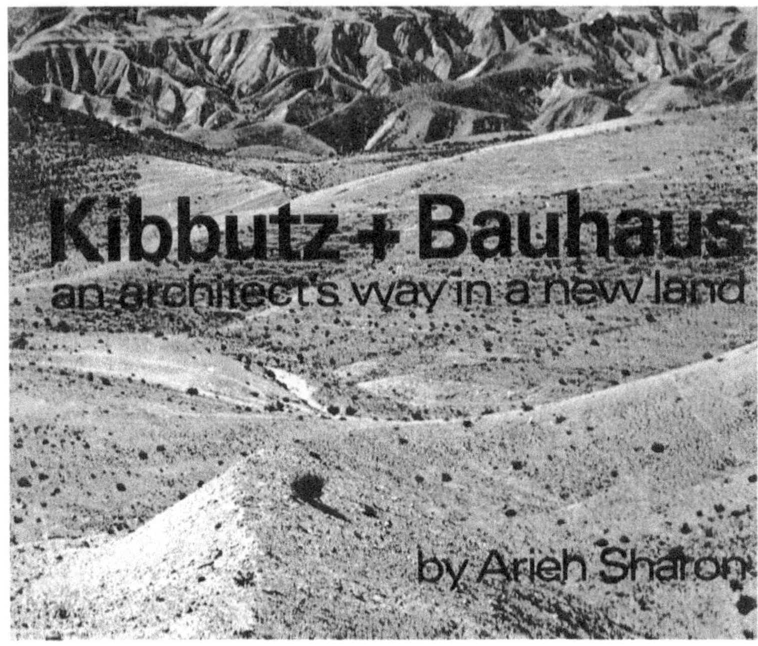

Arieh Sharon, Buchcover der Publikation Kibbutz + Bauhaus, 1976

am deutlichsten die Kibbuz-Bauten der zionistischen Siedler geprägt« hat.[28] Sie bezieht sich insbesondere auf Architekten wie Munio Weinraub, Shmuel Mestechkin und Arieh Sharon, die ab den späten 1930er-Jahren maßgebend in der Kibbuz-Planung tätig waren. Der Titel referenziert eine 1976 herausgegebene Publikation Arieh Sharons, in der dieser auf die Gemeinsamkeiten beider Einrichtungen verwies:

> »Insgesamt war die allgemeine Atmosphäre im Bauhaus sehr anregend. Es herrschte ein Gefühl der Zusammengehörigkeit [...]. Nach ein paar Wochen kannte jeder jeden. [...] In gewisser Weise erinnerte mich das Leben am Bauhaus an den Kibbuz, wo die jungen Leute versuchten, sich von den konventionellen Bindungen zu befreien und einen neuen tätigen Lebensstil zu schaffen, parallel zur Entwicklung moderner Produktionsmethoden in der Landwirtschaft.«[29]

Die »Weiße Stadt« von Tel Aviv: Hotspot der Moderne

Bei seiner Rückkehr nach Palästina 1932 fiel Arieh Sharons Eindruck von der jungen jüdischen Stadt Tel Aviv, in der er sich privat und beruflich niederließ, eher desillusionierend aus:

> »Ich erinnere mich, als ich nach sechs Jahren Abwesenheit vom Bauhaus zurückkam, schlenderte ich durch Tel Aviv und war von ihrer Architektur sehr deprimiert. Nach Berlin, das in den späten Zwanzigern die lebendigste Stadt der Welt war mit ihren Beiträgen zur Literatur, den Künsten, dem Theater und der Architektur, war Tel Aviv ein Schock.«[30]

Zusammen mit anderen »Leidensgenossen« machte sich Sharon in den folgenden Jahren daran, Tel Aviv in eine moderne Weltstadt zu verwandeln. In Anlehnung an die Berliner Architektenvereinigung »Der Ring« gründeten sie den »Chug« [hebr. für Ring], in dem sich die junge Tel Aviver Architektengeneration zusammenschloss. Mit von der Partie waren neben der schon lange im Land lebenden Lotte Cohn viele neu ins Land gekommene oder vom Studium in Europa zurückgekehrte junge Architekten, die an europäischen Schulen studiert hatten oder in den Büros der Avantgarde angestellt waren. Shmuel Mestechkin und Chanan Frenkel gehörten wie Sharon zu den Bauhäuslern; Ze'ev Rechter und Sam Barkai waren beide gerade als überzeugte Corbusianer aus Paris zurückgekehrt; Carl Rubin und Joseph Neufeld arbeiteten in Erich Mendelsohns Berliner Büro, bevor sie nach Palästina kamen; Benjamin Chlenov war Absolvent der Pariser Académie des Beaux-Arts; Dov Carmi hatte an der Universität Gent unter der Ägide von Henry van de Velde studiert; Israel Dicker kam von der Akademie in Rom. Journalistisches Sprachrohr des Chug war die Zeitschrift *HaBinjan* [hebr. für Der Bau], die zeitweilig von Julius Posener editiert wurde. Der Berliner Architekturkritiker traf im Herbst 1935 in Palästina ein und ließ sich nach einem kurzen Intermezzo in Erich Mendelsohns Jerusalemer Büro in Tel Aviv nieder.

Ihr Aktionsfeld, das 1909 in den Sanddünen als Vorstadt der alten arabischen Stadt Jaffa gegründete Tel Aviv, präsentierte sich Anfang der Dreißigerjahre als eine 60 000 Einwohner zählende Ansiedlung, die sich mit einem bemerkenswerten stilistischen Potpourri osteuropäischer Prägung von ihrer arabischen Umgebung absetzte. Es gehörte fast zum guten Ton westeuropäischer Intellektueller, die Nase über die zu schnell gewachsene Stadt zu rümpfen. Was auf sandigem Boden vor Jaffa entstand, wirkte für viele wie eine Fata Morgana, die »Klein Odessa« und »Klein Warschau« spiegelte. Stilistische Orientierungsmuster für die Immigranten waren in der Regel die Häuser und Gebäude der besseren Gesellschaftsschicht des Landes, das sie verlassen hatten. So schrieb der Wiener Journalist und Reiseschriftsteller Richard A. Bermann, alias Arnold Höllriegel:

> »Ich gestehe es, dieses berühmte Tel Awiw [...] kann einen mit Angst erfüllen. Ist das das Ziel, Schmargendorf an der syrischen Küste – mit einem deutlichen Schuß Kowno, Wilna, Tarnopol? Läuft die zionistische Regeneration der Juden darauf hinaus, auf eine rapid gebaute mäßig schöne Stadt mit Geschäft, Kaffeehaus, bürgerlichem Betrieb? Muß das unbedingt den Orient auffressen, dieses malerische Jaffa?»[31]

Für einen ordnenden Bauleitplan blieb Tel Aviv in den Anfangsjahren kaum Zeit, und wenn einer erstellt wurde, so hinkte er der Realität meist hinterher. »Wo jemand ein Stück Land bekam, baute er«, schrieb der Journalist und zionistische Aktivist Wolfgang von Weisl.

> »Hatte er viel Geld, baute er hoch, hatte er wenig, baute er eine Baracke. Der eine orientalisch sein sollende vierstöckige Häuser mit flachem Dach, der andere Ritterburgen wilhelminischer Gotik, mit roten Ziegeln gedeckt. Und das soll Palästina sein, das soll die neue jüdische Kultur vor den Fremden aus Europa repräsentieren! Schrecklich! Alle geschmackvollen Leute seufzen leidbewegt.«[32]

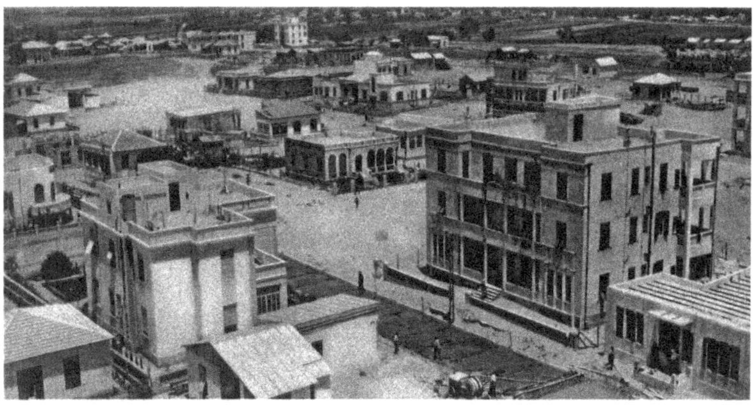

Tel Aviv Ost, 1920er-Jahre

Thomas Mann, der 1930 den Nahen Osten zu Recherchezwecken für seinen Josephsroman bereiste, fiel nicht in den Chor der unbarmherzigen Kritiker ein und wusste durchaus berechtigte Anerkennung zu zollen: »Die Juden in Tel Awiw«, so gab er der *Jüdischen Rundschau* zu Protokoll, »sind irgendwie anders als die Juden in allen anderen Städten der Welt; sie scheinen freier und glücklicher. Ich glaube an die Zukunft von Tel Awiw. Ich habe den Eindruck von Wachheit und starker Intellektualität ihrer Bewohner von der Stadt mitgenommen.«[33] Tel Aviv konnte von sich in Anspruch nehmen, der weltweit erste rein jüdische Ort zu sein, in dem jeder Bäcker, jeder Polizist, jeder Straßenarbeiter, jeder Lehrer, jeder Arzt, jeder Maurer jüdisch war. Der Vorort Jaffas, dem die britische Verwaltung Anfang der Zwanzigerjahre sukzessive eigene Stadtrechte zuerkannte, präfigurierte den autonomen jüdischen Staat und war – wenn man so will – das Labor der Unabhängigkeit.

Tel Aviv wuchs mit einer Geschwindigkeit, die – wenngleich in anderen Dimensionen – mit der Chicagos nach dem großen Feuer im Jahr 1871 vergleichbar ist. Von sechzig Familien gegründet, zählte der Ort am Vorabend des Ersten Weltkriegs bereits 139 Häuser mit 995 Zimmern, in denen insgesamt 1419 Menschen wohnten. Ausgelöst durch die Balfour-Deklaration, die den Aufbau einer nationalen jüdischen Heimstätte in Palästina zu unterstützen versprach, kam mit der Mandatsübernahme

Großbritanniens ein Strom neuer Einwanderer ins Land, von denen viele Tel Aviv als ihr neues Zuhause wählten. Die Stadt erlebte ihren ersten Bauboom und bestand 1921 bereits aus 242 Häusern mit 2202 Zimmern, die von 3604 Einwohnern bewohnt wurden. Bis 1925 stiegen diese Zahlen auf das Fünffache an. Um das rasante Anwachsen der Stadt in überschaubare Bahnen zu lenken, trat der Tel Aviver Stadtrat an den renommierten schottischen Biologen und Stadtsoziologen Sir Patrick Geddes heran. Der Auftrag lautete, für den damals knapp 20 000 Einwohner zählenden Ort einen Leitplan für einen Zuwachs auf 100 000 Einwohner zu erstellen. In leicht modifizierter Form wurde dieser in den 1930er-Jahren die Grundlage für die urbane Entwicklung der modernen »weißen Stadt« Tel Avivs. Schneller als antizipiert, wuchs die Bevölkerungszahl auf 100 000, denn aus dem Strom der Immigranten wurde nach 1933 eine Flut. 1935 zählte Tel Aviv bereits 120 000 Einwohner, und bis zur Staatsgründung verdoppelte sich diese Zahl noch einmal.

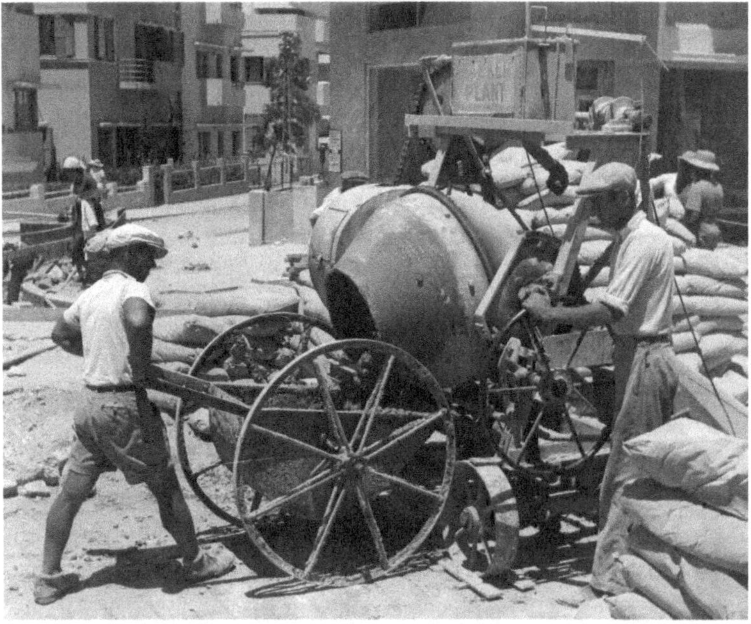

Arbeiter mit Betonmischer auf einem Bauplatz im Zentrum Tel Avivs, Mitte 1930er-Jahre; Foto: Walter Zadek

Der tonangebende Architektenkreis um Arieh Sharon setzte in den 1930er-Jahren das Neue Bauen der europäischen Architekturavantgarde gegen die Melange osteuropäischer Stilpluralismen. Die Idee traditionsloser Novität wurde zur Kernqualität der urbanen Identität Tel Avivs und zum Symbol eines nationalen Neuanfangs. Während der Jischuv mit Hebräisch auf seine biblische Vergangenheit zurückgriff, artikulierte sich die Architektur auf einer ästhetischen Tabula rasa, die Geschichtslosigkeit zur Tugend erklärte. Das Vokabular der architektonischen Moderne, die in Israel heute salopp unter dem Begriff Bauhaus läuft, de facto aber eher von Le Corbusier und Erich Mendelsohn inspiriert ist – stieß bei den Immigranten der fünften Alija allgemein auf Zuspruch. Anders als mit Hebräisch, fühlten sie sich in der Sprache der Architektur »heimisch«. Julius Posener verwies in späteren Jahren gern auf das Schicksal, das die Neueinwanderer aus Deutschland und Mitteleuropa mit dem Neuen Bauen verband. Mit einer Geste sich ineinander verschränkender Finger visualisierte er das, was er eine gegenseitige Solidaritätserklärung der Flüchtlinge und der vom Faschismus diskreditierten Moderne nannte. Posener empfand sowohl die modernen Bauten in Palästina wie auch die Migranten selbst als gleichsam von Europa zu ihrem Ursprung, zu ihren Wurzeln zurückgeführt. Die moderne Architektur, die beträchtlich aus dem mediterranen Fundus geschöpft hatte, vereinte sozusagen die (avantgardistische) Diaspora- mit der Mittelmeerkultur. Auch wenn sie keine spezifisch jüdische Ausprägung aufwies, gelang mit der modernen Architektur der Brückenschlag zwischen den Herkunftsländern der Flüchtlinge und Palästina.

Tel Aviv entwickelte sich in den Dreißigerjahren zum Hotspot der Moderne und zum wirtschaftlichen wie kulturellen Zentrum des jüdischen Palästina mit Kinos, Theatern, Galerien, einem Museum, in dessen Räumlichkeiten das Palästina Orchester – umgeben von Schätzen europäischer Kunst – Kammerkonzerte gab, mit jährlichen Levante-Messen, einigen legendären Künstlercafés und zahlreichen Verlagen. 1941 publizierte Martin Feuchtwangers Edition Olympia einen *Guide to Tel Aviv-Jaffa*. Es war der zweite Titel seines Kleinstverlags nach dem *Palestine Guide for Navy, Army and Air Force* von 1940. Der Tel Aviv-

Führer, ebenfalls in englisch, war wie das Palästina-Buch für britische Armeeangehörige gedacht, die sich kriegsbedingt in der Region aufhielten, aber auch für internationale Gäste und für Touristen, die in Friedenszeiten wieder zu erwarten waren, sowie für Neueinwanderer. Wie bei der ersten Publikation arbeitete Feuchtwanger auch hier mit zwei seit Langem im Land lebenden Archäologen zusammen, die die Geschichte und Vorgeschichte des Ortes aufrollten. Einen Rundgang durch Tel Aviv steuerte der Stadtverwalter Yehuda Nedivi bei, den Feuchtwanger als »Seele dieser Stadt« beschrieb. Abbildungsmaterial lieferten unter anderen die aus Deutschland eingewanderten Fotografen Walter Zadek und Alfons Himmelreich, Illustrationen der in Breslau gebürtige Künstler Rico Blass. Feuchtwanger selbst verwertete einmal mehr seinen 1939 für die Palestine Post verfassten Beitrag »In Praise of Tel Aviv. A Newcomer's Impression«. Sein immenser Enthusiasmus für Tel Aviv war 1939 sicher der gerade überstandenen dreimonatigen Irrfahrt auf dem abgewrackten Dampfer »Frossula« und der nachfolgenden Internierung in einem britischen Übergangslager geschuldet. Aber der Überschwang scheint auch nach zwei teils mühevollen Jahren, in denen er Wohnung in der jüdischen Mittelmeerstadt bezogen hatte, immer noch aktuell für Feuchtwanger gewesen zu sein. Sein Text strotzt vor Lobeshymnen:

> »... trotz der höchsten Erwartungen war ich von meiner ersten Busfahrt durch die Stadt überrascht. Tel Aviv ist nur mit den schönsten und jüngsten Städten Kaliforniens vergleichbar. Leuchtendes Blau, Weiß und Grün sind die Farben der Stadt – Blau für den wolkenlosen Himmel, Weiß für die Häuser und Gehwege und Grün für die Bäume entlang der Boulevards und die tausenden kleinen Gärten und gepflegten Grasflächen auf den wenigen öffentlichen Plätzen.«[34]

Seine Beschreibung der Architektur bezieht sich eindeutig auf die neuen Viertel der »Weißen Stadt«, auf jene Straßenzüge, die ab 1933 von Arieh Sharon und seinen im Chug versammelten Architektenkollegen errichtet worden waren:

> »Jedes Haus hat seine luftigen Terrassen und Balkone und Dachgärten, und Luft und Raum und Sauberkeit sind selbstverständlich. Es gibt viele Open-air Städte, vom patrizischen Rom bis Paris, Toulon und Reims, in Spanien und Süddeutschland – aber wo auf der Welt gab es schon so viel strahlendes Weiß, wo sind Straßen und Plätze und Häuser, Zimmer und Böden und Küchen so makellos?«[35]

Feuchtwangers Betonung der weißen Architektur ist eine weitere Referenz zur Sammlung von literarischen wie poetischen Charakterisierungen Tel Avivs als »Weiße Stadt«. Die Frühesten datieren zurück in die Anfangszeit der Stadt, in die Zehner- und Zwanzigerjahre. Sie können sich zu diesem Zeitpunkt nicht auf die Putzfarbe bezogen haben, sondern hoben symbolische Werte wie Licht, Reinheit, Unschuld hervor. Ohne Zweifel schwingen diese unterschwellig auch in Feuchtwangers Beschreibung noch mit. In späterer Zeit – so etwa in Naomi Shemers Lied »Ir Levana« [hebr. für Weiße Stadt] aus den 1960er-Jahren – wurde die Bezeichnung wieder aufgegriffen. In der Architekturszene sorgte der israelische Kunsthistoriker Michael Levin für eine effektvolle Re-

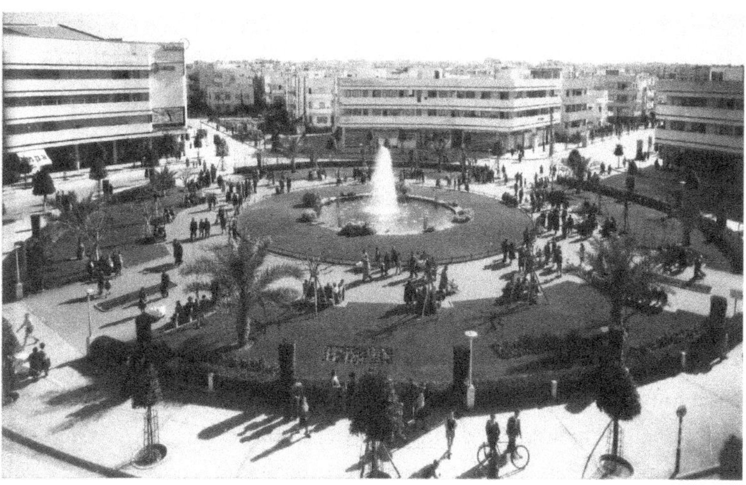

Tel Aviv, Dizengoff Platz mit Bauten von Genia Averbuch, Arieh Sharon u. a., ca. 1940; Foto: Itzhak Kalter

naissance des Begriffs als Charakterisierung für die in den 1930er- und 1940er-Jahren errichteten modernen Viertel der Mittelmeerstadt. Die von ihm 1984 kuratierte Ausstellung *Ir Levana* am Tel Aviv Museum war der erste vorbereitende Schritt für die 2003 erfolgte Eintragung von circa 4000 Bauten der »Weißen Stadt« in die UNESCO Welterbeliste. Ihr »Outstanding Universal Value«, das die Aufnahme in die Liste begründete, liest sich zusammengefasst:

> »Die Weiße Stadt Tel Aviv ist eine herausragende Synthese der verschiedenen Trends der modernen Bewegung in Architektur und Stadtplanung zu Beginn des 20. Jahrhunderts. Diese Einflüsse wurden an die kulturellen und klimatischen Bedingungen des Ortes angepasst und in die lokalen Traditionen integriert.«[36]

Doch gerade Letzteres sprachen die Kritiker – damals wie heute – der Weißen Stadt ab. Erich Mendelsohn empfand die neue jüdische Stadt als Fremdkörper. In seinem Pamphlet *Palestine and the World of Tomorrow* von 1940 lobte er zwar Errungenschaften einzelner Bauten, doch sein Gesamturteil fiel rigoros aus: »Tel Aviv schneidet sich selbst vom arabischen Hinterland ab und entwickelt sich zu einem hundertprozentig jüdischen Geschäftszentrum mit eigenem Hafen, eigener Sprache, eigener Kleidung. Es wird zu einer Enklave inmitten der arabischen Welt.«[37] Ähnliche Töne kamen sechzig Jahre später, allerdings mit postkolonialistischer und postzionistischer Notation, von Sharon Rotbard, Architekt und Dozent an der Jerusalemer Bezalel Kunstakademie. Sein programmatisches Buch *White City: Black City*, das ein Jahr nach dem Eintrag der Weißen Stadt in die Welterbeliste erschien, konstruiert im Schwarz-Weiß-Duktus eine Opfer-Täter-Relation zwischen Jaffa und Tel Aviv. Die weiße Architektur Tel Avivs sieht er als Verlängerung der europäischen weißen Herrscherklasse. Was bei der durch die UNESCO gekrönten Erfolgsgeschichte der Weißen Stadt mitschwingt, ist seiner Meinung nach nicht etwa eine Auszeichnung funktionaler, guter Architektur, sondern das Bestreben, Tel Aviv von seinem geopolitischen Kontext zu isolieren, die Stadt als eine aristokratisch europäische Zone zu gestalten und sie vom alten arabischen Jaffa losgelöst als hygienisch reines, ja steriles Gebiet zu konservieren.

Martin Feuchtwangers Hymne eines Neueinwanderers auf Tel Aviv scheint Rotbards Thesen das Wort zu reden, wenn er »die ruhigen und wohlhabend aussehenden Villenreihen« preist oder die »sorgfältige Gartengestaltung des Dizengoff-Kreises, die auch in den schönsten Vierteln von Dresden oder Zürich zu finden wäre; [...] die Straßen, die so staub- und schmutzarm sind, dass man nach einem langen Spaziergang nach Hause kommen kann und nichts als ein wenig weißen Staub an den Schuhen hat«. Und auch der Küstenstreifen weckte bei ihm Erinnerungen an europäische Baderessorts: »Am Strand angekommen, könnte man sich leicht in Nizza oder Scheveningen wähnen und glauben, die Stadt bestünde nur aus Restaurants, Hotels und Urlaubern.«[38] Feuchtwangers Begeisterung für Tel Aviv ließe sich schnell durch die Realität seines eigenen Existenzkampfes in der Stadt sowie durch die mitunter äußerst bedrückenden Erfahrungen anderer Immigranten aus Deutschland ins Wanken bringen. Doch die Schwierigkeiten der Integration in Palästina waren verschwindend gering, gemessen an der jüdischen Befindlichkeit unter den Nationalsozialisten und in den von Deutschland besetzten Gebieten. Mit den 1941 sukzessive erlassenen Ausreiseverboten für Juden zog sich die Schlinge endgültig zu und führte unausweichlich in ihren Untergang. Dagegen musste sich das Leben in der ungekrönten Hauptstadt des jüdischen Palästinas wie auf einer paradiesischen Judeninsel anfühlen. Die von Rotbard unter kolonialistischem Gebaren abgehefteten Europäismen halfen nicht nur der Familie Feuchtwanger beim Prozess der Beheimatung.

Von den insgesamt circa 360 000 jüdischen Einwanderern, die zwischen 1933 und 1948 legal und illegal ins Land kamen, ließ sich etwa die Hälfte in Tel Aviv nieder, das heißt in fünfzehn Jahren 180 000 Menschen. Für sie musste Wohnraum geschaffen werden. Der auf Patrick Geddes zurückgehende, bindende Bauleitplan hatte das sich nach Norden erstreckende Erweiterungsgebiet der Stadt in einzelne Parzellen von je 400 bis 500 Quadratmetern unterteilt. Auf jede kam nun ein drei- bis vierstöckiges Gebäude mit jeweils sechs beziehungsweise acht Apartments zu stehen. Für die von Geddes intendierten individuellen Grünflächen rund um jedes Haus blieben nur noch schmale Streifen zum Nachbargrundstück übrig. Es macht bis heute den besonderen, seltsam hybriden Charakter der »Weißen Stadt« aus, dass hier eine stilistisch moderne Metropolarchitektur auf die Raumordnung einer Villenvorstadt trifft. Arieh Sharon, der die zeitgenössische Berliner Blockrand- beziehungsweise Zeilenbauweise vor Augen hatte, kostete es viel Mühe, die lokale Baubehörde und die zukünftigen Bewohner der Eigentumswohnungen von den finanziellen und sozialen Vorteilen von kooperativ organisierten Wohnblöcken zu überzeugen. Die Auflösung der Parzellen, um einen zusammenhängenden Wohnhof zu erreichen, kam einer städtebaulichen Revolte gleich:

> »Ich musste 150 potenzielle Bewohner in vielen Sitzungen und Gesprächen davon überzeugen, dass die Baukosten billiger, die Privatsphäre der durch solide Trennwände abgetrennten Wohnungen größer, die klimatische Ausrichtung effizienter und die sozialen Vorteile von Gemeinschaftsgärten, Wirtschaftsräumen, Kindergärten und Klubräumen nützlich und vorteilhaft sein würden.«[39]

Sharons Überzeugungsarbeit war erfolgreich. Die große, um eine Grünfläche herumgelegte Baustruktur erfreute sich allgemeiner Beliebtheit und wurde vor allem von Intellektuellen und Künstlern bevölkert.

Sharon konnte in der Folge noch eine kleine Anzahl weiterer genossenschaftlich organisierter Wohnblocks realisieren, sie blieben jedoch Ausnahmen im Stadtbild Tel Avivs. Die Vorbilder für seinen COOP Wohnungsbau, der das Potenzial zu einem urbanen Kibbuz hat, finden sich bei dem zweiten Bauhausdirektor, dem Schweizer Hannes Meyer. Bei ihm legte Sharon Ende 1929 als sechster Absolvent der Bauabteilung sein Diplom ab. Beide Männer verband ein starkes Interesse an kooperativen Wohnformen. Meyer hatte vor seiner Tätigkeit am Bauhaus die Vollgenossenschaft Freidorf bei Basel errichtet, und Sharon verfügte über einige praktische Vorkenntnisse im Bauen, die er im Kibbuz Gan Shmuel gesammelt hatte. Das Lehrer-Schüler-Verhältnis entwickelte sich schnell zu einem Austausch auf Augenhöhe und setzte sich in einer zweijährigen Anstellung Sharons in Meyers Berliner Büro als Projektleiter der Bundesschule des Allgemeinen Deutschen Gewerkschaftsbundes in Bernau fort. Danach trennten sich ihre Wege. Meyer ging in die Sowjetunion, um sich der sozialistischen Stadtplanung zu widmen. Sharon schlug die Angebote seines Chefs aus, ihn und seine »Brigade« ehemaliger Bauhaus-Schüler zu begleiten, und ging zurück ins Mandatsgebiet Palästina. Beide blieben über Jahre in loser Verbindung.

Der Architekturkritiker Zvi Efrat kürte Arieh Sharon zu Hannes Meyers »ultimativem Schüler«, der seinen Lehrer letztlich überholte. An anderer Stelle nannte er ihn den »Meyeristen« schlechthin. Sharon führte Meyers bedingungslosen Funktionalismus, dessen fast fanatisches soziales Engagement nach dem Motto »Volksbedarf statt Luxusbedarf« und dessen feste Überzeugung, dass Planung durch interdisziplinär zusammengesetzte Kollektive vonstatten gehen muss, konsequenter weiter als der Meister selbst. Sharons Projekte in Tel Aviv waren das experimentelle Vorspiel für eine Aufgabe, die mit der Staatsgründung 1948 auf ihn zukam. Vor dem Hintergrund massiver Einwanderung – von 1948 bis 1951 kamen knapp 700 000 Neueinwanderer ins Land, unter ihnen ungefähr 300 000 Holocaust-Überlebende – mussten Wohnungen im Minutentakt erstellt werden. Sharon wurde vom ersten Ministerpräsi-

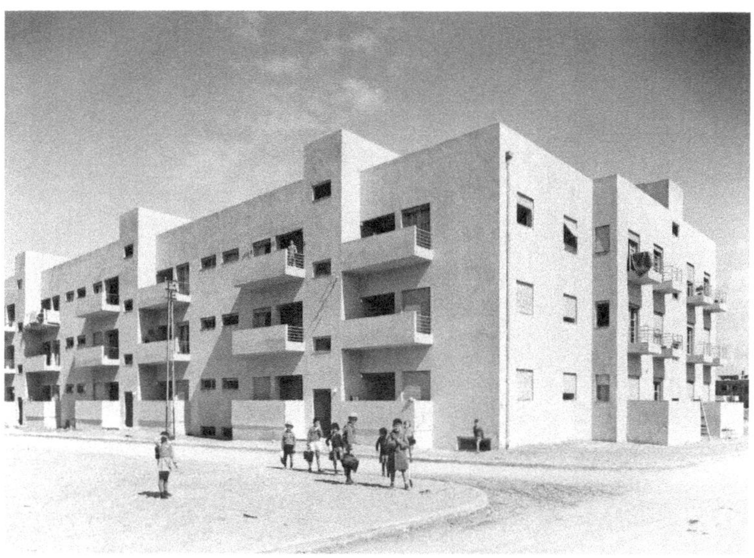

COOP Wohnblock, Frishmann Straße, Tel Aviv, 1934–36, Architekt: Arieh Sharon; Foto: Itzhak Kalter

denten Israels, David Ben Gurion, persönlich beauftragt, einen Masterplan für die Verteilung und Unterbringung der Immigranten zu erstellen. Zu diesem Zweck bildete Sharon ein fachübergreifendes Team von achtzig – später vergrößerte es sich auf 170 – Experten aus den Sparten Architektur, Städtebau, Soziologie und Ökonomie. Von derartigen Bedingungen konnte Hannes Meyer nur träumen. Sein Auftragsvolumen in der Sowjetunion hatte während seines fünfjährigen Aufenthaltes flächenmässig durchaus vergleichbare Positionen enthalten: Birobidschan beispielsweise – Josef Stalins »zionistisches« Utopia an der Grenze zur Mongolei. Das für eine jüdische Ansiedlung designierte Gebiet gehörte zu Meyers größten Kommissionen. Er stand diesbezüglich in stetem Austausch mit Sharon insbesondere zu Fragen eines national-jüdischen Stils. Während Meyer seine Arbeit aufgrund politischer Entwicklungen in der Sowjetunion abbrechen musste, konnte Sharon seinen Masterplan für Israel, der eine unausgesprochene Hommage an seinen Bauhaus-Lehrer ist, weitestgehend realisiert sehen.

Jerusalem: Vermächtnis in Stein und Wort

»Palästina verpflichtet!« Else Lasker-Schüler

Die Kunstgewerbeschule »Bezalel«

Anders als Arieh Sharon, wählte der Bauhausschüler Max Bronstein, der sich nach seiner 1933 erfolgten Einwanderung nach Palästina Mordechai Ardon nannte, nicht die werdende Metropole Tel Aviv zu seiner Wohnadresse, sondern Jerusalem. Das war eine klare Ansage: Für seinen Neuanfang suchte er die Inspiration der Vergangenheit. Er erinnerte sich später, dass es ihm bei seinem ersten Gang durch die Heilige Stadt schien, als kenne er jeden Stein:

> »Ich ging die verwinkelten Straßen hinunter zur Klagemauer und plötzlich überkam mich ein religiöses Mysterium [...], das ich überall vergebens gesucht hatte. Auf einmal, nach all jenen Jahren in Deutschland, wurde ich wieder ich selbst – Mordechai Bronstein aus Galizien, der suchend in der Welt nach einem Ort Ausschau gehalten hatte. [...] Ich vergaß alles, was ich gelernt hatte. Es war, als ob ich endlich das Erbe antreten könnte, auf das ich gewartet hatte. [...] Ich kehrte zurück, [...] um alles von Neuem zu beginnen.«[1]

Bronstein wurde 1896 als eines von zwölf Kindern in eine mittellose, orthodox geprägte Familie im galizischen Tuchow (damals zu Österreich-Ungarn gehörend) geboren. Als Jugendlicher besuchte er eine chassidische Schule, sagte sich jedoch schon im Alter von dreizehn Jahren von den jüdisch-religiösen Konventionen los. Nach dem Ersten Weltkrieg zog es ihn nach Paris, in die Kunststadt Europas. Bar finanzieller

Mittel, schaffte er es nur bis Berlin. Über einen kleinen Kreis kreativ Schaffender um die Gattin eines wohlhabenden Anwalts in Dahlem, Else Schlomann, lernte er den um einige Jahre jüngeren, später ebenfalls nach Palästina geflüchteten avantgardistischen Musiker Stefan Wolpe kennen. Zwischen dem gebürtigen Berliner und Bronstein sollte eine enge Freundschaft entstehen, die sich innerhalb der nächsten zwei Dekaden in parallellaufenden Bahnen und gemeinsamen Stationen manifestierte. Durch die Vermittlung von Schlomann fand Bronstein Aufnahme am Weimarer Bauhaus, zu dem auch Wolpe – als Musiker mit Gaststatus – in enger Verbindung stand. Beide schlossen sich dem harten Kern der Gruppe um Johannes Itten an, die durch organische Lebensweise und Mazdaznan-Ideologien hervortrat. Bronstein führte sein Studium auch nach Ittens Weggang aus Weimar weiter und besuchte die Malklassen von Wasili Kandinsky, Lyonel Feininger und Paul Klee. Vor allem Letzterer wurde für seine künstlerische Entwicklung ein wichtiger Impulsgeber. Nach seinem Abschluss am Bauhaus ging Bronstein für einige Zeit an die Münchner Kunstakademie, wo er bei Max Doerner über das Studium der Alten Meister seine Kenntnisse über Malmaterialien, -techniken und deren Anwendung auf der Leinwand vertiefte. Nach dieser fundierten Ausbildung, mit der Bronstein sein am Bauhaus erworbenes Rüstzeug komplettierte, erhielt er eine Dozentur für Maltechnik an der Privatschule Ittens in Berlin. Im Lehrerkollegium, dem er bis zu seiner Emigration 1933 angehörte, traf Bronstein auf viele Kommilitonen aus der frühen Weimarer Zeit des Bauhauses, wie etwa Georg Muche oder Gyula Pap.

Über ihre künstlerischen Interessen hinaus waren Bronstein und Wolpe politisch aktiv. Mitte der 1920er-Jahre traten sie beide der KPD bei und gehörten gemeinsam mit Bertolt Brecht, Alexander Granach und Hanns Eisler der Kulturfront der Arbeiterpartei an. Wolpe war zudem Mitglied der Künstlervereinigung Novembergruppe, und Bronstein gründete einen marxistischen Designer-Zirkel, der zwecks Popularisierung von Marx' Lehren eine Comicversion seines *Kapitals* erarbeitete. Aufgrund ihres politischen Engagements, ihrer jüdischen Abstammung sowie ihrer in den Augen der Nationalsozialisten als entartet geltenden Kunst sahen sich Bronstein wie Wolpe gezwungen, Deutschland nach

Hitlers Machtantritt schnellstmöglich zu verlassen. Über verschiedene Umwege landeten beide im Mandatsgebiet Palästina: Bronstein 1933, Wolpe im folgenden Jahr.

Ihr Verhältnis zum Judentum bezeichneten beide Künstler als eher gespalten. In ihrer Zeit als engagierte Kommunisten hatten sie eine komplette Befreiung von ihren jüdischen Wurzeln angestrebt. Wie bei der Mehrzahl der deutschen Juden wurden auch Bronstein und Wolpe erst durch die Nationalsozialisten auf ihr Jüdischsein zurückgeworfen. Doch die Berührung mit dem Land Israel veränderte ihre innere Haltung. Ohne Zionisten zu werden, konnten sie sich doch mehr und mehr mit der israelischen Form des Judentums identifizieren.[2] So entwickelte Wolpe eine glühende Begeisterung für die sozialistischen Kibbuzim, mit denen er musikalisch zusammenarbeitete. Hier sah er seinen Traum vom Neuen Menschen und einer Neuen Gemeinschaftsform verwirklicht. Für seine Liederkompositionen ließ er sich von lokalem Brauchtum und dem Klang der hebräischen Sprache inspirieren. Ein ganz eigener Zugang zum Orient eröffnete sich ihm durch die Bibel und ihre kraftvolle Ausdrucksweise. In seinen Vertonungen von Texten aus dem Hohelied der Liebe verwandelte er Elemente der jiddischen sowie der orientalischen Folklore in modernistisches Material. Auch bei Max, wie Mordechai Ardon weiterhin von seinem Intimus Stefan Wolpe genannt wurde, ließen sich die Einflüsse des Nahen Ostens in seinem Werk ablesen. Anders als sein Freund Wolpe, sagte er sich zunächst von jeglichen sozialen oder politischen Intentionen los und gab sich vollends der spirituellen Atmosphäre des biblischen Jerusalems hin. Er versuchte, sich die Stadt und die sie umgebende Landschaft über die Kunst anzueignen. Seine intuitive Einfühlung ergänzte Ardon durch das Studium kabbalistischer Mystik, aus der er Symbole und Zeichen als eigenes Vokabular seiner Bildsprache entwickelte. Seine Arbeiten wurden zunehmend lyrischer und abstrakter. Ardon wird heute in den lexikalischen Medien als Vater des regionalen Ansatzes in der israelischen Kunst gewürdigt.

Der Prozess der Akkulturation an die neue Heimat verlief weder bei Stefan Wolpe noch bei Mordechai Ardon reibungslos. Aus persönlichen Zeugnissen wie Briefen, Tagebüchern und Aussagen von Weggefährten geht hervor, dass sich beide Künstler bei ihrer Ankunft in Palästina und in der Zeit danach in prekären psychischen Zuständen befanden, die sogar zu Nervenzusammenbrüchen führten. Die erzwungene Flucht aus Deutschland, der abrupte Bruch in ihrer künstlerischen Entwicklung sowie die Nachrichten über Misshandlungen von Freunden und Angehörigen durch die Nationalsozialisten hatten sie völlig aus der Bahn geworfen. Hinzu kam die Erfahrung des Exils als das sie Palästina wahrnahmen. Auch wenn Ardon durch die Hebräisierung seines Namens den Willen zu einem Neuanfang im Land Israel signalisierte, so hinkte sein Ichbewusstsein offensichtlich der damit geschaffenen äußeren Identität hinterher. Immerhin blieb beiden eine berufliche Umschichtung erspart; sie konnten als Künstler arbeiten und damit zum Lebensunterhalt ihrer Familien beitragen. Nach einer kurzen Übergangszeit fanden sie relativ schnell Anstellungen als Dozenten an den in ihren Sparten bedeutendsten Schulen im Land: Stefan Wolpe am Jerusalem Conservatory of Music und Mordechai Ardon an der neu eröffneten Bezalel School of Arts and Crafts in Jerusalem.

Wenngleich ihre künstlerische Rezeption vergleichsweise erfolgreich war, entsprach sie offenbar nicht ihren Erwartungen, beziehungsweise nicht dem, was sie gewohnt waren. Vor allem aber bot Palästina ihnen keine internationale Bühne; sie fühlten sich gewissermaßen auf ein Abstellgleis geschoben. Dies betraf insbesondere Stefan Wolpe. Trotz guter Rezensionen seiner Konzerte in den Printmedien begegnete die offizielle jüdische Musikwelt im Land seinen avantgardistischen Kompositionen überwiegend mit Unverständnis. Wolpe geriet mehr und mehr in eine finanzielle Notlage und damit in eine materielle Abhängigkeit von seiner Frau Irma Schönberg-Wolpe. Sie war eine professionell ausgebildete Pianistin, die in Palästina mit großem Erfolg konzertierte und unterrichtete. Nachdem ein Versuch künstlerischer Anerkennung und Aufnahme in der Sowjetunion kläglich gescheitert war, entschied sich Wolpe für die USA als neues Zufluchtsziel. Sein Abschiedskonzert am 23. Oktober 1938 in Jerusalem wurde von seinen Schülern bestritten. Die überschwängliche Rezension in der *Palestine Post* lobte das extrem hohe Niveau, bedauerte den Weggang Wolpes als großen Verlust für das Land und schloss mit der Hoffnung, der große Musiker möge bald nach Palästina zurückkehren. Stefan Wolpe wird heute als US-amerikanischer Komponist geführt. In seiner neuen Heimat gelang es ihm, seine ganz eigene hochkomplexe Musiksprache weiter zu entwickeln. Zu den Schulen, an denen er unterrichtete, gehörte über vier Jahre das progressive Black Mountain College in North Carolina, an dem zahlreiche ehemalige Bauhäusler, unter ihnen Josef und Anni Albers und Xanti Schawinsky, lehrten.

Die Entscheidung seines langjährigen Weggefährten, das Land zu verlassen, traf Mordechai Ardon hart. Er wertete sie als Verrat an ihrer Freundschaft und an dessen eigenen Zielen, in Palästina eine neue sozialistisch geprägte Gemeinschaft zu verwirklichen. Ardon blieb in Palästina und konnte sich als der international bekannteste israelische Künstler seiner Generation etablieren. In seinen späteren Arbeiten – darunter mehrere Triptychen monumentalen Ausmaßes – beschäftigte er sich mit der Aufarbeitung des Holocaust, mit Hiroshima und mit den israelisch-arabischen Kriegen. Sein Werk wurde vielfach ausgezeichnet: So erhielt er auf der Biennale in Venedig 1954 den UNESCO Preis; 1959 war er Teilnehmer der Documenta 2; 1963 wurde ihm mit dem Israel Prize die höchste Auszeichnung des Staates für kulturelle Verdienste verliehen; 1974 folgte die Verleihung der Ehrendoktorwürde durch die Hebräische Universität in Jerusalem; 1976/77 ermöglichte ihm ein DAAD-Stipendium einen längeren Aufenthalt in West-Berlin und damit ein Wiedersehen mit jener Stadt, die er als bereits etablierter Künstler und Lehrer im Alter von 37 Jahren fluchtartig hatte verlassen müssen. Von nachhaltiger Bedeutung wurde in den 1960er-Jahren ein sechsmonatiger Aufenthalt in Paris als *artiste en résidence* der Cité Internationale Universitaire. Damit erfüllte sich sein früher Traum vom Leben und Arbeiten in der europäischen Kunsthauptstadt. Fortan bis zu seinem Tod 1992 teilte Mordechai Ardon seine Zeit zwischen Jerusalem und Paris.

Neben seiner Malerei nahm das Arbeiten mit jungen Menschen einen wichtigen Stellenwert in Mordechai Ardons Leben ein. Als Lehrer, vor allem aber als Direktor der einzigen Kunstschule im Land konnte er entscheidende Impulse für die Ausbildung von Künstlern setzen. Die Bezalel Kunstgewerbeschule in Jerusalem war 1906 gegründet worden. Administration und wirtschaftliche Kontrolle lag in den Händen eines in Berlin ansässigen Komitees, dem hochrangige deutsche Zionisten wie Otto Warburg, Franz Oppenheimer und Selig Soskin angehörten. Der Initiator und künstlerische Leiter war der aus der litauischen Provinz Kovno stammende Bildhauer Boris Schatz. Ähnlich wie Ardon hatte er als Kind und Jugendlicher eine jüdisch-orthodoxe Erziehung genossen, von der er sich durch eine musische Ausbildung in Paris zu befreien suchte. Wenngleich Schatz einige Erfolge beschieden waren – Prinz Ferdinand von Bulgarien engagierte ihn als seinen Hofbildhauer –, fühlte er sich offenbar innerlich zwischen der traditionell jüdischen und der mondänen Welt der Bohemiens zerrissen. Eine Synthese beider Sphären glaubte er schließlich im kulturzionistischen Ansatz zu finden. Mit viel persönlichem Engagement gelang es ihm, die Entscheidungsträger in der zionistischen Bewegung von seinem Plan einer Kunstschule in Jerusalem zu überzeugen. Er leitete die aus verschiedenen Werkstätten und einer Malklasse bestehende Institution von 1906 bis zu ihrer temporären Schließung 1929.

Der von Boris Schatz – noch im Einvernehmen mit Theodor Herzl – gewählte biblische Name der Schule war Programm. »Bezalel« gilt als der erste jüdische Künstler. Er wird in Exodus, dem Zweiten Buch Mose, als Architekt des Stiftzeltes vorgestellt, das er, unterstützt durch ein Kollektiv künstlerisch talentierter Israeliten, mit Teppichen, Gefäßen, Leuchtern und anderem Zierrat ausstattet. Planung und Umsetzung des Heiligtums werden in der Bibel detailliert und ausführlich beschrieben. Eingeschoben in die Ausführungen ist die Geschichte vom Goldenen Kalb, das Gottes schrecklichen Zorn heraufbeschwört. Mit diesen beiden miteinander verwobenen Erzählungen legt der Pentateuch eine eindeutige Differenzierung und Bewertung von zwei diametral entgegengesetzten Kunstdefinitionen vor. Autonome Kunst – vertreten durch die Skulptur des goldenen Kalbes – ist gemäß alttestamentarischer Direktive mit der Schaffung von Idolen als Missbrauch künstlerischer Kreativität abzulehnen. Demgegenüber steht eine angewandte Kunst, die einem Zweck dient, im Fall von Bezalel und seinem Team der Errichtung des Heiligtums in der Wüste. Sie allein findet göttliches Wohlgefallen. Der Name des biblischen Künstlers »Be-zal-el«, zu deutsch »Im Schatten Gottes«, bezeichnet seine Stellung dem Schöpfer gegenüber: Er er-

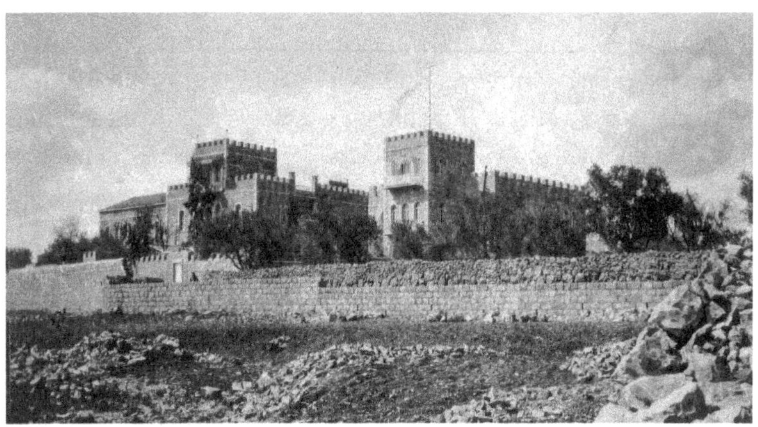

Gebäudekomplex der Bezalel Kunstgewerbeschule in Jerusalem mit Lehr- und Museumsbau

schafft nicht als Gottgleicher aus sich selbst heraus, sondern ist dem Allerhöchsten, beseelt von dessen Geist, unterstellt. Korrespondierend dazu bezieht sich das zweite der Zehn Gebote auf das Bilderverbot. Bezalel steht, kurzgefasst, für den kunstgewerblich tätigen Künstler. Boris Schatz – als dessen zionistische Reinkarnation – will an seiner Schule keine Kunst als ästhetischen Selbstzweck oder mit Kultcharakter vermitteln, sondern Kunsthandwerker ausbilden, die den dritten Tempel, respektive das jüdische Nationalheim bauen und schmücken.

Wichtiger Impulsgeber für die Konzeption der Jerusalemer Kunstschule war neben dem biblischen Bezug die englische Arts and Crafts Bewegung. In ihrer Zielsetzung, die Kunst aus den Akademien in die Werkstätten zurückzuholen, fand Boris Schatz einen zeitgemäßen Ansatz. Dreizehn Jahre später wurde diese Haltung für Walter Gropius und das frühe Bauhaus in Weimar ebenfalls wegweisend. Und auch Gropius bemühte religiöse Bezüge für die Konzeption seiner Reformschule. Der sakrale Impetus des Gründungsmanifestes von 1919 zeigt überraschende Parallelen zu der von Schatz referenzierten alttestamentarischen Kunstdefinition des Bezalel. Mit viel Pathos fordert Gropius hier die Rückkehr zum Handwerk und deklariert die Kunst zu einem nicht erlernbaren, nicht dem eigenen Wollen unterworfenen, allein von der »Gnade des Himmels« abhängigen seltenen Lichtmoment. Im letzten Satz seines Programms beschwört der Spiritus rector des Bauhauses mit geradezu messianischem Duktus die Errichtung eines Baus als »kristallenes Sinnbild eines neuen kommenden Glaubens«.[3] Die Architektur nimmt hier wie da die führende Rolle unter den Künsten ein; sie zu schmücken, wird als die vorrangige Aufgabe aller anderen Gewerke gesehen.

An der 1906 eingerichteten Bezalel Kunstgewerbeschule gab es zwar von Anfang an eine freie Malklasse, die für die Ausbildung von Lehrern eingerichtet war, das Gros der Schüler und Handwerker war jedoch verteilt auf Werkstätten für Metallverarbeitung, Holzschnitzkunst, Bildhauerei, Korb- und Möbelflechterei, Silberfiligranarbeit und Spitzenklöppelei. Diese entwickelten sich aufgrund ökonomischen Drucks schnell zu gewerblichen Produktionsstätten, die für den Verkauf in lokalen Souvenirläden sowie in den Orientabteilungen großer Warenhäuser in Europa und Amerika arbeiteten. Die hehren Ideen des Boris Schatz blieben auf der Strecke. Nachdem die Schule sich auch wirtschaftlich nicht mehr trug, musste er sie 1929 schließen. Er selbst verstarb 1932 während einer Fundraising-Tour durch Nordamerika. Bei der Neueröffnung der Schule 1935 als *The New Bezalel School of Arts and Crafts* wurde einerseits auf Kontinuität gesetzt, andererseits eine deutliche Abgrenzung von der alten Institution und ihrer dekorativen Ausrichtung gesucht. Auch wenn das britische Arts and Crafts noch im Schulnamen referenziert wurde, so war es doch eher der Deutsche Werkbund, der nun als konzeptuelle Orientierung diente. »Kunst und Technik – eine neue Einheit« so hatte Walter Gropius 1923 den Schwenk des Bauhauses vom Handwerk zur Industrie in eine Kurzformel gefasst. Auch wenn die Industrialisierung in Palästina 1935 noch in den Anfängen steckte, mit den Einwanderern aus Deutschland nahm sie einmal mehr an Fahrt auf. Für das *Tozeret Ha'aretz* [hebr. für landeseigenes Produkt] sollten von Anfang an zweckmäßige und ästhetisch befriedigende Lösungen erarbeitet werden.

Das Unterrichtsangebot am neuen Bezalel war zunächst auf die Bereiche Angewandte Grafik und Metallgestaltung beschränkt. 1940 kam die Textilwerkstatt hinzu. Die Lehrerschaft setzte sich nun überwiegend aus Künstlern und Handwerkern zusammen, die in Deutschland ausgebildet und mit der fünften Alija erst kurz zuvor ins Land gekommen waren. Der aus Plonsk (damals zum Russischen Kaiserreich gehörend) gebürtige erste Direktor Joseph Budko lebte ab 1910 in Berlin, wo er das Ziselierhandwerk und die Grundlagen der Malerei erlernte. Vor seiner Auswanderung 1933 arbeitete er als gefragter Radierer und Buchillustrator in der deutschen Hauptstadt. Den Fachbereich für Metallgestaltung am New Bezalel leiteten der Bildhauer Ludwig Yehuda Wolpert aus Hildesheim und der Silberschmied David Heinz Gumbel aus Sinsheim. Wenngleich selbst keine Bauhaus-Absolventen, brachten sie Gedankengut und Formensprache der deutschen Reformschule in ihrem Reisegepäck mit. Das Gleiche galt für den Leiter der grafischen Abteilung, Reuven Dayan (Rudi Deutsch), der Impulse aus der Werkstatt für Druck

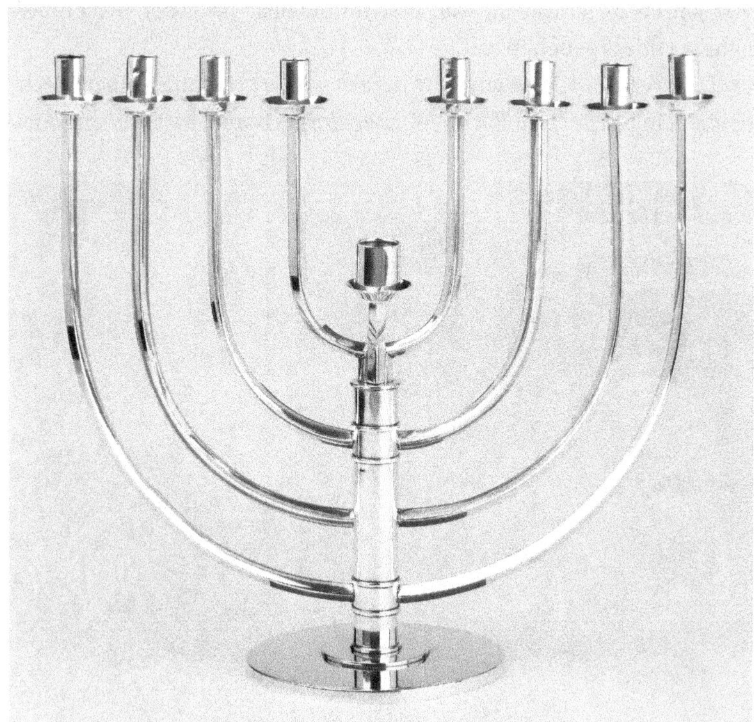

Chanukka-Leuchter, Mitte 1930er-Jahre, Designer: David Heinz Gumbel, Jewish Museum New York (Gift of Hannah and Walter Flegenheimer)

und Reklame von Herbert Bayer in seinen Unterricht einbrachte. Mordechai Ardon, seit der ersten Stunde Mitglied im Lehrerkollegium, war zunächst der einzige wirkliche Bauhäusler am New Bezalel. 1940 folgte er dem früh verstorbenen Joseph Budko auf den Direktorenposten, den er zwölf Jahre innehielt. Nachhaltig leitbildprägend wurde unter seiner Führung die Bauhauspädagogik, insbesondere die Integration des berühmten Vorkurses Johannes Ittens in das Curriculum der Jerusalemer Kunstschule.[4] Ardons Nachfolger auf dem Direktorenposten wurde der in der preußischen Provinz Posen geborene und bei Lovis Corinth an der Berliner Akademie der Künste ausgebildete Maler und Grafiker Jakob Steinhardt. Mit seinen frühexpressionistischen Werken verzeichnete er bereits vor dem Ersten Weltkrieg Erfolge. Zum Zeitpunkt der Beschlagnahmung seiner Bilder als entartet lebte Steinhardt bereits seit vier Jahren in Jerusalem, wohin er unmittelbar nach der Machtübernahme Hitlers geflohen war.

Die Weberei-Klasse am New Bezalel wurde von Julia Keiner Forchheimer eingerichtet. In Berlin-Wilmersdorf geboren, hatte sie ihre Aus-

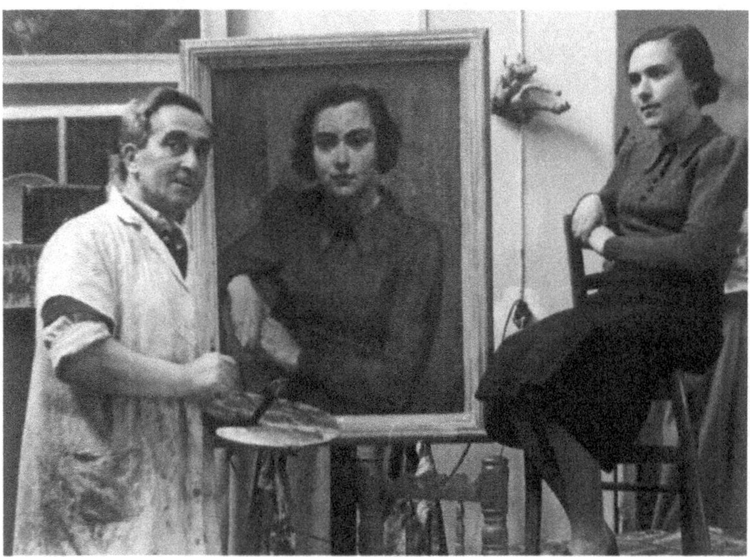

Der Maler Jacob Steinhardt mit Modell in seinem Atelier in der Bezalel Kunstgewerbeschule, 1940er-Jahre; Foto: Walter Zadek

bildung an Kunstgewerbeschulen in Nürnberg, Frankfurt und München erhalten. Ihre eigenen Arbeiten artikulierten sich in einer Bauhaus-affinen, abstrakten Formensprache. Die Heilige Stadt integrierte sie über ihre Farben, die sie aus lokalen Steinen und Pflanzen gewann. In den Sechzigerjahren übernahm die gebürtige Berlinerin Ruth Kaiser-Cohn die Leitung der Textilwerkstatt. Nach Mordechai Ardon war sie die zweite Lehrende an der inzwischen in Bezalel Academy of Arts umbenannten Einrichtung, die ein abgeschlossenes Studium am Bauhaus vorweisen konnte. Kaiser-Cohn hatte ihr Studium 1928 am Dessauer *Bauhaus* in der politisch aufgeladenen Ära Hannes Meyers begonnen. Den Vorkurs absolvierte sie bei Josef Albers. Danach wählte sie den allgemein für die weiblichen Bauhäusler vorgesehenen Ausbildungsgang in der Webereiwerkstatt, um sich bei Gunta Stölzl, der ersten und lange Zeit einzigen Meisterin am *Bauhaus*, als Textilgestalterin ausbilden zu lassen. Ihr *Bauhaus*-Diplom, unterschrieben von Ludwig Mies van der Rohe, erhielt sie im April 1932, wenige Monate vor der vom nationalsozialistischen Gemeinderat Dessau erzwungenen Schließung der Schule. Nach Tätigkeiten als Entwerferin von Möbelstoffen für verschiedene deutsche Firmen, wanderte sie 1935 nach Palästina aus. Stark von Hannes Meyers genossenschaftlichen Coop-Ideen geprägt, gründete sie zunächst in Haifa, danach in Tel Aviv Weber-Kooperativen. Später lebte und arbeitete sie in Jerusalem. In ihren Stoffentwürfen liess sie sich durch die lokale Tradition arabischer Wollverarbeitung inspirieren. Nach einem längeren Amerikaaufenthalt, wo sie mit geistig und körperlich Behinderten arbeitete, nahm sie 1962 einen Ruf an die Bezalel Akademie als Leiterin der Textilabteilung an, der sie bis 1969 vorstand.

Im Laufe der Jahre wurde nicht nur das Fächerangebot der Jerusalemer Kunstakademie stetig erweitert – noch unter Mordechai Ardon kamen Abteilungen für Fotografie und Industriedesign hinzu –, auch der gesellschafts- und kulturpolitische Status der Schule stieg. 1958, zum zehnjährigen Bestehen des Staates Israel, wurde ihr der Israel Preis verliehen, womit ihre zentrale Bedeutung als nationale Ausbildungsstätte unterstrichen wurde. 1975 erhielt die Schule die staatliche Anerkennung als akademische Institution. Heute zählt die Bezalel Akademie 14 Departments, 500 Fakultätsangehörige und 2300 immatrikulierte

Studierende. Mit dem kurz vor der Fertigstellung stehenden neuen, vom renommierten japanischen Architekturbüro SANAA entworfenen Campus im Zentrum Jerusalems nahe der Altstadtmauern wird der gewichtigen Rolle der Institution Bezalel einmal mehr Rechnung getragen.

Die Architektur, schon in Moses' Fünf Büchern sinngemäß und in Vitruvs Zehn Büchern explizit als »Mutter aller Künste« gehandelt, sollte an der Bezalel Akademie vergleichsweise spät Eingang in den Fächerkanon finden. Die ersten Bachelor-Zertifikate für angehende Baumeister Israels konnten 1993 ausgestellt werden. Knappe sechzig Jahre zuvor war eine Chance ungenutzt geblieben, die Neugründung und Leitung des Bezalel in die Hände des wohl bekanntesten unter den aus Deutschland eingewanderten Architekten zu legen. Es gab eindeutige Aspirationen auf den Direktorenposten vonseiten Erich Mendelsohns. Bevor er im Herbst 1934 nach Palästina kam, hatte er zusammen mit dem Amsterdamer Architekten Hendricus Theodorus Wijdeveld und dem Pariser Maler Amédée Ozenfant ein kulturpolitisch bemerkenswertes europäisches Kunstschulprojekt an der Côte d'Azur ins Leben gerufen, war von diesem jedoch noch vor der konkreten Realisierung aus verschiedenen Gründen zurückgetreten. Wenngleich Mendelsohn immer eher Baumeister als Lehrer war, konnte er sich nicht so einfach von der bis ins Detail ausgearbeiteten Idee der Académie Européenne Méditerranée trennen. Das Konzept entsprach – kurz gefasst – einem ideell und real in den mediterranen Kontext verorteten Bauhaus, das neben der Architektur Abteilungen für Malerei, Skulptur, Innenraumgestaltung, Bühnenkunst, Typografie, Keramik und Textildesign vorsah, darüber hinaus postgraduierte Kurse in Musik, Tanz, Fotografie und Film.

Mendelsohn nahm das Projekt gedanklich mit an die Ostküste des Mittelmeers und trug sich mit der Idee seiner Verwirklichung in Jerusalem. Der Berliner Architekt und Architekturkritiker Julius Posener war überzeugt, dass seine Anstellung in Mendelsohns dortigem Büro nicht auf seinen »mediokren Fähigkeiten« als Bauzeichner basierte, sondern dass sein Dienstherr ihn für das Unternehmen »Académie Méditeranéenne, die jetzt eine Académie Palestinienne werden sollte«, im Visier hatte.[5] Die Wiedereröffnung der Bezalel Schule, die zeitgleich mit Mendelsohns Etablierung als Architekt in Palästina verlief, hätte hier eine geeignete Plattform bieten können. Doch Mendelsohns Denken in großen Zusammenhängen, gepaart mit entsprechenden Ansprüchen, dürfte den Rahmen des relativ bescheidenen Neuanfangs der Jerusalemer Schule bei Weitem überfordert haben. Dennoch behielt er die Entwicklung des New Bezalel im Auge und sah sie offenbar weiterhin als potenzielles Betätigungsfeld für sich im Sinne der Etablierung einer Académie Palestinienne. Ein kurzer Text, den er noch vor seiner Abreise nach Amerika im Februar 1941 formulierte – zu diesem Zeitpunkt war Mordechai Ardon bereits Direktor der Schule –, zeigt die Tragweite an, die er sich vom neuen Bezalel erhoffte. Die alleinige Fokussierung auf die angewandten Künste erschien Mendelsohn als zu eng. Er wünschte sich eine Ausrichtung im Sinne einer klassischen Akademie mit Bezug zum mediterranen Kulturerbe auf der Grundlage eines pansemitischen Völkerverständnisses. In seinem anderthalbseitigen Statement rief er den Standort Palästina »als wichtigstes Verbindungsglied des Nahen Ostens« auf und nahm den Neuen Bezalel in die Verantwortung:

> *»[…] das einzige Kunstschulinstitut Palaestinas muss das künstlerische Leben des Landes intensivieren und der Kunsterzieher der ganzen Bevoelkerung werden. […] Palaestina darf kein geistiges Getto werden. […] Die kleine Grenze braucht keine enge Grenze zu sein. Denn das kleine Athen war der Schoepfer seiner Akropolis.«*[6]

Erich Mendelsohns Windmühle: Ost-West-Dialoge

In der Nacht vom 9. auf den 10. Mai 1939 war die alte arabische Windmühle im Jerusalemer Viertel Rehavia hell erleuchtet: Auf der von Oleander umsäumten Terrasse standen kleinere Menschengruppen bei Aperitifs im Gespräch beisammen, vom gegenüberliegenden King David Hotel wurden Horsd'oeuvres gebracht, und Tanzmusik schallte bis in die frühen Morgenstunden durch die Ramban Straße. Gastgeber der ausgelassenen Party waren die Bewohner der Mühle, der Architekt Erich Mendelsohn und seine Frau, die Cellistin Luise Mendelsohn.

Gefeiert wurde Hermann Scherchens Anwesenheit in Jerusalem. Dem privaten Empfang vorausgegangen war ein von ihm dirigiertes Konzert des Palästinensischen Symphonischen Orchesters mit Werken von Bach, Busoni und Bruckner. Der als Linkssympathisant und Nazigegner aktive Musiker hatte Deutschland 1933 verlassen und lebte inzwischen in der Schweiz. Bei dieser seiner ersten und einzigen Gastspielreise durch Palästina traf er auf ein weitestgehend deutschsprachiges Ensemble von Instrumentalisten, von denen die meisten erst kurz zuvor Hitlers Schergen entronnen und ins Land gekommen waren. Scherchen kannte viele von ihnen bereits aus Deutschland. Das Orchester, aus dem nach 1948 das berühmte Israel Philharmonic Orchestra hervorgehen sollte, bestand erst seit wenigen Jahren. Gegründet wurde es 1935 von dem Geiger Bronislav Huberman, das Eröffnungskonzert im Dezember 1936 hatte Arturo Toscanini dirigiert. Hubermans vorrangiges Ziel war es zunächst gewesen, das große Potenzial jüdischer Musiker, die ab 1932 in ihren Heimatländern in die Arbeitslosigkeit gedrängt worden waren, aufrechtzuerhalten und weiter zu fördern. Durch Verträge, die vor der Auswanderung abgeschlossen wurden, konnte Huberman von den britischen Mandatsbehörden Immigrationszertifikate für die Musiker erwirken und sie damit letztlich vor dem Holocaust retten. In dem High Commissioner für Palästina, Sir Arthur Wauchope, der ein leidenschaftlicher Musikliebhaber und Schirmherr des Konservatoriums in Jerusalem war, fand Huberman einen engagierten Unterstützer. Scherchen war begeistert von der zusammengewürfelten Truppe und ließ sich überreden, länger als ursprünglich geplant im Land zu bleiben, um weitere Konzerte und einen Dirigierkurs zu geben.

Erich Mendelsohn und Hermann Scherchen entwickelten eine starke Affinität zueinander. Luise Mendelsohn beschrieb sie als Brüder im Geiste: »Seine Kunst«, erklärte sie in einem Brief an ihren Mann, »ist absolut parallel zu Deiner.«[7] Für Mendelsohn bedeutete die Tonkunst mehr als ein reiner Hörgenuss. Sie war essenziell für seine Entwurfsarbeit, die durchweg unter Einfluss von Musik erfolgte. In der Windmühle hatte Mendelsohn sich den kleinen Raum oben im Mühlenturm als seinen Rückzugsort eingerichtet. Er bot gerade genug Platz für einen Zeichentisch, ein Grammophon und seine Schallplattensammlung mit

Werken von Beethoven, Vivaldi, Tschaikowski und immer wieder Bach. Der Blick auf die Altstadt Jerusalems, den die Entwurfsklause dem Architekten gewährte, muss bei den Klängen einer französischen Suite von Bach oder eines späten Beethoven-Streichquartetts von geradezu überirdischer Dimension gewesen sein. Ansonsten war die Windmühle – einmal abgesehen von ihrer pastoralen Aura – ein sehr bescheidener, aus sandgelben Quadersteinen gemauerter Bau, der sich aus zwei Teilen unterschiedlicher Formation zusammensetzte. An den oktogonalen Windmühlenturm lehnte sich ein zweistöckiger, mit flachen Kuppeln gedeckter kubischer Baukörper an. Im unteren, ausladenden Teil hatte Mendelsohn sein Büro eingerichtet, darüber lagen zurückgesetzt die privaten Zimmer der Mendelsohns mit vorgelagerter Terrasse. Die kleinen Räume ließen, gemessen an westlicher Wohnkultur, jeglichen Luxus vermissen. Fließend Warmwasser war beispielsweise auf ein- bis zweimal wöchentlich beschränkt. Alles in allem ist kaum ein größerer Gegensatz zur Berliner Villa der Mendelsohns denkbar.

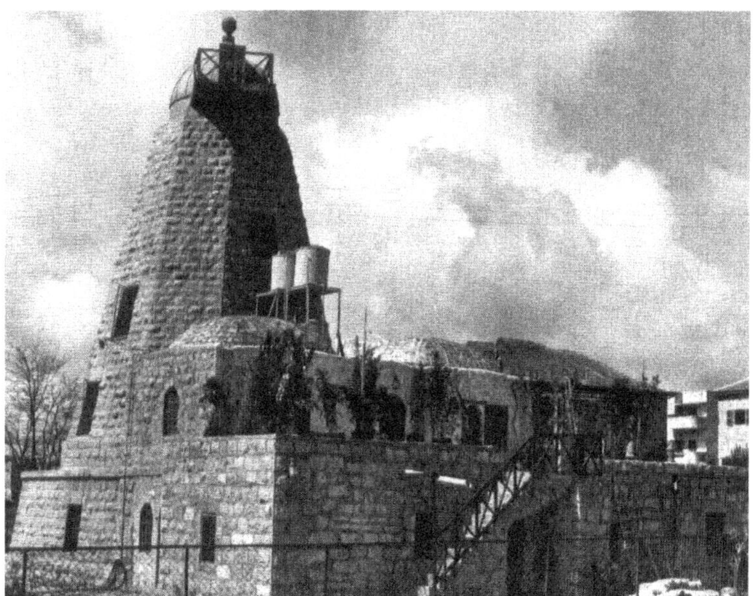

Windmühle im Jerusalemer Viertel Rehavia, Wohnung und Büro Erich Mendelsohns zwischen 1935 und 1941

Das von Erich Mendelsohn entworfene und 1930 bezogene Familiendomizil im Ortsteil Berlin-Westend verkörperte den Inbegriff eines modernen bourgeoisen Lebensstils. Mendelsohn hatte sich mit der Entscheidung zum eigenen Haus schwergetan. Er misstraute Deutschland als sicherem Hafen für Juden und präferierte, »die Erscheinung unseres Vaterlandes mit dem Fernrohr anzusehen«.[8] Ein stabiles Zuhause könnte sich in politischen Krisenzeiten als eine den offenen Blick behindernde Belastung erweisen. Um sich ein gewisses Maß an Bewegungsfreiheit und Flexibilität zu erhalten, hatte Mendelsohn es vorgezogen, mit Frau und Tochter über mehr als eine Dekade relativ anspruchslos zunächst ein, später drei Zimmer einer Pension zu bewohnen. Der Bau des eigenen Hauses war zweifellos ein Bekenntnis zu Berlin, zum dort Heimisch-Werden, zum sich Niederlassen. Das gewählte Baugrundstück Am Rupenhorn 6 lag spektakulär über den Havelseen; der Bau selbst war von ausgesuchter Eleganz, zurückhaltend im Formenvokabular, aber reich an erlesensten Materialien. Es war an nichts gespart: Vom Silberlöffel auf dem Tisch bis zu den professionell angelegten und betreuten Gartenanlagen, vom Instrumentenschrank für zwei Celli, Bratsche und Geige bis zum technischen Luxus der versenkbaren Fenster in der Wohnhalle war alles von einer exklusiven Qualität, die ihresgleichen suchte und das Nonplusultra kontemporärer Haustechnik darstellte. Vierzehn Schaffensjahre in Deutschland fanden hier ihre Quintessenz. Das Haus legte Zeugnis ab von der Kultur einer intellektuellen jüdischen Elite, die es in Deutschland und Europa sehr bald schon nicht mehr geben sollte.

Es gehört zu den tragischen Kapiteln im Leben der Mendelsohns, dass ihnen im Moment des Einzugs in das eigene Heim der Boden unter den Füßen weggezogen wurde. 1930 drehte die deutsche Politik endgültig auf Rechtskurs; am 14. September 1930 wurde die NSDAP als zweitstärkste Partei in den Reichstag gewählt. Während der zweieinhalb Jahre, die Mendelsohns ihr Haus Am Rupenhorn bewohnten, entwickelte es sich schnell zu einem Treffpunkt von Künstlern, Musikern, Schriftstellern, Wissenschaftlern und Politikern. Gesellschaftliche Höhepunkte waren stets die »Bachanalien« am 21. März, dem Geburtstag Erich Mendelsohns, der mit dem Johann Sebastian Bachs zusammenfiel. Freunde kamen bereits am Nachmittag, und in wechselnder Besetzung wurden die Brandenburgischen Konzerte, die Sonaten und Partitas für Solo-Violine sowie die Cello-Suiten gespielt. Unterbrochen nur von einem leichten Abendessen und Getränken, wurde bis in die frühen Morgenstunden hinein musiziert. Beim letzten »Bachanal« anlässlich Mendelsohns 46. Geburtstag am 21. März 1933 wollte sich die heitere, anregende Stimmung der vergangenen Jahre nicht einstellen. Draußen in Potsdam ereignete sich zur selben Zeit eine andere Feier: In der Garnisonskirche trafen Reichspräsident von Hindenburg und Reichskanzler Hitler aufeinander. Ihr symbolisch wirkender Versöhnungshandschlag stärkte Hitlers Mythos als Volkskanzler. Keine zwei Wochen später, am 1. April, fand der sogenannte »Abwehrboykott« gegen jüdische Bürger statt. Am Tag zuvor – zehn Tage nach der letzten Geburtstagsparty im eigenen Heim – verließ die Familie Mendelsohn Deutschland. Für immer.

Wie viele deutsche Juden, durchliefen die Mendelsohns mehrere Migrationen: zunächst mit dem Nachtzug nach Amsterdam zum Berufskollegen Hendricus Th. Wijdeveld, mit dem Erich Mendelsohn kurzzeitig die Idee einer europäischen Mittelmeerakademie an der Côte d'Azur verfolgte. Wenige Monate später fasste Mendelsohn beruflich Fuß in England, und mit einem lukrativen Auftrag vom Präsidenten der Zionistischen Weltorganisation in der Tasche etablierte er im Herbst 1934 für sich einen zweiten Standort in der Heiligen Stadt. Fünf Jahre lang pendelte er zwischen Jerusalem und London. Nachdem in Großbritannien mit dem Austeilen von Gasmasken an die Zivilbevölkerung und der Einrichtung von Luftschutzbunkern Vorbereitungen auf einen möglichen deutschen Angriff getroffen wurden, begann Erich Mendelsohn, Apartment und Büro in der englischen Hauptstadt aufzulösen. Im Juli 1939 schiffte er sich in Marseille ein und fuhr ein letztes Mal über das Mittelmeer. Er wurde begleitet von der 16-jährigen Tochter seiner Schwester, für die er, wie für weitere Familienmitglieder, die finanzielle Unterstützung nach ihrer Flucht aus Deutschland übernommen hatte. Am Kai in Jaffa wartete Luise Mendelsohn und zur Begrüßung der aus Insterburg gebürtigen Nichte wurde zunächst die berühmte Pension »Käthe Dan« in Tel Aviv angesteuert, »wo wir«, wie sich die junge Dame erinnerte, »Gänsebraten und Rotkohl bekamen. [...] Es schmeckte, aber nicht so gut wie bei uns in Ostpreußen«.[9]

Erich Mendelsohn war unter den zahlreichen neueinwandernden Architekten im Land zweifellos der bekannteste. Ihm ging ein internationaler Ruf voraus. Abgesehen von seinem Erstlingswerk, dem Einsteinturm in Potsdam, waren es vor allem seine Büro- und Geschäftsbauten, die in zahlreichen Architekturjournalen publiziert waren. Seine Warenhäuser für den Kaufhaus-Magnaten Salman Schocken in Nürnberg, Stuttgart und Chemnitz, das Petersdorff in Breslau, das Herpich in Berlin, das Seidenhaus Weichmann in Gleiwitz und das Dobloug Garden in Oslo wurden als Ikonen der modernen Geschäftswelt gehandelt. Für viele jüngere Kollegen besaßen sie Vorbildcharakter. Sie wurden weltweit kopiert, so auch in Tel Aviv, wo kleine, hell verputzte Ausgaben des Stuttgarter Schocken und des Breslauer Petersdorff die Straßen der Weißen Stadt säumten. Mendelsohn selbst war von den Imitationen in seinen Fußstapfen nicht erfreut, degradierten sie seine Architektursprache doch zur Modeerscheinung. Er hielt es zudem für einen Kardinalfehler, die europäisch-westliche Diaspora-Kultur zu importieren und einem orientalischen Land aufzuzwängen.

Die Feier in der Windmühle zu Ehren Hermann Scherchens im Frühjahr 1939 ließ Erich Mendelsohn für die Unermüdlichen unter den Gästen in der Morgendämmerung mit einer Fahrt auf den Skopusberg ausklingen.[10] Dies geschah aus aktuellem Anlass: Am Tag zuvor war die von ihm entworfene Hadassah Universitätsklinik – sein mit Abstand größtes Projekt in Palästina – offiziell eröffnet worden. Der aus drei Gebäuden bestehende Komplex mit Krankenhaus, Schwesternschule und Forschungsinstitut nahm ein großes Plateau auf dem Hügelkamm ein. Von hier aus boten sich spektakuläre Aussichten auf den Tempelberg zur einen und über die Judäische Wüste bis zum Toten Meer hinunter auf der anderen Seite. Den beispiellos erhabenen, magischen Ort beschrieb Mendelsohn selbst als »Scheide zwischen einer Welt, die wir kennen und einer Welt, die wir ahnen zwischen der irdischen Forderung des Alles oder Nichts und der goettlichen Erfuellung, die im geheimnisvollen Nichts: Alles umfasst. Die Stelle der Schoepfung, wo Himmel und Erde sich zu berühren scheinen, wo Himmel und Erde oft durch Welten getrennt sind.«[11]

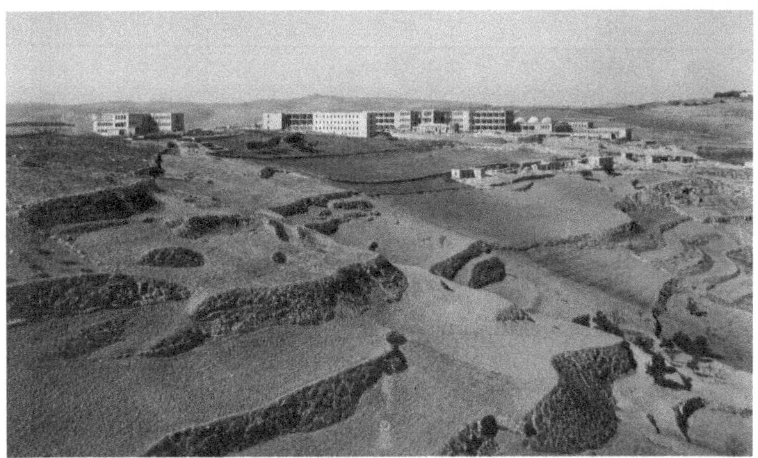

Hadassah-Hospital mit Schwesternschule und Forschungsinstitut auf dem Mount Scopus, Jerusalem, 1939 fertiggestellt, Architekt: Erich Mendelsohn; Foto: Alfred Bernheim

Mendelsohn hatte die Bauten – von einzelnen dynamischen Effekten abgesehen – kubisch hart in das weich geformte karge Terrain des Skopusbergs gesetzt. Die spannungsvolle Beziehung zwischen den Gegensätzen – nur noch auf zeitgenössischen Fotografien nachvollziehbar – wertete beide, Landschaft und Architektur, auf. Das charakteristische Wahrzeichen des gesamten Hadassah-Komplexes sind bis heute die drei aneinandergereihten Kuppeln, die den Eingangsportikus bekrönen. Die halbrunden Überwölbungen dürfen als eine Hommage an die alte arabische Wohnhaustradition gelesen werden, als ein in das moderne Baumaterial Beton übersetztes Zitat: »Wir befinden uns hier auf dem Skopusberg in Jerusalem und schauen auf drei- oder – wer weiss – vielleicht sogar sechstausend Jahre alte Dörfer. Überall stehen kleine überkuppelte Steinhäuser. Ich habe diese Form übernommen.«[12] Mendelsohns Lehrmeister war das Land selbst, sein Boden, sein Himmel, seine Landschaft, sein Licht und seine Farben, die einheimische Flora und Fauna, die Topografie und immer wieder das gewachsene arabische Dorf. »Es war ihm gegangen wie so vielen sensitiven Architekten«, konstatierte Mendelsohns zeitweiliger Mitarbeiter, der Architekturkritiker Julius

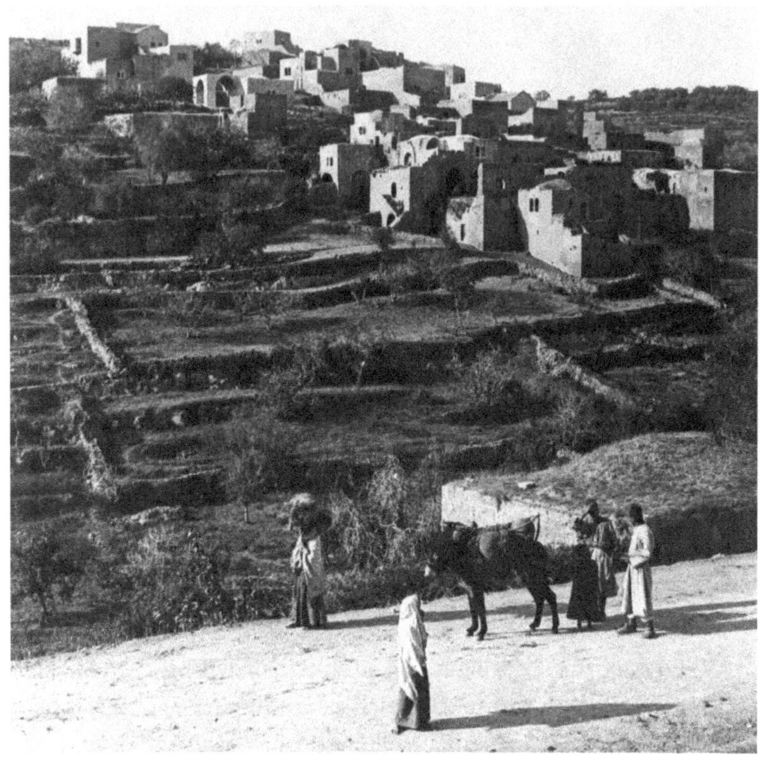

Arabisches Dorf Abu Gosh bei Jerusalem, Aufnahme um 1910

Posener, »er hatte sich in die arabische Architektur des Landes verliebt. Man merkte es, wenn man mit ihm über Land fuhr. Dann zeigte er auf jene aus Kuppelräumen zusammengesetzten arabischen Dorfhäuser und sagte, *dies* sei dem Land angemessen.«[13] Über die Rezeption der regionalen arabisch-semitischen Kultur des Landes Palästina erhoffte Mendelsohn sich, zu seiner eigenen jüdisch-semitischen Identität und ihren Wurzeln zurückzufinden. Es ging ihm darum, die jüdische Nation kongenial im orientalischen Kontext zu verorten. »Wir werden still für uns leben«, schrieb er Ende 1934 enthusiastisch an seine Frau, »für das Werk – für unser Volk. Es gibt keine andere keine größere Aufgabe. [...] Jeruschalajim. Wir müssen es ebenbürtig machen, wie Du sagst ›die Bibel bauen!‹«[14]

Jerusalem lässt keinen unberührt. Als »heilendes Bad der Seele« beschrieb die Dichterin Else Lasker-Schüler die ewige Stadt in ihrem *Hebräerland*:

> »Jerusalem – Gottes verschleierte Braut. Ich kam von der Wüste aus, reiste zur heiligen Hochzeit, eingeladen zur Feier, die immer Jerusalem umgibt. Immer ist Hochzeit unter dem Baldachin seines Himmels. Gott hat Jerusalem lieb. Er hat es in sein Herz geschlossen. Er hat diese ewige Stadt der Städte erwählt. Jeder Gast, der in diese Stadt kommt, wechselt sein Kleid mit der Weihe des Gewands. Diese fromme Wandlung verpflichtet den Menschen, sich feierlich und artig zu benehmen, die andächtige Stimmung der auserlesenen, erhobenen Stadt nicht zu erschrecken.«[15]

Prinz Jussuf, Else Lasker-Schülers Alter Ego, wohnte damals nicht weit von Mendelsohns entfernt am Rand Rehavias. Der Kontakt zu den Mendelsohns, vor allem zu Luise Mendelsohn, ergab sich erst bei ihrem dritten und dauerhaften Aufenthalt in Palästina. Die Dichterin war nach tätlichen Angriffen auf sie im April 1933 aus Deutschland in die Schweiz geflohen, wo sie unter prekären Verhältnissen ohne Arbeitserlaubnis allein von der Unterstützung durch Freunde lebte. Aufgrund nur befristeter Aufenthaltsgenehmigungen sah sie sich zu ständigen Ortswechseln gezwungen. 1934 und 1937 unternahm sie zwei längere Reisen nach Palästina. In der Zwischenzeit verfasste sie ihr *Hebräerland*, das 1937 von Emil Oprecht, einem der wichtigsten Verleger von Exilautoren, in Zürich publiziert wurde. Bei ihrer dritten Fahrt nach Palästina 1939 verweigerten ihr die Schweizer Behörden das Rückreisevisum, sodass sie in Jerusalem mittellos festsaß. Aber auch hier konnte sie auf Freunde – alle wie sie selbst Emigranten – zählen.

Zur Linderung der existenziellen Nöte der Poetin organisierte der Kreis ihrer Vertrauten Lesungen. Als Veranstaltungsort wurde zunächst die Windmühle anvisiert, was sowohl auf positive Reaktion vonseiten der Mendelsohns als auch bei der Dichterin traf. Luise Mendelsohn hat ihre Zusammenkunft mit Else Lasker-Schüler in ihren Memoiren festgehalten:

»Ich war begierig, sie kennen zu lernen, und nicht im Mindesten erstaunt, als sie in die Windmühle eintrat und ich mich einer unglaublich beeindruckenden Persönlichkeit gegenübersah. Als erstes nahm ich nur zwei feurige Augen wahr. Sehr schöne Augen! Sie betrachteten mich nicht allzu freundlich, eher fragend. Als sie das Wohnzimmer betrat, wurde sie mehr und mehr vom Charme der Windmühle eingenommen. Ich existierte ganz einfach nicht für sie. [...] Plötzlich brach es aus ihr heraus: ›Dies ist der Ort, dem ich angehöre; dies ist das Jerusalem, von dem ich geträumt habe, aber bislang nicht finden konnte. Hier werde ich meine biblischen Gedichte lesen!‹ Ich hatte das Gefühl, dass sie Züge in meiner Persönlichkeit zu suchen begann, die dazu geführt hatten, dass ich in diesem Gebäude lebte und dass wir etwas gemeinsam hatten. Ich führte sie durch das ganze Gebäude und in den Garten. Als ich ihr unseren geliebten Feigenbaum zeigte, brach es wieder aus der Welt ihrer Vorstellungen und Verklärungen mit tiefer Stimme hervor: ›Alle Menschen, die sich zu meiner Lesung einfinden, müssen auf Kamelen geritten kommen, und diese wunderbaren Tiere werden Schatten unter diesem Feigenbaum finden.‹ Gleich bei unserem ersten Treffen und in den vielen Stunden, die diesen folgen sollten, gab ich die Realität auf und folgte ihr in ihre Fantasiewelt. Wir wurden Freundinnen. Ich fühlte mit ihr das Dilemma, in einem modernen Palästina zu leben. Für sie bedeutete Palästina die Bibel, den Orient mit wunderschönen Menschen, die in Samt und Brokat gekleidet einhergingen.«[16]

In der Windmühle mit dem Sanctum Mendelsohns in der Turmkuppel mag sie ihr Verständnis von Palästina als »Sternwarte unserer Heimat«[17] verkörpert gesehen haben.

Es sollte sich herausstellen, dass das Interesse an der Lesung so groß war, dass die relativ bescheidenen Räume in der Windmühle dem Zuhörerandrang nicht gewachsen waren. Kurzfristig wurde umdisponiert und die Veranstaltung in den Lesesaal der von Erich Mendelsohn erbauten Schocken Bibliothek verlegt, die nur wenige Meter von der Windmühle entfernt lag. Die anfängliche Enttäuschung Else Lasker-

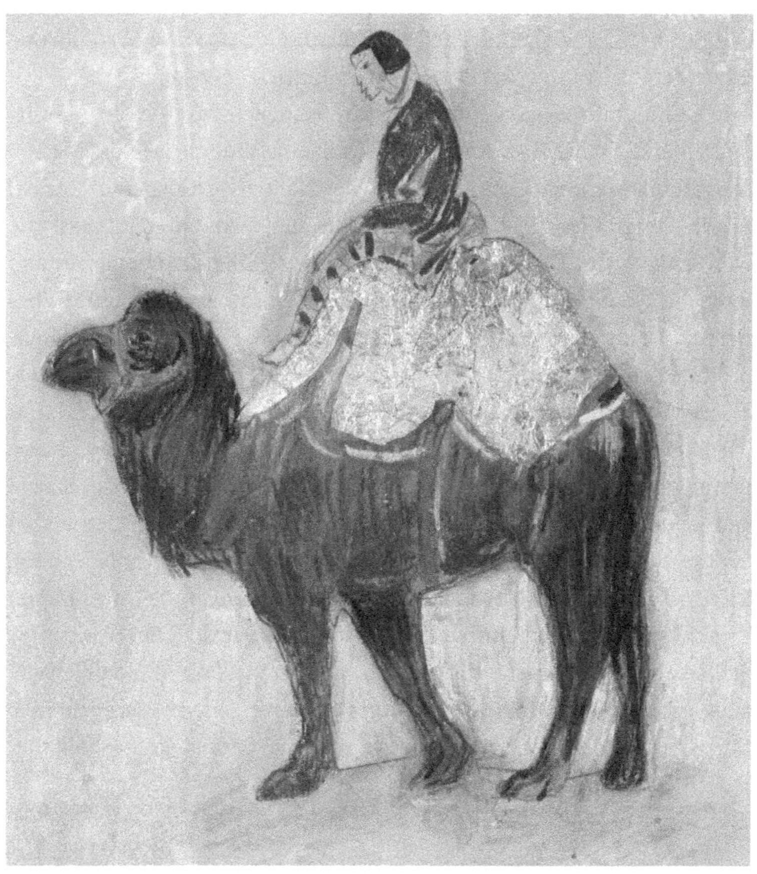

Else Lasker-Schüler, Prinz Jussuf von Theben, nach 1934

Schülers konnte Luise Mendelsohn mit dem Verweis beiseite räumen, die Bibliothek sei aus dem Geist der Windmühle entworfen und verkörpere eine Übertragung der lokalen Bautradition in die Moderne. Mendelsohn hatte für seinen wichtigsten Auftraggeber in Deutschland, Salman Schocken, der ebenfalls seit 1934 in Palästina lebte, Wohnhaus und Bibliothek in unmittelbarer Nachbarschaft zueinander errichtet. Die Bauten waren in dem für die Stadt üblichen und seit den Osmanen vorgeschriebenem goldgelben Jerusalemstein ausgeführt. Beide weisen eine strenge Kubatur auf, der bei der Residenz durch Pergolen, eine halbrund ausschwingende Terrasse und eine gewundene Wegführung durch den weitläufigen Garten kontrapunktisch begegnet wird.

Die Biografie des Bauherrn Salman Schocken liest sich für den israelischen Schriftsteller Amos Elon wie »eine jüdische Heldensaga«.[18] Der Kaufhauskönig begann als einfacher Handelsvertreter und war bei seiner Emigration 1934 Besitzer der größten privaten Kaufhauskette Deutschlands mit 20 Filialen. Seine erfolgreiche Marktstrategie bestand in einem Qualitätsmanagement, das seiner Zeit weit voraus war. Es basierte auf zentralisierter Auftragsvergabe, Inhouse-Design und Massenproduktion, aber auch auf einer sozialen Fürsorge für die rund 6000 Konzernmitarbeiter. Zielkundschaft war, vielleicht zum ersten Mal in der Branche, die Arbeiterschaft. Den rationalen Ansatz seines Unternehmens wollte Schocken in der Architektur seiner Warenhäuser ausgedrückt sehen. In Erich Mendelsohn fand er den idealen Architekten für die Umsetzung. Die drei von ihm errichteten Filialen in Nürnberg, Stuttgart und Chemnitz gehören zweifelsohne zum Besten, was in den Zwanzigerjahren im Kaufhausbau geschaffen wurde. Die Heldensaga Schocken wäre unvollständig ohne die »poetische«, die bibliophile Seite des Geschäftsmanns, der 1931 in Berlin seinen eigenen Verlag gründete und als Mäzen jüdischer Autoren hervortrat. Bereits als Jugendlicher

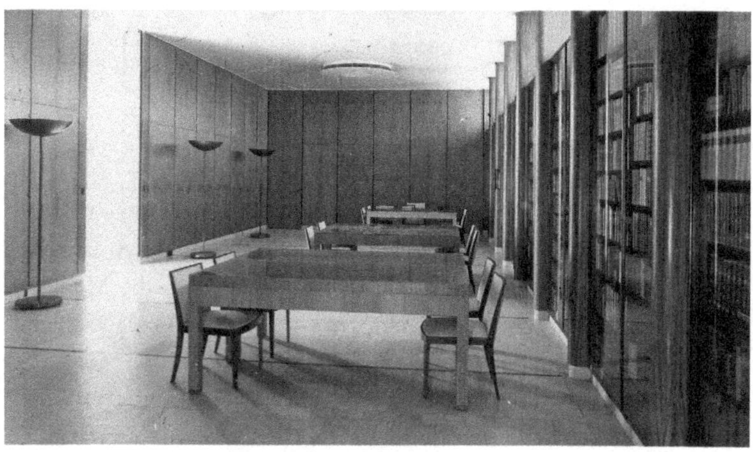

Schocken Bibliothek in Rehavia, Großer Lesesaal, 1934–1936, Architekt: Erich Mendelsohn; Foto: Alfred Bernheim

hatte er begonnen, Erstausgaben bedeutender Literatur zu sammeln. Später kamen wertvolle Originalmanuskripte und Judaica-Inkunabeln hinzu. Darüber hinaus fanden Werke Eingang, die Schockens eigenen geistigen Horizont prägten wie Nietzsches *Zur Genealogie der Moral*, Schopenhauers *Die Welt als Wille und Vorstellung* und Goethes *Faust II*. Thomas Mann soll Schocken zu den wichtigsten Goethe-Kennern gezählt haben. Schocken war es gelungen, seine Bibliothek – gerade noch rechtzeitig – von ihrem früheren Standort in einer großen Berliner Villa nach Jerusalem zu schaffen. »Damit hoffte er«, so Elon, »auf seine Weise die gescheiterte deutsch-jüdische ›Symbiose‹ in der jüdischen Heimstätte bewahren zu können oder ihr zumindest einen Ort der Erinnerung zu schaffen. Die Bibliothek war seine ›Autobiografie‹, wie er mehrfach formuliert hat.«[19]

Die Privatbibliothek Schockens, die sich bald als semi-öffentliches Forschungsinstitut etablierte, nimmt sich im Außenraum formal sehr zurück und entfaltet erst im Inneren ihre getragen heitere Atmosphäre. Als Mendelsohns Signatur lässt sich ein halbrund ausschwingender Glaserker lesen, der die Längsseite des großen Bibliothekssaals aufbricht. »Dies war genau der passende Ort für Prinz Jussuf«, schrieb Luise Mendelsohn:

> »Sie kam in ihrem normalen grellblauen Kaftan und der Leopardenfellkappe. Zwei Kerzen brannten rechts und links neben ihr auf dem Tisch, und sie begann, ihre biblischen Gedichte zu lesen. Plötzlich vernahmen wir Geräusche, die ihre Stimme und Worte begleiteten. Die Laute waren manchmal wild, manchmal sanft, unterstrichen immer den Charakter des jeweiligen Gedichtes. Jeder im Raum schien fasziniert. Sie hatte Armbänder mit kleinen Glöckchen um ihre Handgelenke gebunden, die sie teils unter dem Tisch bewegte.«[20]

Für die Dauer der Lesung entführte die »innigste Hebräerin«[21] ihr Publikum, das sich überwiegend aus neueingewanderten jüdischen Gelehrten aus Deutschland und Österreich zusammensetzte, in biblische Räume, die außerhalb der Realität verortet waren: »Palästina ist nicht ganz von dieser Welt, grenzt schon ans Jenseits und ist wie die Himmelswelt nicht zeitlich und räumlich zu messen.«[22] Ihre Lesung in der Schocken Bibliothek ließ sie mit dem altbekannten Gedicht »Allerseelen« von Hermann von Gilms zum Totengedenken ausklingen: »Stell auf den Tisch die duftenden Reseden – Die letzten roten Astern trag herbei – Und lass uns wieder von der Liebe reden – Wie einst im Mai«. Werner Kraft erinnerte sich später: »Sie sagte diese Verse wie zum ersten Mal, so daß man nicht nur den Eindruck eines großen Gedichts hatte: das ganze zerstörte Deutschland kam noch einmal herauf, es war wirklich zum Weinen.«[23]

Salman Schocken nahm Else Lasker-Schüler in den Kreis der von ihm unterstützten Schriftsteller auf und bedachte sie mit einer monatlichen Rente auf Lebenszeit. Das hielt sie finanziell über Wasser, aber rettete sie nicht vor den wachsenden Wellen der Depression, die über ihr zusammenschlugen. In Briefen an Schocken klagte sie: »Ich hab mir das Sein in Jerusalem anders vorgestellt. Ich bin so tief enttäuscht.«[24] Und an anderer Stelle: »Hier für mich herumsitzen – ein Jammer.«[25] Und dann kommt – ein Brief weiter – die auf den Punkt gebrachte Exilfrage aller Zeiten: »Was soll ich hier?»[26], in der sich das ganze Dilemma der Schriftstellerin offenbart: Das Schicksal, nicht mehr schreiben zu können, weil die eigene Muttersprache in der neuen Umgebung ihre Relevanz verloren hat, ein Los, das sie mit zahlreichen Exilautoren teilte. Der Verurteilung zur Untätigkeit versuchte sie, mit Projekten entgegenzutreten, so zum Beispiel mit der Planung eines Jahrmarkts für Araber und Juden, die bei gemeinsamem Karussellfahren Versöhnung üben könnten. Drei Briefe lang malte sie Schocken ihre Ideen dazu aus und machte sich bereits auf, in den Straßen von Rehavia für Schausteller-Buden Holz zu sammeln. Was sich hier als höchst naives, schrullig-skurriles Unterfangen darstellen mag, sollte nicht das dahinter liegende Ersuchen vergessen lassen. Die Verständigung zwischen Arabern und Juden, beide Angehörige der semitischen Volksgemeinschaft, war ein Anliegen, das auch Salman Schocken und Erich Mendelsohn beschäftigte. Schocken unterstützte die Friedensvereinigung Brit Schalom, die sich den jüdisch-arabischen Dialog auf ihre Fahnen geschrieben hatte. Mendelsohn hinterließ mit seinem 1940 in Jerusalem publizierten Pamphlet *Palestine and the World of Tomorrow* sein politisches Credo einer pan-semitischen Völkergemeinschaft.

Erich Mendelsohn wanderte Anfang 1941 nach Amerika aus. Dort wohnte er an verschiedenen Orten bis er 1946 in San Francisco wieder ein Architekturbüro eröffnen konnte. Salman Schocken kehrte von einer Amerikareise im Herbst 1940 nicht mehr zurück nach Palästina. In seinen letzten Jahren führte er das Leben eines modernen, wohlhabenden Nomaden zwischen Europa und Amerika. Else Lasker-Schüler verstarb am 22. Januar 1945 in der Hadassah Klinik auf dem Mount Scopus.

Rehavia: Das Viertel der Dichter und Denker

Im Oktober 1936 erschien in der hebräischsprachigen Tageszeitung *Haaretz* ein Gedicht unter dem Pseudonym »Agav«. Salman Schocken, der den Verlag des Blattes einige Monate zuvor erworben hatte, ließ sich die Verse auf Deutsch übersetzen und sah sich mit einem leicht spöttischen bis sarkastischen Kommentar über das Jerusalemer Viertel konfrontiert, in dem er sein Wohnhaus wenige Monate zuvor bezogen hatte und sein Bibliotheksbau kurz vor der Fertigstellung stand:

»Orient Zauber

Die Buergersteige des Quartiers laermen bis in die Nacht hinein
Die Automobile droehnen
Im Glanz der Zylinder faehrt ›High Life‹
Rehavia, Ramban Str. [...]
Stille Langeweile spaziert in den Alleen
Kein Wunder – bei dieser ausgewaehlten und exclusiven
Einwohnerschaft
Von Balkon zu Balkon unterhalten sich die Architekten
Und ein Doktor wohnt gegenueber dem zweiten. [...]

Eine alte Muehle steht da
Und wurde Europaeern in Asien zur Festung

> Die Fluegel sind beschnitten, kein Mehl wird darin gemahlen
> Gibt es kein Mehl, so gibt es Phantasie.
>
> Oh Herr der Reception, wie Wunderbares hast Du getan!
> Aus Deiner Hand wird es uns zu Gesetz und Patent
> Wir wollen unser Leben schmuecken
> mit englischem Snobismus und Zauber des Orients. [...]
>
> Wie reich der bon ton, wie angenehm die Methode:
> Ein arabischer Pfoertner an der Schwelle
> – He, Kellner, zu Ende die Unruhen, der Streik ...
> Reiche nun bitte Dessert. [...]«[27]

Für die osteuropäischen Juden, die eine oder zwei Dekaden früher immigriert waren – und zu diesen zählte der Verfasser der Zeilen Nathan Alterman –, war Rehavia Synonym für ein bürgerliches Establishment, das Tennis spielte und niemals seine nachmittägliche Kaffeestunde ausließ. Auch wenn die deutsche Übersetzung von Altermans Gedicht mangelhaft ist, so lassen sich die Attribute, die den Neueinwanderern aus Deutschland zugewiesen wurden, deutlich herauslesen: bourgeoiser Kapitalismus, elitärer Snobismus und kolonialistisches Gehabe.

Anlass zu derart harten und bei genauerer Betrachtung kaum haltbaren Vorurteilen mag die Haushaltsführung der Familie Schocken in ihrer Residenz in Rehavia gegeben haben, wo seit ihrem Einzug wöchentlich drei bis vier Veranstaltungen – Empfänge, Konzerte, private Feste – stattfanden. Das Haus mit ausladender Terrasse und Gartenanlagen bot genügend Platz, um Gesellschaften von über fünfzig Gästen zu bewirten. Von perfekt eingekleidetem Personal wurden bei solchen Gelegenheiten exquisite kleine Snacks und verschiedene Getränke gereicht, dazu – wie damals üblich – Zigaretten und Zigarren. Über die unterschiedlichen Feiern wurde minutiös Buch geführt mit präzisen Gäste- und Verkostungslisten.[28] In der Tat war eine derartig aristokratische Lebensführung ungewöhnlich innerhalb des Jischuv und allenfalls in den höchsten britischen oder arabischen Kreisen des Landes zu finden. Was sich nach außen durchaus als »High Life« präsentieren mochte, waren in der Mehrzahl offizielle Anlässe, für die sich Salman Schocken als Chairman der Hebrew

University in der Verpflichtung sah, den gesellschaftlichen, organisatorischen und finanziellen Part beizusteuern. Die Schocken Villa war in dieser Hinsicht ein Ort kulturpolitischer und geisteswissenschaftlicher Begegnungen, an dem Netzwerke für die akademischen Institutionen eines noch nicht bestehenden Staates geknüpft wurden.

Eine retrospektive, vergleichsweise ausgeglichene Charakterisierung der Einwohnerschaft Rehavias stammt von dem israelischen Jerusalem-Kenner Amnon Ramon, der mit dem Viertel »Aufrichtigkeit, Gründlichkeit, systematischer Rationalismus, Realitätssinn, Realismus, auch eine gewisse Fantasielosigkeit, trockener Humor, kein Gebrauch der Ellenbogen, höfliche Manieren, Verehrung der deutschen Kultur, ihrer Literatur und Musik, Bach und Mozart, Bechsteinflügel, Violine« assoziiert.[29] Als Titel für seine hebräischsprachige Publikation über Rehavia wählte er eine Zeile aus Altermans Gedicht »Doktor mul Doktor gar« (Ein Doktor wohnt gegenüber dem zweiten) und gab dieser eine durchaus anerkennende Konnotation. Mittlerweile wird das Quartier als historisches »Viertel der Dichter und Denker«[30] gefeiert und macht damit dem Ort, dessen Namen übersetzt Weite Gottes heißt und dessen Straßen nach berühmten jüdischen Gelehrten des Mittelalters benannt sind – Ramban, Ben Mai-

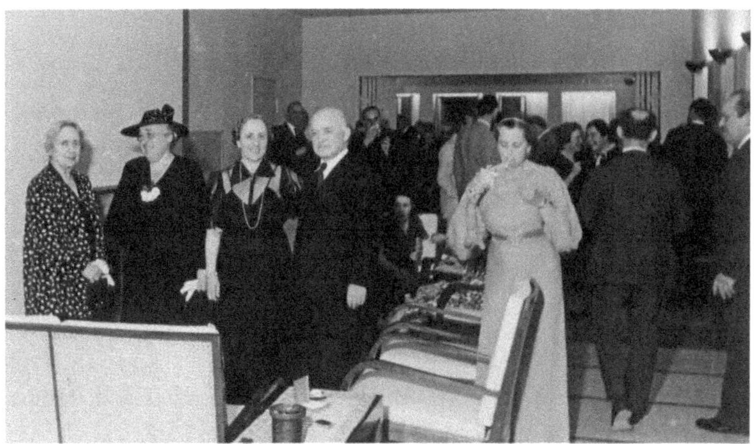

Empfang bei Salman Schocken anlässlich der Eröffnung der Hadassah Universitätsklinik; Salman Schocken (Zentrum) mit Damen des Hadassah Komitees; Foto: Alfred Bernheim

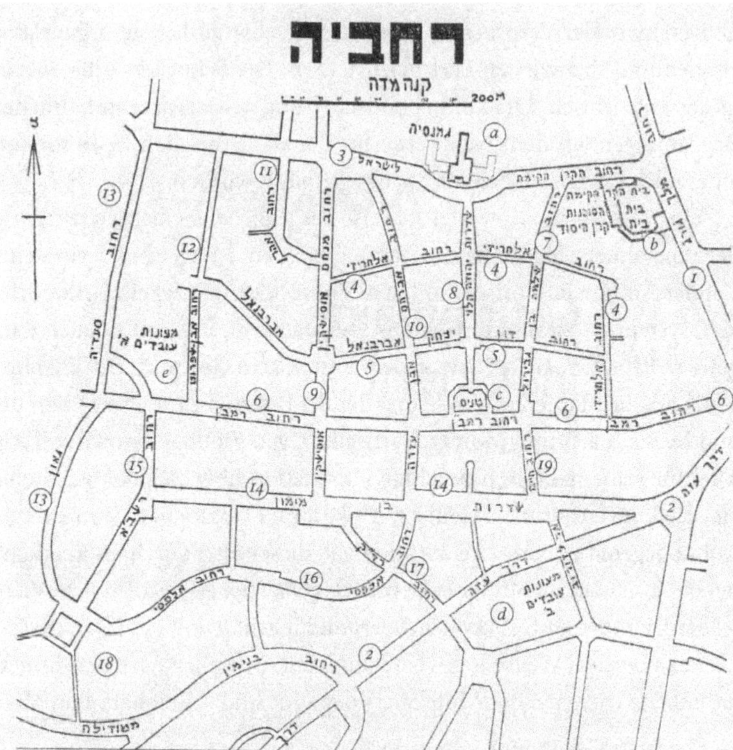

Stadtplan im Adressbuch von Rehavia, 1936

mon, Alcharisi, Yehuda ha-Levi, Abraham ibn Esra, Saadia Gaon, Rashba, Don Yizchak Abarbanel, Schlomo ben Gabirol –, alle Ehre.

Zum Zeitpunkt von Altermanns Gedicht war Rehavia ein Neubaugebiet mit etlichen noch brach liegenden Grundstücken respektive staubigen und lärmenden Baustellen. Der Bebauungsplan für das Stadtviertel datiert vom Frühling 1922. Es wurde als eine von drei Gartenvorstädten außerhalb der Altstadt Jerusalems von dem 1920 aus Deutschland eingewanderten Architekten Richard Kauffmann und seiner Mitarbeiterin Lotte Cohn entworfen. In dem symmetrisch angelegten Areal nimmt das 1928 errichtete Gebäude der zionistischen Zentrale mit Institutionen wie dem Jüdischen Nationalfonds und der Jewish Agency eine prominente Position ein, die sozusagen den Auftakt des Stadtviertels bildet. Weitere öffentliche Anlagen waren ein Gymnasium, ein Sportplatz und kommunale Grünflächen. 114 Parzellen à 800 bis 1000 Quadratmeter standen für private Wohnhäuser zur Verfügung; wenige Jahre später kamen weitere 180 Liegenschaften hinzu. Zwei Drittel der jeweiligen Grundstücksflächen waren für Gärten bestimmt, sodass sich Rehavia mit zunehmendem Pflanzen-, Baum- und Strauchbewuchs zu einer grünen Oase inmitten des schroffen, steinigen Jerusalemer Umlandes entwickelte. Anfangs verkauften sich die Grundstücke jedoch aufgrund fehlender Verbindungswege zur Altstadt eher schlecht. Auch wenn Rehavia nur etwa einen Kilometer Luftlinie vom Jaffa Tor entfernt liegt, der Fußweg über das unwegsame, steinige Gelände dauerte mindestens eine Stunde. So ging die Besiedelung des Terrains zunächst nur schleppend voran.

Einen Bauboom verzeichnete Rehavia erst ab 1933 mit dem Zuzug vieler deutschsprachiger Neueinwanderer der fünften Alija, die innerhalb weniger Jahre laut einer Volkszählung 1939 die Mehrheit der Rehavianer ausmachten. Sie verwandelten es sehr schnell in eine »preussische Insel im Meer des Orients«.[31] »Eine Villenstadt der Wohlhabenden«, so Gabriele Tergits lapidares Urteil:

> »Vorgärten, moderne Häuser, glatt, gerade, zwei bis drei Stock hoch, aus dem Stein der Landschaft, weißgrauen Quadern, mit flachen Terrassendächern, breiten, gelagerten Fenstern, schlitzförmigen Loggien, Garagen beiseite, alles mit fließendem Wasser, gekacheltem Bad, mit Zentralheizung für den regengußerfüllten Winter, mit Fliegennetzen, mit steinernen Fußböden für den glühenden Sommer.«

Auch wenn Mitte der 1930er-Jahre »alles noch baum- und rasenlos« war, in Rehavia schien es an nichts zu fehlen. Tergit durchleuchtete und sezierte mit Berliner Instrumentarium, ihr Blick hinter die Hausfassaden fällt mokant aus: »Innen Bürgertum, Bücherschrank, Couch, Stehlampe und Büffet, Damen, die sich zurechtmachen, und Damen, die Bridge spielen, bürgerliche Verlobung, Ehe, Mitgift.«[32]

Die Ramban Straße weiter hinunter, keine fünfhundert Meter von der flügellosen Windmühle entfernt, ließ sich 1932 der berühmte Kabbalist und Freund Walter Benjamins, Gershom Scholem, nieder. Als Gerhard Scholem in Berlin geboren, war der Religionshistoriker bereits 1923 als 26-jähriger nach Palästina eingewandert – eine logische Schlussfolgerung seiner frühen Erkenntnis über die gescheiterte Assimilation der Juden in Deutschland. In Jerusalem bekleidete Scholem zunächst eine Anstellung als Bibliothekar, dann als Professor für Jüdische Mystik an der 1925 eröffneten Hebräischen Universität. Seine umfangreiche Privatbibliothek, die er bereits bei Streifzügen durch Berliner und Münchner Antiquariate reichlich aufgestockt hatte, dürfte zu den ersten Gelehrtenbibliotheken Rehavias gehören. Ihr sollten weitere folgen und zwar in einer Vielzahl und Konzentration, wie sie kaum an einem anderen Ort der Welt zu finden sein dürften. Man könnte sagen, dass sich Rehavia in den Dreißigerjahren zu einer einzigen großen Bibliothek entwickelte – vorwiegend mit deutschsprachigen Werken bestückt. Jede einzelne war gewissermaßen das ausgelagerte Gedächtnis ihres Eigentümers und Benutzers: Nirgends sonst dürfte eine derartige Ansammlung von Goethe- und Heine-Erstausgaben per Quadratmeter zu finden gewesen sein. Heute sind die privaten Büchersammlungen in der Mehrzahl aufgelöst und entweder als Ganzes in große Bibliotheken eingegliedert oder verstreut über Antiquariate verkauft worden. Gershom Scholems Bestand wurde seinem Testament entsprechend in der Jewish National and University Library in Jerusalem als eigene Abteilung untergebracht.

Ganz in Scholems Nähe in der Parallelstraße Sderot Ben Maimon, Ecke Rehov Raschba erwarben Toni und Ernst Simon ein Baugrundstück. Beide waren bereits 1928 nach Palästina eingewandert. Ernst Simon, 1899 in Berlin geboren, hatte zuvor seine umfangreichen Universitätsstudien mit Doktorat in den historischen Wissenschaften sowie einem Lehrerexamen für Deutsch und Geschichte abgeschlossen und sich nebenbei intensiv mit jüdischen Studien und der hebräischen Sprache beschäftigt. Seine Hinwendung zum Judentum war ein Resultat seiner Erlebnisse während des Ersten Weltkriegs. Sie ließen die Übersiedlung nach Palästina als einzig richtigen Weg erscheinen. Er nahm seine beachtliche Sammlung von etwa 6000 überwiegend deutschsprachigen Büchern mit. Ein Freund Simons sah darin die Aufrechterhaltung seiner starken Bindung an die alte Heimat Deutschland.[33] Die ambivalente Zugehörigkeit wird im Bild der Gelehrtenbibliothek als eine Art Kokon deutschen Judentums im Land Israel einmal mehr veranschaulicht. Ernst Simon arbeitete nach seiner Einwanderung zunächst als Lehrer in Haifa und Jerusalem. 1934 kehrte er zusammen mit Frau und kleinem Sohn noch einmal für sieben Monate nach Deutschland zurück, um auf Einladung Martin Bubers an der Einrichtung einer jüdischen Bildungsstätte für Erwachsene in Frankfurt am Main mitzuwirken. Seine Erfahrungen aus dieser Zeit beschrieb er später in einem Buch, dessen Titel die Essenz der Unternehmung in wenige Worte fasst: *Aufbau im Untergang. Jüdische Erwachsenenbildung im nationalsozialistischen Deutschland als geistiger Widerstand.* Nach seiner Rückkehr nach Palästina stieg Ernst Simon die akademische Karriereleiter bis zum Ordinarius an der Hebräischen Universität in Jerusalem empor.

Das eigene Domizil in Rehavia bezog die Familie Simon im Jahr 1935. Mit einer Grundfläche von circa 100 Quadratmetern war es kein großes Haus, aber im Parterre besaß es eine ungewöhnliche Zimmerhöhe von annähernd dreieinhalb Metern – Platz für die überbordenden Büchermengen. Um diese unterzubringen, mussten die Stellflächen in den hohen Regalen stetig erweitert werden, eine Aufgabe, für die Simons Frau Toni ausgeklügelte Systeme entwickelte. Haus und Bibliothek wuchsen gemeinsam um den größten Raum, das Arbeitszimmer des Hausherrn. Gegen Ende seines Lebens war Simons Büchersammlung auf 12 000 Werke angewachsen, die drei Räume vereinnahmten. In den zahlreichen familiären Erinnerungen taucht immer wieder ein Busch unterhalb des Bibliotheksfensters auf. Hier soll die betagte Else Lasker-Schüler bisweilen Deckung genommen haben, um den Auserwählten ihres Herzens bei seinen Studien zu beobachten.[34] Die dreißig

Jahre ältere Dichterin hatte Ernst Simon 1939 kennengelernt und sich hartnäckig in ihn verliebt. Sie widmete ihm mehr als 130 leidenschaftliche Gedichte, die sie während ihrer letzten Lebensjahre verfasste und die mit zu den schönsten der Weltliteratur zählen:

»Ein Liebeslied

Komm zu mir in der Nacht – wir schlafen engverschlungen.
Müde bin ich sehr, vom Wachen einsam.
Ein fremder Vogel hat in dunkler Frühe schon gesungen,
Als noch mein Traum mit sich und mir gerungen.

Es öffnen Blumen sich vor allen Quellen
Und färben sich mit deiner Augen Immortellen ...

Komm zu mir in der Nacht auf Siebensternenschuhen
In Liebe eingehüllt spät in mein Zelt.
Es steigen Monde aus verstaubten Himmelstruhen.

Wir wollen wie zwei seltene Tiere liebesruhen
Im hohen Rohre hinter dieser Welt.«[35]

Der 42-jährige Ehemann und Familienvater Ernst Simon reagierte auf die an ihn gerichteten Liebeserklärungen mit großem Feingefühl und einem von Goethe übernommenen Verständnis von der Keuschheit des Künstlers, ein Thema, über das er bereits als 15-jähriger in einem Aufsatz für seinen Deutschlehrer Ernst Cassirer nachgedacht hatte. An Else Lasker-Schüler schrieb er: »Es wird immer mein Ruhm sein als Anlaß zu den herrlichsten Gedichten gedient zu haben.«[36]

Sigrid Bauschinger, die Biografin Else Lasker-Schülers, hat sich für die Recherchen über ihre Protagonistin und ihr Umfeld ausgiebig in Rehavia bewegt. Dabei hat sie mehr als einen Seitenblick auf die vielen Büchersammlungen geworfen. 1973 wurden Ausschnitte aus einem Beitrag, den sie in der Frankfurter Allgemeinen Zeitung unter der Überschrift »Büchergeschichten aus Jerusalem« publizierte, in der deutschsprachigen Ausgabe der israelischen Tageszeitung *Jedioth Chadashot* abgedruckt:

> »Betritt man eine Wohnung in Rechavia – und bei einer bleibt es nicht – [...] so ist der Eindruck zurückhaltender Unauffälligkeit ausgelöscht. Das rührt her von den Büchern. Bücher stehen auf eng bepackten Regalen, die die Wände vom Boden bis zur Decke, von Fenstern zu Türen und noch oberhalb der Türrahmen füllen. Bücherbretter hängen über den Sofas, ungeachtet der Tatsache, dass auch in Jerusalem manchmal die Erde bebt, man schläft, isst, kurz: lebt zwischen und unter Büchern. [...] Ungeachtet der Spezialinteressen der einzelnen Sammler, seien es Texte der deutschen Mystik oder Werke über moderne Kunst, ruhen diese Bibliotheken auf dem soliden Fundament der deutschen Klassik. [...] Wer einige Bücher mitbringen konnte, brachte oft nur die allerwenigsten der ihm liebsten. Viele davon wurden dann doch verkauft und von anderen, die einige Piaster erübrigen konnten, erworben und mit der Zeit zu Hunderten und Tausenden in den zu diesem Zweck viel zu kleinen Wohnungen aufgestellt. Die Durchschnittszahl von Büchern in einer Jerusalemer Gelehrtenbibliothek wird auf drei- bis fünftausend geschätzt. Manche behelfen sich, indem sie alle Regale auf Räder montieren und nur ein winziges Plätzchen für Stuhl und Schreibtisch freilassen, von wo aus dann nach einigem Regalrollen das gewünschte Buch zu erreichen ist.«[37]

Die meisten Privatbibliotheken in Rehavia entstanden zwischen 1933 und 1939. Die größte unter ihnen mit 60000 Bänden im Jahr 1949 war zweifellos die Salman Schockens in der Balfourstraße 6. Dass sie vom Wohnhaus abgetrennt in einem eigenen Haus untergebracht war, gab Schocken die Möglichkeit, sie unmittelbar nach Fertigstellung im Dezember 1936 ausgewiesenen Wissenschaftlern für ihre Forschungen zu öffnen. Der große Lesesaal war Schauplatz vieler Vortrags- und Diskussionsabende. Die Bibliothek wurde deutsch-jüdischen Schriftstellern und Gelehrten »ein Heim im Exil und war Rahmen für Zusammenkünfte«.[38] Ein besonderes Sammlungsobjekt war eine unter der Nummer 14940 verzeichnete, am Ende des 13. Jahrhunderts an den Ufern des Bodensees entstandene Bibel, die allgemein heute als »Schocken-Bibel« geführt wird. Es dürfte derzeit kaum eine Publikation zu illuminierten Manuskripten geben, in der nicht ihr berühmtes Frontispiz abbildet wäre. In der Mitte steht in großen goldenen Buchstaben das Wort »Berishit« [hebr. für im Anfang], mit dem das Alte Testament eröffnet wird. 46 Miniaturen in roten und blauen Medaillons umgeben es; sie zeigen die wichtigsten Szenen der Tora. Doch der »Mann des Buches« – wie einige Zeitgenossen Schocken nannten – agierte nicht nur als Sammler, sondern auch als Verleger. Am 1. Juli 1931 hatte er mit Sitz in der Jerusalemer Straße 65/66 in Berlin den Schocken Verlag gegründet, der bis zu seiner Zwangsschließung im Dezember 1938 operierte. Selbstdeklariertes Ziel war es, »ein Gebäude jüdischer Bildung [zu] errichten«.[39] »Der Verlag war«, wie sich der kaufmännische Verlagsleiter Lambert Schneider erinnerte, »das Sammelbecken aller damals noch in Deutschland geistig arbeitenden Juden. Die Publikationen waren notwendig und wichtig, die jüdischen Autoren kamen zu Wort und sie erhielten ihr Honorar, das sie dringend brauchten. Schocken sorgte gut für ihren Lohn.«[40]

Schocken kümmerte sich darüber hinaus auch um die Bekanntheit seiner Autoren und zwar nicht nur bei jüdischen Gelehrten. Mit der

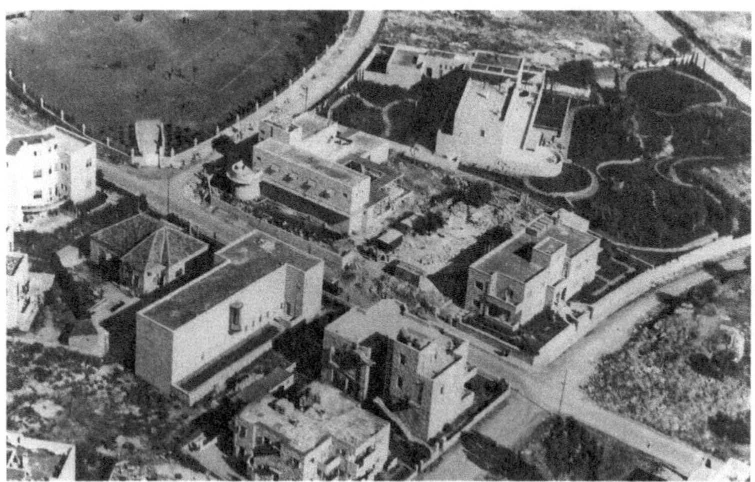

Wohnhaus (rechts oben) und Bibliothek (links unten) Salman Schockens, beide Mitte der 1930er-Jahre; Architekt: Erich Mendelsohn; zwischen beiden Bauten das Aghion Haus, seit 1974 als Residenz des israelischen Premierministers genutzt

ab 1933 erscheinenden Reihe *Die Bücherei des Schocken Verlags* legte der Verlag preiswerte Bücher vor, die für jedermann erschwinglich waren: 1,25 Mark kosteten die einfachen, in Pappe gebundenen Ausgaben, 2,50 Mark die Doppelnummern in Leinen. Vorbild waren die Bändchen der Insel-Bücherei, allerdings mit Beschränkung auf jüdische Autoren oder Themen. Die Auflagenhöhe lag zwischen 3000 und 10 000 Exemplaren. Bis Anfang 1939 kamen insgesamt 83 Werke heraus, von denen viele zur klassischen jüdischen Literatur gehörten, eine Tradition, die Schocken dem modernen Leser nahebringen wollte. Von den zeitgenössischen Schriftstellern war Martin Buber mit acht Bänden der meistvertretene Autor, gefolgt von dessen Schwiegersohn Ludwig Strauß mit sechs Titeln. Zu weiteren zeitgenössischen Verfassern, die, wie Salman Schocken, nach Palästina auswanderten oder zum Zeitpunkt der Veröffentlichung bereits hier lebten, zählten Ernst Simon, Gershom Scholem und Werner Kraft. Mit Ausnahme Martin Bubers hatten sich allesamt in Rehavia niedergelassen. Werner Kraft wohnte in der Alfasistraße 31, wo sich später ebenfalls Ludwig Strauß einquartierte. Letzterer, der sowohl Hebräisch als auch Deutsch beherrschte und in beiden Sprachen Texte und Gedichte verfasste, baute zwischen 1949 bis zu seinem frühen Tod 1953 das Fach Vergleichende Literaturwissenschaften an der Hebräischen Universität auf. Kraft dagegen, der zum Unterhalt seiner vierköpfigen Familie mit einer Stelle als Bibliothekar am Centre de Culture Francaise, später in der Antikenabteilung des Rockefeller Museums beitrug, führte das Leben eines deutschen Juden in Israel. Er fühlte sich außerstande, einen Wechsel der Sprache vorzunehmen. Auch seine Wohnung, so berichtet Thomas Sparr, blieb über sechzig Jahre lang unverändert.[41] Sie war das Spiegelbild von Krafts spröder Inflexibilität, hinter der sein bewusstes Festhalten an der deutschen Sprache und Kultur stand: »Ich habe diese Sprache nie preisgegeben, ich habe es immer für einen Auftrag gehalten, gegen den es keinen Einspruch gab, innerhalb des deutschen Geistes mein Leben zu führen.«[42] Kraft nahm sein neues Umfeld nur bedingt wahr und sah sich selbst in seinen intimsten Träumen ins Deutschland der Weimarer Zeit zurückversetzt. Der Schriftsteller zahlte einen hohen Preis für seine Insel-Existenz. Er litt an seiner Vereinsamung. Seine in Deutsch verfasste Poesie und Prosa fand über den engen Kreis der Rehavianer hinaus nur wenige Leser. Das sollte sich erst ab Mitte der 1950er-Jahre durch seine zahlreichen Reisen nach Deutschland und die Besuche mehrerer deutscher Verleger, Literaturwissenschaftler und Publizisten in der Alfasistraße ändern. Insgesamt wurden seither über vierzig Titel von Werner Kraft veröffentlicht einschließlich seiner Briefwechsel und Tagebücher.

Mit ungleich größerer Resonanzbereitschaft und -fähigkeit nahm Hans Jonas, zumindest in der Retrospektive, seine neue Jerusalemer Heimat wahr. Der Philosoph, dessen 1979 erschienenes Buch *Das Prinzip Verantwortung* zum Kultbuch der deutschen Grünen wurde, kam 1934 nach Palästina und verließ das Land nach aktivem Einsatz in der israelischen Armee ein Jahr nach der Staatsgründung. Während seines 15-jährigen Aufenthalts lebte er in Jerusalem und schloss sich dem Kreis um Gershom Scholem in Rehavia an:

> »Ich muß sagen, daß das geistige Klima in Jerusalem in diesen Jahren großartig war. Wir alle waren Menschen in der Blüte ihrer Jahre und ihrer geistigen Entwicklung. Jeder von uns war auf seine Weise interessant, und alle waren wir verschieden. [...] Es gab niemals einen langweiligen Moment oder einen Mangel an Themen, ganz abgesehen von den Tagesereignissen, die wir in unseren Gesprächen kommentierten. Und das alles auf deutsch!»[43]

Die Tatsache, dass sich unter den Diskutanten einige Hebraisten befanden, änderte nichts am Gebrauch der deutschen Sprache in der Privatsphäre. Er selbst, so Jonas in seinen *Erinnerungen*, habe sich mit dem Erlernen des Hebräischen arg abgemüht, brachte es aber immerhin so weit, dass er 1938 anlässlich des Todes Edmund Husserls einen Gedenkvortrag in Ivrit über seinen Freiburger Lehrer an der Hebräischen Universität hielt. »Niemals habe ich an der Vorbereitung eines einstündigen Vortrags so gearbeitet, gelitten und gekämpft wie vor dieser ersten öffentlichen Rede über ›Husserl und das Problem der Ontologie‹, ging es doch darum, seine gesamte Philosophie zu würdigen.«[44] In Jonas' Rückschau haben sich auch einige Anekdoten eingeschlichen, wie zum Beispiel Gershom Scholems Schwäche für zuckrige Leckereien. Bei so mancher Wette um tagespolitische Ereignisse – etwa bei der Frage, ob Frankreich und England im Fall eines deutschen Angriffs Polen militärisch zur Hilfe kommen würden – war Marzipan der von Scholem eingeforderte Einsatz. Süßes gegen die bitteren vorausgeahnten Wahrheiten!

Den Nachschub an Marzipan für den hebräischen Lukullus Rehavias besorgte die aus Hamburg gebürtige Franziska Baruch. Die gelernte Typografin, die schon in Deutschland auf hebräische Schrifttypen spezialisiert war, hatte 1933 mit einem Empfehlungsschreiben Salman Schockens als ausgewiesene »Schrift-Kunstgewerblerin« ein Einwanderungsvisum für Palästina erhalten. Ihre Zusammenarbeit mit Schocken in Deutschland geht offensichtlich auf das Jahr 1927 zurück, als sie Drucktypen für eine hebräische Ausgabe von Samuel Agnons Werken im Schocken Verlag entwarf.[45] In Jerusalem konnte sie zunächst von dem geringen Auftragsvolumen als Schriftgestalterin nicht leben. Not macht erfinderisch. Auf dem Basar in der Altstadt fand sie mit Mandeln, Zucker und Rosenwasser die Grundsubstanzen für die Herstellung von Marzipan, dessen Verkauf ihr ein Zubrot sicherte. Auch wenn ihr Produkt vermutlich nicht an die Qualität der Lübecker Rezeptur heranreichte, Hans Jonas konnte damit seine Wettschulden bei Gershom Scholem begleichen. Ob Lilli und Salman Schocken auch »Baruchs Biscuits« bei ihren exklusiven Empfängen anboten oder doch eher auf Sprüngli Pralinen setzten, die sie von ihren vielen, auch nach 1933 weiterhin unternommenen Reisen in die Schweiz mitbringen mochten, sei dahingestellt. Jedenfalls nahm Schocken Franziska Baruch in Jerusalem erneut als Schriftgestalterin unter Vertrag. Als er Ende 1935 die bis dato relativ unbedeutende hebräischsprachige Tageszeitung Haaretz kaufte und sie zum führenden linksliberalen Printmedium ausbaute, ging dies mit einer völligen Neuausrichtung der Zeitung einher. Schocken brachte sie auf das Niveau europäischer, beziehungsweise deutscher Journale der Weimarer Zeit. Einen besonderen Schwerpunkt legte er dabei auf Literatur und geisteswissenschaftliche Themen. Der inhaltlichen Veränderung entsprach eine formal-ästhetische Neugestaltung, deutlich sichtbar an dem von Franziska Baruch entworfenen Titelkopf. Bis jetzt ist er das Erkennungssignet des Blattes, das immer noch zu großen Teilen in der Hand der Schocken Familie ist. Eindeutig politischer ausgerichtet als in der Ära Salman Schockens genießt Haaretz heute den Ruf als einzige regierungskritische große Tageszeitung Israels.

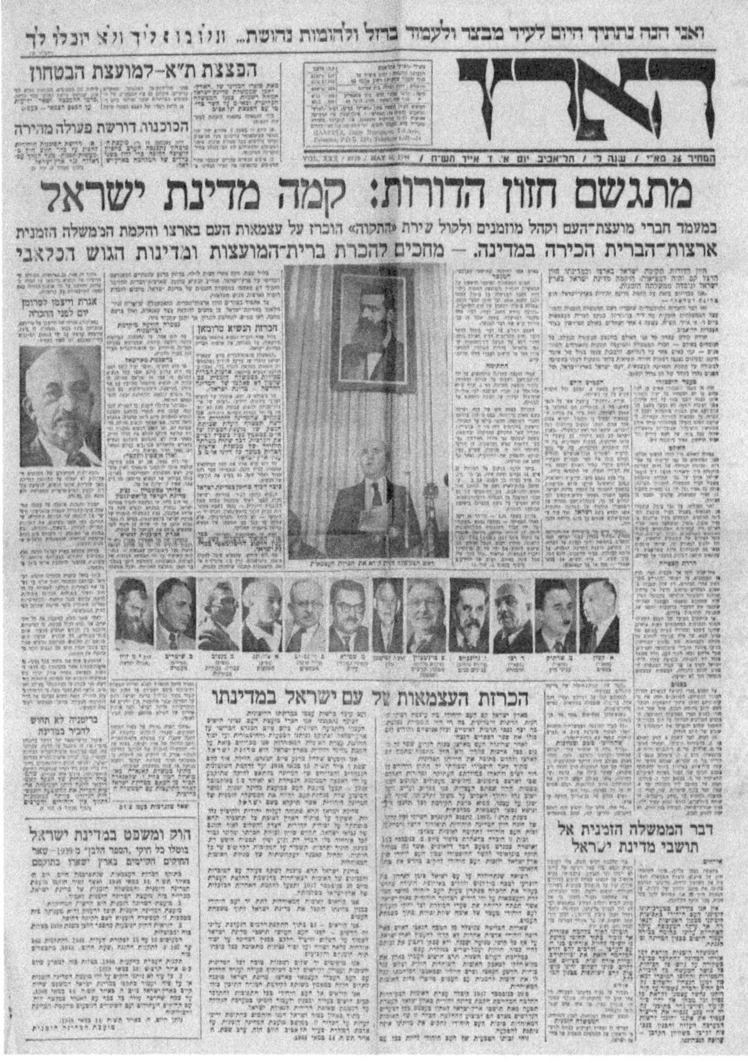
ואני הנה נתתיך היום לעיר מבצר ולעמוד ברזל ולחומות נחושת... ונלחמו אליך ולא יוכלו לך

הארץ

הפצצת ת"א — למועצת הבטחון

מתגשם חזון הדורות: קמה מדינת ישראל

במעמד חברי מועצת־העם וקהל מוזמנים ולקול שירת «התקוה» הוכרז על עצמאות העם בארצו והקמת הממשלה הזמנית

ארצות־הברית הכירה במדינה. — מחכים להכרת ברית־המועצות ומדינות הגוש הסלאבי

הכרזת העצמאות של עם ישראל במדינתו

החוק והמשפט במדינת ישראל

בוטלו כל חוקי „הספר הלבן" מ־1939 — שאר החוקים הקיימים בארץ ישארו בתקפם

דבר הממשלה הזמנית אל תושבי מדינת ישראל

Haaretz-Ausgabe vom 16. Mai 1948 mit dem von Franziska Baruch entworfenen Titelkopf

Martin Bubers »Verdeutschung« der Heiligen Schrift

Der aus deutscher Sicht bekannteste Denker des Jerusalemer Kreises war zweifelsohne Martin Buber. Wie seine geistigen Weggefährten Gershom Scholem, Ernst Simon und Salman Schocken war er ein Mann des Buches mit einer Bibliothek, die vor seiner Auswanderung aus Deutschland rund 15000 Werke umfasste. Von dieser konnte er allerdings nur einen Teil nach Palästina herüberretten. Der aus Wien gebürtige und in Lemberg (Lwiw) aufgewachsene Religionsphilosoph lebte seit 1916 im südhessischen Heppenheim, wo der Klassiker seiner dialogischen Philosophie *Ich und Du* entstand. Wenngleich Buber sich ab 1898 für die zionistische Bewegung engagiert hatte, verließen er und seine Frau Paula Deutschland erst relativ spät im Mai 1938. Ihr Haus in Heppenheim an der Ecke Werlestraße/Graben gaben sie nicht auf und ließen auch einen Teil des Mobiliars und der Büchersammlung zurück. Ob die Bubers sich damit die Option einer späteren Rückkehr nach Deutschland, vielleicht auch eines zwischen Heppenheim und Jerusalem geteilten Lebens und Arbeitens, offenhalten wollten, bleibt unklar. Der Buber-Biograf Paul Mendes-Flohr sieht darin eine aufgenötigte Taktik, um die Reichsfluchtsteuer zu vermeiden. Sie wäre bei Aufgabe des Wohnsitzes angefallen und hätte eine horrende Summe betragen. Mendes-Flohr bezifferte sie nach heutiger Umrechnung mit mehr als einer halben Million Dollar.[46] Einige Monate nach Abreise der Bubers wurde das gesamte Inventar des Hauses in Heppenheim während der Novemberpogrome 1938 verwüstet. Der nationalsozialistische Mob warf Möbel und Bücher auf die Straße. In einem vertraulichen Schreiben vom 24. November ließ Buber seinen Schwiegersohn wissen, dass ihn eine Mitteilung aus Frankfurt erreicht habe, wonach der gesamte Besitz in Heppenheim zerstört sei.[47] Es gehört zum Zynismus nationalsozialistischer Strategie, dass der Vandalismus, der das Wohnhaus der Bubers in einen unbewohnbaren Zustand versetzte, nun doch die Reichsfluchtsteuer auf den Plan rief. Da sich die Bubers nicht in der Lage sahen, diese zu begleichen, und eine Rückkehr nach Deutschland zu gefährlich war, wurde das Haus schließlich gepfändet und in den Besitz der örtlichen Kreisverwaltung überführt.

Seine Honorarprofessur für Religionswissenschaft und jüdische Ethik an der Universität in Frankfurt am Main hatte Buber angesichts seiner bevorstehenden Entlassung im Oktober 1933 niedergelegt. Bis zu seiner Emigration wirkte er aktiv am Aufbau einer von ihm selbst aufgegleisten »Mittelstelle für jüdische Erwachsenenbildung« mit, die der von Leo Baeck als Präsident geführten Reichsvertretung der Deutschen Juden angegliedert war. Hauptziel der Bildungseinrichtung war die Stärkung jüdischen Selbstwertgefühls in Zeiten der Ausgrenzung und Verfolgung. Ernst Simon, den Buber kurzfristig aus Jerusalem nach Frankfurt um Hilfestellung bat, bezeichnete die Bestrebungen als »geistigen Widerstand« gegen die zu erduldende Verachtung, Verleumdung und Demütigung durch die Nationalsozialisten. Buber selbst wählte die Seminarinhalte aus, die sich mit unterschiedlichen, oft biblischen Themen des Judentums befassten. Die Stärkung jüdischer Identität durch Bildung war eines der Hauptanliegen Bubers. In diesem Sinne wollte er auch den Zionismus verstanden wissen: als eine Bewegung spiritueller Renaissance des Judentums. Martin Buber wird mit Achad Ha'am zu den wichtigsten Vertretern des Kulturzionismus gerechnet.

Die Auswanderung im Frühjahr 1938 war mit einem Ruf Martin Bubers an die Hebräische Universität verbunden. Erste Verhandlungen diesbezüglich hatte er bereits 1927 mit der administrativen Leitung der akademischen Institution in Jerusalem aufgenommen. Der Berufungsprozess zog sich über eine Dekade hin. Das Angebot eines Lehrstuhls für allgemeine Religionswissenschaften oder für Judaistik, respektive für die Geschichte des Judentums wurde von orthodoxen Vertretern im Lehrkörper unterlaufen. Sie bewerteten seine Forschungen zum Chassidismus als Randgebiet von nachgeordneter Bedeutung. Am Ende erhielt Buber eine Professur für Sozialphilosophie. Noch in Heppenheim bereitete er sich auf seine neue Stelle vor, indem er Unterricht in modernem gesprochenen Hebräisch nahm. Dennoch zauderte der inzwischen Sechzigjährige vor der großen Umstellung, welche die Übersiedlung mit sich bringen würde: Wäre er überhaupt imstande, sich noch einmal völlig neu zu orientieren und konnte er die akademische Aufgabe pädagogisch und rhetorisch adäquat bewältigen? Er befürchtete, in der politischen Kultur seiner neuen Heimat nicht mehr wirksam agieren zu können. Der Philosoph der Begegnung hatte Angst vor »Vergegnungen«, die er in Jerusalem vorausahnte.[48] Hinzu kam, dass er mit der neuerlichen Ausrichtung der Hebräischen Universität, die er 25 Jahre zuvor mitinitiiert hatte, nicht konform ging. In Zusammenarbeit mit Chaim Weizmann und dem Publizisten Berthold Feiwel hatte er 1902 ein Programm mit dem Titel *Eine Jüdische Hochschule* entworfen, die als Zentrum einer »gross angelegte[n] culturell[en] Arbeit« gedacht war und »bei allen Juden in der Welt das Vertrauen in die Möglichkeit der Etablierung einer Heimstätte um ein Vielfaches steigern und verfestigen würde«.[49] Die Idee der Universität wurde vom Zionistischen Aktionskomitee zunächst auf Jahre vertagt und erst auf dem Elften Zionistenkongress 1913 wieder aufgenommen, diesmal mit breiter Unterstützung der Teilnehmer. Im folgenden Jahr konnte bereits ein Baugrund auf dem Skopusberg im Nordosten Jerusalems erworben werden. Die Grundsteinlegung erfolgte 1918, die feierliche Eröffnung am 1. April 1925. Salman Schocken, der zu diesem Anlass nach Jerusalem gereist war, notierte in sein Reisetagebuch, der Festakt habe bei ihm ein »Gefühl im Herzen« ausgelöst, »eine der ewigen Stunden unseres alten Volkes miterlebt zu haben«.[50]

In der Zwischenkriegszeit wurden verschiedene Masterpläne für das Universitätsgelände entwickelt. Der Baugrund barg einige Schwierigkeiten aufgrund seiner Lage auf einem schmalen, langgezogenen Bergrücken. Diese wurden durch die spektakulären Aussichten wettgemacht, die sich von hier boten: nach Osten über die Judäischen Berge bis zum Toten Meer, nach Westen auf die Altstadt Jerusalems und den Tempelberg. Der letzte umfassende Bauleitplan vor dem Zweiten Weltkrieg und dem ersten arabisch-jüdischen Krieg wurde Mitte der Dreißigerjahre von Erich Mendelsohn erstellt, allerdings nicht mehr umgesetzt. Als Martin Buber seine Lehrtätigkeit an der Universität begann, standen gut eine Handvoll Gebäude auf dem Campus, darunter die Bauten für die naturwissenschaftlichen Disziplinen Chemie und Mikrobiologie, Mathematik und Physik, die Universitätsbibliothek, das Institut für Jüdische Studien sowie die Fakultät für archäologische Forschung mit angegliedertem Museum für jüdisches Altertum. Dazu kamen ein Administrationsgebäude, ein Klubhaus und eine Sporthalle. Im nördlichen

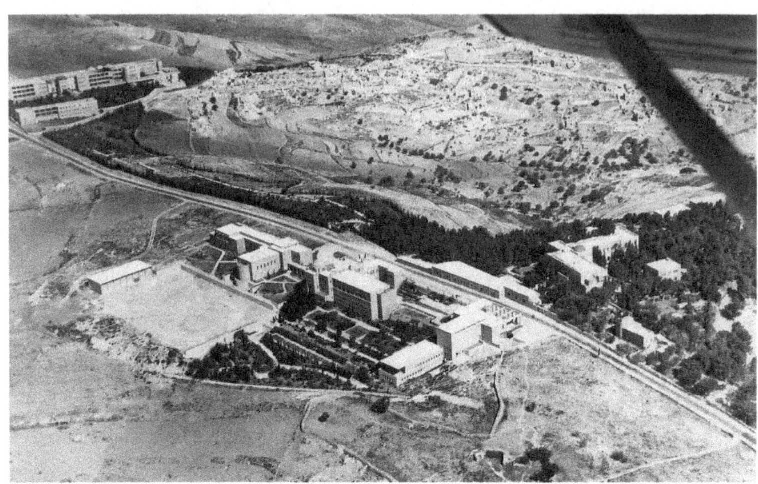

Luftaufnahme der Hebräischen Universität auf dem Skopusberg, Jerusalem circa 1939; im Hintergrund der Gebäudekomplex der Hadassah Universitätsklinik

Bereich schloss der Komplex der Universitätsklinik an, 1938 allerdings noch als Rohbau.

Bubers Vorbehalte bezogen sich nicht so sehr auf das physische Erscheinungsbild der Universität – wenngleich die planlose Anlage mit verstreut liegenden, uneinheitlichen Bauten zu wünschen übrigließ –, sondern auf ihre inhaltliche, beziehungsweise spirituelle Ausrichtung. Er hatte sich entschieden gegen eine Lehranstalt nach europäischem Vorbild gewandt und »für eine wahre Volkshochschule« plädiert, da nur sie »geist- und lebenaufbauend wirken [könnte]«.[51] Dahinter steckte seine grundsätzliche Reserviertheit der professoralen akademischen Welt gegenüber. Bubers Vorstellung von Lehre war angelehnt an das chassidische Modell des Zaddik [hebr. für Gerechter, Gemeindeoberhaupt], dessen Weisungen als Belehrung der Unwissenden durch den Unwissenden verstanden werden. Die Interaktion zwischen Professor und Student sollte nach Buber nicht in Form von Frontalunterricht stattfinden, sondern vielmehr als ein Gespräch auf Augenhöhe. Das setzt voraus, dass der Lehrer sich dem Schüler gegenüber nicht als grundsätzlich überlegen wahrnimmt, sondern als eine Art Hebamme, die »ihm die Wahrheit nicht einflößt, sondern ihm nur hilft, sie zu gewinnen und wiederzugewinnen«. Das Verhältnis beruht auf Wechselseitigkeit: »Der Lehrer hilft den Schülern, sich zu finden, und in Stunden des Niedergangs helfen die Schüler dem Lehrer, sich wiederzufinden. Der Lehrer entzündet die Seelen der Schüler; nun umgeben sie ihn und leuchten ihm.«[52]

In seiner Antrittsvorlesung am 25. April 1938, einen Monat nach seiner Ankunft in Palästina, sprach Buber unter der Überschrift »Die Forderung des Geistes und die historische Wirklichkeit« über Inhalte, Struktur und Methode der Soziologie. Er beleuchtete darin die Ursprünge der modernen Soziologie im 19. Jahrhundert sowie den gegenwärtigen Stand der Disziplin. Als Herzstück seiner Ausführungen platzierte er ein Plädoyer für eine stärkere Aktivierung des gelebten Lebens als Basis wissenschaftlicher Erkenntnissuche: »Ohne echte soziale Bindungen gibt es keine echte soziale Erfahrung, und ohne echte soziale Erfahrung gibt es kein soziologisches Denken.«[53] Dieses darf, seiner Meinung nach, nicht in der Analyse verharren, sondern sollte angewandt tätigen Einfluss auf die gesellschaftliche Wirklichkeit nehmen. In der zweiten Hälfte seiner Vorlesung bündelte Buber seinen Argumentationsstrang zu einem Vergleich zwischen Platon und Jesaja, zwischen Philosophie und Prophetie, zwischen Lehre und Botschaft, zwischen Denken und Kritik. Er nutzte – wie so oft in seinen Darlegungen – die polaren Gegensätze, um beide Seiten in der Gegenüberstellung klarer herauszuarbeiten und letztendlich dialogisch zu versöhnen.

Die Antrittsvorlesung war Bubers erste öffentliche Rede auf Hebräisch. Er hatte sie zunächst in Deutsch verfasst und anschließend selbst ins Hebräische übersetzt. Sein Großvater, ein Privatgelehrter mit tiefem Einblick in die jüdische Überlieferung, hatte ihn an die alte Sakralsprache herangeführt. Aber die Ausdrucksformen im Tanach und im Talmud waren weit entfernt vom gesprochenen modernen Hebräisch, dem Ivrit. So ließ Buber sein Vortragsmanuskript noch einmal von einem Lektor überarbeiten. In einem Brief an Ernst Simon äußerte er seine große Skepsis und die Verzweiflung, die ihn befiel, als er seine eigene hebräische mit der korrigierten Fassung verglich. Der eklatante Unterschied führte ihm nur allzu deutlich vor Augen, dass er niemals, auch nicht mithilfe zahlreicher Sprachkurse, ein rhetorisches Niveau erreichen würde, um sich gelehrt in der Sprache Erez Israels ausdrücken zu können.[54] Seine Veröffentlichungen in den folgenden Jahren erschienen jedoch nahezu ausschließlich in hebräischsprachigen Medien mit Ausnahme einiger Beiträge in der deutschsprachigen Exilpresse.

Obwohl einige seiner engsten Freunde und Bekannten sich in Rehavia niedergelassen hatten, wählten Paula und Martin Buber das angrenzende Talbiya zu ihrem neuen Wohnort. Dort lebten vorwiegend christliche Araber in teils eleganten Wohnhäusern, orientiert am Pariser Geschmack des letzten Jahrhunderts. Eines davon gehörte der Familie Said; hier verbrachte der später prominente Literaturtheoretiker Edward Said vor 1947 einen Teil seiner Jugend. Da die Familie sich über längere Zeiträume in Kairo aufhielt, konnten die Bubers zwei Stockwerke ihres Hauses anmieten. Im Untergeschoss fand die Bibliothek Platz, darüber, im Parterre, waren die privaten Räume. In der oberen Etage hatte sich der Generalkonsul des Königreichs Jugoslawien einquartiert. Als die Saids 1944 nach Jerusalem zurückkehrten, mussten die Bubers sich eine neue Bleibe suchen. Sie fanden eine geräumige Unterkunft im Haus von Jussuf Wahab Dajani im überwiegend arabischen Stadtteil Deir Abu Tor oberhalb des Hinnom Tals mit einem grandiosen Blick auf die Altstadt. Zur großen Freude Paula Bubers, die selbst schriftstellerisch tätig war, sprach die Ehefrau des Vermieters fließend Deutsch. In kürzester Zeit wurde die Wohnung der Bubers zu einem gesellschaftlichen Treffpunkt von jüdischen und arabischen Freunden, Nachbarn und Studenten, Gelehrten und Geistlichen. Hier ließ sich die arabisch-jüdische Gemeinschaft leben, für die Martin Buber auch politisch eintrat. Schon 1921 auf dem zwölften Zionistenkongress in Karlsbad hatte er gefordert, dass durch die Einwanderung der Juden nach Palästina die Grundrechte der arabischen Bevölkerung nicht beschnitten werden dürften. Jetzt in Palästina plädierte er für eine konföderale Binationalität und engagierte sich in der Liga für jüdisch-arabische Wiederannäherung und Kooperation, kurz Ichud [hebr. für Einheit], die von ehemaligen Mitgliedern des Brit Schalom gegründet worden war. Beide Vereinigungen bemühten sich um ein gerechtes, friedliches Zusammenleben mit den arabischen Mitbürgern.

Das gelebte Modell der guten nachbarschaftlichen Beziehungen zerbrach mit Beginn des ersten arabisch-israelischen Krieges. Da Deir Abu

Tor zum Ostteil Jerusalems gehörte, der nach dem Waffenstillstand bis 1967 unter jordanische Besatzung kam, sahen Paula und Martin Buber sich gezwungen, ihr nur drei Jahre zuvor bezogenes Zuhause fluchtartig zu verlassen. Möbel und Bibliothek, die angesichts der herannahenden arabischen Befreiungsarmee zunächst zurückblieben, wurden vom Hausherrn Jussuf Dajani sicher aufbewahrt und nach Beendigung der Kampfhandlungen heimlich über die Grenze zu den Bubers geschmuggelt.[55] Schwerer noch als die widrigen Umstände, die mit dem erneuten Umzug verbunden waren, wog das Scheitern dessen, wofür Buber sich eingesetzt hatte: die gelebte Koexistenz mit den arabischen Nachbarn. Nun trennten Grenzzäune und -mauern die jüdischen von den arabischen Einwohnern Jerusalems. Paula und Martin Buber erhielten nach einer Übergangszeit in einer Pension in Rehavia eine geräumige Wohnung in einem großen Haus in Talbiya. Die Tatsache, dass es einer geflohenen arabischen Familie gehörte und nun vom israelischen Staat als Custodian of Absentee Property (Treuhänder von Eigentum Abwesender) verwaltet wurde, was auf eine Konfiszierung hinauslief, bereitete Buber Kopfschmerzen. Er mochte sich an das Schicksal seines eigenen Hausbesitzes in Deutschland erinnert fühlen.

Trotz der kriegerischen Handlungen, trotz zunehmender Entfremdung bis hin zur Verfeindung zwischen Arabern und Juden und trotz der Tatsache, dass sich die Nation Israel nicht so entwickelte, wie er es sich gewünscht hatte, hörte Martin Buber nicht auf, auf »Pfaden in Utopia« zu wandeln und sich für den Dialog einzusetzen. Das dialogische Prinzip war sein existenzielles Credo. Es beruht auf der Erkenntnis, dass das Sein nicht in sich selbst Erfüllung findet, sondern in der Zwiesprache, in der Idee, der Mensch werde allein am Du zum Ich. Die dialogische Weltanschauung Bubers bezieht sich, weit über die zwischenmenschliche Beziehung hinaus, auf alle Daseinsformen und schließt Begriffspaare wie Mensch und Natur, Persönlichkeit und Sache, Gesellschaft und Staat, Humanismus und Glaube mit ein. Ausgangspunkt Bubers waren die beiden konträren Empfindungskreise, die sein Leben von Jugend an prägten: die deutsche Kultur und die jüdische Tradition. Im realpolitischen Dasein wirkten sie sich oft zersetzend aus; für das Denken war die Ambivalenz aufbauend, anregend, inspirierend und hielt Bubers Gedankenfluss in Bewegung. Abraham Schapira, der Anfang der 1960er-Jahre als einer der ersten mit einer Arbeit über Martin Bubers dualistische Denkstrukturen promovierte, sah in der Spannung zwischen polaren Gegensätzen und seiner kontinuierlichen Auseinandersetzung mit diesen Bubers Weltgeheimnis: »Er wollte Herr werden über Zerrissenheit und auseinanderstrebende Tendenzen, die Pole als aufeinander bezogen sehen, mit seinen existenziellen Widersprüchen ringen und obsiegen.«[56]

Seine zahlreichen Schriften zur dialogischen Weltanschauung und ihrer Anwendung als Versöhnungsprogramm brachten dem charismatischen Denker Ruhm und Ehre. Buber erhielt wiederholt Einladungen zu Vorträgen, und etliche Auszeichnungen wurden ihm im In- und Ausland zuteil. Aber es mangelte auch nicht an Kritik, vor allem in Israel. Er war vielen zu deutsch geprägt, man nahm es ihm übel, dass er »noch in Zion die politischen Konflikte zwischen Arabern und Juden mit Goethe-Zitaten lösen wollte«.[57] Schapira verwies auf die »erhebliche Diskrepanz zwischen seiner Wirkung auf die Angehörigen seines eigenen Volkes und dem Echo, das sein Werk in der nichtjüdischen Umwelt auslöste«.[58] Als Buber 1953 der Friedenspreis des Deutschen Buchhandels zugesprochen wurde, schockierte er viele seiner Weggefährten und Freunde in Israel, weil er – nur acht Jahre nach der Befreiung von Auschwitz – nach Frankfurt fuhr, um ihn in der Paulskirche persönlich entgegenzunehmen. Das Preisgeld rührte er nicht an, sondern stiftete es einer israelischen Organisation, die sich für die arabisch-jüdische Verständigung einsetzte. Doch Buber wäre nicht Buber, wenn er nicht in seiner Frankfurter Danksagung seine Versöhnungsgeste gegenüber Deutschland kommentiert hätte, und zwar in offener, unumwundener Rede, die er sich immer vorbehielt:

> »Wenn ich an das deutsche Volk der Tage von Auschwitz und Treblinka denke, sehe ich zunächst die sehr vielen, die wussten, dass das Ungeheure geschah, und sich nicht auflehnten; aber mein der Schwäche des Menschen kundiges Herz weigert sich, meinen Nächsten deswegen zu verdammen, weil er es nicht über sich vermocht hat, Märtyrer zu werden. – Sodann taucht vor mir die Menge all derer auf, denen das der deutschen Öffentlichkeit Vorenthal-

> tene unbekannt blieb, die aber auch nichts unternahmen, um zu erfahren, welche Wirklichkeit den umlaufenden Gerüchten entsprach; wenn ich diese Menge im Sinn habe, überkommt mich der Gedanke an die mir ebenfalls wohlbekannte Angst der menschlichen Kreatur vor einer Wahrheit, der sie nicht standhalten zu können fürchtet. – Zuletzt aber erscheinen die mir aus zuverlässigen Berichten an Angesicht, Haltung und Stimme wie Freunde vertraut Gewordenen, die sich weigerten, den Befehl auszuführen oder weiterzugeben und den Tod erlitten oder ihn sich gaben, oder die erfuhren, was geschah, und weil sie nichts dawider unternehmen konnten, sich den Tod gaben. Ich sehe diese Menschen ganz nah vor mir, in jener besonderen Intimität, die uns zuweilen mit Toten, und mit ihnen allein, verbindet; und nun herrscht in meinem Herzen die Ehrfurcht und die Liebe zu diesen deutschen Menschen.«[59]

Der wichtigste Gegenstand seiner Erkenntnissuche war für Martin Buber – neben der theoretischen und praktischen Weiterentwicklung seiner dialogischen Philosophie – die Verdeutschung der hebräischen Bibel. Von einigen Unterbrechungen abgesehen, beschäftigte er sich damit vierzig Jahre lang von Mitte der Zwanzigerjahre bis kurz vor seinem Tod, als die letzten Korrekturfahnen des letzten Bandes auf seinem Schreibtisch lagen. Das Übersetzungswerk begann als Gemeinschaftsprojekt mit dem Historiker und Philosophen Franz Rosenzweig. Ihre Bekanntschaft, aus der sich eine nachhaltige Freundschaft entwickelte, geht auf das Jahr 1920 zurück, in dem das Jüdische Lehrhaus in Frankfurt gegründet wurde. Ziel der Einrichtung, die Rosenzweig leitete, war die Vermittlung identitätsstiftender Inhalte an deutsche Juden. Anders als die Zionisten, sah Rosenzweig die Gründung eines eigenen Staates als unwesentlich an; ihm war es in erster Linie um die Revitalisierung jüdischer Kultur zu tun. In diesem Punkt gingen beide Philosophen konform. Gleich nach ihrer ersten Begegnung fühlten sich Buber und Rosenzweig »wie von einer überwältigenden intellektuellen und spirituellen Affinität zueinander hingezogen«.[60] Das Gefühl der geistigen Verwandtschaft bildete die Basis des Bibel-Unternehmens, das sie eigenverantwortlich und unabhängig, das heißt ohne einen institutionellen

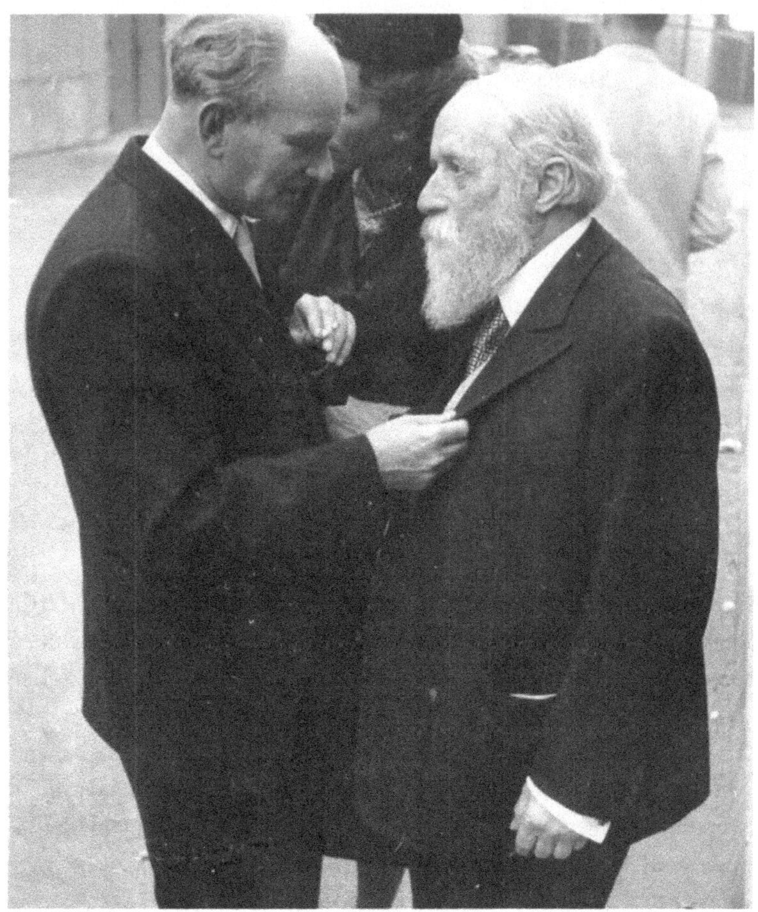

Martin Buber mit Lambert Schneider auf der Frankfurter Buchmesse 1953

Auftrag – weder von einer Synagogen- noch einer Kirchengemeinde – angingen.

Allerdings zeitigte die Buber-Rosenzweig-Übersetzung die Gründung zweier Verlage: Lambert Schneider und Schocken. Der aus einer katholischen Familie stammende Lambert Schneider war gerade 25 Jahre alt, als er in Berlin sein Unternehmen mit einem wahren Paukenschlag startete: Als erstes Projekt stand nichts Geringeres auf seinem Programm als eine neue deutsche Übersetzung von Gottes Wort.

Buber und Rosenzweig, denen er sein Vorhaben antrug, nahmen die Herausforderung an. Gedacht war zunächst lediglich an eine sprachliche Revision der Lutherbibel. Doch stellte sich schnell heraus, dass dies kein gangbarer Weg war. Da die Neuübersetzung des Alten Testaments frei von christlichen Interpretationen sein sollte, wurde entschieden, sie direkt aus dem Hebräischen zu übertragen. Dabei ging es Buber und Rosenzweig von Anfang an um eine strukturtreue Neufassung, die sich »eine Nachbildung der hebräischen Sprachspezifika in möglichst allen Bereichen der deutschen Sprache […] bis hin zur Lautgleichheit, Wurzelgleichheit bzw. -ähnlichkeit« zum Ziel setzte.[61] Zudem sollte der Charakter der ursprünglich mündlichen Überlieferung der Heiligen Schrift vermittelt werden: »Was aber im Sprechen entstanden ist«, so Buber, »kann nur im Sprechen je und je wieder leben, ja nur durch es rein wahr- und aufgenommen werden. […] schon die hebräische Bezeichnung für ›lesen‹ bedeutet: ›ausrufen‹ […]. Auch unsere Verdeutschung der Schrift will ›ausgerufen‹ werden.«[62]

Die Zusammenarbeit zwischen Buber und Rosenzweig gestaltete sich trotz einer zunehmenden, durch eine Amyotrophe Lateralsklerose ausgelösten Sprech- und Bewegungslähmung Rosenzweigs zunächst als sehr produktiv. Der Fortgang der Arbeit wurde nur möglich durch den intensiven Einsatz von Rosenzweigs Frau Edith, geborene Hahn. Sie führte den Zeigestock, den Rosenzweig im Mund hielt und damit auf die entsprechenden hebräischen Wörter und deren deutsche Übersetzungen deutete.[63] So konnte 1925 bereits die Verdeutschung vom 1. Buch Mose Genesis, 1926 vom 2. Buch Exodus abgeschlossen werden. Die Sprache, der sich Buber und Rosenzweig bedienten, wurde und wird im Allgemeinen als poetisch, kreativ und literarisch beschrieben. Allerdings war das »Künstlerische« keinesfalls im Sinne der Übersetzer. Ihnen ging es nicht um Schönheit, sondern um Werktreue. Dies dürfte jedem, der des Hebräischen mächtig ist, so Rosenzweig, erkennbar sein:[64]

> »1 Im Anfang schuf Gott den Himmel und die Erde. 2 Die Erde aber
> war Irrsal und Wirrsal. Finsternis über Urwirbels Antlitz. Braus Got-
> tes schwingend über dem Antlitz der Wasser. 3 Gott sprach: Licht
> werde! Licht ward. 4 Gott sah das Licht: daß es gut ist. Gott schied

> zwischen dem Licht und der Finsternis. 5 Gott rief dem Licht: Tag! und der Finsternis rief er: Nacht! Abend ward und Morgen ward: Ein Tag. 6 Gott sprach: Gewölb werde inmitten der Wasser und sei Scheide von Wasser und Wasser! 7 Gott machte das Gewölb und schied zwischen dem Wasser das unterhalb des Gewölbs war und dem Wasser das oberhalb des Gewölbs war. Es ward so.«[65]

Die von Martin Buber und Franz Rosenzweig anvisierte Leserschaft war zweifellos das assimilierte deutsche Judentum, das nur in seltenen Fällen des Hebräischen mächtig war, um die Bibel im Originalton lesen zu können. Analog zur Intention des Jüdischen Lehrhauses in Frankfurt, ging es ihnen darum, die Schätze der eigenen Kultur aufzudecken. Doch die Übersetzung war mitnichten nur an jüdische Leser gerichtet. In einem Brief an einen Rezensenten des ersten publizierten Bandes ihrer Bibelübersetzung äußerte Rosenzweig hinsichtlich der Adressaten:

> »[…] außer an den Kenner und den Lehrer denkt man da an die vielen schlichten Seelen unter Juden und Christen, die, jene zum Original, diese zum Luthertext, den Zugang verloren haben; die, diese Ernsthaften, Bemühten, Strebenden wünscht man sich als Leser, die Juden, damit sie wieder zum Original zurückfinden, die Christen, damit sie hinter der ihnen verpfafften Lutherübersetzung wieder das lebendige Wort spüren.«[66]

1929 wurde das Übersetzungsvorhaben durch schwere Schicksalsschläge erschüttert. Franz Rosenzweig starb nach langjährigem Leiden. Und Lambert Schneiders Verlag wurde durch den Börsenkrach und die damit verbundene Weltwirtschaftskrise in Konkursnähe gebracht. Dadurch geriet die Finanzierung der nun allein von Buber weiter betriebenen Übersetzung in Gefahr. Rettung kam von Salman Schocken: Mit Übernahme der Verantwortung für das aufwendige Bibel-Projekt und andere Judaika gründete Schocken 1931 sein eigenes Medienunternehmen, für das er Lambert Schneider als Hersteller und kaufmännischen Leiter gewinnen konnte. Nach dem Tod Rosenzweigs kam die Übersetzung nur noch langsam voran. Mehrere von Schocken aufgesetzte

Verträge konnte Buber hinsichtlich des vorgegebenen straffen Zeitplans nicht erfüllen. Desungeachtet war Buber mit insgesamt dreißig unabhängigen Publikationen der meistverlegte Autor bei Schocken, hinzu kamen Neu- und Sonderausgaben der bereits fertiggestellten Teile der Schrift.[67]

Im Februar 1961 veranstaltete Martin Buber anlässlich des Abschlusses der Bibelübersetzung in seinem Haus eine kleine Feier für den engsten Kreis seiner Freunde. Von den handverlesenen Rednern scheint man sich heute allein Gerschom Scholems zu erinnern, der die freudige Zusammenkunft brüskierte und zudem Bubers jahrzehntelanges Ringen um sprachliche Form infrage stellte: »Für wen wird diese Übersetzung nun bestimmt sein, in welchem Medium wird sie wirken? Historisch gesehen ist sie nicht mehr ein Gastgeschenk der Juden an die Deutschen, sondern – und es fällt mir nicht leicht, das zu sagen – das Grabmal einer in unsagbarem Grauen erloschenen Beziehung.«[68] Scholems Äusserung – so unsensibel sie zu diesem Anlass gewesen sein mag – trifft mit schneidender Klarheit den Kern deutsch-jüdischer Beziehungen. Doch Bubers Übersetzung der Bibel an sich ist weniger ein Grabmal als vielmehr ein Ehrenmal – und zwar nicht für die deutschsprachige Fassung, sondern für den hebräischen Urtext, dessen archaisch vitale Kraft einmal mehr durch die strukturtreue Translation hervortritt. Und nicht zuletzt ist die nach Franz Rosenzweigs Tod fortgesetzte Übersetzungsarbeit ein Denkmal tiefer menschlicher Begegnung.

Postskriptum: Neben der letzten Wohnung Bubers in Talbiya befand sich ein Lebensmittelgeschäft, dessen Besitzer ein gewisser Herr Rosenzweig war. Wenn jemand nach dem Weg zu Bubers Haus in der Chovevei Zion-Straße fragte, bekam er meist die Antwort »Gleich neben Rosenzweig!«[69]

Sprache und Identität: Das Dilemma der Schriftsteller

»Die unzerstörbare Wortheimat« Schalom Ben-Chorin

Vom Widerstand der hebräischen Wörter

Die Eheleute Reifenberg trafen zeitversetzt in Palästina ein. Beide waren gebürtige Berliner und bis 1933 in der Hauptstadt erfolgreich tätig: Heinz Reifenberg als Architekt, Elise Reifenberg unter dem Pseudonym Gabriele Tergit als Schriftstellerin. Heinz Reifenberg hatte sich nach einer dreijährigen Anstellung im Berliner Büro Breslauer & Salinger selbstständig gemacht. Noch heute sind einige Einfamilienhäuser erhalten, die er für die jüdische Mittelschicht entwarf und ausführte. Es war die gleiche Klientel, auf die er später in Palästina stieß und die ihn auch hier beauftragte. Seine berufliche Ausgangsposition in der neuen Heimat war günstig, denn er kam bereits mit dem Auftrag für die Planung eines Hauses in Jerusalem für den Schwiegervater seines Bruders im Gepäck. Gabriele Tergit folgte mit dem gemeinsamen Sohn einige Monate später nach. Während ihr Mann Anschlussaufträge erhielt, musste sie sehr schnell »mit Schmerzen« erkennen, »daß ich für hier kein Wert bin, außer für Mann und Sohn«.[1]

Der Kontrast zwischen der Situation der in Palästina eintreffenden Architekten und der Befindlichkeit der im Hebräerland ankommenden Schriftsteller könnte größer kaum sein: hier die infolge der hohen Einwanderungszahlen vielbeschäftigten Baumeister, dort die aufgrund sprachlicher und kultureller Hürden deplatzierten Literaten. Während Erstere vom Schwung des Aufbaus mitgerissen wurden und ihn ihrerseits beflügelten, sahen sich Letztere meist ins Abseits gedrängt, ohne Stimme am fremden Ort. Sie schrieben vielfach ins Leere. Nur ein kleiner Teil der in ihrer Muttersprache Deutsch verfassten Texte konnte in ausländischen Exilverlagen oder in den wenigen deutschsprachigen Zeitschriften in Palästina erscheinen. Das meiste produzierten sie für die Schublade, aus der es einige Dekaden später Historiker herausholten. Für sie waren und sind es zweifellos Dokumente von hohem geschichtlichen Wert, der den Autoren im besten Fall noch bei Lebzeiten eine späte Würdigung verschaffte. Aktuelle Relevanz und zeitgenössisches Einflussvermögen konnten sie ihnen allerdings nicht zurückgewinnen. Unter den nachgelassenen Trouvaillen befinden sich neben Abhandlungen zur Genese des jüdischen Volkes und lyrischen Liebeserklärungen an die Schönheit des biblischen Landes erschütternde Berichte über fluchtartige Abreisen und Schiffspassagen auf abgewrackten Kähnen, messerscharfe Analysen der zionistischen Bewegung und ihrer Ziele sowie kritische Betrachtungen zur Lage der Einwanderer und immer wieder der Blick auf die Entwicklungen in Deutschland – in jedem Fall Augen öffnende Reflexionen. Der jüdische Publizist Walter Zadek gab mit einem Anflug von Selbstironie der Hoffnung Ausdruck, dass seine – alle in Deutsch verfassten – Niederschriften möglicherweise für die nächste Generation von Bedeutung sein könnten: »da mir schreiben spass macht, arbeite ich eben für die schublade und hoffe auf anerkennung der nachwelt. wenigstens tue ich so.«[2]

Unter den aus deutschsprachigen Ländern nach Palästina eingewanderten Schriftstellern gab es nur wenige, die des Hebräischen mächtig waren, und vielleicht nur einen, dem es gelang, es neben Deutsch zu seiner Dichtersprache zu machen: Ludwig Strauß. Er verfasste sein erstes hebräisches Poem, eine Hymne »An die Bucht« von Akko, 1934 während einer Phase intensiven Hebräisch-Studiums. Die Worte, so beschrieb er den Entstehungsprozess, stellten sich wie von selbst ein und fügten sich in Melodie, Rhythmus und Reim zu einem poetischen Gebäude. Überraschenderweise funktionierte auch die wörtliche Übersetzung in seine Muttersprache, die er für deutsche Freunde anfertigte. Es sollte jedoch noch einige Jahre dauern, bevor Strauß kontinuierlich hebräische Lyrik hervorbrachte. Die Mehrzahl der Schriftsteller bemühte sich redlich um die Sprache ihrer neuen Heimat. Einige hatten teilweise schon vor ihrer Auswanderung Unterricht genommen und kamen mit respektablen Kenntnissen ins Land oder nahmen vor Ort das Angebot diverser Kurse wahr. Trotz guten Willens und großer Anstrengungen schafften die meisten die Beheimatung im Hebräischen allerdings nicht.

Jenny Aloni beherrschte das moderne Ivrit bei ihrer Ankunft in Palästina im Jahr 1939 so weit, dass sie den Vorlesungen an der Hebräischen Universität in Jerusalem mühelos folgen konnte. Zudem verfasste sie zur Übung Teile ihres Tagebuchs in Hebräisch. Doch nach drei Jahren im Land zog sie ein ernüchtertes Fazit über ihre sprachlichen Fortschritte:

> »Ich gebe die Hoffnung auf, je die hebräische Sprache zu beherrschen. Die vergeblichen Versuche fangen schon an, mich selbst zu belustigen. Und doch ist die Begierde, mich in ihr zurechtzufinden wie in der deutschen Sprache sehr stark. Und so rede ich mir manchesmal ein und denke, dass es mir gelungen ist wenigstens einen Schritt vorwärts zu kommen. Und so etwas wie eine Fata Morgana erscheint aus der Ferne: die Minute, in der ich die hebräische Sprache beherrsche.«[3]

In ihrem 1961 publizierten und – wie all ihre belletristischen und lyrischen Arbeiten – in Deutsch verfassten Roman *Zypressen zerbrechen nicht* nahm sie die Thematik noch einmal auf. Ihre autobiografisch angelegte Protagonistin Hagar »hatte begonnen, die [hebräische] Sprache zu lernen, sogar gute Fortschritte in ihr gemacht. Aber es gelang ihr nicht, sich dabei etwas vorzustellen. Sie vermochte nichts dabei zu empfinden«.[4]

Ähnlich erging es Manfred Sturmann. Der gebürtige Königsberger, dessen Gedichtband *Die Erben* 1929 mit dem Lyrikpreis der Stadt München ausgezeichnet großes Lob von Thomas Mann erhielt, hatte bereits in Deutschland begonnen, Hebräisch zu lernen. Er betrachtete die Beherrschung der Sprache in Palästina als ein Muss für jeden jüdischen Immigranten. Auch wenn es ihm recht bald nach seiner 1938 erfolgten Einwanderung gelang, erste kurze Geschichten in Hebräisch zu publizieren, erschien ihm der hart errungene Erfolg im nächsten Moment »wieder

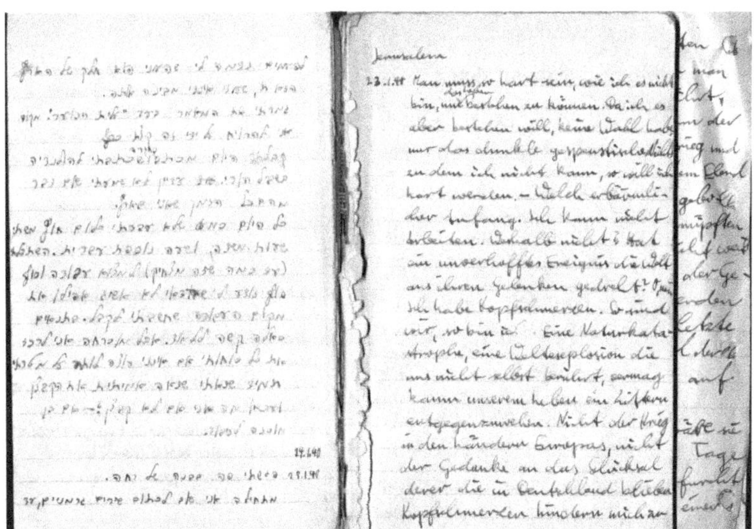

Aufgeschlagenes hebräisch-deutsches Tagebuch von Jenny Rosenbaum, verh. Aloni, 23./24. Januar 1940

so klein und kümmerlich, dass ich schier verzweifeln möchte«.[5] Einige Jahre später bekannte er, dass die Hoffnung, »eines Tages hebräische Verse schreiben zu können, sich als Illusion erwiesen [hat]«.[6] In einem Brief an Hermann Hesse vom Sommer 1952 klagte er darüber, dass ihn die diversen Brotjobs – einer davon war die Ordnung und Verwaltung des Nachlasses von Else Lasker-Schüler – von seiner schriftstellerischen Arbeit abhalten: »Einen ›freien‹ Schriftsteller gibt es in unserem kleinen Staate kaum. So muss man versuchen, zwischen zwei einander fremden Welten die Mitte in sich selbst zu finden.«[7] Die Gegebenheiten degradierten die für ihn existenziell wichtige Schriftstellerei zu einem Hobby. Dementsprechend fiel sein bedrückendes Resümee aus, in dem er mal in der zweiten, mal in der ersten Person von sich redet:

> »Du hast im Grunde nichts erreicht; […] du bist eine Luftexistenz. […] Wer weiß in der hebräischen Sprachumwelt noch, daß du einmal deutsche Gedichte geschrieben hast, die in Schulbüchern standen, im Radio gelesen und von Philologen zerpflückt

> wurden! […] du bist irgendwie untergekommen, hast nicht Hunger gelitten und dich auf deine Weise und nach deiner bescheidenen Möglichkeit an der gemeinsamen Arbeit für das Land beteiligt. […] Ich bin ein Poet geblieben, ganz im Geheimen, und in jener verfemten Sprache am Werke, die mich meine Mutter gelehrt hat. Die neue Sprache des Alltags steht meinem Herzen nicht nahe. Wohl spreche ich sie, da ich mich ja mit meiner Umwelt verständigen muß. Ach, es macht Freude, sie zu diesem Zweck bis zu einem mehr oder weniger gesteigerten Grad zu meistern – es ist ein Spiel des Gehirns, eine Sache des Gedächtnisses, der Schlagfertigkeit. Aber sie lebt doch nicht in jenen Tiefen, in welchen der Gebrauch der Sprache ein unbewußtes und an Varianten unbegrenztes Entzücken der Seele wird, von einem Lächeln in Bewegung gebracht, von einer Erinnerung in einen tobenden Ozean verwandelt und von einer Begegnung bis zu einem verhaltenen Schluchzen gedämpft. Der Dichter liebt nur die Sprache, in der er schreibt.«[8]

Paul Mühsam kam 1933 wie die Mehrheit der deutschen Juden ohne Hebräischkenntnisse nach Palästina. Er war – gleich seinem 1934 im KZ Oranienburg ermordeten Cousin Erich Mühsam – in Deutschland als Jurist, Übersetzer und Schriftsteller tätig gewesen. Acht Monate nach seiner Ankunft bilanzierte er seine Eindrücke vom Land und spickte sein Summarium mit Vorsätzen, die vor allem hinsichtlich des Erlernens von Sprachen äußerst ambitiös waren. Im neu entstandenen Bath Galim, einem Vorort von Haifa, wo er sich mit seiner Familie niedergelassen hatte, überwog zwar das »deutschsprachige Element«, trotzdem sei es wichtig, so räsonierte er, die Landessprachen zu meistern:

> »Wie alle Einwanderer lerne ich täglich mehrere Stunden Hebräisch, daneben Englisch, und habe auch bereits mit dem Arabisch angefangen. Leicht ist das in meinem Alter nicht [Mühsam ging auf seinen 58. Geburtstag zu, Anm. d. Autorin], zumal Hebräisch und Arabisch ganz aus dem Rahmen der uns bekannten indogermanischen Sprachen herausfallen. […] Ein paar Tage in der Woche suche ich auch meine Kenntnisse im Französischen wieder aufzufri-

> schen, das zwar – im Gegensatz zum benachbarten Syrien – nicht Landessprache ist, aber von gebildeten Arabern viel gesprochen wird. Die Orientalen sind nicht nur polyglott, sondern auch außergewöhnlich sprachbegabt und beherrschen oft mit Selbstverständlichkeit 6–7 Sprachen.«[9]

Paul Mühsam verfasste seine Texte bis an sein Lebensende in Deutsch. Da er seine Zulassung als Rechtsanwalt nicht wiedererlangte, finanzierte die Familie Mühsam ihren Lebensunterhalt über den Betrieb eines Logierhauses für Touristen.

Eine extreme Position gegenüber der jüdischen Nationalsprache nahm der aus Wiesbaden stammende Sally Grosshut ein. In Deutschland als Jurist und Verfasser von rechtswissenschaftlichen Werken tätig, begann er in Palästina, das er im Herbst 1933 erreichte, mit freier schriftstellerischer Arbeit. Er widersetzte sich konsequent der Erwartung, Hebräisch zu lernen. Um seiner Haltung zusätzliches Gewicht zu verleihen, fügte er, in Opposition zur Praxis der Hebräisierung deutscher Vor- und Familiennamen, den deutschesten aller Namen »Friedrich« seinem Rufnamen hinzu. Grosshuts radikales Verhalten lässt sich möglicherweise aus seinen traumatischen Erfahrungen in Nazi-Deutschland ableiten: Im April 1933 ermordeten SA-Männer seinen Schwiegervater, den Kaufmann Salomon Rosenstrauch, in dessen Wiesbadener Geschäft. Kurze Zeit später wurde Grosshuts eigener Vater dazu gezwungen, seinen mit einer Arierin verheirateten Freund in einem Schubkarren als »Rassenschänder« durch die Straßen der Stadt zu schieben. Der Vater starb im Jahr darauf an den Folgen von Misshandlungen der Nationalsozialisten. Grosshuts Mutter und zwei seiner Schwestern wurden in Konzentrationslagern ermordet. Auf die entsetzlichen Erlebnisse reagierte Sally Grosshut nicht mit einem gesteigerten jüdischen Nationalismus, sondern mit einer vehementen Absage an jedwede Form von Chauvinismus und Ausgrenzung. In Palästina nahm er zunächst verschiedene Anstellungen an, unter anderem als Handwerker und Kellner. 1936 eröffnete er zusammen mit seiner Frau Sina, geborene Rosenstrauch, ein deutsches Buchantiquariat in Haifa, das sich schnell zu einem Treffpunkt deutsch-jüdischer Schriftsteller entwickelte. 1948, unmittelbar nach der Staatsgründung Israels, emigrierte er zunächst nach Schweden, wo er keine Arbeitserlaubnis erhielt, um dann in die USA weiterzuwandern. Hier nahm er eine Stelle als Akkordarbeiter in einer Fabrik an und versuchte parallel, weiterhin schriftstellerisch tätig zu sein.

Scharfe Kritik gegen den hebräischen Imperativ kam ferner von Gabriele Tergit. Unter dem Titel »Problem Palästina« hinterließ sie ein 238 Seiten umfassendes Typoskript im Stil ihrer bekannten Berliner Reportagen mit Berichten aus ihrem Exilland, von dem erste Teile Ende der 1990er-Jahre unter dem Titel *Im Schnellzug nach Haifa* publiziert wurden. Die Passage über die hebräische Sprache gehört zu den Abschnitten, die bei der Herausgabe des Werks ausgelassen wurden, da – wie der Nachlassverwalter Tergits erklärte – »man es als aus Deutschland vertriebener Jude nicht gern sieht, daß in Deutschland etwas ›Negatives‹ über Erez Israel veröffentlicht wird«.[10] Tergit greift darin unumwunden die Dominanz des Hebräischen an und beklagt gravierende Kultur- und Bildungsverluste als Folge:

> »Gemessen aber an der Sprache als oberstem Wert, ist der deutsche Einwanderer in Palästina ein Bürger zweiter Klasse. In Deutschland waren wir Juden, in Erez sind wir Jeckes. [...] Sie waren und sind zur Stummheit verurteilt. Plakate in anderer Sprache als Hebräisch werden nicht gedruckt, Zettel in anderer Sprache abgerissen. [...] Die Jugend spricht großenteils hebräisch, die Kinder sprechen hebräisch, sie spielen hebräisch. Auf den Kwuzoth spricht man hebräisch. Aber das alles ist noch ungefestigt, ist Anfang. Inzwischen werden ungeheure Werte verschüttet, entsteht ein Zustand formloser Kulturlosigkeit. Die Jugend verliert jeden Zusammenhang mit der europäischen Kultur, aber auch jeden Zusammenhang mit der Diaspora, sie weiss nichts von den Problemen des Galuthjudentums. An die Stelle des leidenden, liebenden und tätigen Gefühls für die Gesamtjudenheit tritt bei der Durchschnittsjugend ein palästinensischer Patriotismus, ein Hochmut, der gefährlich ist. [...] Judentum ist gleich Sprache geworden. Das Hebräische hebt die jüdische Tradition auf, soweit sie

> im Jiddischen überliefert ist. [...] Immer gehörte es zum unglücklichen Schicksal der Juden, daß Großeltern und Enkel sich nicht verstehen (z. B. jiddisch – englisch), aber dadurch, daß Hebräisch nicht nur eine neue Sprache ist, sondern eine sittliche und nationale Forderung, entsteht viel Zuchtlosigkeit. Die Kinder wachsen auf in dem Gefühl, daß weder Vater noch Mutter zu ehren sind, und schon garnicht muss man vor dem grauen Haupte der Großeltern aufstehen, die können alle nicht richtig hebräisch. So kann sich bereits das dreijährige, hebräisch sprechende Kind erlauben, unverschämt zu seinen jiddisch sprechenden Großeltern zu sein.«[11]

Hebräisch, das über Jahrhunderte vorwiegend eine Existenz als Sakralsprache gefristet hatte, erlebte erst mit dem Erstarken der zionistischen Bewegung gegen Ende des 19. Jahrhunderts eine Renaissance als jüdische Nationalsprache. Wenngleich Theodor Herzl ein multilingualer Judenstaat nach Schweizer Vorbild vorgeschwebt hatte mit Deutsch, Französisch und Englisch als vorherrschenden Sprachen, so wurde diese Causa von den osteuropäischen und russischen Zionisten gewonnen. Die entscheidende vorantreibende Kraft, Hebräisch zur Alltags- und

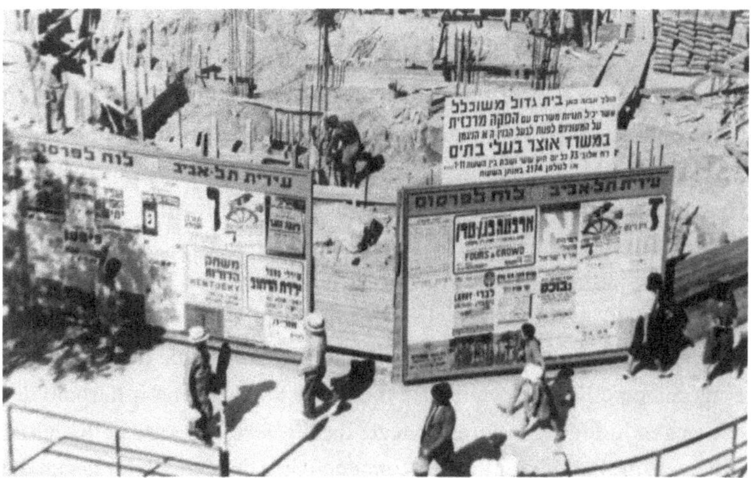

Kinoplakate und Reklameposter auf einer Werbefläche am Magen David Platz in Tel Aviv, 1939; Foto: Walter Zadek

Muttersprache zu erheben, war Eliezer Ben-Jehuda, ein im russischen Luschki geborener Journalist und Autor mit wechselvoller Vita, der schon 1881 nach Palästina übersiedelte. Bis zu seinem Tod arbeitete er hier an einem hebräischen Wörterbuch, dessen erste sechs Bände 1910 in der Langenscheidtschen Verlagsbuchhandlung in Berlin erschienen. Der letzte Band kam 1959 lange nach Ben-Jehudas Tod heraus. Sein Haushalt war der erste in Jerusalem, in dem ausschließlich Ivrit gesprochen wurde. Dies geschah nicht ohne Schwierigkeiten. So führte es zum Beispiel dazu, dass sein Sohn bis zum Alter von fünf Jahren zu Hause völlig stumm blieb. Er gab später zu Protokoll, dass auch die Konversation zwischen den Eltern trotz hochfliegender Ambitionen des Vaters recht beschränkt war. Aufgrund mangelnden Vokabelschatzes konnte offensichtlich selbst die einfache Bitte um eine Tasse Kaffee lange nur mit primitivsten Ausdrucksmitteln in Hebräisch hervorgebracht werden: Nimm das – tu das – bring das.

Im privaten Bereich mögen sprachliche Mängel durch Gesten kompensiert werden, in der Übermittlung wissenschaftlicher Inhalte können sie sich zu ernsthaften Problemen ausweiten. Die Relativitätstheorie etwa, die Gesetze der Elektrostatik oder Probleme der Baukonstruktion lassen sich kaum in pantomimische Gebärden übersetzen. Mit derartigen Fragen sah sich der Unterrichtsausschuss des Technikums in Haifa konfrontiert. Die technische Lehranstalt wurde 1909 mit der Zielvorgabe der Förderung deutscher Sprache, Kultur und Wirtschaft im Osmanischen Reich unter der Schirmherrschaft des Deutschen Reiches vom Hilfsverein der deutschen Juden initiiert und finanziert. Gegen Deutsch als Schulsprache wurde jedoch von Anfang an seitens der im Kuratorium sitzenden Zionisten opponiert. Schon bald nach der Grundsteinlegung im April 1912 votierten sie für Hebräisch als allgemeine Kommunikationssprache an der neu entstehenden Ausbildungsstätte. Dieses als Sprachenstreit in die Geschichte des Technions eingegangene Kapitel offenbarte nicht nur die Spaltung innerhalb des deutschen Judentums, sondern legte das Projekt zeitweise völlig lahm. Mit dem im Ersten Weltkrieg errungenen Sieg der Engländer gegen die Türken schwand die Einflussnahme Deutschlands auf das politische und kulturelle Geschehen im Nahen Osten. Das Technikum wurde in der Folge von der Zionistischen Organisation übernommen, sein Name hebräisiert und Ivrit als Unterrichtssprache festgelegt. Dass de facto Deutsch auf lange Zeit die Sprache war, auf welche die aus Mitteleuropa immigrierten Professoren zurückgriffen, wenn sie mit ihrem Hebräisch am Ende waren, steht auf einem anderen Blatt. Bis heute kursieren am Technion Anekdoten über die vielen, stets Erheiterung auslösenden Wortverwechslungen der neu eingewanderten Dozenten. Berühmtheit erlangte die Story über den aus Linz gebürtigen und an der Technischen Hochschule Berlin lehrenden Maschinenbauingenieur Professor Max Kurrein. Seit 1934 in Palästina baute er die Fakultät für Maschinenbau am Technion auf. Er hatte die Angewohnheit, sich zu Beginn jedes akademischen Jahres bei den Studienanfängern mit einem Abriss seines beruflichen Werdegangs vorzustellen. Beim Punkt seiner Tätigkeit in einer Rüstungsfabrik während des Ersten Weltkrieges angelangt, unterlief ihm stets der gleiche Patzer: als Plural von *neshek* [hebr. für Waffe] verwandte er eine falsche weibliche Form *neshikot* [hebr. für Küsse]. Um den jährlichen Lacherfolg für die nächsten Semester zu garantieren, wurde sein amüsanter Fehler lange nicht korrigiert.[12]

Die deutsche Sprachkultur in Palästina bis 1948 und danach in Israel, die hartnäckig bis zum Aussterben der Einwanderergeneration ihr Inseldasein behauptete, wurde immer wieder durch den neuhebräisch ausgerichteten Jischuv in Frage gestellt, marginalisiert und degradiert. Sie war – und das fungierte als vordergründiges, schlagendes Argument – die Sprache des mörderischen Hitlerismus, die Sprache der Täter. Dahinter versteckte sich die ältere Antipathie der entschiedenen Zionisten gegen alles Deutschjüdische als Inbegriff der Assimilation. Für den Aufbau einer säkularen jüdischen Nation, die sich selbst nicht mehr über die Religion definierte, brauchte es ein verbindendes Band, das in der Lage war, die aus allen Ecken der Welt einwandernden Juden zusammenzuhalten. Die Sprache bildete als eine Art Ersatzreligion die neue Leitkultur. Jede Immigrationswelle, die mit einer starken andersgearteten sprachlichen Ausrichtung ins Land gespült wurde, bedeutete eine Bedrohung für den nationalen Aufbau und seine Stabilität. Der Gefahr von Subkulturen anderer geistiger Heimaten als der des Hebräischen wurde von nationalistischen Hardlinern nicht selten mit Gewalt begegnet – ein äußerst unschönes Kapitel in der Geschichte des Zionismus. Walter Zadek verwies darauf, dass das Sprachenproblem mühelos durch Übersetzungen behoben werden könne und sich per se in der nächsten Generation von selbst erledigen werde:

> »Das Sprachen-Problem! Die Chauvinisten benutzen es gern zu politischen Attacken. Für die Betroffenen selbst ist die Frage aber längst gelöst: *Sie* sprechen deutsch, aber *ihre Kinder* hebräisch. Man kann ergänzen: Sie selbst können sich schon hebräisch knapp verständigen; ihre Kinder hingegen vermögen sich noch ganz gut deutsch zu unterhalten.«[13]

1934 wurde Deutsch als Unterrichtsfach an der Hebräischen Universität abgesetzt, italienisch – die Sprache des faschistischen Bündnispartners – dagegen nicht.

Die Aufzeichnungen der Schriftstellerin und Lyrikerin Lola Landau, die 1936 aus Berlin flüchtete, sich in Jerusalem niederließ und zeitweise als Englischlehrerin ihr Brot verdiente, scheinen Zadeks Prognose zu bestätigen. Darüber hinaus zeigen sie, dass sich xenophobisches Verhalten durchaus nicht allein gegen die deutsche Sprache richtete. Von ihren Schülern im Kibbutz Kiriat Anawim berichtete sie, dass diese sich kaum für die Welt außerhalb Palästinas interessierten. Sie erklärte sich diese Beschränktheit mit den Erfordernissen der harten Lebensbedingungen:

> »Ich bemühte mich, den Kindern die englische Sprache, für sie schwer erlernbar, interessant zu machen. Ich zeigte ihnen Bilder von England, von London, von wasserreichen, lieblichen Landschaften. Ich nahm sie in Gedanken mit auf eine Reise nach England, erzählte von den Menschen dort, ihren Eigentümlichkeiten. ›Die englische Sprache ist für euch Tür und Fenster in die ausländische Welt‹, sagte ich. ›Wir brauchen keine ausländische Welt‹, war die Antwort in fehlerhaftem Englisch. ›Wir sind zufrieden mit unserer Welt‹. Was sollte ich darauf entgegnen? Ich versuchte, sie aus der Enge herauszuführen. In gewissen Momenten gelang es, besonders wenn ich ihnen englische Lieder vorsang. [...] Aber

ich drang bei ihnen nicht in die Tiefe, in wirkliche Teilnahme; ihre brennende Teilnahme lag woanders. Für das jüdische Land, seine Geschehnisse, seine Gegenwart. [...] Eines Tages, als wieder eine unheilvolle Botschaft über das Anhalten eines unserer Schiffe und die Verschleppung der jüdischen Flüchtlinge – wir nannten sie Einwanderer – durchsickerte und von Mund zu Mund verbreitet wurde, betrat ich schwer gestimmt den Klassenraum. Ein Chor der Kinder schallte mir entgegen. ›Wir lernen nicht mehr Englisch. Es ist die Sprache des Feindes.‹ Einige Sekunden stand ich wie erstarrt, sprachlos. Dann sagte ich langsam: ›Die Sprache hat nichts mit Politik zu tun.‹ Der Chor der Kinder antwortete: ›Wir werden nicht Englisch lernen, geh nach Hause.‹ Da kam mir ein plötzlicher Einfall. ›Ich verstehe euch‹, sagte ich. ›Dann wollen wir heute Amerikanisch lernen.‹ Die Kinder lachten. Der Bann war gebrochen.«[14]

Unmittelbar nach dem Abzug der Briten aus Palästina und der Ausrufung des Staates Israel verfügte die provisorische jüdische Regierung, dass alle gesetzlichen Bestimmungen, die die Verwendung der englischen Sprache vorschreiben, aufgehoben werden. In den Anfangsjahren Israels schwand der Gebrauch des Englischen kontinuierlich aus dem israelischen Alltag. Das sollte sich erst in den 1970er-Jahren wieder ändern: Englisch avancierte zur zweiten Unterrichtssprache, und die Beschriftung der Straßenschilder wurde wieder dreisprachig: Englisch, Hebräisch und Arabisch.

Der Architekt Erich Mendelsohn führte die in Deutschland übliche Aufstellung von Bauschildern bei Baustellen in Palästina ein. Die Informationen darauf ließ er in Englisch, Hebräisch und Arabisch anbringen. Er verabschiedete sich schrittweise vom Gebrauch der deutschen Sprache. Kurz nach seiner Flucht im Frühjahr 1933 stellte er zunächst seine Schreibweise von der »germanischen« Kurrentschrift auf lateinische Buchstaben um. Er kommentierte diesen Schritt recht salopp in einem Brief an seine Frau Luise:

»Ich schreibe nur noch in lateinischen Buchstaben. [...] Also fehlt zunächst noch das Charakteristikum meiner Handschrift,

> die Schärfe und die Schnelligkeit der Ausführung. Gott als beinahe Großvater alles nocheinmal umlernen. Dabei hatte ich gerade jetzt erst mir eingebildet, die deutsche Sprache zu beherrschen, sie zum Ausdruck meiner eigenen Denkart zu machen. Muß gerade Hitler kommen und mich zum réfugié, zum Anfänger, wieder zum Schüler machen. Ich wünsche aufrichtig, daß dieser Zwang nur ihm schlecht bekommt.«[15]

In Jerusalem nahmen beide Mendelsohns sporadisch Hebräischunterricht, kommunizierten miteinander in Englisch und stellten ein Sparschwein auf, in das für jedes Deutsch gesprochene Wort in ihrem Haushalt eine Münze eingeworfen werden musste. Nach ihrer Ankunft in New York anglisierten sie ihre Vornamen und stellten auch ihre schriftliche Korrespondenz auf Englisch um. Seinen deutschen Akzent konnte Mendelsohn jedoch nicht loswerden. Er verriet seine Herkunft noch Jahre, nachdem er sein Geburtsland verlassen hatte. Unter den Schriftstellern wird sich wohl keiner finden, der in ähnlicher Radikalität seiner Muttersprache abgeschworen hätte. Auf die Baukunst übertragen, hätte es bedeutet, Mendelsohn den Zeichenstift zu nehmen.

Der Philosoph und Schriftsteller Ernst Simon zog eine Art wissenschaftliche Befriedigung aus dem Erlernen einer neuen Sprache, ohne die alte aufzugeben. Das Hebräische gewährte ihm frische und inspirierende vergleichende Erkenntnisse über den Aufbau und die Funktion der deutschen Sprache:

> »Der Übergang zu einem orientalischen Sprachtypus, ohne alle Assoziationen zu europäischen Sprachen fiel mir schwer. Das intensive Erlernen des Hebräischen verdrängte mein bißchen Englisch, nicht aber das Deutsche. Nachdem ich schließlich die Struktur des Hebräischen erfaßt hatte, wurde mir das Deutsche in neuer Weise durchsichtig. Ich beherrsche es seitdem zugleich aus Nähe und Distanz, sowohl organisch als Muttersprache wie analytisch, durch die Möglichkeit des Vergleichs mit der erworbenen, gänzlich fremden Sprache.«[16]

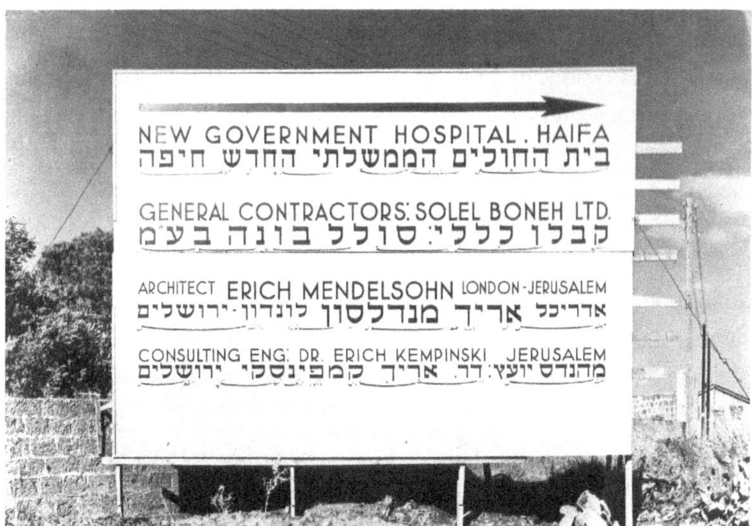

Bauschild auf dem Gelände des neuen Regierungskrankenhauses in Haifa, 1937

Die Anstrengungen galten dem Hebräischen, aber der Gewinn kam der Zielsprache Deutsch zugute, denn letztlich ging es um sie. Die deutsche Sprache war für die nach Palästina eingewanderten Schriftsteller das Mittel zum geistigen Überleben.

Deutschsprachige Literaturen als Räume geistigen Überlebens

Anfang Oktober 1941 stellte sich vierfacher Herrenbesuch in der bescheidenen Einzimmerwohnung Else Lasker-Schülers am Rand Rehavias ein: Werner Kraft, Leopold Krakauer, Friedrich Andreas Meyer und Samuel Wassermann. Sie gehörten zum vertrauten Freundeskreis der inzwischen 72-jährigen Dichterin. In angeregter Runde verabredeten sie regelmäßige, etwa zweiwöchige Zusammenkünfte in erweitertem Kreis, bei denen jeweils einer von ihnen oder auch geladene Redner Vorträge in deutscher Sprache zu unterschiedlichen Themen halten sollten. Else Lasker-Schüler taufte das von ihr initiierte Unternehmen »Der Kraal« und nannte den engeren Zirkel ihre »Kraal-Indianer«. Die komplette Organisation lag in ihrer Obhut: Sie wählte die jeweiligen Referenten aus, mietete Räume für die Veranstaltungen an, schrieb per Hand Mal für Mal siebzig Einladungen, die sie zum Teil persönlich auslieferte, und verkaufte die für jedermann erschwinglichen Eintrittskarten. Den Auftakt am 10. Januar 1942 machte Martin Buber im französischen Kulturzentrum. Er las aus seinen *Chassidischen Erzählungen*. Insgesamt kam der Kraal bis zum Frühjahr 1944 auf mindestens 27 Veranstaltungen. Die Inhalte waren breit gefächert: In der Mehrzahl handelte es sich um Gedicht-Rezitationen und Prosa-Lesungen, darüber hinaus gab es Berichte über das Land Israel und seine Bewohner, Einblicke in neuere historische und biblische Forschungen; vereinzelte Vorträge konzentrierten sich auf medizinische, soziale oder wirtschaftliche Aspekte; ein Musikabend war dem Werk Jacques Offenbachs gewidmet. Else Lasker-Schüler selbst bestritt zwei oder drei – hier gibt es unterschiedliche Angaben in der Fachliteratur – Zusammenkünfte mit ihrer Lyrik. Der Erfolg des Kraals war gemessen an den bescheidenen Konditionen sensationell, teilweise kamen mehr Besucher als zu ihren Lesungen in Deutschland oder in der Schweiz. Auch das Presseecho war

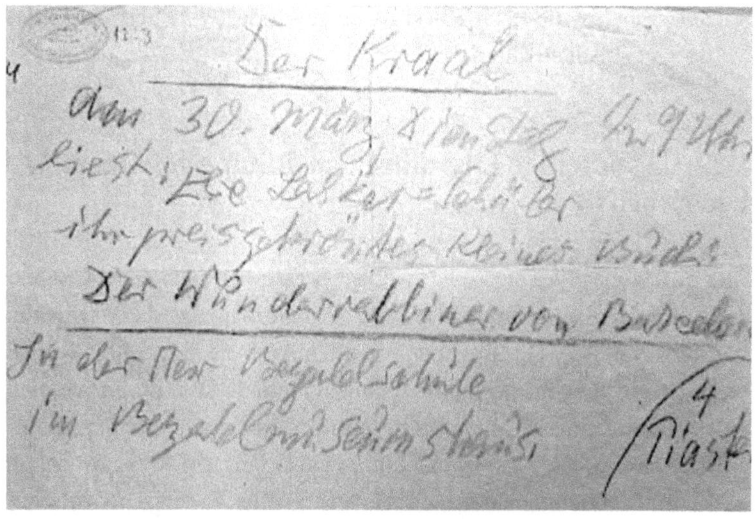
Der Kraal
Am 30. März Dienstag 8 Uhr
liest: Else Lasker-Schüler
ihr preisgekröntes kleines Buch:
Der Wunderrabbiner von Barcelona
In der Alten Bezalelschule
4 Piaster

Von Else Lasker-Schüler handgeschriebene Einladungskarte zu einer Veranstaltung der Vortragsreihe »Der Kraal« am 30. März 1943

relativ gut, dennoch scheint es – gemäß der Lasker-Schüler-Biografin Sigrid Bauschinger – zunehmend schwierig geworden zu sein, Räume für die Veranstaltungen zu finden, »denn vielerorts wollte man nicht, daß deutsch gesprochen wurde«.[17] Ziel des Kraals war es, ein Netzwerk zu fördern, mit dem gerade in Zeiten von immer neuen Schreckensnachrichten aus Europa Isolation und Vereinsamung der deutschsprachigen Intellektuellen aufgefangen werden konnten.

Für die Kraal-Zusammenkunft am 6. September 1942 hatte Else Lasker-Schüler Alex Bein zu einem Referat über Theodor Herzl eingeladen. Der aus Steinach an der Saale stammende promovierte Historiker und Archivar, der nach seiner Einwanderung 1933 das Archivwesen in Palästina mitaufbaute und 1955 den Posten des ersten Direktors des Zionistischen Zentralarchivs übernahm, war einer der besten Herzl-Kenner. 1934 hatte er eine bahnbrechende Biografie des zionistischen Altvaters vorgelegt, die in mehrere Sprachen übersetzt worden war. Im Auditorium saß an jenem Abend der Religionswissenschaftler und Schriftsteller Schalom Ben-Chorin, der zum engeren Kreis der Kraal-Indianer gehörte. Er schenkte Else Lasker-Schüler bei diesem Anlass seine im Eigenverlag publizierte und noch druckwarme Lyriksammlung *In dieser Zeit. Gedichte aus neun Jahren.* Ein dreiviertel Jahr später bestritt er – auf Einladung Else Lasker-Schülers – selbst eine Kraal-Veranstaltung. Sie fand im Bezalel-Museum statt. Er las aus seinem unveröffentlichten Schauspiel *Söhne*, das die Reichspogromnacht thematisierte. Ben-Chorin, der als Fritz Rosenthal in München geboren wurde und ebendort bis zu seiner Flucht 1935 Germanistik und Vergleichende Religionswissenschaften studiert hatte, nahm seine Passion für die deutsche Sprache und die dialogische Theologie mit ins Gelobte Land. Mit viel Einsatz publizierte er bereits 1936 als Mitherausgeber eine 32-seitige Anthologie deutschsprachiger Texte mit dem Titel *Die Ernte. Ein Sammelheft jüdischer Dichtung*. Auf der ersten Seite wird die Absicht der Druckschrift kundgetan: »Die jüdische Dichtung in deutscher Sprache ist heimatlos geworden. Mit diesem Heft soll der Versuch gewagt werden, dieser Dichtung ein neues Heim zu schaffen.«[18] Vertreten sind in diesem Bändchen Else Lasker-Schüler – mit drei Gedichten –, Ludwig Strauß, Heinz Politzer und Max Brod. Neben den »Palästinensern« sind auch nicht ins Land Israel eingewanderte Schriftsteller vertreten wie Uriel Birnbaum, Hedwig Caspari, Albert Ehrenstein, Franz Werfel und Alfred Wolfenstein, deren gemeinsamer Nenner Zeitgenossenschaft und Judentum waren.

Fünf Jahre später stellte Ben-Chorin in Zusammenarbeit mit dem aus Holzminden stammenden Schriftsteller Gerson Stern unter dem Titel *Menora. Eine Auswahl literarischen Schaffens in Erez Israel* eine weitere Blütenlese deutschsprachiger Gedichte und Erzählungen zusammen, diesmal auf die nach Palästina eingewanderten Literaten beschränkt. Zu den Autoren der abgedruckten Texte gehörten die beiden Herausgeber selbst. Gerson Stern war erst knapp zwei Jahre im Land; ihm und seiner Familie hatte die NS-Regierung zahlreiche Hindernisse bei der Ausreise in den Weg gelegt. Er wurde zweimal wegen angeblichen Devisenbetrugs verhaftet und verlor im schikanösen Prozedere um die amtliche Ausreisebewilligung sein Vermögen. In Jerusalem angekommen, schloss er sich dem Kreis um Else Lasker-Schüler an, die er bereits aus Elberfeld kannte, wo er aufgewachsen war. In dem *Menora*-Bändchen waren zwei ihrer schönsten Spätwerke abgedruckt: »Herbst« und »Mein blaues Klavier«, die sich beide mit dem Tod auseinandersetzen. Darüber hinaus waren Werkbeispiele von Josef Kastein, Manfred Sturmann, Ludwig Strauß, Hugo Bergmann, Werner Bukofzer, Arnold Zweig, Sammy Gronemann, Felix Weltsch und Max Brod vertreten. Die einzige Frau neben Else Lasker-Schüler war die aus Kempten im Allgäu gebürtige Margarete Moses. Mit den beiden Anthologien *Ernte* und *Menora* wurde für die Schriftsteller deutscher Zunge in Palästina eine rare Plattform geboten, sich im Kreis ihrer schreibenden und lesenden Zeitgenossen zu positionieren. Mit Neuerscheinungen wurde der Beweis erbracht, dass sie und die deutsche Sprache auch außerhalb Deutschlands weiterlebten.

Bescheidene Publikationsmöglichkeiten boten einige Exilverlage wie der von Emanuel Querido in Amsterdam und von Emil Oprecht in Zürich. Die großen jüdischen Medienunternehmen in Deutschland und Österreich, die von den Nationalsozialisten spätestens 1938 liquidiert wurden, hatten mit Schwierigkeiten der Transferierung und Adaption an anderen Orten zu kämpfen. In Palästina gründeten sich etliche neue kleinere Verlage wie die Romema-Edition von Schalom Ben-Chorin in Jerusalem, die Edition Olympia von Martin Feuchtwanger oder der HaMatarah Verlag von Walter Zadek, beide in Tel Aviv, die sich für die Herausgabe und Verbreitung deutschsprachiger Bücher einsetzten. Hinter diesen Bemühungen standen meist idealistische Publizisten, die oft ohne Gewinnchancen als Ein-Mann-Betrieb agierten. Eine besondere Erwähnung verdient hier die Edition Peter Freund. Der aus Berlin gebürtige Verleger war nach seiner Promotion an der Philosophischen Fakultät der dortigen Universität als liberaler Rabbiner tätig. Nach einer Internierung im KZ Buchenwald floh er Ende 1938 nach Palästina. Zwischen 1941 und 1951 gab er circa fünfzig Schriften von im Land ansässigen deutschsprachigen Literaten heraus. Sein erklärtes Ziel war es, den »bekannten älteren Autoren sowie den noch unbekannten jüngeren, die etwas zu sagen haben, das Wort zu geben«, um »objektive, unabhängig von der gegenwärtigen Situation gültige Kulturwerte« zu erhalten.[19] Die Bändchen, die zwischen zehn bis hin zu mehreren hundert Seiten umfassten, waren alle im Umdruckverfahren hergestellt; in den meisten Fällen hatte Freund die Matrize selbst getippt. Er war alles in einer Person: Verleger, Lektor, Hersteller und Verkäufer. Die Auflagen waren niedrig und für einen begrenzten Leserkreis gedacht, doch von hoher kulturgeschichtlicher Bedeutung. Peter Freund verlegte die wichtigsten deutschsprachigen Immigranten-Autoren, unter ihnen Manfred Sturmann, Ludwig Strauß, Paul Mühsam, Gerson Stern, Leopold Marx, Heinz Politzer und Walter Sternheim.

Die deutsche Sprache und deren Anwendung bedeutete den Einwanderern – sowohl den Autoren als auch den Lesern – Mittel zum geistigen Überleben, Schutzwall und Selbstbehauptung. Aber sie war noch viel mehr. Schalom Ben-Chorin brachte es auf den Punkt, wenn er von der »unzerstörbaren Wortheimat« sprach und hinzufügte: »Aus einem Land kann man auswandern, aus einer (Mutter-)Sprache nicht.«[20] »Es wäre mir viel lieber gewesen«, so der aus Mährisch-Ostrau stammende Schriftsteller Meir Faerber im Rückblick, »wenn es möglich gewesen wäre, mich und alle anderen in Israel einfach aufs Hebräische umzuschalten.«[21] Er reagierte damit auf den immer wieder geäußerten Vorwurf der mangelnden Assimilationsbereitschaft der deutschen Juden. Sammy Gronemann – 1875 im westpreußischen Strasburg geboren –, dessen Lustspiel *Der Weise und der Narr* in hebräischer Übersetzung bis heute ein Bestseller auf den Theaterbühnen Israels ist, versuchte, die tiefe Spaltung von Sprache und Land, von intellektueller und physischer Heimat in Worte zu fassen:

> »Die deutsche Sprache ist mein Lebenselement, eine Art geistige Heimat. Und diese meine Sprache lebt im Exil, und gerade dort, wo ich selbst eine Heimat gefunden habe, die Heimat die lang ersehnte, für deren Erreichung ich von Jugend auf gekämpft habe. Und hier erlebe ich wie so viele meiner Schicksalsgenossen, dass dieses mein Lebenselement verachtet, verfolgt und verpönt ist.«[22]

Mit dem Gebrauch der deutschen Sprache in Palästina wurde eine doppelte Loyalität assoziiert. Die Bezeichnung »jüdische Dichtung deutscher Sprache« warf Fragen der Identität auf, auch für das Eigenverständnis der Schriftsteller. Manfred Sturmann sprach von der »Schizophrenie des jüdischen Dichters deutscher Zunge«, und er war sich selbst im Unklaren darüber, ob er »ein deutscher, oder ein jüdischer Dichter war«. Konnte es »überhaupt eine jüdische Dichtung außerhalb des Hebräischen« geben? Seine eigene in deutsch verfasste Lyrik und Prosa erschien ihm trotz ihrer »jüdischen Stoffe – Bibel, jüdische Geschichte, Aufbau Erez Israels – nicht als jüdische Dichtung sondern als deutsche Dichtung mit jüdischen Motiven«.[23] Die Problematik war bereits in Deutschland virulent. Walter Benjamin hat für die doppelte Verwurzelung in zwei Kulturen den Begriff des Zweigeistes kreiert, und Martin Buber baute auf den beiden polaren Empfindungskreisen seine Dialogphilosophie auf. Bereits vor dem Ersten Weltkrieg schlug Ludwig Strauß dem gleichaltrigen Benjamin die Gründung einer »Zeitschrift für jüdisches Geistesleben in deutscher Sprache« vor. Benjamin antwortete auf die Anregung mit einer eindeutigen Abwägung der beiden Einflussbereiche:

> »Wenn wir zweiseitig, jüdisch und deutsch, sind, so waren wir doch bis jetzt mit all unserem Bejahen auf das Deutsche eingestellt; das Jüdische war vielleicht oft nur ein fremdländisches, südliches

> (schlimmer: sentimentales) Aroma, in unserer Produktion und in unserem Leben. Auch wird kein Einzelner, er sei denn Künstler, diese Zweiheit gleichmäßig in sich ausprägen.«[24]

Die von Ludwig Strauß konzipierte Zeitschrift wurde nicht realisiert. Es existierten jedoch eine Reihe jüdischer Periodika unterschiedlicher Couleur in Deutschland, rund 120 zwischen den beiden Weltkriegen, darunter zahlreiche Mitteilungsblätter verschiedener Gemeinden. Die beiden größten und bekanntesten waren die *C.V. Zeitung* und die *Jüdische Rundschau.* Bis zum Aufstieg der Nationalsozialisten verkörperten sie die beiden sich diametral gegenüberstehenden Positionen des deutschen Judentums. Hinter der *C.V. Zeitung* stand der Central-Verein deutscher Staatsbürger jüdischen Glaubens; die *Jüdische Rundschau* war das publizistische Organ der zionistischen Vereinigung in Deutschland. Sie erschien von 1902 bis zu ihrem Verbot 1938 wöchentlich beziehungsweise zweiwöchentlich und kam in Spitzenzeiten auf eine Auflage von 37000 Exemplaren. Thematisch war sie breit aufgestellt: Sie informierte über alle relevanten politischen, kulturellen und sozialen Ereignisse des Jischuv, darüber hinaus gab sie – vermehrt in den Dreißigerjahren – detaillierte Auskunft über die Situation in Deutschland und wichtige Ratschläge für Auswanderungswillige nach Palästina. Viele deutschsprachige jüdische Schriftsteller fanden hier ein Forum für die Ankündigung, Publikation und Rezension ihrer Werke, oft auch über den Zeitpunkt ihrer Auswanderung hinaus.

Erinnert sei in diesem Zusammenhang auch an das Genre der bildlichen Kommentare und an eine Zeichnerin, deren Karriere mit Illustrationen in der Kinder-Rundschau, einer Beilage der *Jüdischen Rundschau,* begann. Gabriella Rosenthals Bildgeschichte »Ferien in Tel Awiw« aus dem Jahr 1938 wird wenige Wochen vor der erzwungenen Auflösung der jüdischen Presse gedruckt. Sie selbst lebte zu diesem Zeitpunkt bereits seit drei Jahren in Jerusalem. Zusammen mit ihrem damaligen Mann Schalom Ben-Chorin war sie im September 1935 von München ins Gelobte Land ausgewandert. Rosenthal stammte aus einer alteingesessenen Antiquariats-Dynastie; sie selbst erwarb im großväterlichen Buch- und Kunstantiquariat grundlegende Kenntnisse auf diesem Gebiet, die sie durch ein

Kunststudium in Paris ergänzte. In Palästina wurde sie durch ihre Serie »Palestine People« populär, eine wöchentliche Bildkolumne aus den Jahren 1946 bis 1948, die sie für die *Palestine Post* zeichnete. Mit Witz und Humor verstand sie es, selbst prekären Befindlichkeiten in den krisengeschüttelten Jahren vor der Staatsgründung ein Schmunzeln abzuringen. Die *Palestine Post* erschien ab 1932 und war die einzige englischsprachige zionistische Zeitung im Land mit einer enormen Reichweite. Sie wurde nicht nur von Juden im In- und Ausland gelesen, sondern ebenfalls von britischen Mandatsbeamten und palästinensischen Arabern.

Der Markt für Printmedien in Palästina war bis Anfang der 1930er-Jahre recht überschaubar. Das änderte sich schlagartig mit der fünften Einwanderungswelle, die für einen sprunghaften Anstieg der Anzahl an Periodika sorgte. Für die Zeit von 1933 bis zur Staatsgründung lassen sich mehr als siebzig deutschsprachige, in Palästina veröffentlichte Blätter nachweisen. Das wichtigste war zweifelsohne das *Mitteilungsblatt der Hitachduth Olej Germania* [hebr. für Vereinigung der Einwanderer aus Deutschland], einer Selbsthilfeorganisation der deutschjüdischen Einwanderer. Es erschien ab 1932 und war bei seiner Einstellung 2006 eine der langlebigsten deutschsprachigen Blätter in Palästina/Israel. Nach dem Anschluss Österreichs und der Besetzung der Tschechoslowakei änderte die Organisation und mit ihr die Druckschrift ihren Namen in Irgun Olej Merkas Europa [hebr. für Vereinigung der Einwanderer aus Mitteleuropa]. Das *Mitteilungsblatt* wie auch einige zusätzliche Broschüren und Bücher kamen im Eigenverlag der Vereinigung heraus. Der inhaltliche Fokus lag auf Themen, die für die Auswanderung aus Deutschland beziehungsweise Mitteleuropa und die Einwanderung nach Palästina relevant waren. Dazu gehörten Informationen zu Schiffslinien und zum Güter-Transfer genauso wie sachdienliche Hinweise über Sprachkurse, juristische Beratungsstellen und kulturelle Einrichtungen, Berichte mit Wissenswertem über Land und Leute, Ausstellungsbesprechungen, Buchrezensionen und Konzertankündigungen, Einschätzungen zum Wohnungs- und Arbeitsmarkt oder auch Anmerkungen zum schwierigen Alltag der Neueinwanderer. Zum Kulturteil steuerten namhafte Schriftsteller – unter ihnen Max Brod, Gerschom Scholem und Martin Buber – Aufsätze bei. Das Mitteilungsblatt erschien in Deutsch, um von den Neueinwanderern aus

Deutschland verstanden zu werden, eine Maßnahme, die als grundsätzlich temporär intendiert war, nicht als Referenz an eine von den deutschen Juden geschätzte und mitgetragene Kultur- und Kommunikationssprache. Manche Beiträge wurden sowohl in Hebräisch als auch in Deutsch veröffentlicht, um die Anerkennung und Stärkung der hebräischen Sprache als offizielle Sprache des Jischuv herauszustreichen. In einer der ersten Ausgaben des Mitteilungsblattes wurde dezidiert darauf verwiesen, dass es sich um keine Zeitung handele, da sie »sonst selbstverständlich nur in hebräischer Sprache erscheinen« würde.[25]

Um dem hebräischen Diktum nach außen Genüge zu tun und dennoch dem Bedürfnis der des Hebräischen unkundigen Neueinwanderer aus Deutschland nach tagesaktuellen Informationen zu entsprechen, wurden deutsche Zeitungen zunächst als Übersetzungsblätter für einen geschlossenen Kreis deklariert. Eine der größten und langlebigsten Tageszeitungen, die *Israel Nachrichten*, kam 1935 zunächst als *Blumenthal's Private Correspondence* in hektografierter und gehefteter Form auf den Markt. Ihr Gründer, Siegfried Blumenthal, war ein aus Berlin ausgewanderter Buch- und Pressefachmann, der sich die wichtigsten Nachrichten aus der hebräischen und englischen Presse übersetzen ließ und an interessierte Leser weitergab. Mit Beginn des Krieges stand das Blatt unter dem Schutz der britischen Mandatsregierung, die sich damit eine Abwehr nationalsozialistischer Propaganda versprach. Von 1936 bis 1940 kam die Gazette – nun unter dem Titel *Neueste Nachrichten. Jedioth Chadashoth* – zweimal täglich heraus. Es bediente alle Sparten einer gängigen Tageszeitung und zog seine Informationen nicht mehr allein aus Übersetzungen. Dem hebräischen Imperativ leistete ein einseitiger Hebräisch-Kurs Folge. Schon bald gehörte die Zeitung, die sich ab 1974 bis zu ihrer Einstellung 2011 *Israel Nachrichten* nannte, zu den meistverkauften Blättern in Palästina/Israel mit Auflagen von bis zu 25000 Exemplaren. Chefredakteurin war über lange Jahre die legendäre Alice Schwarz-Gardos. 1916 in Wien geboren, hatte sie ihr Medizinstudium abbrechen müssen und war 1940 mit einem der letzten Flüchtlingsschiffe nach viermonatiger Reise quer durch Südeuropa und über das Mittelmeer illegal in Palästina gelandet. Als Journalistin war sie Autodidaktin. Sie arbeitete für verschiedene deutschsprachige Zeitungen, bis sie 1962 an die *Israel-Nachrichten* ging. Zunächst schrieb sie als Lokalreporterin Glossen, Kommentare, lieferte Nachrichten, Geschichten und Reportagen, umfangreiche politische Analysen, Portraits bedeutender Israelis deutscher Sprache, Serien von Gerichtsberichten und führte zahlreiche Interviews. 1975 übernahm sie den Posten der Hauptschriftleiterin, den sie bis zu ihrem Tod bekleidete. Gegen Ende ihrer Laufbahn galt sie als die älteste amtierende Chefredakteurin weltweit. In ihrer fünfzigjährigen beruflichen Karriere verfasste sie mehr als 5000 Artikel.

Nicht alle deutschsprachigen Journale überdauerten die schwierigen Anfangsjahre. Zwei mit viel Elan gegründete Zeitungen, der *Orient-Express* und der *Orient*, scheiterten beide an der teils radikal befolgten Bindung des Jischuv an Hebräisch als offizielle Kommunikationssprache. Der *Orient-Express* wurde 1935 von Meir Faerber auf den Weg gebracht. Der aus Mährisch-Ostrau gebürtige Sohn eines Rabbiners studierte an der Handelsakademie in Brünn, fühlte sich jedoch schon früh zum Journalismus hingezogen und arbeitete bereits in seiner Studentenzeit für verschiedene jüdische Blätter. In Haifa, wo er 1934 eintraf, ging er das Wagnis einer eigenen deutschsprachigen Zeitung ein. Drucktechnische Vorteile, aber auch die Umgehung der Vorbehalte gegen deutschsprachige Presseerzeugnisse führten Faerber dazu, seine Zeitung in Beirut drucken und offiziell als Beilage zur Zeitung *La Syrie* erscheinen zu lassen. »Jede Woche fuhr er mit den Manuskripten per Taxi nach Beirut, druckte den ›ORIENT EXPRESS‹ […] und kehrte 24 Stunden später mit der Auflage zurück.«[26] Trotz seiner positiven Gesinnung dem Zionismus gegenüber wurden Faerber vom hebräischen Journalistenverband und von der *Hitachduth Olej Germania* Hindernisse in den Weg gelegt, die bis zu Boykottaufrufen reichten. Der ablehnenden Haltung gegenüber seiner Zeitung konnte Faerber nicht standhalten und stellte sein publizistisches Unternehmen nach relativ kurzer Zeit ein.

Im Fall der Wochenschrift *Orient – Unabhängige Wochenschrift Zeitfragen/Kultur/Wirtschaft*, die zwischen April 1942 und April 1943 in einer Auflage von knapp 1000 in Haifa erschien, spitzten sich die Dinge ungleich dramatischer zu. Initiator und Herausgeber war der promovierte Physiker und vormalige Aktivist in der Sozialistischen Arbeiterpartei Deutschlands Wolfgang Yourgrau. Engster Mitarbeiter war der mit dem Kleist-Preis ausgezeichnete Schriftsteller Arnold Zweig. Beide waren 1933 nach Palästina eingewandert. Das Blatt stand – grafisch wie inhaltlich – in der Nachfolge von Carl von Ossietzkys *Weltbühne*, die zwischen 1905 und 1933 in Berlin erschien. Herausgeber und Autoren des *Orient*, zu denen unter anderen Sally Grosshut, Walter Zadek, Louis Fürnberg und Else Lasker-Schüler, aber auch Schalom Ben-Chorin und Max Brod gehörten, sind dem Spektrum deutschsprachiger linksgerichteter Intellektuellenkreise zuzurechnen. Die Wochenschrift verstand sich grundsätzlich nicht als Organ der Emigranten-Literatur, sondern ganz allgemein als kulturpolitisch agierende Zeitschrift gegen den deutschen und internationalen Faschismus, auch in Palästina: »Dieses Palästina ist unser Schicksal«, heißt es im »Auftakt« der ersten Ausgabe:

»Wenige haben es erstrebt, viele hatten es bekämpft. Eine Heimat aber kann man nicht dekretieren, man kann sie nur mit Liebe und Vernunft gestalten. Dazu gehört der Mut zur Verantwortung, manchmal zur Unpopularität und Entschlossenheit, um jeden Preis für dieses Ziel zu kämpfen.«[27] Damit war die Richtschnur abgesteckt: Erez Israel bedeutete für die Herausgeber nicht per se Heimat. Ihnen ging es um einen Prozess der Beheimatung, der als eine differenzierte und verhandelbare Aufgabe verstanden werden wollte. Yourgraus anvisierte Leserschaft waren die Neueinwanderer aus Deutschland, denen »die Beherrschung der hebräischen Sprache für die Zeitdauer dieses Krieges ein unerreichbares Ziel bleiben wird«.[28] Deutsche Sprache und kritische Berichterstattung, die auch vor der Anprangerung von Missständen innerhalb des Jischuv nicht haltmachte, brachten die Zeitschrift schnell in Misskredit: »Schon die erste Nummer des ›Orient‹ erregte sofort Opposition«, so schrieb Yourgrau rückblickend an den Literaturwissenschaftler Walter A. Berendsohn:

> »Man boykottierte uns, schrieb gegen uns und entfaltete sehr rasch eine wüste Hetze. Man nannte uns Kommunisten, Verräter am Zionismus, Caféhausliteraten, warf uns zersetzenden Einfluß vor, wir seien entwurzelte Intellektuelle, typische Weltbühnenleute, kurz, es gab keine Partei, keine Organisation im Lande, die uns akzeptierte.«[29]

Drohungen vonseiten der eingefleischten Hebraisten erreichten nicht nur die Redaktion in der Herzlstraße in Haifa, sondern auch die Kioske und Caféhäuser, in denen die Hefte auslagen. Selbst die Firmen, die Inserate im *Orient* schalteten, wurden unter Beschuss genommen. Und es betraf ebenfalls die Druckereien. Obwohl diese – wie anhand der Angaben im Impressum der einzelnen Ausgaben ablesbar – ständig wechselten, wurde Anfang Februar 1943 die Jerusalemer Fertigungsstätte Lychenheim & Son in der Jaffa Road mutwillig demoliert. Bis dato waren 42 Nummern des *Orient* erschienen. Anfang April schob Yourgrau ein hektografiertes Heft nach. Im Leitartikel beschrieb er den Anschlag, der das Schicksal seiner Wochenschrift nach weniger als einem Jahr ihres Erscheinens besiegelte:

> »Am Dienstag, den 2. Februar, abends 8 1/2 Uhr, entstand in der Druckerei, in der diese Zeitschrift bis dahin gedruckt wurde, ein ungeheurer Brand in Verbindung mit einer heftigen Explosion. Zwei Maschinen wurden fast völlig zerstört, das Papier verbrannte, Werkzeuge vernichtet, der Schaden ist kaum wieder gutzumachen, nicht einmal durch ausreichende Geldmittel.«[30]

Der Generation der Fünften Alija blieb die deutsche Sprache als Schreibende wie auch als Lesende ein nachhaltiges existenzielles Bedürfnis. Nach dem Ende des Zweiten Weltkrieges änderte sich die Situation grundlegend durch die Öffnung des deutschsprachigen Europas. Die zuvor herrschende Isolation hinsichtlich der Publikations- und Bezugsmöglichkeiten wurde damit aufgehoben. In Israel selbst blieb die doppelte Verurteilung des Deutschen als Sprache des Nationalsozialismus und der Assimilation bestehen. Der hebräische Schriftstellerverband lehnte die Aufnahme von fremden Sprachen kategorisch ab. So kam es 1975 zu einem verhältnismäßig späten Zusammenschluss deutschsprachiger Literaten und Intellektueller. Dem fünfzehnköpfigen Gründungsgremium des »Verbandes deutschsprachiger Schriftsteller in Israel« gehörten bekannte Persönlichkeiten an, unter anderen Meir Faerber und Schalom Ben-Chorin, der ab den 1960er-Jahren in Deutschland durch zahlreiche Vorträge und Seminare im Zeichen eines jüdisch-christlichen Dialogs

IV. Jahrg. Nr. 6-7-8 7. April, 1943

Independent Weekly

ORIENT

Unabhängige Wochenschrift

ZEITFRAGEN
KULTUR
WIRTSCHAFT

6
7
8

Aus dem Inhalt:

Wolfgang Yourgrau — — Nach einer Bombe . . . . .
Arnold Zweig — — — — — — — Stefan Zweig
Reginald Coupland — — — — Die Cripps Mission
Hermann Hesse — — — — — — — — Prosa
Alexander Zak — — — — — — — — Randglossen
Stefan Behr — — — — Aegypten nach dem Krieg
Sally Grosshut — — — — — — — Landsknechte
Kathinka Küster — — — — Erziehung zum Sterben
Hermann Vallentin — — "Schreib das auf, Männe !"
Antoni Krzewina — — — Warum Kommt Ihr Nicht ?
Noemi Gabriel — — — — — Der totalitäre Bazillus
Franz Goldstein — — — — — — Offenbacchanal
Karin Talberg — — — — Die Malerin Lea Grundig
Homunculus — — Die Jüdisch-Arabische Verständigung
Manfred Vogel — — — — — Der neue Steinbeck
H. Sahl — — — — — — — — Meine Mutter
J. Pesch — — — — — — In's Poesie-Album
Glossen

ORIENT VERLAG . PALÆSTINA

Eingangsseite der letzten Ausgabe der Wochenschrift Orient vom 7. April 1943

bekannt wurde. Wenngleich viele im deutschsprachigen Ausland publizierten, so bot der Verband doch über drei Dekaden hinweg ein Netzwerk, das durch regelmäßige Zusammenkünfte, Vorträge und Lesungen sowie gemeinsame Ausflüge gefördert wurde.

Der Verband löste sich im März 2005 auf. Zu diesem Anlass gab das langjährige Mitglied, die 1928 im westpreußischen Elbing geborene Verlegerin Tilly Boesche-Zacharow im Eigenverlag eine umfassende Dokumentation über die dreißigjährige Vereinsarbeit heraus. Die monumentale Publikation versammelt Autorenportraits der circa hundert Mitglieder von Jenny Aloni bis Max Zweig, wichtige Aktenstücke zur Verbandsgeschichte sowie vereinsrelevante Korrespondenz der Herausgeberin mit diversen Schriftstellern. Anfang 2005 verzeichnete die aktuelle Mitgliederliste noch 29 Schriftsteller und Schriftstellerinnen. Die älteste unter ihnen war die 1912 in Stettin geborene Lilit Pavell. Sie hatte gerade zwei Semester Musik- und Theaterwissenschaft, Kunstgeschichte und Philosophie in Berlin und München studieren können, bevor sie 1934 nach Palästina auswanderte. Ihre Gedichte schrieb sie in Deutsch und in Englisch. Die Auflösung des Verbandes und die sechs Jahre später erfolgte Einstellung der *Israel-Nachrichten* beendeten das Kapitel der deutschen Sprachkultur in Israel.

Die Zweigs und ihr heterogenes Verhältnis zum Jüdischen Nationalheim

Zwei Tage nach Stefan und Lotte Zweigs Suizid im fernen Petropolis am 23. Februar 1942 brachte die *Palestine Post* die erschütternde Nachricht zusammen mit einem von Arnold Zweig verfassten Nachruf. Er würdigte seinen Namensvetter, mit dem er entgegen mancher Fehlinformationen nicht verwandt war, als großen, in der deutschen und österreichischen Tradition stehenden Romancier, der mit einigen Werken wie *Rahel rechtet mit Gott* oder *Der vergrabene Leuchter* auch seiner jüdischen Herkunft Beachtung zollte. Arnold Zweig vergaß nicht, darauf hinzuweisen, dass der Verstorbene die Entwicklungen des jüdischen Palästinas mit großem Interesse verfolgt und ihn insbesondere die Aufführung seiner ins Hebräische übersetzten dramatischen Dichtung *Jeremias* durch das Ohel Theater in Tel Aviv gefreut habe.[31] Damit hatte Arnold Zweig seinen Schriftstellerkollegen, mit dem ihn eine langjährige sporadische Korrespondenz und einige persönliche Treffen verbanden, im lokalen Kontext verankert. Dabei ließ es Arnold Zweig nicht bewenden. Als Mitherausgeber der Wochenschrift *Orient* initiierte er ein Themenheft zum geistigen Wien, das im Mai 1942 im Andenken an Stefan Zweig gedruckt wurde. Neben dem Leitartikel über den Geehrten wurden darin dessen Weggefährten Sigmund Freud, Hugo von Hofmannsthal, Arthur Schnitzler, Joseph Roth, Alfred Polgar und Karl Krauss mit Beiträgen gewürdigt. Eine zweite Referenz erwies Arnold Zweig seinem »Freund und Zeitgenossen« in der letzten, hektografierten Ausgabe des *Orient* vom 7. April 1943, mehr als ein Jahr nach dessen Freitod. Arnold Zweig versuchte, einer Antwort auf die große Frage nach dem für alle so unverständlichen Warum näher zu kommen:

> »Als die Nachricht über die Ozeane flog, der Schriftsteller Stefan Zweig sei mit seiner jungen Gattin aus dem Leben geschieden, empfingen wir einen Schlag. [...] Seine internationale Geltung ward von keinem seiner Kollegen uebertroffen, – er durfte sich der meist uebersetzte von uns allen nennen. [...] Er hatte trotz klarer Erkenntnis immer davor gescheut, sich kaempferisch zu exponieren. Er sei kein Polemiker, verteidigte er sich einmal, als er von links her angegriffen wurde – mit gutem Grund. Dem Inselverlag und seiner deutschen Leserschaft versuchte er noch ›treu zu bleiben‹, als der Nazismus laengst das Tischtuch zerschnitten hatte, das einst ein geistiges Symposion aller kultivierten Europaeer schmueckte. Eine tiefe Angst vor dem Untergang muss in seiner Seele gewaltet haben [...] in ihm, der das Glück hatte, mit Freud in der gleichen Stadt zu leben; hatte er doch auch nicht, trotz des Wohlwollens, das er von Theodor Herzl empfing, den Weg nach Palästina einschlagen koennen, dem Land der Vaeter, mit dem er sich doch auf geistigem Boden so gut verstand.«[32]

III. Jahrg. Nr. 6 Erscheint jeden Freitag 8. MAI 1942

Independent Weekly

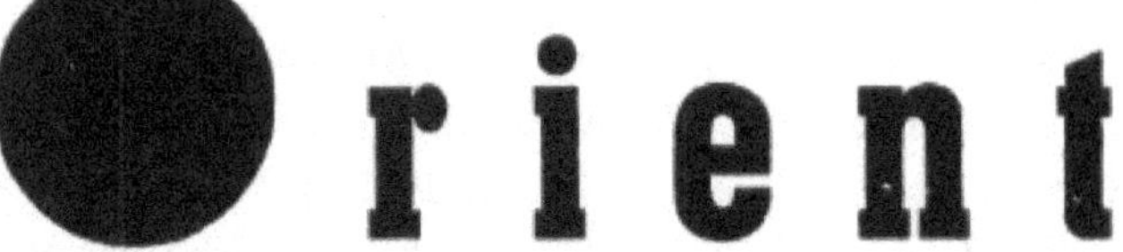

Orient

Unabhängige Wochenschrift

ZEITFRAGEN / KULTUR / WIRTSCHAFT

Unter Mitarbeit von

ARNOLD ZWEIG WOLFGANG YOURGRAU

WIEN

Wolfgang Yourgrau — — — — Marche macabre

Arnold Zweig — — — Dem Freunde Joseph Roth

Stefan Zweig — Worte am Sarge Sigmund Freuds

Sigmund Freud — Vorrede zu „TOTEM UND TABU"
Briefe an Arnold Zweig

Hugo von Hofmannsthal — Über Charaktere im Roman

Frango — — — In memoriam Arthur Schnitzler

Arthur Schnitzler — Buch der Sprüche und Bedenken

Manfred Vogel — — — — — — Alfred Polgar

Karl Kraus — — — — — — — — Gedichte

ORIENT VERLAG HAIFA

Spezialausgabe »Wien« der Wochenschrift *Orient* vom 8. Mai 1942 anlässlich des Suizids von Stefan und Lotte Zweig

In der Tat hatte Stefan Zweig eine besondere Verehrung für Theodor Herzl gehegt, aber sie bezog sich auf den Schriftsteller, nicht auf den Zionisten. Zweig verschlang, wie er im Rückblick zugab, jeden seiner Beiträge im Kulturteil der *Neuen Freien Presse*. Sie waren das Nonplusultra des Wiener Feuilletons für ihn:

> »Seine Aufsätze, heute noch bezaubernd durch ihren Reichtum an scharfen und oft weisen Beobachtungen, ihre stilistische Anmut, ihren edlen Charme, der selbst im Heiteren wie Kritischen nie die eingeborene Noblesse verlor, waren das Kultivierteste, was man sich im Journalistischen erdenken konnte, und das Entzücken einer Stadt, die für Subtiles den Sinn sich geschult hatte.«[33]

In Stefan Zweigs Erinnerungen, im britischen, amerikanischen und brasilianischen Exil verfasst, wird Herzl in der *Welt von Gestern* eine besondere Rolle zugedacht. Zweig beschreibt und charakterisiert ihn fast liebevoll, schildert die wenigen persönlichen Begegnungen, erwähnt – noch immer dankbar – die Hilfestellung Herzls für den ersten Abdruck einer »kleinen dichterischen Arbeit« in dem großen Wiener Tageblatt und lässt schließlich die jüdischen Massen aus aller Herren Länder Revue passieren, die zur Beerdigung des ungekrönten, viel zu jung verstorbenen »Königs der Juden« nach Wien anreisten. Dem großen Vorbild zuliebe wandte Stefan Zweig sich auch dem Zionismus zu. Doch er konnte der Bewegung nichts abgewinnen, weder in politischer, noch in psychologischer Hinsicht. Die Faszination der großen Idee und das Glück Herzls, diese wie in einem Traum vor sich zu sehen und zu entwickeln, konnte Zweig nachvollziehen, ja begeistern. Die Umsetzung war das Problem:

> »Sobald er [Herzl, Anm. d. Autorin] begann, die Ziele im realen Raum zu fixieren, die Kräfte zu binden, mußte er erkennen, wie disparat dieses sein Volk geworden war unter den verschiedenen Völkern und Schicksalen, hier die religiösen, dort die freigeistigen, hier die sozialistischen, dort die kapitalistischen Juden, in allen Sprachen gegeneinander eifernd und alle unwillig, sich einer einheitlichen Autorität zu fügen.«[34]

Die Besuche zionistischer Veranstaltungen, auf denen Herzl sprach, lösten bei Zweig eher Abwehr aus; er fühlte sich abgestoßen angesichts der »Respektlosigkeit, mit der sich gerade die eigentlichen Parteigenossen zu Herzls Person stellten. [...] Der zänkische, rechthaberische Geist dieses ständigen Opponierens, der Mangel an redlicher, herzlicher Subordination in diesem Kreise entfremdete mich der Bewegung, der ich mich nur um Herzls willen neugierig genähert hatte«.[35]

Die vorhersehbare, unvermeidliche Ernüchterung, die sich mit der Realisierung einer Utopie fast zwangsläufig einstellt, war nicht zuletzt das, was Stefan Zweig noch im Stadium der Idee daran gehindert hatte, sich der zionistischen Bewegung anzuschließen. Bei seinem Namensvetter Arnold Zweig passierte genau das, was Stefan Zweig – sozusagen präventiv – vermieden hatte. Arnold Zweig verschrieb sich der Idee und musste dann beim Eintritt in die Wirklichkeit des Gelobten Landes die enttäuschende Erfahrung der nicht umsetzbaren Vision machen. »In Palästina. In der Fremde.«[36] So lautete der letzte Eintrag in seinem Taschenkalender für das Jahr 1933. Ein paar Tage zuvor, am 21. Dezember, war er im Hafen von Jaffa angekommen. Zeilen aus einem Brief an Sigmund Freud, mit dem Arnold Zweig seit 1927 korrespondierte, lassen bereits einen Monat nach der Ankunft die Ernüchterung erkennen: »Ich mache mir nichts mehr aus dem ›Lande der Väter‹. Ich habe keinerlei zionistische Illusionen mehr. [...] der Enthusiasmus, auf wohltätige Täuschung gebaut, der ist hin, und ich weine ihm keine Träne nach.«[37] Zweig hatte sich in den 1920er-Jahren sehr engagiert für die zionistische Idee eingesetzt. Sein Vater war bereits Mitglied der zionistischen Vereinigung in Kattowitz, und prägend wirkte sich die Begegnung mit Martin Buber aus, den er in Palästina wiedertreffen sollte.

Arnold Zweig wurde 1887 im schlesischen Glogau geboren. Er studierte Germanistik und Philosophie an verschiedenen deutschen und österreichischen Universitäten. Seine ersten Veröffentlichungen, vorwiegend Gedichte und Essays, erfolgten bereits in den Jahren 1906 und 1907. Den literarischen Durchbruch feierte er 1912 mit den *Novellen um Claudia*. Zu Beginn des Ersten Weltkrieges noch glühender Patriot, wandelte er sich durch die Erfahrung in den Schützengräben bei Verdun zum entschiedenen Pazifisten. Nach dem Krieg lebte er zunächst als freier Schriftsteller am Starnberger See. Sein Fokus lag neben der Aufarbeitung der Erlebnisse auf dem Schlachtfeld auf jüdischen und zionistischen Themen. 1920 erschien *Das ostjüdische Antlitz* als Ergebnis einer Zusammenarbeit mit dem befreundeten Maler und Radierer Hermann Struck. Beide waren sie während des Krieges zeitweise beim Oberkommando Ost stationiert und nutzten die Gelegenheit, die jüdischen Schtetl Litauens kennenzulernen. Nach dem Putschversuch Hitlers übersiedelte Zweig nach Berlin und arbeitete neben seiner Tätigkeit als freier Autor als Redakteur bei der *Jüdischen Rundschau*, ab 1929 für die antifaschistische Zeitschrift *Weltbühne*. Nach der Machtübernahme der Nationalsozialisten floh Zweig über die Tschechoslowakei und die Schweiz ins französische Sanary-sur-Mer, wo er zahlreiche Freunde und Schriftstellerkollegen wie Thomas Mann, Lion Feuchtwanger, Anna Seghers und Bertolt Brecht wiedertraf. Von dort zog es ihn aufgrund seiner Affinität zum Zionismus weiter nach Palästina.

Arnold Zweig war 46 Jahre alt, als er im Land der Verheißung eintraf. Wenngleich einige seiner bedeutenden Bücher wie *Erziehung vor Verdun* oder *Das Beil von Wandsbek* noch nicht geschrieben waren, so konnte er doch auf eine beachtliche Karriere als Schriftsteller in Deutschland zurückblicken. Sein 1927 publizierter Roman *Das Spiel um den Sergeanten Grischa*, den viele Kritiker für Zweigs bestes Werk halten, gehörte zu den frühesten, die sich kritisch mit dem Ersten Weltkrieg auseinandersetzten. Der zunehmende Erfolg ermöglichte ihm einen relativ hohen Lebensstandard in Berlin. Im Vergleich zu dem Wohnhaus im Bezirk Grunewald mit eigenem, von Harry Rosenthal entworfenen Atelierhaus in fußläufiger Nachbarschaft nahm sich die in Haifa angemietete Wohnung auf dem Carmel sehr bescheiden aus. Gemessen an lokalen Verhältnissen war sie teuer und luxuriös, doch das Niveau von Berlin konnte nicht gehalten werden, worüber sich Zweig nachhaltig beklagte.[38]

Die Entscheidung für Haifa als zukünftigen Wohnort dürfte nicht zuletzt dem erträglicheren Klima, aber auch der Nähe zu dem befreundeten Maler Hermann Struck geschuldet sein, der seit 1923 hier lebte. Zudem hatte die arabisch-jüdisch gemischte Stadt im Norden des Landes den Nimbus einer Arbeiter- und Industriestadt. Haifa war

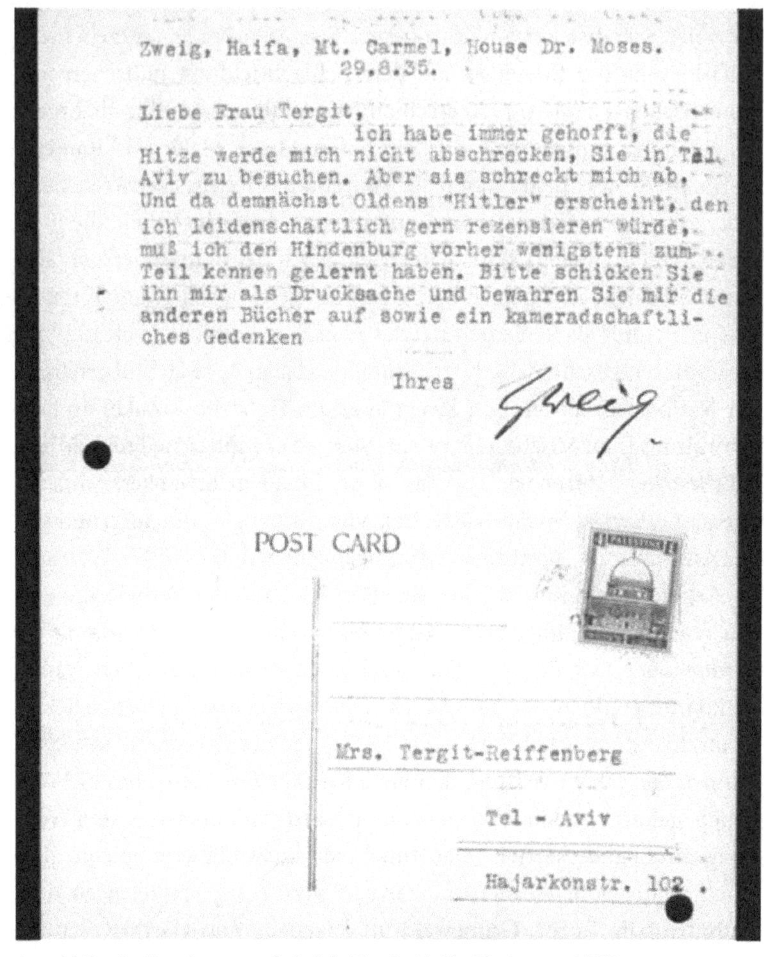
Zweig, Haifa, Mt. Carmel, House Dr. Moses.
29.8.35.

Liebe Frau Tergit,
ich habe immer gehofft, die Hitze werde mich nicht abschrecken, Sie in Tal Aviv zu besuchen. Aber sie schreckt mich ab. Und da demnächst Oldens "Hitler" erscheint, den ich leidenschaftlich gern rezensieren würde, muß ich den Hindenburg vorher wenigstens zum Teil kennen gelernt haben. Bitte schicken Sie ihn mir als Drucksache und bewahren Sie mir die anderen Bücher auf sowie ein kameradschaftliches Gedenken

Ihres
Zweig.

POST CARD

Mrs. Tergit-Reiffenberg

Tel - Aviv

Hajarkonstr. 102.

Arnold Zweig, Postkarte an Gabriele Tergit, Haifa 29. August 1935

traditionell rot; 1920 wurde hier die Histadruth, der Dachverband der Gewerkschaften gegründet. Auch diese Tatsache prädestinierte Haifa für den Sozialisten Arnold Zweig als neue Wahlheimat. Er hatte sich, wie er Schalom Ben-Chorin gegenüber äußerte, vorgestellt, »dass ich am Abend, nach der Arbeit, mit meiner Pfeife am Straßenrand sitzen kann und mich mit jedem Arbeiter zu unterhalten vermag«.[39] Was er nicht vorhergesehen hatte, war die Tatsache, »daß sich die hebräische

Sprache als ein solches Hindernis erweisen wird«.[40] Dies mag zunächst erstaunen, denn im Vergleich zu Jerusalem und Tel Aviv entwickelte sich Haifa zu der »am meisten ›jeckisch‹ geprägten Stadt – eine ›Stadt der Jeckes‹ insofern, als Präsenz und Einfluss der deutschen und zentraleuropäischen Immigranten spürbarer waren«.[41] 1938 lebten rund 54 000 Juden in Haifa, von denen etwa 11 000 aus Deutschland, Österreich und zu einem geringeren Teil aus der Tschechoslowakei eingewandert waren. Das heißt, mehr als zwanzig Prozent der jüdischen Einwohner war mit deutscher Sprache und Kultur aufgewachsen. Aber es war zumeist die bürgerliche Mittelschicht aus den genannten Ländern, die sich in Haifa ansiedelte. Arnold Zweig gehörte zu den wenigen Intellektuellen, die sich hier niederließen. Im Allgemeinen war Jerusalem, schon aufgrund der Nähe zur Hebräischen Universität, die Stadt der Geistesarbeiter. Ein vom 1. November 1935 datierter Brief Zweigs an eine Freundin der Familie zeigt seine Verbitterung darüber, »wie konsequent sich das Land Geistern von europäischem Ruf verschließt, sofern sie nicht hebräisch dozieren können«.[42] Zweig, der sich zwischen 1912 und 1933 wie kaum ein anderer Intellektueller in Deutschland durch seine Publikationen für die Existenz einer nationalen jüdischen Heimstätte in Palästina eingesetzt hatte, mag vielleicht keinen roten Teppich am Hafen in Jaffa erwartet haben. Aber er hatte doch angenommen, dass man ihm jedes neue Manuskript aus den Händen reißen würde und er sich der Einladungen zu Lesungen und Ehrungen kaum würde erwehren können. Das Gegenteil war der Fall: »Bis auf kleine Ausnahmen stellt sich das Land, als wäre ich gar nicht da.«[43] Und es sollte noch schlimmer kommen.

Am 30. Mai 1942 wurde Arnold Zweig tätlich angegriffen. Schauplatz war das Cinema Esther am Dizengoff Platz in Tel Aviv – bis heute ein Vorzeige-Objekt der weißen »Bauhaus«-Moderne in Israel. Das Kino besaß einen der größten Säle im Land, und Zweig hoffte auf breite Zuhörerschaft für seinen Vortrag. Nach dem deutschen Angriff auf die Sowjetunion hatte er mit Gleichgesinnten die Liga V gegründet, die mit einigem Erfolg Gelder für Ambulanzen und Medikamente sammelte, die den verletzten russischen Soldaten zugutekommen sollten. An jenem Schabbat Ende Mai hielt Zweig eine – wie immer – in deutsch vorgetragene Ansprache, in der er für das Hilfsprojekt warb, als plötzlich Rowdies, bewaffnet mit Brechstangen und Mauersteinen, den Saal stürmten. Während sie die Einrichtung kurz und klein schlugen und einige Personen im Auditorium krankenhausreif prügelten, schrien sie auf Hebräisch, dass dies der Preis für eine in Hitlers Sprache abgehaltenen Veranstaltung sei. Augenzeugen berichteten später, dass Zweig vom Rednerpult gestoßen wurde, dem stark sehbeeinträchtigten Schriftsteller dabei die Brille von der Nase fiel und er sich tastend und zitternd in eine Ecke flüchtete. Dem Krawall wurde schließlich von der Polizei Einhalt geboten.[44] Als einige Monate später in der Druckerei, die die von Zweig mitherausgegebene Wochenschrift *Orient* herstellte, eine Bombe explodierte, waren Zweigs Hoffnungen, im Land der nationalen jüdischen Heimstätte jemals als deutschsprachiger Schriftsteller und Linksintellektueller wirken zu können, dauerhaft zerstört.

Arnold Zweig schrieb die gegen ihn gerichteten Feindseligkeiten maßgeblich seinem Roman *De Vriendt kehrt heim* zu. Er hatte ihn wäh-

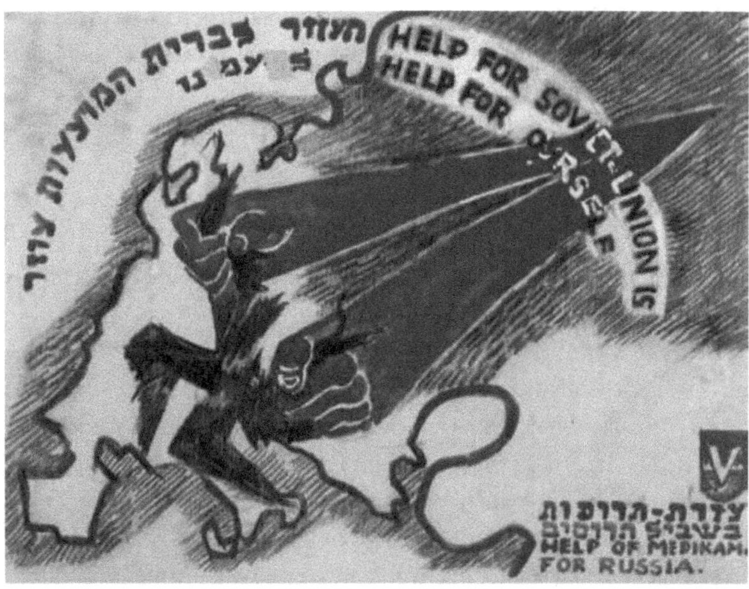

Lea Grundig, Entwurf für ein Poster der Liga V für Medikamentenhilfe für Russland, 1942

rend seiner ersten Palästina-Reise im Frühjahr 1932 begonnen und publizierte ihn noch im gleichen Jahr in Deutschland als letztes seiner Werke vor Hitlers Machtantritt. Die Handlung basiert auf einer historischen Begebenheit: »Das Modell der Hauptgestalt meines Buches war der unglückliche Dichter, unselige Politiker J. I. de Haan, der 1924 in Jerusalem ermordet wurde.«[45] Zweig hatte über den Vorfall in der Zeitung gelesen: Der niederländisch-jüdische Lyriker, Romancier und Diplomat Jacob Israel de Haan, der als Journalist in Jerusalem arbeitete, war als überzeugter Zionist nach Palästina gekommen, verwandelte sich vor Ort jedoch zunehmend in einen scharfen Kritiker der zionistischen Organisation. Er schloss sich einer antizionistischen jüdisch-orthodoxen Partei an und setzte sich für die Rechte der Palästinenser ein. Von zionistischer Seite wurde er als Verräter an der nationalen Sache gesehen. Das von radikalen Zionisten begangene Attentat war das erste seiner Art in Palästina und löste heftige Kontroversen aus. Zweig entwarf seinen Protagonisten de Vriendt nach der Vorlage de Haans als Freidenker und als moralischen wie politischen Rebell. Bei den jüdischen Lesern in Palästina stieß das Buch – wie Zweig richtig vermutet hatte – aufgrund der scharfen Verurteilung von Nationalismus und politischem Mord sowie des Plädoyers für eine tolerante Haltung gegenüber der arabischen Bevölkerung überwiegend auf negative Reaktionen. Doch dürfte der Roman, so der Zweig-Biograf Wilhelm von Sternburg, keine folgenschweren Auswirkungen gegen seinen Autor gezeitigt haben, da das Buch im Jischuv kaum bekannt war. Zweig mag jedoch seinen eigenen Wandel vom glühenden Zionisten zum schonungslosen Kritiker als in der Figur de Vriendts (de Haans) präfiguriert gesehen haben. Wie dieser hatte er sich durch seine vehemente und andauernde Kritik an der nationalistischen und antiarabischen Haltung des Jischuvs unbeliebt gemacht. Daraus folgte seine Isolation, die ihn nach Kriegsbeginn aufgrund der Reisebeschränkungen noch härter traf. Alles in allem fühlte er sich »wie ein großer Fisch in dem flachen palästinensischen Gewässer«.[46] Zweigs Kontakte im Land blieben auf einen kleinen Kreis Gleichgesinnter beschränkt. Zu ihnen gehörten unter anderen Wolfgang Yourgrau, Louis Fürnberg, Ernst Loewy, Walter Zadek, Sally Grosshut, Lea Grundig und Rudolf Hirsch.

Arnold Zweigs Frau, die aus Berlin gebürtige Malerin Beatrice Zweig, akklimatisierte sich im Gegensatz zu ihrem Mann in Palästina deutlich besser. Sie arbeitete zeitweise im Atelier von Hermann Struck und bestückte insgesamt neun Ausstellungen in unterschiedlichen Galerien und Museen in Haifa, Tel Aviv und Jerusalem. Die Resonanz in den lokalen Medien war durchweg positiv. So hieß es in der *Palestine Post* über ihre Arbeiten, die im März 1935 in einer Solo-Schau der Steimatzky Gallery in Jerusalem gezeigt wurden, dass sie ein ungewöhnliches Interesse erregt hätten. In der Rezension über eine Sammelausstellung von fünfzig Malerinnen und Bildhauerinnen im Bezalel Museum im Februar 1943 wurden ihre »zauberhaften Aquarelle« hervorgehoben, in denen es der Malerin vortrefflich gelänge, die Atmosphäre Palästinas mit dem zarten Hauch eines japanischen Pinsels zu vermitteln.[47] Andere bescheinigten ihr, das Lokalkolorit überzeugend mit hellen Farben eingefangen zu haben. Beatrice Zweig arbeitete in den klassischen Techniken: Öl auf Leinwand, Aquarell, Kupfer- und Holzstich. Auch ihre Sujets waren mit Landschaften, Blumen und Stillleben eher traditionell. Stilistisch stand sie dem Spätimpressionismus nahe. Die, wenngleich bescheidene, Wertschätzung ihrer Arbeiten in Palästina ließ sie aus dem Schatten ihres übergroßen Schriftsteller-Gemahls heraustreten.

Beatrice Zweig war seit 1916 mit ihrem Cousin gleichen Familiennamens verheiratet. Sie kannte Arnold Zweig seit Kindesbeinen, und die beiden begannen einige Jahre vor der Hochzeit eine von den Eltern ihrerseits untersagte Liebesbeziehung. Sie stellten sich gegen die Verbindung mit dem entfernten Verwandten, weil sie ihn für nicht standesgemäß hielten. Beatrice Zweig stammte aus einer sehr betuchten Kaufmannsfamilie; Arnold Zweig kam aus eher ärmlichen Verhältnissen. Sein Studium, das er nie abschloss, war nur aufgrund von Stipendien möglich, da sein Vater – Sattler von Beruf – ihm keine höhere Ausbildung finanzieren konnte. Arnold stand also von Anfang an unter Zugzwang, etwas darstellen zu müssen. Ein gewisser Lebensstandard, eine repräsentative Adresse und eine angemessene Wohnungseinrichtung spielten stets eine wichtige Rolle für ihn. Aus dem gleichen Gefühl heraus entsprang wohl auch sein Bedürfnis, sich außerehelich bei Frauen zu beweisen, ein Umstand, der immer wieder zu nachhaltigen schweren Depressionen bei Beatrice Zweig führte. »Ich hab gezeichnet, da ist aller Kummer verflogen«[48] – ein Satz aus einem Brief an eine Freundin von 1923, der ihr künstlerisches Schaffen als therapeutische Zuflucht zu sich selbst kennzeichnet. Aus einer akuten Ehekrise floh sie im Herbst 1932 nach Paris, um sich in der Drucktechnik weiterzubilden. Die Professionalisierung ihrer Fertigkeiten stärkte ihr Selbstbewusstsein.[49] Die Ereignisse im Folgejahr, die Emigration in mehreren Etappen und die Ankunft in der Fremde führten die Eheleute, die zwei gemeinsame Söhne hatten, wieder zusammen. Frauen blieben jedoch ein Thema für Arnold Zweig bis ins hohe Alter. Beatrice Zweig richtete sich in ihrem Mal-Refugium ein. Ihre Zeichnungen erkannte ein sensibler Rezensent der *Palestine Post* als Spiegel ihrer Seele. Er beschrieb ihre leichten und ätherisch anmutenden Skizzen als Impressionen einer vergangenen Welt,

> »die halb im Nebel versunken ist, ein Gewirr von schwachen Farben, aus dem sich eine Andeutung einer einst gesehenen Landschaft ergibt. Beim Betrachten dieser zarten und hübschen Skizzen fühlt man sich an jene Zeit erinnert, als von jeder Dame erwartet wurde, ein wenig in Aquarellfarben zu malen und ein wenig Mendelssohn auf dem Familienklavier zu spielen; als das Leben durch die Hecke am Ende des Gartens begrenzt war und die Lösung von Problemen den Männern überlassen wurde.«[50]

1946 erschien in Tel Aviv ein Lexikon *Art and Artists in Palestine*. Dem Eintrag unter Beatrice Zweigs Namen sind von ihr selbst autorisierte Angaben zu ihren Lehrern zu entnehmen, zu denen bekannte Maler und Grafiker wie Ludwig Meidner, Johannes Itten und Max Dungert in Berlin, Frans Masereel in Paris und Hermann Struck in Haifa zählten. Das zweisprachig – Englisch und Hebräisch – verfasste Nachschlagewerk wurde von Ruth Klinger, der langjährigen Sekretärin Arnold Zweigs in Haifa, erstellt. Es enthält knapp sechshundert Kurzbiografien von in Palästina tätigen Musikern, Schauspielern, Tänzern und Bildenden Künstlern. Architekten und Schriftsteller sind nicht miteinbezogen. Die jeweiligen Angaben konzentrieren sich auf wenige, grundlegende

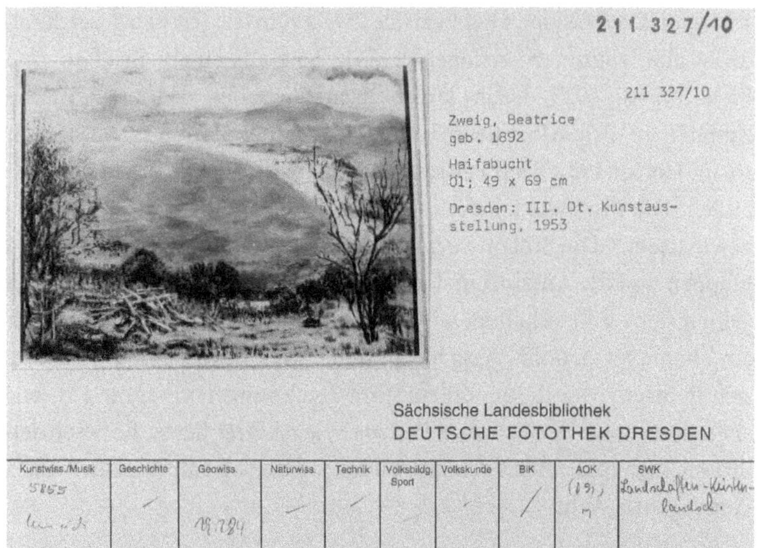

Historische Bildkarte der Deutschen Fotothek Dresden mit Aufnahme von Beatrice Zweigs Ölbild »Haifabucht« aus den 1940er-Jahren

Informationen wie Geburtsdatum und -ort, Ausbildungsstätten, Einwanderungsjahr und Aktivitäten im Land, inklusive der aktuellen Adresse. Von den aufgelisteten 216 Musikern stammen 82 aus Deutschland, Österreich oder der Tschechoslowakei. Auch bei den Sängern und Tänzern ist ein ähnlich hoher Anteil aus den deutschsprachigen Ländern verzeichnet: 35 von 74 Personen. Lediglich im Bereich Theater verschiebt sich das Verhältnis deutlich zugunsten der überwiegend aus Russland und den osteuropäischen Ländern eingewanderten Schauspieler. Hier sind lediglich neun von insgesamt 113 Akteuren aus den deutschsprachigen Regionen gelistet. Bei den 148 im Jischuv tätigen Malern und Bildhauern kommen die »Jeckes« wiederum mit 41 auf etwas mehr als ein Viertel. Alles in allem sind die Einwanderer aus mitteleuropäischen, deutschsprachigen Ländern, abgesehen von der stark sprachabhängigen Schauspielerei, mit durchschnittlich einem Drittel in den Bereichen der Darstellenden und Bildenden Künste prominent vertreten.

Die Herausgeberin des Lexikons ist mit einem eigenen Eintrag in ihrem Nachschlagewerk unter der Rubrik Theater vertreten. Daraus geht hervor, dass Ruth Klinger 1906 in Prag geboren wurde und ebendort an der Akademie für Dramatische Künste und Musik studierte. Später zog sie nach Berlin und trat hier auf verschiedenen Bühnen auf. 1930 gründete sie in der deutschen Hauptstadt mit ihrem Mann Maxim Sakashansky das jüdische Zimmertheater »Kaftan«, das Gastvorstellungen in allen großen Städten Deutschlands, in der Tschechoslowakei, Belgien und den Niederlanden gab. Beide emigrierten 1933 nach Palästina, wo Ruth Klinger im Hebräischen Theater Rollen übernahm und literarische Soloabende gestaltete. Zur Aufbesserung ihrer finanziellen Lage nahm sie 1943 die Stelle als Privatsekretärin Arnold Zweigs an. Der fast erblindete Schriftsteller war auf Hilfe angewiesen. In ihren Erinnerungen schilderte Ruth Klinger höchst eindrucksvoll Zweigs druckreifes Sprechen: »Er mußte nie nach einem passenden Ausdruck suchen, wußte stets zu Beginn jedes Satzes genau wie er enden werde, selbst wenn er sich über mehrere Nebensätze erstreckte. [...] Sein Diktat war so, als löse sich etwas Auswendiggelerntes von der Zunge ab.«[51] Sie beschrieb darüber hinaus die häusliche Atmosphäre – »Es wurde möglichst viel geschwiegen«[52] –, schilderte die finanziellen Sorgen der Zweigs nachdem bei Ausbruch des Krieges nahezu alle ausländischen Einkommensquellen versiegt waren, berichtete über ihren Besuch in Prag 1947 und über das enthusiastische Echo, das Arnold Zweigs Name in ihrer Heimatstadt auslöste: »Welcher gebildete Tscheche kennt nicht Zweigs *Grisha*!«[53] Ein Jahr später verabschiedete sich Arnold Zweig aus Palästina. Beatrice Zweig folgte ihm.

Zu den Zweigs in Palästinas Kulturszene gehört eine weitere Person: der Dramatiker Max Zweig, der am 3. Juli 1938 in Jaffa landete und sich in Tel Aviv niederließ. Er war ein entfernter Verwandter Stefan Zweigs – die Großmutter Max Zweigs und der Großvater Stefan Zweigs waren Geschwister. Max Zweig sprach offenbar ungern über seinen berühmten Cousin zweiten Grades. Angesichts seiner eigenen vergleichsweise bescheidenen Karriere als Bühnenautor war wohl etwas Neid im Spiel, wenn er konstatierte, Stefan habe bei den wenigen familiären Treffen nie einen großen Eindruck auf ihn gemacht. Dem knapp gehaltenen Lebenslauf, mit dem er als Mitglied beim Verband deutschsprachiger Schriftsteller in Israel erscheint, ist zu entnehmen, dass er 1892 im mährischen Proßnitz geboren wurde und kurz vor seinem hundertsten Geburtstag in Jerusalem verstarb. Er absolvierte ein Jurastudium in Wien mit anschließender Promotion in Prag, übte den Beruf des Juristen jedoch nie aus. Von 1929 bis 1938 hielt er sich als freischaffender Dramatiker zunächst in Berlin, dann in Proßnitz auf. In Palästina wohnte er vierzig Jahre in Tel Aviv, seine letzten Lebensjahre verbrachte er in Jerusalem. In seinem langen Leben schrieb Max Zweig 22 Dramen, von denen einige erfolgreich in Israel, Österreich, Deutschland, den USA, Frankreich und Finnland aufgeführt wurden. Inhaltlich beschäftigen sie sich mit religiösen, historischen, zeitgenössischen und psychologischen Themen.[54]

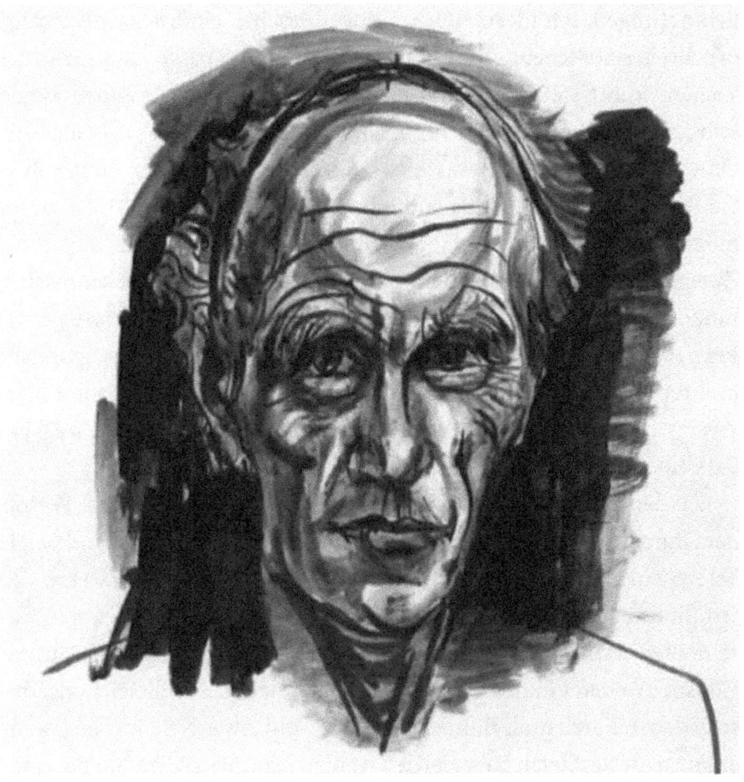

Lea Grundig, Der Dramatiker Max Zweig, 1948

Das biografische Gerüst hat Max Zweig selbst – noch im Alter von weit über neunzig – durch seine *Lebenserinnerungen* aufgefüttert. In etwas monotonem Duktus – er hielt sich selbst nie für einen brillanten Erzähler – berichtet er, wie es ihn eher zufällig 1938 nach Palästina verschlug. Er hatte das Land zwar schon drei Jahre zuvor für die Dauer einiger Wochen besucht, doch stand es nie auf der Liste seiner potenziellen Auswanderungsziele. Der Besuch einer Aufführung des durch Europa tourenden Habimah Theaters in Brünn sollte eine entscheidende Wendung herbeiführen. Der Regisseur Zwi Friedland war an einer Aufführung in hebräischer Übersetzung von Zweigs Stück »Die Marranen« in Tel Aviv, dem Stammsitz der Habimah, interessiert. Er hielt es für hochaktuell. Das Schauspiel thematisiert die Situation der iberischen Juden im 15. Jahrhundert, die sich unter dem Druck der Inquisition taufen ließen, jedoch versteckt weiterhin ihrem Judentum verbunden blieben. In ihrer doppelten Zugehörigkeit sah Zweig – und der Regisseur der Habimah ebenso – soziale, materielle und psychologische Parallelen zur Situation der deutschen Juden vor dem Machtantritt Hitlers. Zwecks Hilfestellung bei den Übersetzungsarbeiten und den Aufführungsproben begab sich Max Zweig Ende Juni 1938 auf die Reise über das Mittelmeer. Geplant waren einige Monate Aufenthalt in Palästina, aus denen ein ganzes Leben wurde, da an eine Rückkehr in die Tschechoslowakei nach der Premiere der »Marranen« nicht mehr zu denken war. Alle Routen waren entweder durch die Nationalsozialisten blockiert oder führten bereits durch Kriegsgebiet. Zweig, der ohne Pläne und Erwartungen – abgesehen von der Umsetzung seines Bühnenstücks – nach Palästina gekommen war, sah sich plötzlich in der Levante »gefangen«. Er arrangierte sich mit der Situation.

Tel Aviv, das Zweig als keine schöne, dafür aber umso lebendigere, aufstrebende Stadt erlebte, hatte als Mittelpunkt der sich entwickelnden hebräischen Kultur gerade auf dem Gebiet der Darstellenden Künste Einiges zu bieten. Bei seiner Ankunft, so erinnerte sich Zweig, besaß es »zwei Schauspieltheater (ein drittes kam bald hinzu), ein ständiges Kabarett, viele Kinos und zahlreiche große Säle für Laienvorstellungen, Ballettvorführungen, Sabbatfeiern und Versammlungen«.[55] Zweig traf hier seinen Olmützer Gymnasialfreund, den Architekten Paul Engelmann, wieder, der vier Jahre vor ihm ins Land gekommen war. Engelmann war ein ehemaliger Schüler und Mitarbeiter von Adolf Loos. Berühmt wurde er für das Mitte der Zwanzigerjahre zusammen mit dem Philosophen Ludwig Wittgenstein für dessen Schwester Margarethe Stonborough-Wittgenstein entworfene Wohnpalais im 3. Wiener Bezirk, das heute – unter Denkmalschutz stehend – als bulgarisches Kulturinstitut dient. In Palästina verdiente Engelmann seinen Lebensunterhalt mit Möbelentwürfen und der Gestaltung von Innenräumen. Darüber hinaus beschäftigte er sich privatim mit der Herstellung hektografierter philosophischer Broschüren, einige davon dem Andenken an Adolf Loos und Karl Kraus gewidmet. Zweig und Engelmann führten ein Leben am Existenzminimum. Max Zweig konnte sich nur durch Zuwendungen einiger Freunde, vor allem von Max Brod, über Wasser halten. Über 25 Jahre hinweg teilte er sich mit Paul Engelmann eine Unterkunft: »Sie bestand aus einer auf einem breiten, weißgekalkten Flachdach gebauten primitiven Einzimmerwohnung. Der Waschraum, welcher die Toilette enthielt, befand sich auf der entgegengesetzten Seite des Daches, so daß wir, auch bei Nacht und im Regen, dessen ganze Fläche überqueren mußten, um jene Örtlichkeit zu erreichen.«[56] Zweig bewohnte den als Küche ausgewiesenen, zwei mal drei Meter messenden Raum. Wenn man seinen *Lebenserinnerungen* Glauben schenken darf, so hat er nie mit seinem Schicksal gehadert. Er war kein Zionist und wurde auch später keiner, aber er verdankte Palästina/Israel die Rettung seines Lebens und sein Überleben als Künstler, der sich ganz seiner Kunst verschrieb ohne zusätzlichen Brotjob:

> »Ich bin mir dessen bewußt, daß das, was mir in Israel geschah, mir nur dort geschehen konnte. In jedem anderen Land der Erde wäre ich rettungslos verloren gewesen; ich wäre verhungert, oder, was wahrscheinlicher ist, ich hätte Selbstmord begangen. Ich empfinde daher für Israel, für das Land wie das Volk, eine von tiefem Dank erfüllte, ja zärtliche Zuneigung.«[57]

Der entfernte Cousin Stefan Zweig hat das Land Israel nie besucht. Er mistraute der Verwirklichung von Utopien. Dennoch schickte Stefan Zweig, bevor er 1934 Österreich verließ, einen großen Teil seines persönlichen Archivs an die Jüdische National- und Universitätsbibliothek in Jerusalem, darunter seine Briefwechsel mit Theodor Herzl, Sigmund Freud, Albert Einstein, Romain Rolland, Thomas Mann, Arthur Schnitzler, Rainer Maria Rilke und vielen anderen. Er wollte sie an einem sicheren Ort wissen: »Ich glaube ohne jede Übertreibung«, so schrieb er an den Direktor der Bücherei, Hugo Bergmann, »daß es eine der interessantesten Correspondenzen dieser Zeit darstellt und ein wesentlicher Besitz für Ihre, für unsere Bibliothek wäre.« [58]

Die Sprache der Bilder: Helmar Lerskis Verwandlungen durch Licht

»Jeckinoaisten« ist eine wunderbare, Hebräisch-Deutsch vermischte Wortschöpfung aus dem Palästina der 1930er-Jahre. Es setzt sich aus drei Wörtern zusammen: Jecke, Kino und dem hebräischen Begriff für Tonfilm »Kol-Noa«. Mit der Bezeichnung waren alle in der Filmbranche Tätigen gemeint – Schauspieler, Produzenten, Regisseure, Kameraleute, Drehbuchautoren, Filmkomponisten, Szenenbildner, Kinobesitzer, Techniker und Filmverleiher –, die zwischen 1933 und 1941 aus Deutschland nach Palästina einwanderten. Von den insgesamt rund 2000 Juden aus dem deutschsprachigen Filmmetier immigrierten allein 1500 in die USA und versuchten, in Hollywood unterzukommen. Nur etwa 120 Cineasten wählten Palästina als Zufluchtsort. Unter ihnen machten die Darsteller gut ein Viertel aus, gefolgt von den Filmemachern und Spielleitern. Die Marschrichtung der deutschen Filmindustrie hatte der Propagandaminister Josef Goebbels bereits am 28. März 1933 im Berliner Hotel Kaiserhof verkündet. Zielvorgabe war, wie in anderen Bereichen auch, die Arisierung des gesamten Kinobetriebs. Die größte Firma, die Universum Film AG (UFA), setzte ihre »Entjudung« bereits am folgenden Tag um und entließ 24 jüdische Angestellte vom Regisseur bis hin zur Bürokraft.

Einer der Jeckinoaisten war der Filmarchitekt Heinz Fenchel. Seine beachtliche cineastische Karriere in Deutschland nahm in Palästina eine scharfe Wendung ins Baufach, er wechselte sozusagen von der Sphäre der Illusionen in den Bereich der Realität. Fenchel, 1906 in Berlin geboren, war ein Kind der deutschen Hauptstadt in ihrer pulsierendsten Periode. Nach seiner Ausbildung an der Staatlichen Hochschule der Bildenden Künste in Berlin-Charlottenburg, wo er bei Hans Poelzig Architektur und bei César Klein Theater- und Bühnendesign studierte, tauchte er in die brummende Filmindustrie der Weimarer Zeit ein. Er gehörte zu den Jüngsten an den Sets so bekannter UFA-Filme wie *Der Sträfling aus Stambul* mit Heinrich George und Paul Hörbiger, *Adieu Mascotte* mit Lilian Harvey oder *Troika* mit Olga Tschechowa. Es folgten Kulissenentwürfe für zahlreiche Produktionen der renommierten Ondra-Lamac-Film GmbH, darunter für den frühen Edgar Wallace Film *Der Hexer.* Bis 1933 gestaltete Fenchel die Szenerie für insgesamt 45 deutsche und ausländische Spielfilme. Seine außergewöhnlich steile Karriere – er war im Jahr der Machtübernahme Hitlers gerade einmal 27 Jahre alt – drückte sich auch in seinem Lebensstil aus: Er fuhr einen amerikanischen Buick und wohnte im eleganten Tiergarten-Viertel. Sein letzter Film in Deutschland war die deutsch-französische Co-Produktion *Der Tunnel* mit Gustaf Gründgens, der später auch in Palästina gezeigt wurde. Danach arbeitete er noch zwei Jahre lang für Studios in Österreich, der Tschechoslowakei, in Frankreich und Dänemark, bevor er 1937 Europa den Rücken kehrte.

Als Heinz Fenchel 31-jährig in Haifa an Land ging, hebräisierte er seinen Vornamen in Chaim und ließ sein berufliches Leben als Filmarchitekt hinter sich. Seine enorme Erfahrung in der Gestaltung wirkungsvoller Innen- und Außenräume kam ihm jedoch in seinem neuen Aufgabenbereich entgegen. Kurz nach der Eröffnung eines eigenen Architekturbüros in Tel Aviv konnte er bereits zahlreiche Aufträge für Caféhäuser, Kinos, Geschäftsbauten sowie im Wohnungsbau akquirieren. Als in den 1960er-Jahren die Planungen für große Hotelketten wie die DAN Gruppe hinzukamen, musste er seinen Mitarbeiterstab auf 25 erweitern. Sein Büro gehörte damit zu den damals größten und erfolgreichsten innerhalb des Jischuv. 1961 wurde er für den Entwurf der Librairie Francaise mit dem renommierten Rockach-Preis der Stadt Tel Aviv ausgezeichnet. Hier wie bei zahlreichen anderen Projekten erinnert die luxuriöse Innenausstattung an seine früheren Filmdekorationen. Durch frei in den Raum gesetzte Treppen, ausladende Plateaus und Galerien werden Nutzer und Bewohner seiner Architekturen stets als auftretende Akteure gedacht. Fenchels Stil ist individuell, einfallsreich und setzt sich erfrischend vom Diktat der sogenannten »Bauhaus-Moderne« ab. Für die funktionalistischen Bauten der »Weißen Stadt« hatte er von Anfang an wenig übrig. Während er die Hafenstadt Haifa, ihre Lage am Hang, ihre mit gebrochenem Kalkstein verkleideten Bauten als »schön« empfand, fiel sein Urteil über die Tel Aviver Moderne – er gehörte hier zu den wenigen Kritikern – nicht gerade schmeichelhaft aus: »Die Häuser sind ziemlich einheitlich banale Betonhäuser. [...] Die ganze Stadt ist also nur von Privathand gestaltet, und das bedeutet, wie überall, nur Rentabilität, und so mithin viel Geschmacklosigkeiten und Charakterlosigkeit.«[59] Ihm war es wichtig, Menschen in fantasievollen Bauten eine Bühne zu geben.

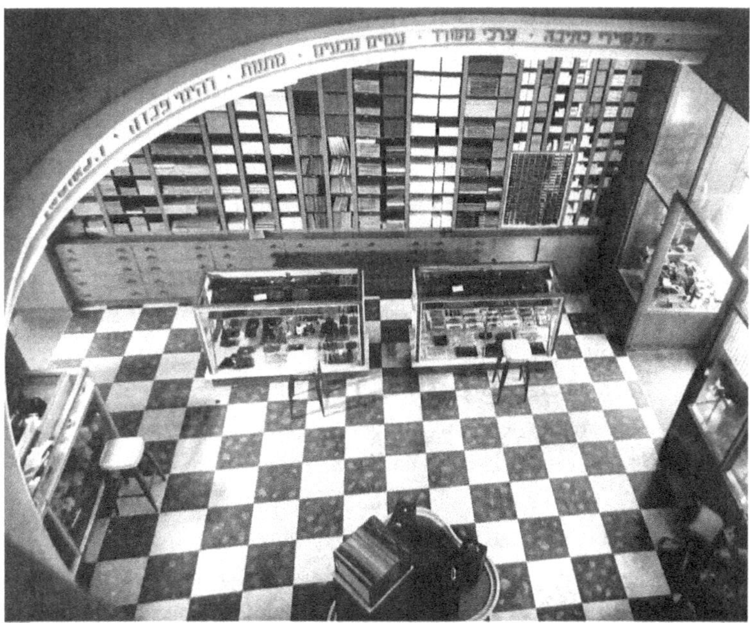

Schreibwarengeschäft in der Nachlath Binjamin Straße in Tel Aviv, 1947, Architekt: Chaim Fenchel

Palästina in den 1930er-Jahren besaß keine nennenswerte Filmindustrie, die einem cineastischen Profi wie Heinz Fenchel ein attraktives Betätigungsfeld hätte offerieren können. Mit der Fünften Alija kamen zwar eifrige und verwöhnte Kinogänger ins Land, doch die Lichtspieltheater – 1935 existierten bereits 18 – griffen in der Regel auf ausländische Streifen zurück. Die eigene Filmproduktion war marginal. Sie lag bis 1933 in den Händen einiger aus Russland eingewanderter Enthusiasten wie Ya'acov Ben-Dov oder Nathan Axelrod. Ihre Leistungen waren angesichts der bescheidenen Mittel und oft primitiven Ausstattungen bemerkenswert. Bei den frühen Produktionen aus den Zwanzigerjahren handelte es sich fast ausschließlich um Dokumentar- oder Propagandafilme. Sie wurden von zionistischen Organisationen in Auftrag gegeben und finanziert: »Nach innen sollten diese Filme die Pioniere für den harten und entbehrungsreichen Aufbau des Jischuv motivieren, nach außen warben sie als Fundraiser um Spenden für die Besiedlungsprojekte in Palästina.«[60] Die Qualität der Streifen verbesserte sich im Laufe der Zeit; es dauerte jedoch noch einige Jahre, um den Standard ausländischer Produktionen zu erreichen.

In den ersten Jahren der nationalsozialistischen Herrschaft in Deutschland entwickelte sich eine »makabre Zusammenarbeit« zwischen den Nazis auf der einen Seite und den Vertretungen der zionistischen Organisation in Deutschland auf der anderen Seite.[61] Einige der zionistischen Propaganda-Filme wurden zwar im Land der jüdischen Heimstätte gedreht, aber in Berlin, mit Erlaubnis der deutschen Behörden, in der Palästina-Filmstelle der Zionistischen Vereinigung Deutschlands produziert. Unter der Maßgabe, dass die entsprechenden Filme nur einem jüdischen Publikum präsentiert werden durften, konnten die technisch gut ausgestatteten Studios in Deutschland genutzt werden. Hier gingen unterschiedliche Interessen Hand in Hand: Beide Seiten verfolgten – wenngleich von diametral entgegengesetzten Ausgangspositionen – das Ziel einer jüdischen Auswanderung aus Deutschland: »auf Seiten der Nazis als rassistische Vertreibung, aus der Perspektive der Zionisten mit dem Ziel der Besiedlung von Palästina«.[62] Für eine kurze Zeit stellte dieses bizarre Reglement noch eine Nische für im Filmsektor tätige jüdische Künstler und Techniker in Nazi-Deutschland dar. Bis Herbst 1938 wurden so neben etlichen kurzen Dokumentationen noch zwei längere Spielfilme in der Berliner Palästina-Filmstelle produziert. In Herstellungsverfahren und Stil stark in der deutschen Filmkultur der 1920er- und 1930er-Jahre verwurzelt, beeinflussten sie nachhaltig die Ästhetik der zionistischen Propagandafilme der 1930er- und 1940er-Jahre. Einer der in Palästina gedrehten und in Berlin fertiggestellten Filme war Helmar Lerskis *Mangina Ivrit* [hebr. für Hebräische Melodie] von 1935, der die Palästinareise des Geigers Andreas Weißgerber erzählt.

Der legendäre Regisseur Helmar Lerski war zu diesem Zeitpunkt schon weit über sechzig Jahre alt und hatte ein nomadisches Leben hinter sich. Als Israel Schmuklerski 1871 im damals deutschen Straßburg geboren, verbrachte er den größten Teil seiner Jugend in Zürich, wo er eine Ausbildung zum Bankangestellten durchlief. 17-jährig ging er über Marseille nach Afrika und später in die USA, wo er zu seiner Existenzsicherung unterschiedliche Jobs – als Fuhrmann, Glaser, Anstreicher – annahm. Über mehrere Jahre arbeitete er als Schauspieler auf deutschsprachigen Bühnen in Milwaukee, Chicago und New York. 1909 eröffnete er ein Fotostudio und machte sich einen Namen als innovativer Portraitfotograf. Sein experimenteller Gebrauch von Spiegeln und sein eigenwilliger Beleuchtungsstil, der klassische Regeln missachtete, zog die Aufmerksamkeit von Kritikern aus Kunst und Wissenschaft auf sich. Trotz seines Erfolgs ging er 1915 mitten im Ersten Weltkrieg nach Berlin und konnte dort eine erste Solo-Ausstellung seiner Lichtbilder ausrichten. Parallel zur Fotografie stieg er in die boomende Filmbranche ein, wo seine Erfahrung in der Manipulation menschlicher Gesichtszüge durch extreme Lichtführung dem expressionistischen Film zugutekam. Als Kameramann arbeitete er mit bedeutenden Regisseuren wie Robert Reinert, Paul Leni, Arnold Fanck und Béla Balázs zusammen. Insgesamt war er an mehr als zwei Dutzend Filmen beteiligt, unter ihnen heute so legendäre Streifen des deutschen Stummfilms wie *Nerven* (1919), *Opium* (1919) und *Das Wachsfigurenkabinett* (1924), allesamt Meilensteine des expressionistischen Kinos. Lerskis elaborierte Beleuchtung unterstützte Mimik und Gestik der Schauspieler, ja überhöhte sie. Seiner Lichtregie kam entscheidende Bedeutung für die Herausarbeitung eines Charakters und seiner Verwandlung zu. Mitte der 1920er-Jahre war Lerski zudem an der Entwicklung des Schüfftan-Verfahrens beteiligt, bei dem über Einspiegelungen große Kulissen mit Modellbauten kleinen Maßstabs kombiniert werden können. Einer der ersten Filme, der sich diese Methode spektakulär zunutze machte, war Fritz Langs *Metropolis*. Dieses Monument des deutschen Films der 1920er-Jahre stand an der Schnittstelle der Entwicklung zum Tonfilm, der einschneidende Veränderungen am Set verursachte. Das Verhältnis von Bild und Ton verschob sich weg vom gestischen und mimischen hin zum sprachlichen Ausdruck. Lerski verließ Berlin, ging nach Zürich zurück und konzentrierte sich wieder vermehrt auf die Fotografie.

In der Schweiz, deren Staatsbürgerschaft Helmar Lerski besaß, nahm er neue Fotoprojekte in Angriff. Es entstanden die beiden Serien »Köpfe des Alltags« und »Jüdische Köpfe«. Für Letztere reiste er 1931 zum ersten Mal nach Palästina. Wie er selbst später schrieb, waren es nicht zionistische Motive, sondern in erster Linie die Auslotung von »Lichtmöglichkeiten«, die ihn ins Land brachten.[63] Die südliche Sonne und der harte Schattenwurf – von Malern und Architekten immer schon als spannende Herausforderung empfunden – bot dem Lichtbildner Lerski die Möglichkeit, seine Illuminationsforschungen unter natürlichen Bedingungen zu erweitern. Hinter seiner Reihe »Jüdische Köpfe« steckte indes mehr als ein wissenschaftlich-technisches Interesse an der Korrelation von Beleuchtung und menschlicher Physiognomie. Angesichts des wachsenden Antisemitismus, den er auch in der Schweiz zu spüren bekam, ging es Lerski darum, jüdische Identität zu ergründen und ihre Diversität ästhetisch zu fassen. In der *Zürcher Illustrierten* publizierte er zwei Köpfe von jemenitischen Juden. Die von seiner Frau Anneliese verfasste Bildlegende transportiert eine klare Botschaft:

> »Wir veröffentlichen diese Bilder um ihres photographisch-künstlerischen Wertes und um ihrer Schönheit willen, wir veröffentlichen sie aber auch mit dem Bewußtsein, daß diese Aufnahmen in einer Zeit der gesteigerten Judenfeindschaft von erhöhtem Interesse sind. – Wer sich nicht durch den neuesten Zeitgeist Herz und Kopf hat verengen lassen, wird diesen Bildern gerne begeg-

nen. Wer ihnen nicht gerne begegnet, den bitten wir zu bedenken, daß einer großen Frage nicht mit unklarer Parteilichkeit, sondern besser mit Erkenntnis zu Leibe gegangen wird. Unsere Veröffentlichung vermittelt in bescheidenem Maße einige Erkenntnis in einer verwickelten und Jahrtausende alten Volksgeschichte.«[64]

Ein Zitat aus Lessings *Nathan der Weise* lieferte das Motto: »Sind Christ und Jude: eher Christ und Jude – als Mensch.«[65] Die um Verständnis bemühten Zeilen – 1932 geschrieben – wirken in Anbetracht dessen, was die Zukunft damals noch parat hielt, fast naiv.

Die Zionistische Organisation, von der Lerski sich die Finanzierung einer Gesamtausgabe seiner »Jüdischen Köpfe« erhofft hatte, reagierte ablehnend. Sie setzte weder auf eine christlich-jüdische Verständigung – gleichbedeutend mit der von ihr bekämpften Assimilation – noch auf eine Verwandtschaft der Juden mit der lokalen arabischen Bevölkerung, die aus Lerskis Jemenitenportraits abzulesen war. Sie entsprachen auch kaum dem zionistischen Idealbild kühner Pioniere, die das Land aufbauen. Es scheint, dass Lerski Anfang der 1930er-Jahre noch wenig über die

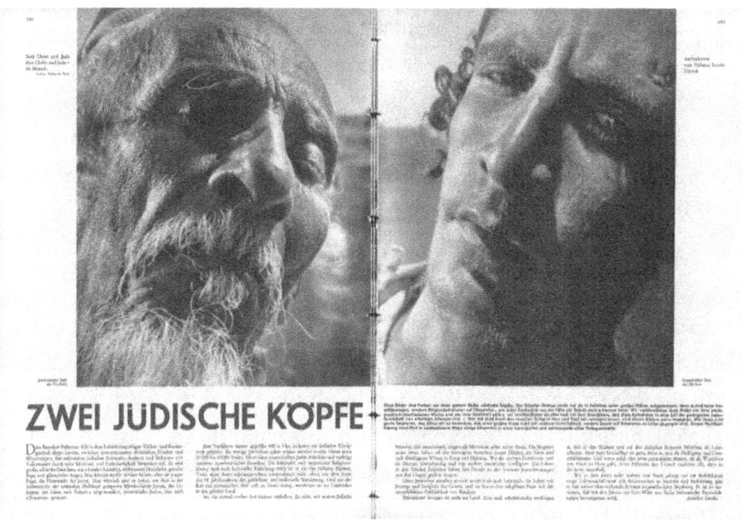

ZWEI JÜDISCHE KÖPFE

Helmar Lerski, Zwei Jüdische Köpfe, Palästina 1931, publiziert in der *Zürcher Illustrierten*

zionistische Bewegung und ihre ideologischen Grundlagen wusste. Das änderte sich deutlich während seines zweiten Aufenthalts in Palästina, den er 1932 antrat und aus dem 15 Jahre wurden. Er wandte sich dem zionistischen Propagandafilm zu und brachte ihn technisch wie ästhetisch auf Höchstform. Inhaltlich setzte Lerski auf den Kulturzionismus und stand dem politischen Zionismus und seinen gelegentlich chauvinistischen Auswüchsen distanziert gegenüber. Zusätzlich zu dem bereits erwähnten Streifen *Mangina Ivrit* schuf er zwischen 1935 und 1947 noch mindestens fünf weitere Filme, welche das Leben im Jischuv, insbesondere die kollektiven Siedlungsgemeinschaften und ihre nationale, dem Boden verbundene Aufbauarbeit thematisierten. Sein Film *Avodah* [hebr. für Arbeit] von 1934/35 »gilt als der erste international Aufsehen erregende Film aus dem britischen Mandatsgebiet Palästina, der in der Regie eines Emigranten aus Nazideutschland produziert wurde«.[66]

In Palästina begrüßten Freunde und Berufskollegen Lerski als lebens- und berufserfahrenen »Weisen«. Er stand im Mittelpunkt des Emigrantenkreises der Film- und Fotobranche und wurde als Kapazität und als Meister verehrt:

> »Helmar Lerski war so etwas wie eine moralische Autorität. [...] Sein unbedingter Moralismus und sein ethischer Kommunismus folgten in vielem den Vorstellungen Martin Bubers. Auch Lerski hatte die Utopie eines Ausgleichs von Juden und Arabern, ja die Vorstellung einer Symbiose an der Grenze von Orient und Okzident. Seine Portraitfotografie setzte [...] die Neugeburt des Juden als ›produktiv arbeitenden‹ Menschen, ästhetisch um.«[67]

Die Malerin Lea Grundig widmete den »Lerskis« – sie war mit beiden, Helmar und seiner Frau Anneliese, eng befreundet – ein eigenes Kapitel in ihren Erinnerungen. Ihre Beschreibung von ihm bestätigt einmal mehr die besondere Ausstrahlung und Integrität dieses Mannes: »Helmar war gegen siebzig Jahre alt, ein leidenschaftlicher, heftiger, sehr gütiger Mann, von edler Schönheit. Er war besessen von seiner Arbeit, sein Herz war stärker und brennender als die Herzen vieler an Jahren junger Menschen.«[68]

Der aus Berlin gebürtige Publizist und Bildjournalist Walter Zadek kürte ihn zum Ehrenpräsidenten des von ihm 1939 gegründeten Verbands professioneller Fotografen, der Palestine Professional Photographers Association (PPPA). In dieser quasi gewerkschaftlichen Organisation, die nur kurzzeitig existierte, schlossen sich überwiegend aus Mitteleuropa eingewanderte Fotografen zusammen. In seinen Erinnerungen kolportierte Zadek seine erste Erfahrung mit dem lokalen Pressewesen, die der Auslöser für die Einrichtung der PPPA gewesen sein mag: In der Redaktion einer Illustrierten entdeckte er in der Kostenkalkulation, dass neben den Summen für Papier, Druck und Umbruch der Posten für die Abbildungen fehlte. Auf seine Rückfrage erhielt er zur Antwort, dass die Fotografen doch durch die Nennung ihres Namens unter den Aufnahmen genügend entschädigt würden.[69] Als ein vorrangiges Ziel der PPPA deklarierte Zadek denn auch einheitliche und verbindliche Bildhonorare für Verbandsmitglieder. Aber gerade dieser Punkt erwies sich als äußerst diffizil in der Umsetzung. Andere Aktivitäten waren erfolgreicher: Einkaufsgemeinschaften, regelmäßige Treffen mit Vorträgen zu Techniken, Copyright, Bilddruck etc. sowie die Organisation von Weiterbildungsseminaren und Ausstellungen. Legendär waren die von Helmar Lerski für Verbandsmitglieder ausgerichteten Kurse auf der Dachterrasse seiner Wohnung in der Dizengoffstraße gegenüber dem Theaterbau der Habimah. Er ließ seine Schüler Portraits von sich selbst oder gegenseitig aufnehmen und zwar mit der von ihm schon vor dem Ersten Weltkrieg entwickelten plastischen Lichtführung. Walter Zadek hat diese Seminare über den Dächern Tel Avivs fotografisch dokumentiert.

Viele der damals als Fotografen tätigen Einwanderer hatten erst in Palästina zur Kamera gegriffen. Einige, wie Walter Zadek, erhofften sich dadurch ein Zubrot. Zadek war von Haus aus Buchhändler und Antiquar, hatte dann lange Jahre als Ressortchef beim *Berliner Tageblatt* und als Leiter der Zentralredaktion für deutsche Zeitungen gearbeitet. Der Journalismus war seine Passion. Der hebräischen Sprache nicht mächtig, verlegte er sich in Palästina auf die Bildreportage, die er neben seinem Einfuhrunternehmen für Emigrantenliteratur recht erfolgreich über 15 Jahre betrieb. Stilistisch blieb er ein Eklektiker. Sein weniger stark ausgebildeter Gestaltungswille erhöht den dokumentarischen Wert seiner Aufnahmen.

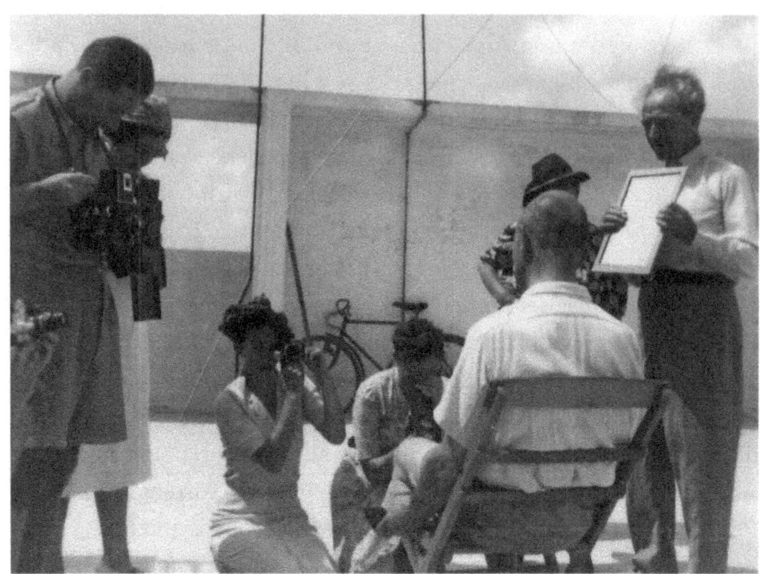

Fotoklasse mit Helmar Lerski auf dem Dach seines Wohnhauses in Tel Aviv, um 1940; Foto: Walter Zadek

Sie erscheinen real und unvermittelt als nicht manipulierte Abbilder der Wirklichkeit. Außer den Autodidakten – die Bildsprache war einfacher zu erlernen als Hebräisch – kamen auch professionell ausgebildete Fotografen ins Land. Neben den an anderer Stelle bereits erwähnten Bauhäuslern seien hier zwei Namen genannt: der aus dem Baden-Württembergischen stammende Alfred Bernheim und der aus München gebürtige Tim N. Gidal. Bernheim hatte sich nach einer konventionellen Fotografenlehre als freier Architektur- und Portraitfotograf mit eigenem Studio in Berlin niedergelassen. In Jerusalem zählten Erich Mendelsohn, Salman Schocken und die Hebräische Universität zu seiner Klientel. Gidal hatte zwar Geschichte, Kunstgeschichte und Nationalökonomie studiert, war aber nebenbei seit 1929 für verschiedene Zeitschriften als Pressefotograf tätig. Mit seiner Promotion an der Universität in Basel »Über das Verhältnis von Bildberichterstattung und Presse« gab er seiner Passion, dem Fotojournalismus, einen akademischen Unterbau. Er bekleidete später in New York und Jerusalem Professuren für Visuelle Kommunikation.

Mit Tim N. Gidal und Helmar Lerski beherbergte das Land zwei international operierende und renommierte Fotografen. Sie definierten die Bandbreite des Metiers: der Bildjournalismus auf der einen und die künstlerische Fotografie auf der anderen Seite; Abbild von Bestehendem hier und Schöpfung von Neuem dort. Die *Frankfurter Rundschau* kürte Lerski letzthin zu einem »Lichtbildhauer«. Mit seinem Experiment *Verwandlung durch Licht* von 1936 zeigte er in spektakulärer Weise das künstlerische Potenzial des Mediums Fotografie auf. Die Serie von annährend 140 Großaufnahmen demonstrierte, was der Lichtbildner aus einem einzigen Gesicht herausholen konnte. Sein Modell – der aus der Schweiz eingewanderte Bautechniker Leo Uschatz – war, wie Lerski versicherte, bar jeglichen schauspielerischen Talents. Allein durch Manipulation von Licht und Schatten mittels Spiegeln und Blenden erzeugte Lerski eine Unzahl unterschiedlicher Charaktere.[70] Das Ergebnis der auf diese Weise erreichten Metamorphosen war so frappierend, dass Siegfried Kracauer es in seiner *Theory of Film* referenzierte: »Keine der Aufnahmen hatte Ähnlichkeit mit dem Modell, und alle unterschieden sich voneinander. Durchs stetig veränderte Licht erweckt, entstiegen dem Originalgesicht hundert verschiedene Gesichter, darunter das eines Helden, eines Propheten, eines Bauern, eines sterbenden Soldaten, einer alten Frau, eines Mönchs.«[71]

Zu seinem 75. Geburtstag im Februar 1946 feierte die *Palestine Post* Helmar Lerski als »Father of Facial Landscapes«.[72] Ein paar Monate später begannen die Dreharbeiten zu seinem letzten Film, dem Dokudrama *Adamah* [hebr. für Erde]. Die lokalen Medien berichteten ausführlich über die Entwicklung am Set: Immerhin waren der Regisseur, der Verfasser des Drehbuchs, der Standort und nicht zuletzt das Szenario aufsehenerregend. Der Plot erzählt die Verwandlung eines jungen Holocaust-Überlebenden von einem zutiefst traumatisierten Jugendlichen in ein hoffnungsfrohes Mitglied des Jischuv. Drehort war das zwischen Tel Aviv und Jerusalem gelegene Jugenddorf Ben Shemen, das 1927 von dem aus Berlin stammenden Arzt und Pädagogen Siegfried Lehmann gegründet worden war. Als Initiator und Autor des Films versprach er sich eine breite Wirkung und daraus resultierend finanzielle Unterstützung seiner schulischen Einrichtung. Sein international beachtetes Institut war weniger Schule denn Arbeits- und Lebensgemeinschaft von Lehrern und Schülern und basierte auf einem Modell der Anti-Pädagogik. Die rund zweihundert Internatsschüler bildeten eine Art Kinder- und Jugendrepublik, die sich selbst verwaltete. Für den Lerski-Lehmann-Film stellten sie das Schauspielensemble, das heißt, sie spielten ihr eigenes Leben in Ben Shemen. Viele von ihnen hatten die Shoa überstanden und kamen aus den Sammelstellen der Displaced Persons in Europa. Auch das persönliche Schicksal des Hauptdarstellers Benjamin Hildesheim war mit dem des von ihm verkörperten Protagonisten in *Adamah* nahezu identisch. Er gehörte zur ersten Alija nach Ende des Zweiten Weltkrieges, die im Dezember 1945 in Palästina eintraf. Der zu diesem Zeitpunkt 16-Jährige hatte eine grauenerregende Odyssee durch die Hölle mehrerer Ghettos und Konzentrationslager hinter sich. Fünfzig Jahre später wurde seine Geschichte in mehrstündigen Interviews aufgezeichnet, die sich heute im United States Holocaust Museum in Washington D.C. befinden. In Lerskis Film wird Benjamin Hildesheim, wie er auch dort heißt, immer wieder von seinen entsetzlichen Erinnerungen heimgesucht: Zwanghaft reißt er den Stacheldraht nieder, der in Ben Shemen nur die Kühe umzäunt, er stiehlt und hortet Brot, obgleich es im Speisesaal des Jugenddorfs frei zur Verfügung steht. Im Verlauf der 75-minütigen Story lernt er in mühseligem Prozess, seinen Mitschülern zu vertrauen, seine Umgebung zu schätzen und sich zu integrieren. Am Ende beweist er sich als vollwertiges Mitglied der Pioniergesellschaft: Er führt eine Gruppe an, die eine neue Siedlung gründet. Was Lerskis Film zeigt, ist – metaphorisch gesprochen – ebenfalls eine Verwandlung durch Licht: Die Geschichte eines jungen Menschen, der am Ende eines langen Martyriums wieder in eine helle Zukunft blicken kann, in der sich das Selbstbildnis des jungen Staates Israel spiegelt.

Adamah wurde nach Beendigung der Dreharbeiten in Ben Shemen in den Studios von Hollywood geschnitten und mit Musik von Paul Dessau unterlegt. Im Februar 1948 war die Postproduktion abgeschlossen. Helmar Lerski verbrachte seinen 77. Geburtstag noch in Tel Aviv; kurz darauf verließ er Palästina und kehrte in die Schweiz zurück. Er selbst sah den Film *Adamah* in seiner endgültigen Fassung auf dem Filmfestival in Locarno im Juli 1948, wo er als erster cineastischer Bei-

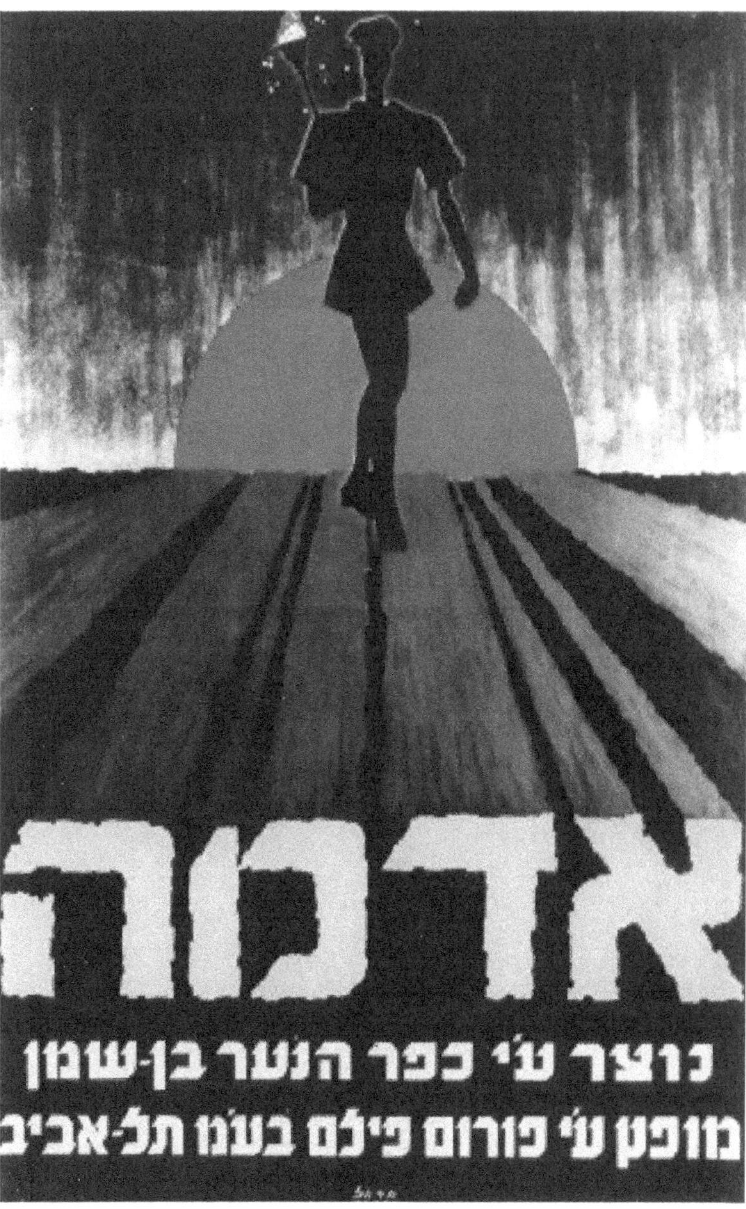

Werbeposter für den Film »Adamah« von Helmar Lerski, 1947

trag aus dem am 18. Mai neugegründeten Staat Israel gefeiert und mit begeisterten Kritiken der Presse überschüttet wurde. Die Biografie des Films, der – an einer brisanten historischen Schnittstelle gedreht – wie kaum ein anderer anhand eines Einzelschicksals die Geburt des Staates Israel mit dem Holocaust verknüpft, endet in einem Mysterium: Von seiner Originalfassung ist heute keine Kopie mehr auffindbar. Erhalten ist allein eine auf 48 Minuten gekürzte und in Teilen abweichende amerikanische Version unter dem optimistischen, jedoch nichtssagenden Titel *Tomorrow is a wonderful day.*

»Exil« und »Heimat« nach dem 8. Mai 1945

»Heimweh, wonach?« Mascha Kaléko

Vom Weiterwandern und Dableiben

Eine stimmungsvolle Fotografie zeigt den Architekten Erich Mendelsohn im verlorenen Profil skizzierend an einem Gartentisch: ungebügeltes Leinenhemd und gepunktete Fliege, Brille, den Zeichenblock auf den übergeschlagenen Beinen, lässig eine Zigarette im Mund. Die Länge der Asche mag der Zeitspanne entsprechen, in der er den Entwurf zu Papier gebracht hat – Mendelsohn war berühmt für die schnelle Skizze. Mit einem weichen 6B-Bleistift ist er im Begriff, das Blatt zu signieren. Darauf ist ein in mehreren Stufen sich allmählich verjüngender Wolkenkratzer in Schrägansicht zu sehen, der oben in einer skulpturalen Form endet. Die entfernte Reminiszenz an die Statue of Liberty im New Yorker Hafen wird durch den Untertitel »Freiheitsstatue« bekräftigt. Die Aufnahme entstand im Februar 1941 in Jerusalem. Anwesend, wenn auch im Bild nicht sichtbar, ist der Fotograf. Er hat dem Architekten durch sein Kameraobjektiv über die Schulter geschaut und den Augenblick der Authentifizierung des ihm zugedachten Werks auf Zelluloid gebannt. Die Widmung unterhalb der Skizze verrät seinen Namen: Dr. Gidal. Tim Nahum Gidal arbeitete nach seiner Flucht aus Deutschland – wie Erich Mendelsohn – mehrere Jahre zweispurig, zwischen England und Palästina pendelnd. Das Treffen der beiden Männer galt einem besonderen Anlass. Gidal hatte gerade eine abenteuerliche Reise von Großbritannien nach Palästina hinter sich. Aufgrund der kriegsbedingten Schließung des europäischen Luftraums für die zivile Luftfahrt und des Suezkanals für die Schifffahrt hatte ihn seine Reise von England

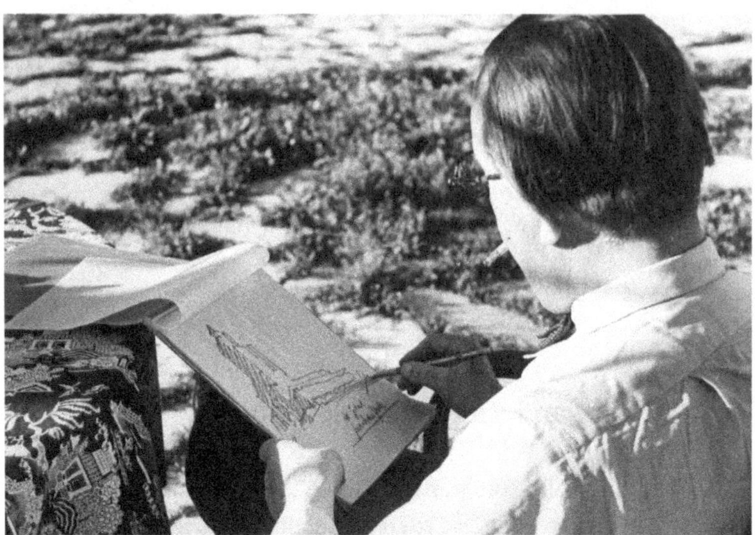

Architekt Erich Mendelsohn skizzierend im Garten der Windmühle in Rehavia, Februar 1941; Foto: Tim N. Gidal

um die Südspitze Afrikas herum in die indische Hafenstadt Bombay und von dort über Basrah im Irak nach Jerusalem geführt. Wenig später begaben sich Erich Mendelsohn und seine Frau Luise auf eine fünfwöchige Schiffsreise in umgekehrter Richtung: Basrah, Bombay, Kapstadt und von dort, abweichend von Gidals Route, über Trinidad nach New York. In Zeiten einer vom Krieg zerrissenen Welt fängt das Foto einen Moment pastoraler Ruhe im Spätnachmittagslicht Jerusalems ein – eine Begegnung zwischen Ankunft und Abreise.

Im Jischuv hat man es Mendelsohn übelgenommen, dass er das Land verließ. Schon die Beibehaltung seines Londoner Büros von 1933 bis 1939 wurde ihm als unsolidarisches »Doppelleben« angekreidet: »Wenn Sie Ihren Beruf in Palästina ausüben wollen«, so mahnte sein Freund Chaim Yaski, »müssen Sie sich dauerhaft hier niederlassen und dürfen nicht in England sitzen und erwarten, dass man Ihnen von hier aus Aufträge erteilt. Sie müssen sich entschließen, sich in diesem Land niederzulassen und zusammen mit uns allen Ihren Beitrag zum Aufbau des Landes zu leisten.«[1]

Anfang 1941 war es dann eine komplexe Gemengelage an Gründen, die Mendelsohn entscheiden ließ, die jüdische Heimstätte zu verlassen. Der Krieg hatte sich auf den Mittelmeerraum ausgeweitet, Reisen nach Europa waren unmöglich geworden, und die Bautätigkeit in Palästina kam allmählich zum Erliegen. Was jedoch schwerer wog, war die Tatsache, dass sich Mendelsohn – vergleichbar hier mit Arnold Zweig – ins Abseits gedrängt fühlte. Wenngleich sein Büro während der sieben Jahre seiner (teilweisen) Anwesenheit ein gutes Dutzend bedeutender Bauaufgaben ausführte, hatte er sich mehr erhofft, nämlich die Gesamtleitung der baulichen Weiterentwicklung des Landes. Doch das Gegenteil zeichnete sich ab: Seine jüngeren Kollegen setzten anonyme Wettbewerbe zur Vergabe öffentlicher Bauaufträge durch. Die Gleichstellung mit ihnen empfand er als Demütigung. Mendelsohn meinte, vom Land und von der Architektur mehr zu verstehen als sie. Hinzu kam, dass er in harscher Opposition zur vorherrschenden zionistischen Linie des Jischuv stand. Palästina wurde ihm zu eng: »Ich brauche die Welt – nicht um der Welt willen, sondern wegen des großen Maßstabs. […] Judea ist himmlisch, aber zu klein für mich.«[2] Seinen eigenen zionistischen Traum von einem semitischen Commonwealth formulierte er noch vor seiner Abreise in seinem 19-seitigen Pamphlet *Palestine and the World of Tomorrow*:

> »Palästina [kann] nur in enger Zusammenarbeit mit den Arabern aufgebaut werden und nur dann ein Ort des allgemeinen Wohls werden, wenn beide Völker zu einer Verständigung gelangen. […] Es ist der Ort, an dem sich Intellekt und Vision – Materie und Geist – treffen. An der Übereinkunft, die diese Verbindung fordert, sollten beide, Araber und Juden, beide Mitglieder der semitischen Familie, gleichermaßen interessiert sein. An dem Ergebnis hängt das Schicksal Palästinas.«[3]

Während Mendelsohn seine Kritik in den großen geopolitischen Bogen einspannte und allzu Persönliches außen vor ließ, hielt sich die Schriftstellerin Gabriele Tergit diesbezüglich nicht zurück. Sie war eine Reporterin durch und durch, die kein Blatt vor den Mund nahm und die Dinge mit beeindruckender Ehrlichkeit beim Namen nannte. Schon auf ihrer Schiffsreise diagnostizierte sie jüdischen Antisemitismus den deutschen Juden gegenüber. Ein einige Monate nach ihrer Ankunft verfasstes Schreiben an die Herren Jakob Edelstein und Hans Lichtwitz vom Prager Palästinaamt, die ihr bei den Formalitäten für ihre Einreise ins Mandatsgebiet behilflich gewesen waren, spickte sie mit harten Anklagen gegen die Befindlichkeiten im Gelobten Land:

> »Solange ich in Prag war, habe ich das Gefühl gehabt, es gibt ein jüdisches Volk, es gibt eine Empörung über Hitler, es gibt ein Eintreten füreinander. [...] Es herrscht hier [in Palästina, Anm. d. Autorin] keine Spur eines Gefühls für die Tragödie des deutschen Judentums. Eigentlich findet man das alles ganz richtig. Wozu hat es in Deutschland so viele Anwälte gegeben? Und Ärzte und Akademiker. [...] Der freudige Ton, mit dem hier auf alle Judenverfolgungen reagiert wird: ›Seht Ihr wir habens ja immer gesagt.‹ [...] Ich brauche Ihnen nicht zu sagen, wie diese Dinge auf einen Menschen wirken, dessen Atem die Freiheit, dessen Lebensluft die Gerechtigkeit war. Ich habe das deutsche Judentum in all seinen Spielarten von Wien bis Berlin unendlich geliebt. Ich kann Ihnen nicht sagen, wie es mich verbittert, es hier beschimpft und verleumdet und verhöhnt zu sehen.«[4]

Gabriele Tergit hielt es nicht lange in Palästina, nur ganze vier Jahre. Ihre kaleidoskopartigen Essays über Land und Leute, die erst posthum 1996 in einer Auswahl publiziert wurden, waren der Versuch, an ihre Berliner Reportagen anzuknüpfen. Mit der deutschen Hauptstadt als Maßstab im Kopf blieb ihr das Land Israel letztlich fremd. Gemeinsam mit ihrem Mann, dem Architekten Heinz Reifenberg, wanderte sie schon 1938 weiter nach London. Sie brauchte den Rhythmus der Großstadt und die entsprechende Gesellschaft mit dem dazugehörigen intellektuellen Spektakel. In ihrer Autobiografie sowie in den autobiografisch angelegten Romanen ist die Zeit in Palästina nahezu völlig ausgeblendet, so als gäbe es von ihr kaum Berichtenswertes.

Ganz anders stellte sich die Haltung der Schriftstellerin und Lyrikerin Lola Landau zu ihrem neuen Zuhause dar. Wie viele deutsch-jüdische Intellektuelle hatte sie sich erst infolge der Repressionen durch die Nationalsozialisten mit ihrer jüdischen Identität und dem Zionismus beschäftigt. Wenngleich sie über das Sprachproblem hinaus mit etlichen familiären Unwägbarkeiten zu kämpfen hatte – für ihren nichtjüdischen Mann, den Schriftsteller Armin T. Wegner, kam die Jüdische Heimstätte als Exilland nicht in Frage –, entschied sie sich bewusst für Palästina als Zufluchtsort und für ein Dableiben. Schon auf der Überfahrt fühlte sie sich in ihrem Entschluss bestätigt. Kurz vor der Ausschiffung schrieb sie am 2. September 1935 an Wegner:

> »Liebster Armin, soeben sind wir in Jaffa angekommen, und schon umfängt einen der orientalische Lärm, exotische Träger, die Boote in dem unbeschreiblich farbigen Licht dieser Sonne! Diese ganze Fahrt auf dem Schiff bei spiegelglatter See war eine herrliche Erholung. – Das Schiff ist wie ein Luxusdampfer mit sehr schönen Wasch- und Baderäumen für die Touristenklasse. [...] Heute Abend lande ich in Haifa. Heute betrete ich das Land, nach dem ich mich so gesehnt habe. – Schon fühle ich, dass ich hierbleiben möchte. Aber ich will nicht vorschnell urteilen.«[5]

Lediglich die wiederholten Treffen mit ihrem Mann in den Jahren unmittelbar nach ihrer Flucht zunächst in Berlin, dann im italienischen Positano, für die sie den beschwerlichen und nicht ungefährlichen Weg von der östlichen Mittelmeerküste aus auf sich nahm, ließen ihre Entscheidung mitunter ins Wanken geraten. Sie fragte sich, wohin sie gemeinsam emigrieren könnten, um die Familie zusammenzuhalten: »In irgend ein neutrales Land mit Dir gehen?«[6] Auf einer der Schifffahrten zu ihrem Mann entstand der Text »Heimweh nach Palästina«:

> »Palästinas Küste entgleitet. Noch scheint das fahrende Schiff zu stehen, während das geliebte Land im Dunkel von uns fortschwimmt. [...] ein Gefühl der Bangigkeit ergreift uns, als wären wir ausgesetzt auf dem schwankenden Boden der ganzen unruhigen

> Erde. Denn jeder Jude, der Palästina verlässt, kehrt von der Heimat in die Heimatlosigkeit zurück. [...] Erst fern von Palästina packt ihn das Heimweh. [...] Gut, dass es so ist. Denn das Heimweh beginnt, die rauhe palästinensische Wirklichkeit wieder in die reine Idee, in die Sehnsucht zurückzuverwandeln. Mit der Kraft dieses unsterblichen Traumes baut der Jude auch fern von Palästina an seinem Land.«[7]

Lola Landau lebte bis zu ihrem Tod 1990 in Israel, zunächst in Haifa, später in Jerusalem. Die Ambivalenz von Heimat und Exil blieb ein vorrangiges Thema ihres dichterischen Werks. In ihrem Gedicht »Einwanderer« aus den 1960er-Jahren heißt es in einer zentralen Strophe:

> »Wir tragen von fremden Ländern die Spuren
> Ins Antlitz geschnitten mit schmerzhaftem Schnitt.
> Vertrieben von zärtlich geliebten Fluren,
> Schleppen wir auf dem Rücken verlassene Länder mit.«[8]

Das Gegenstück dazu findet sich in dem Poem »Ich trage Jerusalem auf dem Rücken«, das mit dem Vers endet:

> »Wenn ich dein vergesse Jerusalem
> Soll mich die lockende Welt zerstücken,
> die Hände zermalmen, den Geist verrücken.
> Wie die Mutter trägt ihr Kind auf dem Rücken
> Trage ich Dich, JERUSALEM,
> Kostbare Last!«[9]

Der Pazifist Armin T. Wegner, der aufgrund seines engagierten Eintretens gegen den Antisemitismus des NS-Staates und der daraufhin erlittenen Misshandlungen durch die Gestapo in die Reihe der »Gerechten unter den Völkern« in Yad Vashem aufgenommen und mit einem Baum geehrt wurde, blieb in Italien. Er verstarb 1978 in Rom.

Aus einer ganz anderen Perspektive wiederum ist Martin Feuchtwangers affirmative Haltung zum Land Israel zu erklären. Als jüngerer

Bruder des berühmten, in die USA ausgewanderten Lion Feuchtwanger vermutlich zeitlebens in dessen Schatten stehend, schließen seine Erinnerungen mit einem Vergleich der amerikanischen und israelischen Verhältnisse. Unter der Überschrift »Amerika – ein Paradies?« zieht er John Steinbecks sozialkritischen Roman *Früchte des Zorns* heran, um die hier angeprangerten Missstände einer als unverhältnismäßig besser geschilderten Situation in Israel gegenüberzustellen:

> »In Israel gibt es viel Not und Elend, aber doch kaum diese grauenhaften, zum Himmel schreienden Qualen und Ungerechtigkeiten; denn Hunderte von Sozialinstitutionen, Tausende von selbstlosen Helfern und Helferinnen sind bemüht, Elend und Leid, auch das stille, sich verbergende, zu suchen und es zu lindern.«

Und auf die anschließende Frage »Wo ist die Heimat der Juden?«, heißt es: »trotz aller Entbehrungen des täglichen Lebens atmet der Mann hier eine freiere Luft.«[10] Martin Feuchtwangers Bezug, an dem er sein Dasein in Palästina/Israel maß, war Amerika. Beim Lesen seiner Autobiografie stellt sich mitunter das Gefühl ein, dass er sich – und vor allem seinem Bruder – beweisen musste, mit der Auswanderung in die jüdische Heimstätte alles richtig gemacht zu haben. Deutschland hat nach der Flucht keine Bedeutung mehr für ihn. So findet auch der 8. Mai 1945 keine Erwähnung in seinen Erinnerungen.

Der Blick auf Deutschland

Das Ende des Kriegs und der Naziherrschaft, das am 8. Mai 1945 mit der bedingungslosen Kapitulation Deutschlands offiziell wurde, fand im britischen Mandatsgebiet Palästina ein großes Echo und wurde ausgiebig zelebriert. Die *Palestine Post* berichtete am nächsten Tag über »V-Day Gaiety in Jerusalem«: Fahnen im Britischen Government Viertel, Fahnen an allen Gebäuden im Stadtzentrum, Kirchenglocken, überfüllte Straßen, Autohupen, auf der Ben Yehuda Straße schenkte die Carmel Kelterei freien Wein aus, vor dem Y.M.C.A. spielte das Highland Regi-

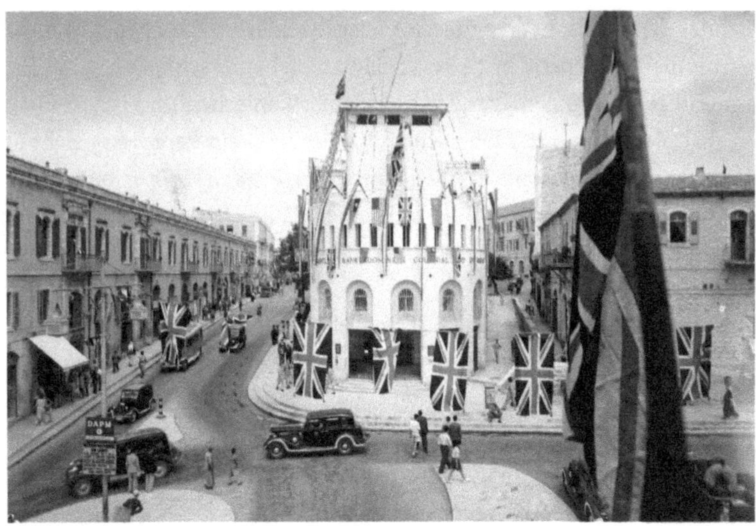

VE-Day in Jerusalem, Jaffa Straße, 8. Mai 1945

ment mit seinen Dudelsäcken auf, später kam Unterstützung vom Polizeiorchester, nach Einbruch der Dunkelheit war ganz Jerusalem auf den Beinen, um die Stadt bei Flutlicht zu sehen.[11] Die Feierlichkeiten wurden vor allem von den Briten initiiert. Bei den »Jeckes« – so bezeugen es persönliche Briefe, Tagebucheintragungen und Memoiren – blieb der große Jubel oft aus. Zu sehr mischten sich in die Freude über das Ende des Naziregimes die mehr und mehr durchsickernden Informationen über das ganze Ausmaß der Greueltaten, die in deutschem Namen geschehen waren. Auch die Tatsache, dass das Land der eigenen Herkunft zerstört war, und Sorgen um die unsichere Zukunft der neuen Heimat drücken sich in ihren Berichten aus.

Jenny Alonis Tagebucheintrag vom 8. Mai 1945, geschrieben im Camp der jüdischen Brigade der Britischen Armee, liest sich tief bedrückt:

> »Heute ist ›V.E. Day‹ das Ende des Krieges in Europa. Monatelang ja jahrelang habe ich darauf gewartet, habe am Radio gesessen, um Nachrichten zu hören die sein Kommen näher bringen. Ich woll-

> te mich so gerne heute freuen, denn es bringt doch schliesslich andere Zeiten näher, wenn es auch nicht bedeutet, dass gestern alles schwarz und heute alles weiss ist. Ich habe den ganzen Tag vergeblich versucht fröhlich zu sein.«[12]

Zwischen den Zeilen meint man die Angst vor der Nachricht über den Verbleib ihrer Eltern, ihrer Schwester und anderer Verwandter zu spüren. Wenige Wochen später wurde ihre Ahnung vom Schlimmsten zur Gewissheit: Der Vater war in Theresienstadt gestorben; Mutter, Schwester und weitere enge Verwandte wurden von dort nach Polen deportiert. Ihr weiteres Schicksal blieb bis heute größtenteils unbekannt.

In den Memoiren Lea Grundigs ist dem Abschnitt über das Kriegsende die Distanz der retrospektiven Betrachtung anzumerken:

> »Der 8. Mai kam heran, der Tag der bedingungslosen Kapitulation, der Tag, da die Sieggewohnten kleinlaut wurden. Ihre Stiefel konnten ehedem niemals genug fremde Erde zertrampeln, fremdes Pflaster stampfen, in den Rücken anderer Völker treten. Ich sah in der Wochenschau die Unterzeichnung der bedingungslosen Kapitulation. Da saßen sie am Tische, verlegen und schäbig zwischen Anbiederung und Überheblichkeit, und sie setzten ihren verfluchten Namenszug unter das Dokument ihrer völligen Unterwerfung. Im Herzen aber sannen und spannen sie bereits am Gewebe des dritten Weltkrieges. [...] An diesem Tage, dem 8. Mai, verband alle Menschen in der Welt, die den Krieg verflucht hatten, die Freude und die Hoffnung. Jeder war dem anderen ein Bruder. Aber anderntags war das Fest zu Ende.«[13]

Und Arnold Zweig schrieb am 7. Mai 1945, dem Tag der Kapitulation von Reims, an Lion Feuchtwanger:

> »Es ist angenehm zu sehen, wie wenig Überheblichkeit, Siegerkranz und Siegerfreude in all unseren Zeitgenossen hier waltet, daß man kaum Schadenfreude hört, wenn von den geschlagenen Deutschen die Rede ist, und fast nirgendwo dem Naziraubtier ein

> gleichartiges Raubtiergebiß entgegengefletscht wird. Der Job war schwer, er mußte getan werden, er wurde auch getan, ohne die Russen hätten wir's nicht geschafft, und nun – laßt uns sehen, was wir aus diesem Leben noch machen können.«[14]

Im letzten Satz – im unvermittelten »wir« und »uns« – klingt an, dass es ihm immer und nun einmal mehr um Deutschland ging. In Gedanken war er längstens unterwegs zurück in das Land seiner geistigen Heimat.

Der 8. Mai 1945 stellte für die Menschen in Europa eine tiefe Zäsur dar, vor allem für diejenigen, die in die Emigration gegangen waren und darauf gewartet hatten, in ihre Heimat oder, was davon übriggeblieben war, zurückzugehen. Für die in Palästina lebenden aus Deutschland und den von den Nationalsozialisten besetzten Ländern geflohenen Juden bedeutete das Datum die Schnittstelle, an welcher sich ihre Existenz in der nationalen jüdischen Heimstätte entweder als Heimat oder als Exil manifestieren sollte. Die Haltung zu Deutschland stand ab Kriegsende auf dem Prüfstand. Kaum einer hat die Absage an sein Geburtsland so radikal formuliert wie Paul Mühsam, in dessen Nachlass im Deutschen Literaturarchiv Marbach sich ein einseitiges, eng beschriebenes Typoskript befindet. Unter der Überschrift »Warum ich nicht nach Deutschland zurückkehren möchte« folgt eine Aufstellung seiner Gründe:

> »1. Es könnte geschehen, daß ich zufällig, ohne es zu wissen, einen der unzähligen Tausenden von Henkersknechten zu Gesicht bekäme, die als Beamte, Ingenieure, Wissenschaftler, Erfinder, Fabrikanten, Lieferanten, Arbeiter, Offiziere, Soldaten, S.S.- und S.A.Leute, Sachverständige, Anordnende, Ausführende oder sonstige Mitwirkende an der Beraubung, Mißhandlung, Marterung, Vertreibung, Vergasung und jeder Art der Ermordung von 6 Millionen (nicht 6 Tausend, sondern 1000 mal 6 Tausend) Juden teilgenommen haben.
> 2. Es könnte geschehen, daß ich im Vorbeigehen einen der Untermenschen streifen würde, die die unmenschlichsten Qualen ersonnen und sich in Höllenlägern an den Schmerzen und Zuckungen ihrer gefolterten wehrlosen Opfer belustigt haben.

> 3. Es könnte geschehen, daß ich genötigt wäre, wenn auch nur einen Augenblick lang, mit einem der aus dem Schlamm emporgeschwemmten Sadisten und Verbrecher die gleiche Luft zu atmen, die nichts Menschenähnliches in ihrer Brust tragen, und die als Tiere zu bezeichnen eine Beleidigung selbst der blutdürstigsten Bestien wäre.«[15]

Mühsams erschütternde Liste kommt auf insgesamt zwölf Punkte und man weiss nur zu gut, dass jeder einzelne, wenngleich von ihm im Konjunktiv formuliert, im Bereich des allzu Wahrscheinlichen liegt. Im letzten Passus schlägt der Duktus um, und es wird deutlich: Mühsam geht es nicht um Hass gegen Deutschland, sondern hinter seinen Zeilen steckt eine tiefe Liebe zu seinem Geburtsland, die er unangetastet lassen möchte: »12. Es könnte geschehen, daß ich mich schämen würde, meine und meiner Vorfahren teure Heimat mit denen zu teilen, die mich aus ihr vertrieben und den Namen eines Deutschen mit denen, die ihn geschändet und mit Füßen getreten haben.«[16] Das erinnert an Walter Rathenaus vielzitierten Satz »Vertreibt man mich von meinem deutschen Boden, so bleibe ich deutsch.«[17] Paul Mühsam ist 1960 in Jerusalem verstorben und hat Zeit seines Lebens in deutsch geschrieben, »Heimwehkrank bis zum letzten Tag«, wie seine Tochter Else Levi-Mühsam bilanzierte.[18]

Paul Mühsams Typoskript ist undatiert. Es liegt nahe, dass es nach dem 8. Mai 1945 geschrieben wurde, da erst mit Ende des Zweiten Weltkriegs in Europa und mit dem Untergang der nationalsozialistischen Herrschaft Besuche in Deutschland oder gar eine Remigration gedanklich in Erwägung gezogen werden konnten. Es eröffnete sich die Möglichkeit einer Rückkehr in das alte Leben von vor 1933 und damit verbunden die Frage nach der Haltung gegenüber dem post-nationalsozialistischen Land. Zu den ersten, die realiter mit Deutschland am Kriegsende konfrontiert wurden, zählten diejenigen, die sich freiwillig zum britischen Militär gemeldet hatten, unter ihnen Hans Jonas und Julius Posener. Beide waren 1945 in Deutschland – Jonas als Sergeant der Jüdischen Brigade, Posener als britischer Offizier – und erlebten dort das Kriegsende. Ihre Berichte von den verwüsteten Gebieten ähneln sich, doch ihre Gefühle beim Anblick der Geisterstädte, die mit tiefen Kratern und aufragenden Trümmerhaufen wie Mondlandschaften aussahen, divergieren. Sie spiegeln ihren jeweiligen sozialen und militärischen Bezugsrahmen. Der Jüdischen Brigade, die erst im September 1944 gebildet wurde, gehörten ungefähr 5000 Männer an. Viele von ihnen hatten, wie Jonas selbst, nahe Verwandte als Opfer des Holocausts zu beklagen. Deutschlands Niederlage und Zerstörung bereitete ihm, wie er freimütig in seiner Autobiografie schreibt, »das Gefühl jauchzender, befriedigter oder wenigstens halb-befriedigter Rache. Das gehört zu den unedlen Gefühlen des Herzens, aber ich war erfüllt von dem Gedanken, daß das Gräßliche, was hier geschehen, was an unseren Angehörigen verübt worden war, nicht ganz ungerächt geblieben war«.[19] Ganz offen und ohne den Ausdruck nachträglicher moralischer Bedenken erwähnt er zwei grausame Racheakte an Deutschen, die einige seiner Kameraden verübten. Die Vergeltungsaktionen waren ein Grund für die Briten, die Jüdische Brigade aus Deutschland abzuziehen und in den Niederlanden zu stationieren.

Julius Posener diente seit 1941 regulär in der britischen Armee, der etwa 26 000 jüdische Männer und Frauen verschiedener Herkunft angehörten. Vor seinem Einsatz in Deutschland wurde er von seinem empathischen britischen Stabschef gefragt, ob er sich der Aufgabe gewachsen fühle. Das Mitgefühl, das er von Anfang an für die Besiegten empfand, brachte ihn allerdings unmittelbar in Gewissenskonflikte: »Warum blieb ich beim Einmarsch in ein Land, welches die entsetzlichsten Verbrechen der Weltgeschichte begangen hatte, gelassen, warum war es mir vom ersten Augenblick an sympathisch?«[20] Er versuchte sich an verschiedenen, recht lauen Erklärungen, um seines inneren Dilemmas Herr zu werden. Letztlich fühlte er sich in Deutschland zu Hause und nahm die Gelegenheit eines verlängerten Militärdienstes bis Ende 1946 wahr. Von seinem in Jerusalem lebenden Bruder Ludwig erntete er dafür Tadel: »Es sei [...] nicht Sache eines Juden, ein Jahr seines Lebens damit zuzubringen, das beginnende politische Leben in Deutschland zu behorchen und sich einzubilden, er könne da vielleicht etwas bewirken.«[21] Schon aus seinem Brief an den Bruder vom 8. Mai 1945, den er mit seiner Einheit in Bocholt am Niederrhein verbrachte, spricht seine ambivalente

Haltung zu Deutschland, die Zweifel an der jüdischen Heimstätte in Palästina nach sich zieht: Wohin nach dem Krieg?

> »[…] hier sitze ich nun, am Ende der sechs grausamen Jahre, und versuche auszudenken, daß in diesem Augenblick in ganz Europa, legal wenigstens, kein Blut vergossen wird. […] Was ich heute empfinde, ist so gemischt aus Erlösung, Furcht, Hoffnung, Schmerz, daß ich es nicht beschreiben kann. Es ist merkwürdig, daß es meinen Kameraden, (mit Ausnahme zweier völlig menschenunähnlicher Offiziere, die offenbar gar nichts empfinden) ähnlich geht. […] Es ist wenig Triumph in der Stimmung. Man fühlt sich erleichtert; man ist sehr ernst und wundert sich. Triumph ist für die Leute zu Hause. Es kommt dazu, daß die Niederlage des Gegners den Sieger mit ergreift. Engländer sind so. […] sie werden bald nach Hause gehen zu ihren eigenen Leuten und diese Spannungen vergessen. Ich dagegen, fremder Soldat im Geburtsland, habe nicht Heimat im vollen Sinne, die mich nach all dem aufnehmen wird.«[22]

Das *Mitteilungsblatt der Hitachduth Olej Germania* [hebr. für Vereinigung der Einwanderer aus Deutschland] veröffentlichte unmittelbar nach der Kapitulation immer wieder Reportagen über die Situation in Deutschland. Mitarbeiter des Journals bereisten zwischen 1945 und 1950 die von den Alliierten besetzten Zonen und versuchten, Antworten auf die drängenden Fragen zu geben: Was war aus dem Land und seiner Bevölkerung geworden, die millionenfachen Tod zu verantworten hatte? Wie sahen die Städte und Dörfer nach dem Bombenkrieg aus? Standen noch Quartiere und Straßenzüge, in denen man selbst einmal gelebt hatte? Gab es Überlebende der Shoa? Was geschah mit ihnen? Der Politikwissenschaftler und Journalist Klaus Hillenbrand hat vor einigen Jahren 22 Artikel aus dem Mitteilungsblatt, geschrieben von höchst kompetenten Autoren wie Hans Lichtwitz, Robert Weltsch, Georg Landauer und Gershom Scholem, zusammengestellt und kommentiert. Schockierend sind vor allem Aussagen über die ablehnende Haltung vieler Deutscher gegen jegliche Auseinandersetzung mit der jüngsten Vergangenheit, die Zurückweisung jeder Form von Schuld

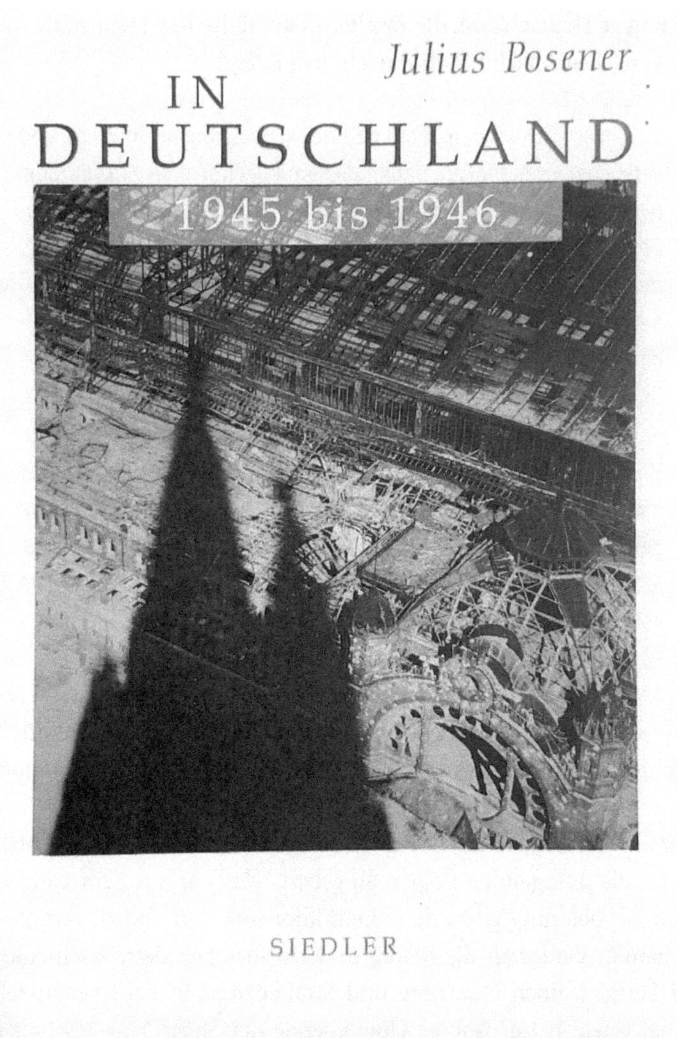

Julius Posener, *In Deutschland 1945 bis 1946*, Berlin 2001, Buchcover

und die schon damals geäußerte Forderung, doch endlich (!) die Vergangenheit ruhen zu lassen.

Gegen das schnelle Vergessen eindeutig Stellung bezogen hat der Architekt Erich Mendelsohn. Eine Wiedereingliederung in den deutschen Architekturdiskurs, in dem seine Stimme bis 1933 unüberhörbar war, lehnte er kategorisch ab. Die Vorstellung, als deutscher Architekt geführt zu werden, war ihm unerträglich. Als sein Stuttgarter Kollege Richard Doecker 1947 mit ihm in Kontakt trat, reagierte er mit einem offensiven Statement:

> »Ich möchte nur das eine sagen: Gut oder schlecht, Nazi oder liberal – jeder Deutsche muss für Deutschland einstehen, für seine ungeheure Schuld an der ›Menschheit‹. [...] Deutschland's Interesse, dass die Welt schnell vergisst, ist eine Utopie. Diese utopische Anschauung macht Deutschland überheblich. [...] Wären Sie ein Jude, so wüssten Sie aus eigener Erfahrung, was das bedeutet. Der ›gute‹ Jude zählt nicht, der ›schlechte‹ ist das Kennzeichen der ganzen Judenheit. Es ist Deutschland's Geschick, dieses unheilvolle Stigma zu erfahren, nachdem es durch das Hinmorden seiner Juden sich einen besonderen Titel in der Weltachtung erhoffte. Die Hoffnung, den Deutschen geachtet zu sehen, kann nur erfüllt werden, wenn er still ist, sich nicht beklagt, aufgibt die Anmassung, das Centrum der Welt zu sein, arbeitet, durch Arbeit sich selbst hilft, und für lange Zeit sich mit einem selbstverschuldeten Schicksal abfindet. Seine einstige Weltrolle ist ausgespielt, seine Hybris hat seinen Wohlstand vernichtet – und nicht die alliierten Bomben.«[23]

Und auch den 1950 initiierten, jährlich stattfindenden Darmstädter Gesprächen, die eine geistige Erneuerung Deutschlands nach der Barbarei des Krieges anvisierten, erteilte er eine klare Absage. Das zweite Symposium in diesem Rahmen unter der Überschrift »Mensch und Raum« wurde durch Martin Heideggers Schrift »Bauen, Wohnen, Denken« bekannt. Die Organisatoren hatten Mendelsohn eingeladen, sich an der begleitenden Ausstellung zu beteiligen. Ihre Hoffnungen auf ein schnelles Vergessen und eine leichte Wiedergutmachung wurden jedoch durch seine Antwort enttäuscht, die nicht vor einer scharfen Anklage zurückschreckte:

> »Solange Deutschland nicht den Mut oder die Einsicht hat, öffentlich die kulturfeindlichen Dinge auszurotten, die in seinem Namen und mit seiner stillschweigenden Zustimmung geschehen sind und auch weiter geschehen, kann ich als Jude nicht zu der kulturellen Bedeutung Ihres Landes beitragen.«[24]

Erich Mendelsohn hat sein Geburtsland Deutschland nicht wieder betreten. Um Aufträge in Israel dagegen bemühte er sich auch aus den USA heraus. Seine Affinität zum Zionismus stand jedoch immer eindeutig hinter der Möglichkeit zu bauen zurück.

Rückkehr aus dem Exil

Die Malerin und Grafikerin Lea Grundig sprach gutes Hebräisch, das sie während ihres achtjährigen Aufenthaltes in Palästina gelernt hatte und auch Jahrzehnte nach ihrer Rückkehr nach Deutschland in die sowjetische Besatzungszone noch beherrschte. Ihre Flucht ins britische Mandatsgebiet 1940 war von zahlreichen gefahrvollen Unwägbarkeiten und Katastrophen begleitet gewesen: nach der erzwungenen Scheidung von ihrem Mann Hans Grundig die grauenhafte Mittelmeer-Passage auf einem seeuntüchtigen Kahn, der Schiffbruch der »Patria«, danach die durch die Briten erfolgte Internierung als illegale Einwanderin im Gefangenencamp Atlit. Die Zeichnungen, die während ihres einjährigen Arrests entstanden, den sie zusammen mit 29 Frauen in einer Baracke verbrachte, zeigte sie noch im Lager in einer zum Ausstellungsraum umfunktionierten Waschküche. Die Arbeiten behandeln Themen, die zentral für ihr Werk in Palästina bleiben sollten: das faschistische Deutschland, die Erfahrungen der entbehrungsreichen Überfahrt, levantinische Landschaften, das Leben und die Menschen im Lager, darunter berührende Mutter-Kind-Darstellungen. Insgesamt konnte die aus Dresden gebürtige und an der dortigen Akademie ausgebildete Künstlerin in Palästina sechs Einzelausstellungen in renommierten Galerien sowie im Tel Aviver Kunstmuseum bestücken. 1944 publizierte sie unter dem Titel *In the Valley of Slaughter* [Im Tal des Todes] einen

Grafikzyklus von 17 Blättern, der Verfolgung, Flucht, Vernichtung und Widerstand der Juden bildlich umsetzte. Der Band gelangte noch während des Krieges nach England, in die USA und nach Südafrika und wurde prominent besprochen. In der lokalen englisch-, hebräisch- und deutschsprachigen Presse war die Resonanz auf ihr Werk ambivalent. Einige Rezensenten waren überschwänglich und voll des Lobes, andere, wie der aus Deutschland eingewanderte Kunstkritiker Paul Landau, sprachen ihrem Realismus die künstlerischen Zwischentöne ab: »Lea Grundig ist nicht imstande, über den Rahmen der Reportage hinauszugehen.«[25] En vogue im Palästina der Dreißiger- und Vierzigerjahre war eine an den französischen Expressionismus angelehnte farbintensive Malerei. Grundigs Stil wurde oft als zu hart, zu direkt, zu politisch empfunden. Nicht so von den Herausgebern des *Orient*, wo sie als »mutige, zeichnerisch hochbegabte Frau« gepriesen wurde, die »in ihren Bildern die Auseinandersetzung mit dem Faschismus auf[nimmt]«.[26] Hier fand sie Freunde, zu denen Arnold Zweig, Louis Fürnberg und Rudolf Hirsch gehörten – wie Grundig überzeugte Linke –, die sie später in der DDR wieder treffen sollte.

Trotz ihres Erfolgs wurde Lea Grundig keine Dozentur an der Bezalel Akademie offeriert, und auch das Tel Aviver Kunstmuseum hielt sich mit dem Ankauf ihrer Werke zurück. Mag sein, dass ihre gefragten Kinderbuchillustrationen, mit denen sie ihr Brot verdiente, sie als ernsthafte Künstlerin diskreditierten; mag sein, dass ihre politische Haltung – sie war Mitglied der kommunistischen Partei Palästinas – selbst für sozialistisch geprägte Zionisten zu radikal erschien. In ihren autobiografischen Aufzeichnungen finden sich keine Klagen über erlittene Geringschätzungen oder Ächtungen irgendwelcher Art. Kritik äußerte sie allein gegen den, ihrer Meinung nach, wachsenden Einfluss des amerikanischen Imperialismus auf den jungen jüdischen Staat, den sie letztlich auch für den jüdisch-arabischen Konflikt und den daraus resultierenden Krieg verantwortlich machte. Für ihre Rückkehr nach Deutschland gab sie in ihren Erinnerungen nur einen Grund an: die Wiedervereinigung mit ihrem Mann, dem Maler Hans Grundig. Er war nach bitteren Jahren im KZ Sachsenhausen mit anschließender Überführung in ein Strafbataillon gesundheitlich ruiniert nach Dresden zurückgekehrt, wo er eine Professur und das Rektorat der Hochschule für Bildende Künste antrat. Von Lea Grundigs Entschluss, zu ihm zurückzukehren, bis zu ihrer Ankunft in der sowjetischen Besatzungszone (SBZ) lagen drei Jahre, in denen sie kafkaesk anmutende bürokratische Hürden und politische Barrieren zu meistern hatte. Die Schwierigkeit, als illegale Einwanderin einen Pass von den britischen Mandatsbehörden zu erwirken, und die nur zögerlich erteilte Einreisegenehmigung durch die SBZ-Behörden, die ihr als Westemigrantin Misstrauen entgegenbrachten, gehörten noch zu den geringsten Problemen. Viel schwerer wog die Tatsache, dass sie zunächst sämtliche Vorbereitungen ihrer Abreise in Palästina/Israel geheim halten musste, da innerhalb des Jischuv jeder, der das Land verließ, als Deserteur angesehen wurde. »Schreibe mir nichts wegen Auswanderung nach Deutschland«, so bat sie ihren Mann Hans in einem Brief vom 15. Juli 1946, »vermeide diese Worte. Hier ist jeder, der nur davon spricht ein Verbrecher, und es ist gefährlich.«[27] In Palästina gab es weder eine west-, noch eine ostdeutsche diplomatische Vertretung, aber eine tschechische Botschaft. Über diese wickelte sie ihre Ausreise ab, die sie mit einer Einladung zu einer Ausstellung begründete, ohne ihre geplante Weiterreise nach Deutschland anzugeben. Im November 1948, einige Monate nach der Staatsgründung Israels, verließ sie das Land in Richtung Prag. Ihren Abschied vom Gelobten Land beschrieb sie in der Retrospektive als sehr schmerzhaft: »Zu lange war ich hier gewesen, hatte mich verbunden und verwurzelt, hatte die besten Freunde und Genossen gefunden; das Land, seine Natur hatte mich erfüllt und beglückt. Es hatte mir Ruhe, Sicherheit und das Glück einer guten Entwicklung gegeben.«[28]

Im winterlichen Prag angekommen, wo sie noch einmal einige Monate auf die Einreisebewilligung in die SBZ warten musste, kamen ihr erste Zweifel an ihrer Entscheidung, Israel verlassen zu haben. Am 19. Dezember 1948 schrieb sie an ihren Mann Hans: »Ich habe ein großes Gefühl der Fremdheit und nur Deinetwegen kam ich zurück.«[29] Unmittelbar nach ihrer Ankunft in Europa begann Lea Grundig, die Orte der grausamen NS-Verbrechen gegen die jüdische Bevölkerung aufzusuchen. Noch von Prag aus fuhr sie nach Theresienstadt. Später reiste sie – schon von Dresden aus – nach Warschau, um sich ein Bild vom ehemaligen Ghetto zu machen, und nach Auschwitz. Die Publikation ihrer dem Holocaust gewidmeten Zeichnungen unter dem Titel *Niemals wieder!* wurde in der DDR abgelehnt. Die Devise lautete auch für den Kultursektor »Der Zukunft zugewandt!«. Nach offizieller Lesart der Sozialistischen Einheitspartei Deutschlands (SED) saßen die Schuldigen der Judenverfolgung im Westen. Im neuen Deutschland war Optimismus und Lebensbejahung angesagt. Statt Erinnerung hieß es Verdrängung, schon allein mit Blick auf die SED-Parteigenossen, unter denen in den 1950er-Jahren noch gut ein Drittel ehemalige NSDAP-Mitglieder waren. Die erste Zeit in Dresden, wo die Künstlerin im Februar 1949 endlich eintraf, gestaltete sich für sie nicht einfach. Lea Grundig musste erkennen, »dass die Verfolgung ihres Mannes, der als Kommunist im Konzentrationslager war, mehr wog als ihre Verfolgungserfahrungen als Jüdin«.[30] Parteipolitische Anerkennung erfuhr sie erst ab der zweiten Hälfte der 1950er-Jahre. In der darauffolgenden Dekade stieg sie selbst zur linientreuen SED-Kulturfunktionärin auf und bekleidete von 1964 bis 1970 das Amt der Präsidentin des Verbandes Bildender Künstler. Ab 1967 war sie Mitglied des Zentralkomitees der SED. Im Westen bezeichnete man sie als »Chef-Propagandistin« der DDR.[31]

Ihre Identität als Jüdin gab Lea Grundig zwar nie auf, doch stand diese immer hinter ihrem Bekenntnis zum kommunistischen System zurück. Das Wohlwollen, das Israel unmittelbar nach seiner Staatsgründung in der Sowjetunion und damit auch in der DDR genoss, war nur von kurzer Dauer. Mit der Ausweitung des Kalten Krieges auf den Nahen Osten, der in der Verbundenheit der USA zu Israel und der Solidarität der UdSSR mit der arabischen Nationalbewegung mündete, änderte sich die öffentliche Meinung der osteuropäischen Staaten und der DDR Israel gegenüber. »Antizionistische Positionen gehörten zum ideellen Habitus osteuropäischer Intellektueller – auch in der DDR. Lea Grundigs Betrachtungsweise und ihr politisches Handeln wurden dadurch nachhaltig beeinflusst.«[32] Trotzdem knüpfte sie in den 1970er-Jahren vereinzelt wieder Kontakte zu alten Freunden in Israel. Das Land betrat sie jedoch nie wieder. 1977 unternahm sie eine Mittelmeerreise auf der MS »Völkergemeinschaft«, deren Route von Ägypten entlang der Küste Israels ins Schwarze Meer bis zum rumänischen Hafen Constanta führte – in umgekehrter Richtung ihrer ehemaligen Fluchtroute

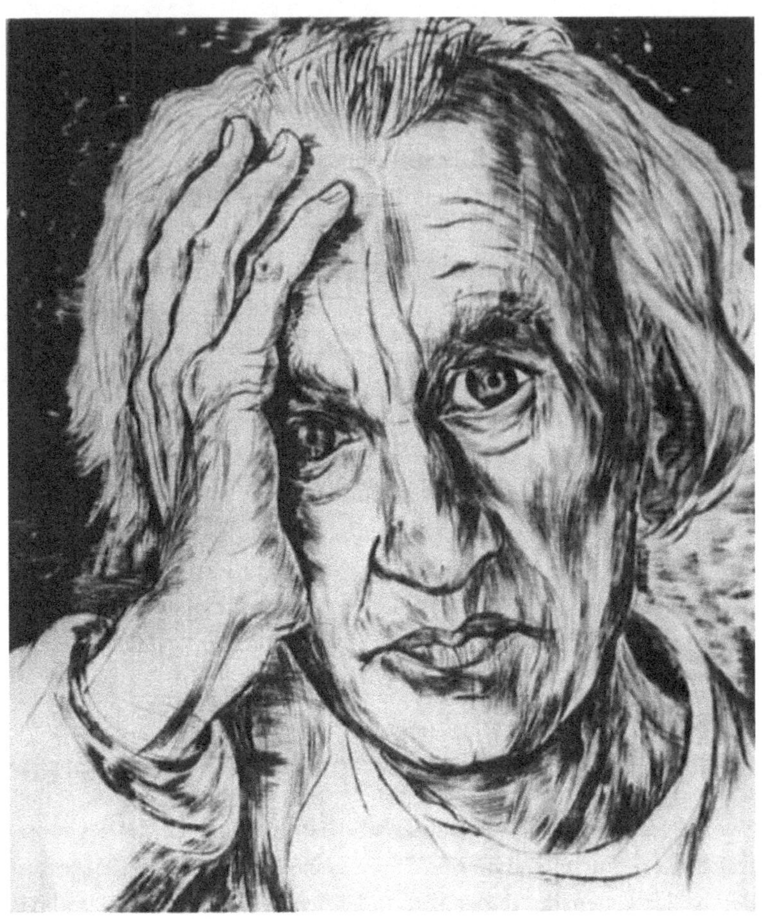

Lea Grundig, Portrait von Hans Grundig, 1955

von 1940. Lea Grundig erlitt auf dem Schiff einen tödlichen Herzinfarkt. Ihre letzte Zeichnung während dieser Reise zeigt eine mediterrane Küstenlandschaft.

Die Remigration von Palästina/Israel nach Deutschland ist ein äußerst unbequemes, da auf beiden Seiten ideologisch und emotional aufgeladenes Thema, das von der Forschung bis heute nur ansatzweise untersucht wurde. Rein zahlenmäßig stellt es sich wie folgt dar: Von den etwa 60 000 Einwanderern aus Deutschland verließen ungefähr zehn Prozent Palästina/Israel wieder und wanderten weiter in andere Länder; etwas mehr als ein Prozent – einige Quellen sprechen von etwa 640 Personen – kehrten zwischen 1948 und 1952 nach Deutschland zurück. Bei den österreichischen Juden scheint die Anzahl der Remigranten prozentual ungleich höher zu sein. Von insgesamt 12 000 wurden allein zwischen 1945 und 1947 380 Personen gezählt, die wieder in ihr Geburtsland gingen.[33] Von israelischer Seite aus wurde jüdisches Leben in Deutschland nach dem Ende des Zweiten Weltkriegs zunächst als eine vorübergehende Angelegenheit wahrgenommen. Man konnte sich nicht vorstellen, dass jemand länger als notwendig im Land der Täter würde verweilen wollen. Ein fortgesetztes oder dauerhaftes Verbleiben der Holocaust-Überlebenden empfand man als beschämend für das Ehrgefühl des jüdischen Volkes. Dem israelischen Parlament lagen sogar Gesetzesanträge vor, alle Juden, die sich über ein bestimmtes, noch festzulegendes Datum hinaus weiterhin in Deutschland aufhielten, aus der jüdischen Gemeinschaft auszuschließen. Dazu kam es nicht, und Israel arrangierte sich im Laufe der 1950er-Jahre langsam mit der unliebsamen Realität der Entstehung neuer jüdischer Gemeinden auf deutschem Boden. Die Remigration aus Palästina/Israel nach Deutschland unterlag allerdings nachhaltig der moralischen Ächtung durch den Jischuv. Nach dem Krieg als Jude in Deutschland zu bleiben, war ein missbilligtes Verhalten, aber aus dem Gelobten Land willentlich dorthin zurückzugehen, wo sechs Millionen Juden ermordet worden waren, das war unvorstellbar und rüttelte an den Grundfesten des Zionismus.

Die deutsche Seite empfing die aus dem Exil heimkehrenden Personen nicht mit offenen Armen. Zwar war von der gesamtdeutschen Ministerkonferenz in München im Juni 1947 ein allgemeiner Rückruf an die Emigranten verabschiedet worden. Dem folgte jedoch keine Umsetzung in der Praxis, im Gegenteil, Rückkehrwillige mussten oft monatebis jahrelang auf ihre Einreisepapiere warten. In den amerikanischen, britischen und französischen Besatzungszonen lag die Berechtigungserteilung zunächst in Händen der alliierten Botschaften und war an eine Anzahl von Bedingungen geknüpft wie zum Beispiel dem Nachweis einer Wohnung am Zielort. Die deutsche Bevölkerung begegnete den Remigranten in der Regel keineswegs mit Willkommenskultur, sondern generell eher mit Skepsis und Argwohn. Deutschen Rückkehrern nahm man die Emigration übel, weil ihnen das Leid des Kriegsendes erspart geblieben war. Aufgrund ihrer mehrjährigen Abwesenheit wurde ihnen die Vertrautheit mit den lokalen Bedingungen abgesprochen. Bei den deutsch-jüdischen Heimkehrern kam latenter Antisemitismus hinzu, der nicht von heute auf morgen aus den Köpfen verschwunden war. Es ging zudem die Sorge um, mehr oder weniger unrechtmäßig angeeigneter jüdischer Besitz könnte restituiert werden.

In der sowjetischen Besatzungszone gestaltete sich vor allem – wie im Fall Lea Grundig – die Rückkehr aus westlichen Exilländern als kompliziert und langwierig. Mit der Stilisierung des Antifaschismus zum Gründungsmythos der DDR öffneten sich ihre Schlagbäume schneller und leichter für Opfer des Faschismus. Doch wurden diese in zwei Klassen eingeteilt: Rassisch Verfolgte genossen nicht die gleichen Vorteile wie politische Flüchtlinge. So entschieden sich zumeist nachweislich kommunistisch engagierte Juden für die DDR. Bei ihnen dominierte die politische Weltanschauung über die jüdische Herkunft. Religiöse Überzeugungen wurden, wenn sie vorhanden waren, nachhaltig unterdrückt. Demzufolge ging hier die synagogale Ausübung der Gebräuche und Riten der jüdischen Religion zurück. Gemäß einer 1946 durchgeführten Erhebung waren in Ostdeutschland 4500 Mitglieder jüdischer Gemeinden registriert. Die Zahl sank bis 1989 auf etwa 400.

Arnold Zweig entschied sich – wie Lea Grundig und andere linksorientierte, jüdische wie nichtjüdische Remigranten – für eine Rückkehr in den zur sowjetischen Besatzungszone gehörenden Teil Deutschlands. Auch er hatte versucht, seine Auswanderungspläne in Israel bis zum Schluss geheim zu halten. Dennoch war über seine Absichten spekuliert worden. Dem befreundeten Ehepaar Lotte und Louis Fürnberg, das mit Ende des Krieges zurück nach Prag ging, schrieb Zweig im November 1946:

> »Daß die gesamte Presse hier bereits von Gerüchten widerhallte, ich sei im Begriff nach Deutschland zurückzukehren, möchte ich Euch nicht vorenthalten. Ich habe nur geantwortet, daß mich nichts so sehr verlockt, Schriftsteller, der ich bin, als die Übersied-

lung unter eine vierfache Militärzensur. Ich werde mir doch nicht in die Karten gucken lassen, noch dazu bevor ich sie selbst kenne. Aber: Auf Wiedersehen!«[34]

Es sollte jedoch noch gute anderthalb Jahre dauern, bis er kurz nach der Gründung des jüdischen Staates und mitten im ersten arabisch-israelischen Krieg das Flugzeug nach Prag, seiner ersten Station auf europäischem Boden, bestieg. Zurückgelassen hatte er einen recht nebulösen Abschiedsrundbrief, in dem er seine Abreise als Auszeit deklarierte, die er brauche, um ruhig schreiben zu können. Zum Jahresende – so versprach er – sei er wieder zurück. Aus den angekündigten wenigen Monaten wurden zwanzig Jahre, die Arnold Zweig ab Oktober 1948 bis zu seinem Tod im November 1968 als hoch geehrter sowie mit zahlreichen Posten und Preisen dekorierter Schriftsteller in der DDR verbrachte. Auch er betrat nie wieder israelischen Boden. In Israel wurde er lange Jahre als Verräter an der Jüdischen Heimstätte gesehen. Heute beurteilt man ihn und sein Werk in Israel differenzierter.

Für Arnold Zweigs Frau Beatrice bedeutete die Rückkehr nach Europa eine schwere seelische Belastung. Die Vorstellung, zwischen den Ruinen auf Personen zu treffen, die aktiv an den NS-Verbrechen beteiligt gewesen waren, löste schon in Prag Wahnvorstellungen und Suizidgedanken bei ihr aus. Die folgenden monatelangen schweren Depressionen führten schließlich zu einem Nervenzusammenbruch. Doch langsam arrangierte sie sich mit den neuen Befindlichkeiten. Das respektable Haus mit Garten in der Homeyerstraße, das Personal – Haushälterin, Sekretärin und Chauffeur auf Abruf – sowie die finanzielle Sicherheit, die ihrem Gatten in der DDR zuteilwurden, ließen sie über manches hinwegsehen, was sie im real existierenden Sozialismus zu beanstanden hatte. 1957 kam ein alter Freund aus den *Orient*-Tagen, Walter Zadek, die Zweigs in Pankow besuchen. Er musste zugeben: »Wie schön hat der Geächtete vom Carmel es jetzt in Berlin-Pankow!«[35] Aber als das Gespräch politische Themen berührte, war es Zadek, als redeten sie »zweierlei Deutsch«:

»Es wurde zu einer gespenstischen Nachtmähr«, rekapitulierte Zadek im Nachhinein.

> »Jeder äusserte Sätze, die im eigenen Weltgebäude Sinn und Gewicht hatten. Landeten sie jedoch beim Gegenüber, so hatten sie keinerlei Inhalt mehr, keinerlei Bedeutung. Sie waren zu leeren Worten geworden, zusammenhanglos und nichtssagend. [...] Es ist bitter und unfassbar, dass wir mit unseren alten Freunden keine gemeinsame Sprache mehr reden können, wenn sie einige Zeit im Osten gelebt haben. Man geht nicht nur geistig aneinander vorbei. Sondern sogar die Bedeutung der Worte hat sich gewandelt.«[36]

Als die Sprache auf den Zionismus kam, taten sich unüberbrückbare Gräben auf. Zadek, selbst ein scharfer Kritiker nationalistischer Strömungen innerhalb der Bewegung, war erschüttert, als Zweig seinem früheren Engagement für einen sozialistisch geprägten Zionismus radikal abschwor. Ganz im Wortlaut der offiziellen DDR-Sprachregelung bezeichnete er »unsere zionistische Geistigkeit [als] eine imperialistische Kolonialgründung auf der Basis der Ausbeutung [...], die freilich die Ausbeutung eingewanderter Emigranten mit derjenigen arabischer Fellachen und Pächter vereinigte«.[37]

Zadek erlebte seinen einstigen Kampfgenossen, der jetzt eine »führende Persönlichkeit im ostzonalen Kulturleben« geworden war, als absolut »gleichgeschaltet«. Das Ehepaar Zweig verabschiedete einen höchst irritierten Zadek:

> »Auch die echte Freundlichkeit, mit der er und seine Frau mich zum Abschied noch aus dem Garten und durch die grün überwucherten Strassen begleiten, kann das Grauen vor diesen zweierlei Sprachen, kann das Bedauern über die Entfremdung nicht vom Herzen nehmen. Ich höre mich gedankenlos fragen: ›Wie fühlen Sie sich denn nun so ganz privat in dieser Welt?‹ ›Wunderbar!‹ strahlt Arnold Zweig. ›Arbeiten kann ich hier gut. Aber glücklich sein...?‹ gesteht Frau Beatrice. ›Und der grosse Junge?‹ frage ich. ›Der ist Arzt in Zürich.‹ ›Zufrieden?‹ ›Er möchte lieber nach Hause.‹ ›Warum kommt er dann nicht her?‹ ›Hierher? Er meint doch Israel!‹«[38]

Zehn Jahre später, nach Ausbruch des Sechs-Tage-Krieges 1967, wurde Zweig eine Erklärung vorgelegt, die Israel auf das Schärfste verurteilte. Im Gegensatz zu Lea Grundig verweigerte er seine Unterschrift. Später kommentierte er seinen Entscheid mit der lakonischen Bemerkung: »Ich denke, man muß nicht alles unterschreiben.«[39] Walter Zadek ließ der Fall Arnold Zweig nicht mehr los. Geradezu verbissen suchte er nach Gründen für die ihm unverständliche politische Entwicklung des Schriftstellers, dessen Werk er hochschätzte und mit dem er in Palästina gemeinsam gegen Chauvinismus und für eine Koexistenz mit den Arabern gekämpft hatte. Was hatte den allzeit kritischen Zeitgenossen in der DDR zum Ja-Sager gemacht? Inwieweit wurde er unter Druck gesetzt? Musste er Angst vor Repressalien haben? Waren seine Räume mit geheimen Abhöranlagen versehen? In Walter Zadeks Nachlass finden sich etliche Manuskripte – teils publiziert, teils unpubliziert – die sich mit Arnold Zweig, lang über dessen Tod hinaus, beschäftigen. Er nahm Kontakt zu Ruth Klinger und Ilse Langer auf, die beide über Jahre als Sekretärinnen für Zweig gearbeitet hatten – erstere in Palästina, letztere in der DDR – und schickte ihnen detaillierte Fragebögen, die sie jedoch nicht beantworten konnten oder wollten. So blieben Zadek nur seine Vermutungen zur Ehrenrettung Arnold Zweigs, um die es ihm ging.

Zadek war ein unermüdlicher Chronist der Wirklichkeit. Über Jahre trug er Selbstzeugnisse von aus Deutschland emigrierten Schriftstellern zusammen, von jüdischen und nicht-jüdischen, aus Palästina/Israel und anderen Zufluchtsorten: »unveröffentlichte, kennzeichnende Briefe, Fluchtberichte, Gedichte, kurze Abhandlungen einesteils von noch lebenden Emigranten, andernteils aus Archiven von Verstorbenen«.[40] Mit seiner 1981 erschienenen Publikation *Sie flohen vor dem Hakenkreuz* legte er ein »Panorama der deutschen Emigration« vor, in dem das Unverwechselbare von Einzelschicksalen zu Wort kommt. Er deklarierte sein Sammelwerk ausdrücklich als *Ein Lesebuch für Deutsche*, denn – wie er einleitend schrieb – fand er gerade für die Emigration der Literaten, für ihre lebenslange Trauer keine Empathie im Deutschland nach 1945. Schalom Ben-Chorin, der sich ab 1956 wie kein zweiter um Verständigung zwischen Christen und Juden, zwischen Deutschland und Israel bemühte, schrieb in seinem Beitrag für Zadeks Buch, dass er nach über zwanzig Besuchen und längeren Aufenthalten in der Bundesrepublik dankbar zur Kenntnis genommen hat, dass sich einiges geändert habe und er sich als willkommener Gast fühle: »Aber als Gast, dessen Legitimität gerade in seiner Rückverbindung zu Israel gesehen wird. So bleibt es unser Schicksal, in dem Land unserer Auswanderung nicht mehr und im Land der Einwanderung nicht ganz heimisch zu sein.«[41]

Schalom Ben-Chorin und Walter Zadek gehörten zu denjenigen, die niemals ganz zurückkehrten, aber doch in Deutschland wieder aktiv wurden. Sie pendelten – und das ging nur in der BRD, nicht in der DDR – zwischen beiden Heimaten, zwischen dem nicht mehr und dem nicht ganz. Zadek führte in den Wintermonaten sein Antiquariat Logos in Tel Aviv, und den Sommer verbrachte er in Frankfurt am Main, von wo aus er durch halb Europa reiste und nach Altbuchhändlern und in Kellern oder Bodenkammern nach verborgenen Bücherschätzen Ausschau hielt. Seine kleine Wohnung im Souterrain der Brückhofstraße 3 unweit des Mainufers diente ihm mehr als Lager seiner antiquarischen Funde denn als Wohnung. Und vermutlich waren es diese Bücher, die er von einem Ort zum anderen trug, in denen er Heimat fand.

Epilog: Reparationsschiffe

Anfang Oktober 1955 lief in der Deutschen Werft in Hamburg-Finkenwerder ein strahlend weißer Turbinendampfer, die TS Israel, vom Stapel. Von Hamburg aus steuerte sie auf Southampton zu, ließ die Küsten von Frankreich, Spanien und Portugal links liegen, stach bei Gibraltar ins Mittelmeer, durchkreuzte es von Westen nach Osten und fuhr geradewegs auf ihren zukünftigen Heimathafen Haifa zu. Wenige Tage später trat sie ihre Jungfernfahrt über den Atlantik nach New York an, wo sie am 27. Oktober 1955 mit einer Eskorte aus Schleppern, einem Luftschiff und Hubschraubern begeistert empfangen wurde. Die Medien überschlugen sich mit überbordendem Lob für das Schiff, das – so die *Times* – ebenso schlank und stromlinienförmig sei wie die neue Nation, nach der es benannt worden war.[1] Der für 313 Gäste ausgelegte Turbinendampfer mit einer Größe von 10 000 Bruttoregistertonnen und einer Geschwindigkeitskapazität von 19/21 Knoten war das erste Passagierschiff, das die Deutsche Werft nach dem Zweiten Weltkrieg gebaut hatte. Gemäß dem Potsdamer Abkommen war Deutschland nicht nur die Produktion von Waffen und Kriegsausrüstung untersagt, sondern ebenfalls die Herstellung aller Typen von Flugzeugen und Seeschiffen. Schiffbaustandorte wie Hamburg, Bremen, Cuxhaven oder Lübeck trafen diese Beschränkungen hart, und sie kämpften um ihre Existenz. 1949 wurden die ersten Neubaulizenzen vergeben und gut ein Jahr später die Restriktionen aufgehoben. Jedes fertiggestellte Schiff – bis 1955 ausschließlich Frachter – war eine Sensation und wurde als Zeichen für den wirtschaftlichen Aufschwung in Deutschland gefeiert. Als der Turbinendampfer Israel in die Elbe glitt, waren mehrere Schulklassen zugegen. Die Israel läutete nicht nur für den Hersteller, sondern auch für den Auftraggeber, die ZIM Israel Navigation Company in Haifa, eine neue Ära ein. Es war das erste fabrikneue Passagierschiff in ihrer bislang nur aus aufgekauften alten Fahrgast- und Handelsschiffen bestehenden Flotte. Der Israel kam nach der grauenvollen Chronik der abgewrackten Kähne, die für die teils illegale Einwanderung eingesetzt worden waren, eine besondere Bedeutung zu: Sie symbolisierte die endlich freie Fahrt und einen sicheren Heimathafen.

Der Israel folgten drei weitere Fahrgastschiffe, die in den Jahren 1955 bis 1957 in Hamburg für die israelische Reederei ZIM gebaut wurden: das Passagier- und Handelsschiff Zion sowie die reinen Fahrgastdampfer Theodor Herzl und Jerusalem. Parallel vergab die ZIM Auf-

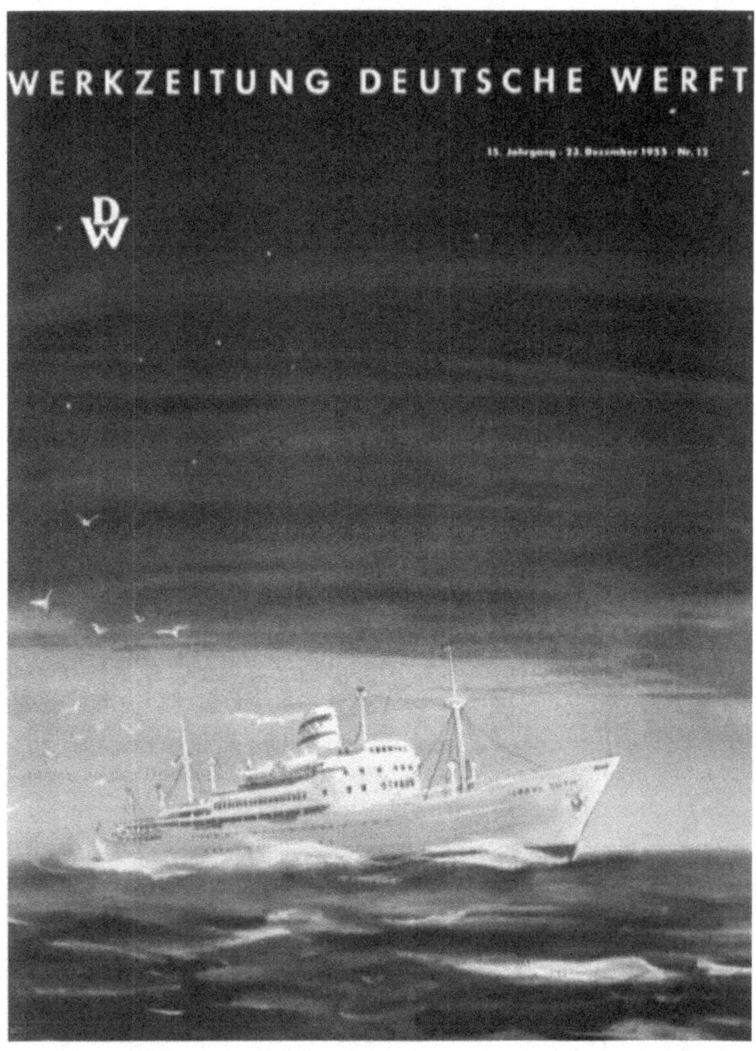

Der Turbinendampfer Israel auf der Titelseite der *Werkzeitung Deutsche Werft*, Dezemberausgabe 1955

träge für über dreißig Frachter, Massengutschiffe und Tanker, die zum Teil auch auf anderen deutschen Werften in Lübeck, Bremen, Papenburg oder Cuxhaven gebaut wurden. Die israelische Reederei war in der Dekade von 1953 bis 1963 – schaut man sich die veröffentlichten Listen in der *Werkzeitung Deutsche Werft* an – der Hauptauftraggeber für die Hamburger. Israel war auf die Schiffe dringend angewiesen. Der nach der Unabhängigkeitserklärung ausgebrochene erste arabisch-israelische Krieg hatte den jungen Staat als eine Insel zurückgelassen, umgeben von feindlichen Nachbarn mit dem Libanon im Norden, Syrien im Nordosten, Jordanien im Osten und Ägypten im Südwesten. Die einzigen Kommunikationswege ins Ausland liefen über den Airport in Lod (Tel Aviv) und den Tiefsee-Hafen in Haifa. Daher standen der Ausbau der Luft- und der Seefahrt ganz oben auf der politischen Agenda Israels. Die Luftfahrtgesellschaft ELAL mit Passagier- und Cargo-Linien wurde 1948 im Jahr der Staatsgründung ins Leben gerufen. Die Reederei ZIM konnte bereits in den letzten Jahren des Britischen Mandats operieren, baute jedoch erst Anfang der 1950er-Jahre ihre Flotte im großen Stil aus. Finanzielle Grundlage hierfür waren die Reparationsleistungen Westdeutschlands an Israel, woraus sich der zunächst befremdlich erscheinende Sachverhalt erklärt, warum Israel seine Schiffsflotte ausgerechnet in Deutschland bauen ließ.

Das Abkommen über die deutschen Reparations- und Entschädigungsleistungen an Israel, die in Deutschland unter dem Begriff Wiedergutmachung laufen – eine Bezeichnung die man zu Recht infrage stellen kann –, wurde am 10. September 1952 im Rathaus von Luxemburg von dem damaligen israelischen Außenminister Moshe Sharett, dem Präsidenten des Jüdischen Weltkongresses Nahum Goldmann und dem deutschen Bundeskanzler Konrad Adenauer unterzeichnet. Darin verpflichtete sich die deutsche Regierung zu Reparationsleistungen an den israelischen Staat in Höhe von 3,45 Milliarden Mark, die zu einem großen Teil in Form von Waren über einen Zeitraum von 14 Jahren ausbezahlt werden sollten. Gleichzeitig sagte Deutschland die Entschädigung individueller Opfer des NS-Regimes für verlorenes Eigentum, Haftzeiten und Zwangsarbeit zu. Im Vorfeld gab es in beiden Ländern heftige Auseinandersetzungen über die Vereinbarungen als solche sowie über die Art und Höhe der Zahlungen im Speziellen. Besonders dramatisch verlief die Kontroverse in Israel, wo sich Menachem Begin als Wortführer gegen die Vergütungen aus Deutschland inszenierte. Die emotional aufrührenden Argumente, welche er und seine Partei ins Feld führten, resümierte der Satz: »Das Geld der Wiedergutmachung ist mit jüdischem Blut getränkt.«[2] Ben Gurion, der für die Restitutionen plädierte, brachte seinen eher pragmatischen Standpunkt in den Schlussworten seiner Rede vor der Knesset-Abstimmung auf den Punkt: »Lassen wir die Mörder unserer Nation nicht auch ihre Erben sein.«[3] Die einzelnen Stadien und die sie begleitende Polemik, die von heftigen Wortgefechten bis hin zu physischer Aggression reichte, hat der israelische Historiker und Autor Tom Segev in seinem Buch *Die siebte Million* ausführlich dokumentiert.

Nach der Ratifizierung des Abkommens im Deutschen Bundestag am 4. März 1953 lief seine Umsetzung mit Hochdruck an. 17 Prozent der Gesamtsumme an Reparationen flossen in den Kauf, beziehungsweise die Produktion von Schiffen. Für die Abwicklung der Transaktionen im Rahmen der Restitutionsleistungen bedurfte es einer Verwaltungseinrichtung, die bereits im Mai 1953 in Köln in bewusster Distanz, aber operativer Nähe zur provisorischen Hauptstadt Bonn installiert wurde. Ein erster baulicher Entwurf für die als Israel Mission deklarierte Institution erstellte das in Haifa ansässige Architekturbüro Weinraub & Mansfeld in Kooperation mit den Kölner Architekten Helmut Goldschmidt und Oswald Mathias Ungers. Er zeigt einen aufgeständerten, fein rhythmisierten fünfgeschossigen Bürobau mit angegliedertem Wohntrakt. Der Plan kam nicht zur Ausführung. Nach einigen Zwischenlösungen konnte die Israel Mission einen unauffälligen Neubau im Stadtteil Ehrenfeld beziehen, an dessen Planung als einziger Helmut Goldschmidt beteiligt blieb. Der 1918 in Magdeburg geborene und in Köln aufgewachsene Architekt hatte eine Vita, die ihn für dieses Projekt – weniger aus ästhetischer, denn aus ethischer Perspektive – zu prädestinieren schien. Goldschmidt hatte sich seine Kenntnisse der Architektur auf Umwegen aneignen müssen. Da ihm 1936 als Jude der Zugang zur Universität verschlossen geblieben war, verdingte er sich als Lehrling bei jüdischen Architekten, die noch bis 1938 für jüdische Auftraggeber tätig sein durften. Danach bereitete er sich auf die Auswanderung nach Palästina im Hachschara-Lager Gut Winkel vor. Über die agrarische Tätigkeit hinaus konnte Goldschmidt dort seine Kenntnisse im Baufach in der Planung und Ausführung von landwirtschaftlichen Bauten einbringen. Für seine Emigration in die Jüdische Heimstätte war es jedoch zu spät. Nach der Schließung des landwirtschaftlichen Gutes 1941 wurde er zunächst nach Auschwitz, dann nach Buchenwald deportiert, wo er im April 1945 von den Amerikanern befreit wurde. Ab 1948 führte er ein eigenes Architekturbüro in Köln und wurde zusammen mit dem acht Jahre jüngeren Oswald Mathias Ungers, der bei ihm seine Karriere begann, in den Wiederaufbau der Stadt eingebunden. Bekannt wurde Goldschmidt vor allem mit seinen zahlreichen Synagogenbauten aus den 1950er- und 1960er-Jahren für die sich langsam neu etablierenden jüdischen Gemeinden Westdeutschlands, darunter in Köln-Ehrenfeld, Koblenz, Dortmund, Bonn, Münster, Wuppertal und Mönchengladbach.

Auf die Haifaer Kollegen Munio Weinraub und Al Mansfeld wartete ein anderer, vielleicht sogar attraktiverer Auftrag im Rahmen der Wiedergutmachung. Die Deutsche Werft hatte den ZIM-Managern die Pläne für das erste Passagierschiff, die Israel, zur Begutachtung und Billigung vorgelegt. Zu deren großer Überraschung war die Innenausstattung in einem orientalisierenden Stil gehalten. Dies offenbarte – vielsagend – den deutschen Blick auf die jüdische Nation, entsprach aber weder dem Selbstbild noch der internationalen Außenwahrnehmung Israels als moderner, progressiver Staat. Die Firmenleitung der ZIM entschied sich umgehend, israelische Designer für die Gestaltung der Schiffsräume zu beauftragen, um ein fortschrittliches Image zu garantieren. Die Wahl fiel auf zwei Architekturfirmen: neben Weinraub & Mansfeld auf das in Tel Aviv ansässige Büro von Dora und Yeheskiel Gad. Die beiden Büros hatten bislang noch nie kollaboriert, doch erwies sich ihre Teamarbeit als fruchtbar und – bedenkt man die erfolgreiche spätere Zusammenarbeit von Al Mansfeld mit Dora Gad beim Israel Museum in Jerusalem – als nachhaltig. Die Lebenswege der vier von ZIM beauftragten Architekten ähnelten sich insofern, als dass sie aus Osteuropa gebürtig waren und ihre Architekturausbildung in Westeuropa absolviert hatten: Munio Weinraub am Bauhaus Dessau, Al Mansfeld an den Technischen Hochschulen in Berlin und Paris, Dora und Yeheskiel Gad an der Technischen Hochschule Wien. Alle vier waren im Laufe der 1930er-Jahre nach Palästina eingewandert und konnten zum Zeitpunkt des Hamburger Auftrags bereits lange Werklisten vorweisen. Das Besondere an dem nun an sie herangetragenen Projekt war zunächst, dass keiner von ihnen Erfahrung im Schiffsausbau hatte. Darüber hinaus ging es hier um eine der ersten, wenn nicht überhaupt um die erste deutsch-israelische Kooperation nach dem Zweiten Weltkrieg und noch dazu auf deutschem Boden. Das setzte psychologische Stärke und Feingefühl bei allen Beteiligten voraus und dürfte sich insbesondere für die involvierten Israelis, von denen einige Verwandte im Holocaust verloren hatten, als emotional belastend dargestellt haben. Letztendlich jedoch ebneten Gemeinschaftsprojekte wie dieses den langen Weg von Ächtung über Duldung bis hin zu Akzeptanz.

Das Ergebnis der Zusammenarbeit der beiden israelischen Architekturbüros war beeindruckend. Die Innenausstattung der Israel gab den stilistischen Kurs für die folgenden Schiffe vor: klar, funktional und komfortabel mit einem Touch skandinavischer Eleganz. Fotos ihrer ausgeführten Entwürfe wurden in so renommierten Architekturzeitschriften wie der *Architectural Review* publiziert, wo sie als dem maritimen Charakter absolut angemessen gelobt wurden: »Die Architekten wollten, dass die Gäste das Gefühl haben, auf einem Schiff zu sein und nicht in einer schlechten Imitation des Waldorf Astoria.«[4] Dies entsprach dem, was sich das Team selbst als Ziel gesetzt hatte: »Ruhige Eleganz, fröhliche und jugendliche Innenräume ohne offensiven Luxus spiegeln den Geist unseres Landes wider und erfüllen die Erwartungen des Passagiers eher als die überladene Architektur der meisten internationalen Linienschiffe.«[5] So waren die Kabinen – selbst in der Touristenklasse – weder spröde utilitaristisch noch ein Abklatsch luxuriöser Hotelzimmer. Hinter der Gestaltung der verschiedenen Lounges stand zudem ein inhaltliches Programm: Jeder Raum war einem bestimmten Ort oder einer Region in Israel gewidmet und mit entsprechendem Dekor versehen: So zeigte etwa der »Tel Aviv«-Saal auf der Israel ein großes Wandmosaik mit einem Plan der Mittelmeerstadt, die »Negev«-Halle präsentierte Wandteppiche mit Beduinenstickerei und

Gemälde der Wüstenszenerie. Spezielle künstlerische Beachtung erhielten die Synagogen, die auf allen Passagierschiffen der ZIM eingerichtet wurden. Ihr ausgesuchtes Design wäre ein eigenes Kapitel wert.

Nicht nur hier, sondern im gesamten öffentlichen Bereich an Bord waren Werke israelischer Künstler zu finden. Dem künstlerischen Bei-

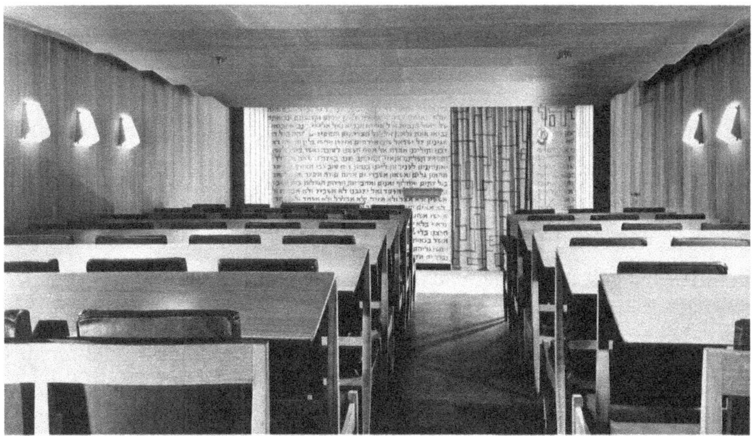

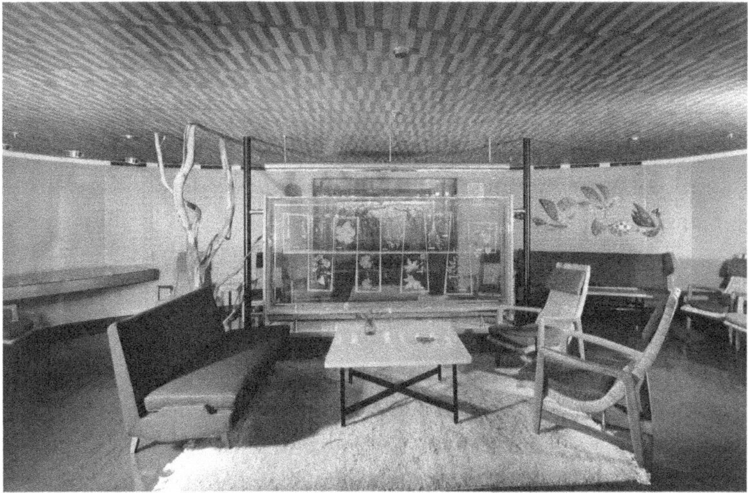

Turbinendampfer Israel, Innengestaltung der Bordsynagoge und einer Lounge von Munio Weinraub und Alfred Mansfeld mit Dora und Yeheskiel Gad, 1954; Foto: Itzhak Kalter

rat des ZIM-Managements gehörte unter anderem der Direktor der Jerusalemer Bezalel Kunstgewerbeschule Mordechai Ardon an. Einige seiner Künstlerkollegen und -kolleginnen wie die Leiterin der Weberei Julia Keiner Forchheimer waren mit Werken an Bord vertreten. Später wurde auch der internationalen Kunstszene Raum gegeben, insbesondere wenn sie eine spezielle Verbindung zu Israel aufwies. Die ZIM präsentierte ihren Gästen an Bord einen auserlesenen Querschnitt zeitgenössischer Kunst, was ihren Passagierschiffen den Ruf als Galerien auf See – »seagoing galleries« – einbrachte.[6] Die Israel und ihre Schwesterschiffe sollten einen Mikrokosmos des jüdischen Staates darstellen: »Ihr Besuch in Israel«, so ließ eine Werbebroschüre verlauten, »beginnt in dem Moment, in dem Sie an Bord gehen. [...] Ein Spaziergang auf dem Schiff ist wie eine Reise durch das Land, denn die Inneneinrichtung des Schiffes spiegelt den dynamischen Geist des modernen Israel wider, der in farbenfrohen Wandmalereien und Gemälden überall auf dem Schiff zum Ausdruck kommt.«[7] Die Dampfer fungierten als Botschafter des jungen jüdischen Staates, sie waren seine schwimmenden Außenposten. Denkt man zurück an das unselige Schicksal der Patria aus der Zeit der illegalen Einwanderung, jenes Emigrantenschiffs, dessen Name – Vaterland – das Versprechen auf Heimat in sich trug, so lässt sich die Israel als Sinnbild der zur Realität gewordenen Utopie verstehen.

Postskriptum: Am 30. Juli 1953 wurde zum Auftakt der Reparationsleistungen im Hafen von Bremen ein symbolisches Paket mit Eisenteilen auf einen Frachter der ZIM Navigation Company verladen. Das Ereignis wurde gefeiert: 25 Würdenträger des öffentlichen Lebens, darunter der Bürgermeister und die Senatoren der Stadt Bremen, hatten sich an Bord des Schiffes eingefunden. Während der Unterhaltung beim Bankett warf einer der Gäste die Frage auf, wer von den anwesenden Honoratioren denn in Bremen geboren sei. Und es sollte sich herausstellen, dass von der gesamten Gesellschaft niemand aus Bremen stammte – außer dem israelischen Kapitän des ZIM-Frachters.[8]

Anmerkungen

Prolog: Emigrationsschiffe

1 Burcu Dogramaci, »Die Kunst der Flucht übers Wasser«, in: dies. und Elizabeth Otto (Hg.), *Passagen des Exils/Passages of Exile*, München 2017, S. 334–352, hier S. 337.

2 Antonia Lerch, *Drei Fotografinnen: Ilse Bing, Grete Stern und Ellen Auerbach*, Film Deutschland/USA/Argentinien (Arte Edition) 1992.

3 Louise Mendelsohn, *My Life in a Changing World*, San Francisco o.J., S. 297, Erich and Luise papers, Getty Research Institute, Los Angeles, Acc.No. 880406.

4 Ida Dehmel, zit. n. Björn Siegel, Carolin Vogel, Sonja Dickow und Pia Dreßler, »Auf dem Schiff – wie auf einer anderen Erde?« https://juedische-geschichte-online.net/ausstellung/schiffsreisen#home (abgerufen am 04.04.2022).

5 David Jünger, »Die Schiffspassage deutscher Juden nach Palästina«, in: *Mobile Culture Studies. The Journal* I, 2015, S. 147-163, hier S. 155.

6 Michel Foucault, »Die Heterotopien« [1966], in: Michel Foucault, *Die Heterotopien/Der utopische Körper. Zwei Radiovorträge*, Frankfurt a. M. 2005, S. 9–22.

7 Lea Grundig, *Gesichte und Geschichte*, Berlin 1964, S. 185 und S. 189.

8 Ebenda, S. 193.

9 Ebenda, S. 194.

10 Arthur Koestler, *Promise and Fulfillment. Palestine 1917-1949*, London 1949, S. 60.

11 Munya Mardor, *Strictly Illegal*, London 1964. Die hebräische Originalfassung erschien 1957.

Von Berlin nach Tel Aviv: Ankunft, Eingewöhnung und Beheimatung

1 Gabriele Tergit, *Im Schnellzug nach Haifa*, Frankfurt a. M. 1998, S. 20.

2 Zit. n. Jens Brüning, »Vorwort«, in: Tergit 1998, S. 9.

3 https://www.duden.de/rechtschreibung/Exil (abgerufen am 06.03.2021).

4 https://kuenste-im-exil.de/KIE/Web/DE/Home/home.html (abgerufen am 06.03.2021).

5 Masha Gessen, *Leben mit Exil. Über Migration sprechen*, Berlin 2020, S. 71–72.

6 Ellen Auerbach im Film *Das dritte Auge* von Frieder Schlaich, Deutschland 1995, Produktion Filmgalerie 451.

7 Bertolt Brecht, »Über die Bezeichnung Emigranten« [1937], in: *Die Gedichte von Bertolt Brecht in einem Band*, Frankfurt a. M. 1981, S. 718.

8 Hannah Arendt, »We Refugees« [1943], in: Marc Robinson, *Altogether Elsewhere: Writers on Exile*, Boston/London 1994, S. 110-119, hier S. 110, Übersetzung der Autorin.

9 Gur Alroey, »Alijah«, in: Dan Diner (Hg.), *Enzyklopädie jüdischer Geschichte und Kultur (EJGK)*, Bd. 1, Stuttgart/Weimar 2011, S. 36-39.

10 Katharina Hoba, Joachim Schlör, »Die Jeckes - Emigration nach Palästina, Einwanderung ins Land Israel«, in: *Heimat und Exil. Emigration der Deutschen Juden nach 1933*, hg. v. Stiftung Jüdisches Museum Berlin und Stiftung Haus der Geschichte der Bundesrepublik Deutschland, Frankfurt am Main 2006, S. 103–105, hier S. 103.

11 Heinrich Heine, Sämtliche Schriften, Bd. IV. München 1995, S. 4.

12 Zit. n. Liliana Ruth Feierstein, »Das portative Vaterland: Das Buch als Territorium«, in: Bernd Witte (Hg.), *Topographien der Erinnerung. Zu Walter Benjamins Passagen*, Würzburg 2008, S. 216–225, hier S. 222.

13 Theodor Herzl, Tagebucheintrag vom 12. Mai 1896, *Theodor Herzl. Briefe und Tagebücher* [7 Bde], Bd. 2, hg. v. Alex Bein u. a., Berlin/Frankfurt a. M. 1984, S. 341.

14 Tergit 1998, S. 134–135.

15 Theodor Herzl, Tagebucheintrag vom 23.7.1895, in: *Herzl, Briefe und Tagebücher*, Bd. 2, S. 222–223.

16 Gerda Luft, *Heimkehr ins Unbekannte. Eine Darstellung der Einwanderung von Juden aus Deutschland nach Palästina vom Aufstieg Hitlers zur Macht bis zum Ausbruch des Zweiten Weltkriegs 1933–1939*, Wuppertal 1977, S. 32 und S. 93.

17 https://www.jewishvirtuallibrary.org/text-of-the-balfour-declaration (abgerufen am 14.06.2021).

18 Gilbert Herbert, Ron Fuchs, »A Colonial Portrait of Jerusalem: British Architecture in Mandate-Era Palestine«, in: AlSayyad, Nezar (Hg.), *Hybrid Urbanism. On the Identity Discourse and the Built Environment*, Westport, Connecticut 2001, S. 83–108, hier S. 85.

19 Luft 1977, S. 29.

20 Ebenda, S. 33.

21 Gideon Greif, Colin McPherson, Laurence Weinbaum (Hg.), *Die Jeckes. Deutsche Juden aus Israel erzählen*, Köln/Weimar/Wien 2000, S. 30-43.

22 Jenny Aloni, *Zypressen zerbrechen nicht*, Witten/Berlin 1961, S. 56-57.

23 Jenny Aloni, Tagebucheintrag vom 23.12.1939, publ. in dies., *»Ich muss mir die Zeit von der Seele schreiben.« Die Tagebücher 1935–1993: Deutschland – Palästina – Israel*, Paderborn/München/Wien/Zürich 2006, S. 166.

24 Jenny Aloni, Tagebucheintrag vom 8.11.1939, in: *Aloni* 2006, S. 139.

25 Victor Klemperer, Tagebucheintrag 27. November 1938, in: ders., *Ich will Zeugnis ablegen bis zum letzten. Das Tagebuch 1933-1945*, Bd. 1, hg. v. Walter Nowojski/Hadwig Klemperer, Berlin 1995, S. 434.

26 Jenny Aloni, Tagebucheintrag vom 15.12.1939, in: Aloni 2006, S. 165.

27 Jenny Aloni, Tagebucheintrag vom 27.01.1940, ebenda, S. 172.

28 Jenny Aloni, Tagebucheintrag vom 23.12.1939, ebenda, S. 166.

29 Jenny Aloni, Tagebucheintrag vom 17.06.1940, ebenda, S. 190.

30 Zit. n. Hartmut Steinecke, »›Kein Heim in dieser Welt‹. Zum Werk Jenny Alonis (1917-1993)«, in: Norbert Oellers (Hg.), *›Manche Worte strahlen‹. Deutsch-jüdische Dichterinnen des 20. Jahrhunderts,* Erkelenz 1999, S. 120.

31 Rabbi Abraham Hacohen von Kalisk, Brief an seine Freunde in Europa, Tiberias um 1795, zit. n. *Almanach des Schocken Verlags auf das Jahr 5694*, Berlin 1933/34, S. 97–98.

32 Martin Feuchtwanger, *Zukunft ist ein blindes Spiel. Erinnerungen*, Frankfurt a. M./Berlin 1992, S. 226.

33 Zit. n. Roland Jaeger, »Martin Feuchtwanger und sein Exilverlag ›Edition Olympia‹ in Tel Aviv«, in: *Aus dem Antiquariat: Zeitschrift für Antiquare und Büchersammler*, NF 14, 2 2016, S. 75–88, hier S. 86.

34 Feuchtwanger 1992, S. 201–203.

35 Zit. n. Anatol Schenker, »Der Schocken Verlag in Berlin«, in: Antje Bormann, Doreen Mölders, Sabine Wolfram (Hg.), *Konsum und Gestalt. Leben und Werk von Salman Schocken und Erich Mendelsohn vor 1933 und im Exil*, Berlin 2016, S. 222–234, hier S. 225.

36 Siegfried Rosenbaum, »Zur Notlage der jüdischen Aerzte«, in: *Jüdische Rundschau*, 27. April 1937, S. 5.

37 Tom Segev, *Die siebte Million. Der Holocaust und Israels Politik der Erinnerung,* Reinbek bei Hamburg 1995, S. 69.

38 R. Zysmann, »Rechtsanwälte in Palästina«, in: *Jüdische Rundschau*, 5. April 1934, S. 17.

39 Arthur Ruppin, Tagebuch-Eintrag vom 29.12.1934, in: ders., *Tagebücher, Briefe, Erinnerungen*, hg. v. Schlomo Krolik, Königstein/Ts. 1985, S. 449.

40 Klaus Kreppel, *Nahariyya – das Dorf der »Jeckes«*, Tefen 2005, S. 24.

41 »Was der Einwanderer wissen muß!«, in: *Alijah. Informationen für Palästina-Auswanderer*, hg. v. Palästina-Amt der Jewish Agency of Palestine, 5. Aufl., Berlin, Januar 1934, S. 18.

42 Hugo Herrmann, *Palästina heute: Licht und Schatten,* Tel Aviv 1935, S. 165.

43 »Ein Blick zurück«, in: *Jüdische Rundschau,* 1. Februar 1935, S. 5.

44 Gideon Kaminka, *›... ins Land, das ich Dir zeigen werde.‹ Geschichte einer ruhigen Auswanderung in stürmischer Zeit*, Zürich 1977, S. 112.

45 Bronia Schattenstein, »Ein Lift fährt nach Erez Israel«, in: *Kinder-Rundschau. Beilage zur Jüdischen Rundschau*, 27. November 1936, S. 1–2.

46 Philo-Atlas: *Handbuch für die jüdische Auswanderung*. Reprint der Ausgabe von 1938, Bodenheim bei Mainz 1998, S. 198–199.

47 Segev 1995, S. 35.

48 *Jüdische Rundschau*, 30. Juni 1933, S. 296.

49 *Jüdische Rundschau,* 3. November 1933, S. 754.

Europa in Asien: Translozierte westliche Lebenswelten

1 Max Nordau, »Achad Haam über ›Altneuland‹«, in: *Die Welt*, 7, Nr. 11 (13. März 1903), S. 2.
2 Martin Buber, »Von jüdischer Kunst« [1901], in: ders., *Die Jüdische Bewegung. Gesammelte Aufsätze und Ansprachen 1900–1914*, Berlin 1920, S. 62.
3 Theodor Herzl, Der Judenstaat [1886], in: Leon Kellner (Hg.), *Theodor Herzls Zionistische Schriften*, Berlin 1920, S. 31.
4 Alexander Baerwald, »Neue Bauten in Palästina«, in: *Zentralblatt der Bauverwaltung*, 46 (1926), H. 41, S. 462–463.
5 Hermann Muthesius, *Stilarchitektur und Baukunst. Wandlungen der Architektur im XIX. Jahrhundert und ihr heutiger Standpunkt*, Mühlheim/Ruhr 1902, S. 45–46.
6 Max Osborn, »Baukünstler und Bauten. Von Hitzig bis Mendelsohn«, in: *C.V.-Zeitung. Blätter für Deutschtum und Judentum. Organ des Central-Vereins deutscher Staatsbürger jüdischen Glaubens e.V.*, 10, Nr. 27 (7. Juli 1931), S. 1.
7 Tomas Friedmann, zit. n. Myra Warhaftig, *Sie legten den Grundstein. Leben und Wirken deutschsprachiger jüdischer Architekten in Palästina 1918–1948*, Tübingen/Berlin 1996, S. 229.
8 Warhaftig 1996, S. 327.
9 Julius Posener, »Architekt in drei Ländern. Zum Tode von Heinz Rau«, in: *Bauwelt*, Nr. 67 (1962), S. 379–386.
10 Erna Meyer, *Wie kocht man in Erez-Israel*, Tel Aviv, o.J. [1936], S. 76.
11 Yoav Gelber, *New Homeland: Immigration and Absorption of Central European Jews 1933–1940*, Jerusalem 1990 (in hebr.), S. 57.
12 Martin Feuchtwanger, *Zukunft ist ein blindes Spiel. Erinnerungen*, Frankfurt a. M./Berlin 1992, S. 256–257.
13 Meyer [1936], S. 7–8.
14 Erna Meyer, »Das Küchenproblem auf der Werkbundausstellung«, in: *Die Form. Monatszeitschrift für gestaltende Arbeit*, 2 (1927), Nr. 1, S. 299–307, hier S. 304.
15 Meyer [1936], S. 14.
16 Sigal Davidi, »By women for women: modernism, architecture, and gender in building the new Jewish society in Mandatory Palestine«, in: *arq* 20, Nr. 3 (2016), S. 217–230.
17 Die WIZO-Haushaltungsschule bei Tel Awiw, in: *Jüdische Rundschau*, 27. März 1936, S. 13.
18 Walter B. Godenschweger, Fritz Vilmar, *Die rettende Kraft der Utopie. Deutsche Juden gründen den Kibbuz Hasorea*, Frankfurt a. M. 1990, S. 116.
19 Ebenda, S. 51.
20 Gabi Madar, Chaim Seligmann, *Kibbuz. Ein Überblick*, Bonn 1996, S. 26.

21 Martin Buber, Brief an Ludwig Strauß, Heppenheim, 12. März 1935, in: *Briefwechsel Martin Buber – Ludwig Strauß 1913–1953*, hg. v. Tuvia Rübner und Dafna Mach, Frankfurt a. M. 1990, S. 197.

22 Ludwig Strauß, Brief an Martin Buber, Jerusalem, 24. Januar 1936, in: ebenda, S. 204.

23 Ludwig Strauß, Brief an Martin Buber, Joknam, 11. Oktober 1937, in: ebenda, S. 225.

24 Ulrike Pilarczyk, *Gemeinschaft in Bildern. Jüdische Jugendbewegung und zionistische Erziehungspraxis in Deutschland und Palästina/Israel*, Göttingen 2009, S. 180.

25 Hans M. Wingler, »Die jüdische Komponente des Bauhauses«, November 1963, o.S., unpubliziertes Typoskript eines Forschungsantrags im Privatarchiv der Autorin.

26 Ebenda, o.S.

27 Ruth Kaiser-Cohn, Brief an die Autorin, Jerusalem o.D. vom Mai 1984, Privatarchiv der Autorin.

28 https://www.dw.com/de/kibbuz-und-bauhaus/a-15668903 (abgerufen am 11.02.2022).

29 Arieh Sharon, *Kibbutz + Bauhaus: an architects way in a new land*, Stuttgart 1976, S. 29, Übersetzung der Autorin.

30 Sharon 1976, S. 46, Übersetzung der Autorin.

31 Arthur Rundt, Richard A. Bermann, *Palästina: Ein Reisebuch*, Leipzig 1923, S. 14.

32 Wolfgang von Weisl, *Der Kampf um das Heilige Land. Palästina von heute*, Berlin 1925, S. 121–122.

33 »Thomas Mann über das Palästina-Werk«, in: *Jüdische Rundschau*, 16. April 1930, S. 213.

34 Martin Feuchtwanger, »In Praise of Tel Aviv. A Newcomer's Impression«, in: Benjamin Mazar u. a., *Guide to Tel Aviv-Jaffa*, Tel Aviv 1941, S. 12, Übersetzung der Autorin.

35 Ebenda, S. 8, Übersetzung der Autorin.

36 http://whc.unesco.org/en/list/1096 (abgerufen am 19.02.2022).

37 Erich Mendelsohn, *Palestine and the World of Tomorrow*, Jerusalem 1940, o.S., Übersetzung der Autorin.

38 Martin Feuchtwanger, »In Praise of Tel Aviv. A Newcomer's Impression«, in: *Palestine Post*, 5 November 1939, S. 8, Übersetzung der Autorin.

39 Sharon 1976, S. 48, Übersetzung der Autorin.

Jerusalem: Vermächtnis in Stein und Wort

1 Zit. n. Agi Katz, »Obituary: Mordechai Ardon«, in: *Independent*, 17.7.1992, http://www.independent.co.uk/news/people/obituary-mordecai-ardon-1533831.html (abgerufen am 15.03.2022), Übersetzung der Autorin.

2 Mordechai Ardon on Stefan Wolpe, 1979, in: Austin Clarkson (Hg.), *Recollections of Stefan Wolpe by former students and friends*, online: https://sites.evergreen.edu/arunchandra/wp-content/uploads/sites/395/2020/08/wolpe-Recollections.pdf, S. 4–6, hier S. 5 (abgerufen am 24.03.2022).

3 Walter Gropius, »Programm des Staatlichen Bauhauses in Weimar«, in: Ulrich Conrads (Hg.), *Programme und Manifeste zur Architektur des 20. Jahrhunderts*, Braunschweig 1975, S. 47–50, hier S. 47.

4 Gideon Ofrat, »ein zionistisches bauhaus«, in: *Bauhaus. Die Zeitschrift der Stiftung Bauhaus Dessau*, 2 Themenheft Israel, November 2011, S. 48–55, hier S. 50–51.

5 Julius Posener, *Fast so alt wie das Jahrhundert*, Berlin 1990, S. 237.

6 Erich Mendelsohn, *Der neue Bezalel*, Typoskript, [Jerusalem], Februar 1941, Erich Mendelsohn Archiv, KB Mss 31.

7 Luise Mendelsohn, Brief an ihren Mann Erich, Jerusalem, 27. Juni 1939, http://ema.smb.museum/de/briefe (abgerufen am 29.04.2022).

8 Erich Mendelsohn, Brief an seine Frau Luise, Berlin, 30. Januar 1933, http://ema.smb.museum/de/briefe (abgerufen am 30.04.2022).

9 Ilse Goldenzweig, »Die Zeit bei Luise und Erich Mendelsohn in der Jerusalemer Windmühle«, in: Ita Heinze-Greenberg, Regina Stephan (Hg.), *Luise und Erich Mendelsohn. Eine Partnerschaft für die Kunst*, Ostfildern-Ruit 2004, S. 135–139, hier S. 136.

10 »Youth, Enthusiasm and Fire: Dr. Scherchen's Tribute to the Orchestra«, in: *Palestine Post*, 12. Mai 1939, S. 9.

11 Notizen Erich Mendelsohns vom 16. Mai 1939, Erich Mendelsohn Archiv, KB, Mss 31.

12 J. Murphy, Washington University School of Architecture, Interview with Eric Mendelsohn at St. Louis City Art Museum, 13. März 1944, Erich Mendelsohn Archiv, KB Mss 31.

13 Julius Posener, *Fast so alt wie das Jahrhundert*, Berlin 1990, S. 238.

14 Erich Mendelsohn, Brief an seine Frau Luise, Jerusalem, 10. Dezember 1934, http://ema.smb.museum/de/briefe (abgerufen am 08.02.2022).

15 Else Lasker-Schüler, *Das Hebräerland*, Zürich 1937, S. 10.

16 Louise Mendelsohn, *My Life in a Changing World*, San Francisco o.J., S. 380–381, Erich and Luise papers, GRI Acc.No. 880406, in deutscher Übersetzung in: Heinze-Greenberg/Stephan, 2004, S. 130.

17 Erwin Loewenson, *Else Lasker Schüler: Als Person*, Typoskript, Nachlass Erwin Loewenson, DLA, A: Loewenson 68.1005/1-3.

18 Amos Elon, »Kaufhauskönig Salman Schocken: Eine jüdische Heldensaga«, in: *Le Monde diplomatique,* 14. Januar 2005, https://monde-diplomatique.de/artikel/!652798 (abgerufen am 08.05.2022).

19 Elon 2005, https://monde-diplomatique.de/artikel/!652798 (abgerufen am 08.05.2022).

20 Louise Mendelsohn, *My* Life, S. 382, in deutscher Übersetzung in: Heinze-Greenberg/Stephan 2004, S. 131.

21 Kurt Pinthus, »Die innigste Hebräerin«, in: *C.V.-Zeitung*, 6. Februar 1936, 4. Beiblatt.

22 Lasker-Schüler 1937, S. 14.

23 Werner Kraft, »Nachwort [Jerusalem 1961]«, in: Else Lasker-Schüler, *Ich und Ich. Verse und Prosa aus dem Nachlass*, hg. v. Werner Kraft, Frankfurt a. M. 2002, S. 151–152.

24 Else Lasker-Schüler, Brief an Salman Schocken, Jerusalem, 6. Dezember 1939, in: Sigrid Bauschinger und Helmut G. Hermann (Hg.), *Else Lasker-Schüler ›Was soll ich hier?‹ Exilbriefe an Salman Schocken*, Heidelberg 1986, S. 57.

25 Else Lasker-Schüler, Brief an Salman Schocken Jerusalem, o.D. (vermutlich Sommer 1939), in: Bauschinger/Hermann 1986, S. 52.

26 Else Lasker-Schüler, Brief an Salman Schocken, Jerusalem, o.D. (vermutlich Sommer 1939), in: Bauschinger/Hermann 1986, S. 52.

27 Agav (Nathan Alterman), »Orient Zauber«, in: *Haaretz*, 20. Oktober 1936 (in hebr.), in deutscher Übersetzung im Schocken Archive, Jerusalem, Sch/A 844/2.

28 Stefanie Mahrer, *Salman Schocken. Topographien eines Lebens*, Berlin 2021, S. 267–272.

29 Amnon Ramon, *Doktor mul Doktor gar*, Jerusalem 1998, zit. n. Thomas Sparr, *Grunewald im Orient: Das deutsch-jüdische Jerusalem*, Berlin 2018, S. 55.

30 Sparr 2018, S. 40 und S. 120.

31 David Kroyanker, *Die Architektur Jerusalems. 3000 Jahre Heilige Stadt*, Stuttgart 1996, S. 159.

32 Gabriele Tergit, *Im Schnellzug nach Haifa*, Frankfurt a. M. 1998, S. 56.

33 Nachruf für Akiba Ernst Simon von Yeshua Amir, zit. n.: Johannes Valentin Schwarz, »Wie würde ich ohne Bücher leben und arbeiten können?«: Ernst Simon (1899–1988), in: Ines Sonder, Karin Bürger, Ursula Wallmeier (Hg.), *»Wie würde ich ohne Bücher leben und arbeiten können?« Privatbibliotheken jüdischer Intellektueller im 20. Jahrhundert*, Berlin 2008, S. 332–351, hier S. 339.

34 Schwarz 2008, S. 344.

35 Else Lasker-Schüler, »Ein Liebeslied«, in: *Else Lasker-Schüler. Die Gedichte 1902–1943*, hg. v. Friedhelm Kemp, Frankfurt a. M. 1997, S. 361.

36 Ernst Simon, Brief an Else Lasker-Schüler, Jerusalem 30.8.1943, zit. n. Bauschinger 2004, S. 436.

37 Sigrid Bauschinger, »Bücher in Rehavia«, in: *Jedioth Chadashot*, 23. März 1973, S. 8, im Nachlass Walter Zadek, NL 026, EB 87/089, Exilarchiv, Deutsche Nationalbibliothek Frankfurt a. M.
38 Mahrer 2021, S. 275.
39 Anzeige des Verlags in *Jüdische Rundschau*, 17. April 1935, S. 9.
40 Zit. n. Anatol Schenker, »Der Schocken Verlag in Berlin«, in: Antje Bormann, Doreen Mölders, Sabine Wolfram (Hg.), *Konsum und Gestalt. Leben und Werk von Salman Schocken und Erich Mendelsohn vor 1933 und im Exil*, Berlin 2016, S. 222–234, hier S. 233.
41 Sparr 2018, S. 110.
42 Werner Kraft, *Spiegelung der Jugend*, Frankfurt a. M. 1973, S. 14.
43 Hans Jonas, *Erinnerungen. Nach Gesprächen mit Rahel Salamander*, Frankfurt a. M. 2005, S. 151.
44 Ebenda, S. 155.
45 Mahrer 2021, S. 351 (Fn. 116) und S. 426.
46 Paul Mendes-Flohr, *Martin Buber. Ein Leben im Dialog*, Berlin 2022, S. 231–232.
47 Martin Buber, Brief an Ludwig Strauß, Jerusalem, 24. November 1938, in: *Briefwechsel Martin Buber – Ludwig Strauß 1913–1953*, hg. v. Tuvia Rübner und Dafna Mach, Frankfurt a. M. 1990, S. 229.
48 Mendes-Flohr 2022, S. 214 und 219.
49 Martin Buber, Berthold Feiwel und Chaim Weizmann, *Eine Jüdische Hochschule*, Berlin 1902, S. 20–21.
50 Zit. n. Siegfried Moses, »Salman Schocken. Wirtschaftsführer und Zionist«, in: ders., *Deutsches Judentum. Aufstieg und Krise*, Stuttgart 1982, S. 175.
51 Martin Buber, Brief an Samuel Hugo Bergmann, o.O., 6. Januar 1920, zit. n. Mendes-Flohr 2022, S. 220.
52 Zit. n. Wolfgang Pauly, *Martin Buber. Ein Leben im Dialog*, Berlin 2010, S. 30.
53 Martin Buber, »Die Forderung des Geistes und die historische Wirklichkeit«, in: *Synthese*, Bd. 3, Nr. 9 (1938), S. 356–368, hier S. 359.
54 Mendes-Flohr 2022, S. 215.
55 Ebenda, S. 263–268.
56 Abraham Schapira, »Werdende Gemeinschaft und die Vollendung der Welt. Martin Bubers sozialer Utopismus«, in: ders. (Hg.), *Martin Buber. Pfade in Utopia. Über Gemeinschaft und deren Verwirklichung*, Heidelberg 1985, S. 423–424.
57 Friedrich Wilhelm Graf, »Ein frommer Jude, aber auf ganz eigene Weise: Martin Buber ist eine der grossen Figuren des Judentums, auch wenn er vielen als Häretiker galt«, in: *Neue Zürcher Zeitung*, 26.09.2020, online: https://www.nzz.ch/feuilleton/der-prophet-eines-neuen-judentums-wie-martin-buber-wirklich-war-ld.1569121 (abgerufen am 14.06.2022).

58 Schapira 1985, S. 417.
59 Martin Buber, »Das echte Gespräch und die Möglichkeiten des Friedens«, Rede aus Anlass der Verleihung des Friedenspreises des deutschen Buchhandels, Frankfurt a. M. 1953, zit. n. Pauly 2010, S. 18–19.
60 Mendes-Flohr 2022, S. 149.
61 Heidemarie Salevsky, »Zum Zusammenhang von Übersetzungstyp, Übersetzungstheorie und Bewertung bei Bibelübersetzungen«, in: Ina Müller (Hg.), *Heidemarie Salevsky: Aspekte der Translation*, Frankfurt a. M. 2009, S. 55–82, hier S. 74–76.
62 Martin Buber, zit. n. Salevsky 2009, S. 76.
63 Pauly 2010, S. 38.
64 Franz Rosenzweig, »Die Einheit der Bibel. Eine Auseinandersetzung mit Orthodoxie und Liberalismus« (1927), in: Martin Buber, Franz Rosenzweig, *Die Schrift und ihre Verdeutschung*, Berlin 1936, S. 46–54, hier S. 51.
65 *Die Schrift* in der Übersetzung von Martin Buber und Franz Rosenzweig; online: https://bibel.github.io/BuberRosenzweig/ot/1.Mo_1.html (abgerufen am 14.06.2022).
66 Franz Rosenzweig, »Aus einem Brief an Dozent Josef Wohlgemuth« [1926], in: Buber/Rosenzweig 1936, S. 345–346, hier S. 346.
67 Mahrer 2021, S. 126 und S. 143–144.
68 Gershom Scholem, »An einem denkwürdigen Tage«, zit. n. Mendes-Flohr 2022, S. 321.
69 Mendes-Flohr 2022, S. 268.

Sprache und Identität: Das Dilemma der Schriftsteller

1 Gabriele Tergit, Brief an Jakob Edelstein und Hans Lichtwitz, Jerusalem, 28. August 1934, Teilnachlass Gabriele Tergit, DNB EB 93/178.
2 Walter Zadek, Brief an Armin T. Wegner, Holon, 24. Oktober 1976, Nachlass Walter Zadek, DNB EB 87/089.
3 Jenny Aloni, Tagebucheintrag vom 29. September 1941, in: *Jenny Aloni. »Ich muss mir diese Zeit von der Seele schreiben«. Die Tagebücher 1935–1993: Deutschland – Palästina – Israel*, hg. v. Hartmut Steinecke, Paderborn/München/Wien/Zürich 2006, S. 218.
4 Jenny Aloni, *Zypressen zerbrechen nicht*, Berlin 1961, S. 9.
5 Manfred Sturmann, Brief an Dora Schindel vom 5. Juli 1938, zit. n. Jens Stüben, »Geistige Existenz in zwei Welten. Manfred Sturmann aus Königsberg – ein Leben als deutscher und israelischer Autor«, in: Tobias Weger (Hg.), *Grenzüberschreitende Biographien zwischen Ost- und Mitteleuropa. Wirkung – Interaktion – Rezeption,* Frankfurt a. M. 2009, S. 115–156, hier S. 136–137.
6 Manfred Sturmann, Brief an Kurt Pinthus vom 3. September 1945, zit. n. Stüben 2009, S. 145.

7 Manfred Sturmann, Brief an Hermann Hesse vom 12. Juli 1952, zit. n. Stüben 2009, S. 141.

8 Manfred Sturmann, »Refugium«, in ders.: *Abschied von Europa. Geschichten aus Israel*, Berlin/Stuttgart 1963, S. 42–44.

9 Paul Mühsam, Typoskript »Über 8 Monate sind wir nun bereits in Palästina«, Haifa 1934, Nachlass Paul Mühsam, DLA Nr. 90.21.124.

10 Fritz Hellendall, zit. n. Jens Brüning, »Vorwort«, in: *Gabriele Tergit. Im Schnellzug nach Haifa*, hg. v. Jens Brüning, Frankfurt a. M. 1998, S. 9–13, hier S. 12.

11 Gabriele Tergit, »Hebräische Sprache«, unveröffentl. Teil des Typoskripts in: dies., *Problem Palästina*, o. S., DLA Nr. 78.1.

12 Carl Alpert, *Technion. The Story of Israel's Institute of Technology*, New York 1982, S. 173.

13 Walter Zadek, »Sprich hebräisch - oder stirb!«, in: *Orient - Unabhängige Wochenschrift Zeitfragen/Kultur/Wirtschaft*, 15. Mai 1942, S. 17–18.

14 Lola Landau, »Leben in Israel«, Typoskript, Mappe A: Wegner Landau, DLA Nr. 90.46.1.

15 Erich Mendelsohn, Brief an seine Frau Luise, Cavalière, 30. Mai 1933, http://ema.smb.museum/de/briefe/ (abgerufen am 25.07.2022).

16 Johannes Valentin Schwarz, »›Wie würde ich ohne Bücher leben und arbeiten können?‹ Ernst Simon (1899–1988).«, in: Ines Sonder, Karin Bürger, Ursula Wallmeier (Hg.), *»Wie würde ich ohne Bücher leben und arbeiten können?« Privatbibliotheken jüdischer Intellektueller im 20. Jahrhundert*, Berlin 2008, S. 332–351, hier S. 340.

17 Sigrid Bauschinger, *Else Lasker-Schüler. Biographie*, Göttingen 2004, S. 427–430, hier S. 430.

18 Adolf Chajes und Schalom Ben-Chorin, *Die Ernte. Sammelheft jüdischer Dichtung*, Jerusalem 1936, S. 1.

19 *Mitteilungen des Verlages Dr. Peter Freund,* Nr. 1, Juli 1942, zit. n. Eva Edelmann-Ohler, »Publikationsbedingungen in Palästina/Israel«, in: Andreas Kilcher, Eva Edelmann-Ohler, *Deutsche Sprachkultur in Palästina/Israel. Geschichte und Bibliographie*, Oldenbourg 2017, S. 65–83, hier S. 81.

20 Schalom Ben-Chorin, *Zwischen neuen und verlorenen Orten. Beiträge zum Verhältnis von Deutschen und Juden*, München 1988, S. 28 und S. 34.

21 Meir Faerber, Paul Tischler, »Wie eine Blume in der Wüste – Interview«, in: *Karmel – 40 Jahre Israel: die deutsche Sprache, deutschsprachige Literatur und Presse in Israel. Impressum* 1 (1988), S. 34–42, hier S. 35.

22 Sammy Gronemann, »Zu meiner Entlastung«, in: *Jedioth Chadashot*, 30. März 1953, S. 13.

23 Manfred Sturmann, »Der israelische Dichter deutscher Zunge«, zit. n. Stüben 2009, S. 152.

24 Walter Benjamin, Brief an Ludwig Strauß vom 11. September 1912, zit. n. Oskar Ansull, »Aspekt einer schwierigen Identitätsfindung: Karl Emil Franzos, Walter Benjamin, Ludwig Strauß, Paul Celan«, in: *Sinn und Form: Beiträge zur Literatur* 70 (2018) 1, S. 134–136, hier S. 134–135.

25 Zit. n. Edelmann-Ohler 2017, S. 73.

26 Tilly Boesche-Zacharow (Hg.), *Nicht das letzte Wort. Eine Dokumentation. 30 Jahre Verband deutschsprachiger Schriftsteller in Israel (1975 bis 2005)*, Berlin/Haifa 2005, S. 389.

27 Wolfgang Yourgrau, »Auftakt«, in: *Orient – Unabhängige Wochenschrift Zeitfragen/Kultur/Wirtschaft*, 31. März 1942, S. 1.

28 Ebenda, S. 2.

29 Wolfgang Yourgrau, Brief an Walter A. Berendsohn vom 6. Juli 1947, zit. n. Edelmann-Ohler 2017, S. 70.

30 Wolfgang Yourgrau, »Nach einer Bombe«, in: *Orient – Unabhängige Wochenschrift Zeitfragen/Kultur/Wirtschaft,* 7. April 1943, S. 1.

31 Arnold Zweig, »An Appreciation. By a friend and contemporary«, in: *Palestine Post,* 25. Februar 1942, S. 3.

32 Arnold Zweig, »Stefan Zweig« in: *Orient – Unabhängige Wochenschrift Zeitfragen/Kultur/Wirtschaft*, 7. April 1943, S. 15–20, hier S. 15–18.

33 Stefan Zweig, *Die Welt von Gestern. Erinnerungen eines Europäers* [1942], Berlin/Weimar 1990, S. 103–104.

34 Ebenda, S. 106.

35 Ebenda, S. 108.

36 Zit. n. Deborah Vietor-Engländer, »Arnold Zweig in Palästina«, in: Études Germanique 4 (2008) 252, S. 909–921, hier S. 909.

37 Arnold Zweig, Brief an Sigmund Freud, Haifa, 21. Januar 1934, in: *Sigmund Freud – Arnold Zweig: Briefwechsel*, hg. v. Ernst L. Freud, Zürich 1980, S. 68–69.

38 Ebenda, S. 66.

39 Schalom Ben-Chorin, zit. n. Manuel Wiznitzer, *Arnold Zweig. Das Leben eines deutsch-jüdischen Schriftstellers* (2. korr. Aufl.), Frankfurt a. M. 1987, S. 76.

40 Ebenda.

41 Anja Siegemund, »›Die Jeckes‹: Ein Klischee und Faszinosum neu verhandelt«, in: dies. (Hg.), *Deutsche und zentraleuropäische Juden in Palästina und Israel. Kulturtransfers, Lebenswelten, Identitäten. Beispiele aus Haifa*, Berlin 2016, S. 11–50, hier S. 27–28.

42 Arnold Zweig, Brief an Hedwig Michaelis, Haifa 1. November 1935, DLB EB autograph 245d.

43 Ebenda.

44 Wilhelm von Sternburg, *»Um Deutschland geht es uns.« Arnold Zweig. Die Biographie*, Berlin 2004, S. 193.

45 Arnold Zweig, »Modell, Dokument, Dichtung«, in: *Jüdische Rundschau*, 25. November 1932, S. 457.

46 Arnold Zweig, Brief an Lion Feuchtwanger, zit. n. Vietor-Engländer 2008, S. 920.

47 »Fifty Women Artists«, in: *Palestine Post*, 10. Februar 1943, S. 4.

48 Beatrice Zweig, Brief an Helene Weyl, Starnberg 10. Februar 1923, in: *Arnold Zweig, Beatrice Zweig, Helene Weyl. Komm her, wir lieben Dich: Briefe einer ungewöhnlichen Freundschaft zu dritt*, hg. v. Ilse Lange, Berlin 1996, S. 258.

49 Von Sternburg 2004, S. 130 und S. 179.

50 »Art Shows in Tel Aviv«, in: *Palestine Post*, 28. Januar 1940, S. 10.

51 Ruth Klinger, »Arbeiten mit Arnold Zweig in der Emigration«, in: Walter Zadek (Hg.), *Sie flohen vor dem Hakenkreuz. Selbstzeugnisse der Emigranten. Ein Lesebuch für Deutsche*, Reinbek bei Hamburg 1981, S. 136–139, hier S. 136–137.

52 Ebenda, S. 138.

53 Ebenda, S. 139.

54 Boesche-Zacharow 2005, S. 521.

55 Max Zweig, *Lebenserinnerungen*, Gerlingen 1987, S. 146.

56 Ebenda, S. 157.

57 Ebenda, S. 160.

58 Stefan Zweig, Brief an Hugo Bergmann, Salzburg, 11. Dezember 1933, publiziert in: Walter Zadek (Hg.), *Sie flohen vor dem Hakenkreuz. Selbstzeugnisse der Emigranten. Ein Lesebuch für Deutsche*, Reinbek bei Hamburg 1981, S. 237.

59 Heinz Fenchel, »Bericht aus Palästina aus dem Jahr 1937«, in: Chana Schütz (Hg.), *Abgedreht! Bühnenwelten – Lebenswelten. Chaim Heinz Fenchel 1906–1988*, Berlin 2015, S. 52–57, hier S. 54–55.

60 Ronny Loewy, »Flucht oder Alija. Filmemigranten in Palästina«, in: *Exilforschung. Ein Internationales Jahrbuch. Band 21: Film und Fotografie*, hg. v. Gesellschaft für Exilforschung, München 2003, S. 85–94, hier S. 85.

61 Ebenda, S. 88–89.

62 Ebenda, S. 87–88.

63 »Helmar Lerski über sich selbst«, in: Anneliese Lerski (Hg.), *Der Mensch. Mein Bruder. Lichtbilder von Helmar Lerski*, Dresden 1957, S. 18.

64 Anneliese Lerski, »Zwei Jüdische Köpfe«, in: *Zürcher Illustrierte*, 8 (1932) 42, S. 1324–1325, hier S. 1325.

65 Ebenda, S. 1324.

66 Ronny Loewy 2003, S. 85.

67 Hanno Loewy (Hg.), *Walter Zadek. Kein Utopia ... Araber, Juden, Engländer in Palästina. Fotografien aus den Jahren 1935 bis 1941*, Berlin 1986, S. 20.

68 Lea Grundig, *Gesichte und Geschichte*, Berlin 1964, S. 290–291.

69 Walter Zadek, »Emigration und Wesenswandlung«, in: ders. 1981, S. 171–185, hier S. 178.

70 Walter Moser, »Verwandlungen durch Licht. Helmar Lerskis Fotografien als Experimentierfeld für den Film«, in: ders. (Hg.), *Faces – Die Macht des Gesichts. Helmar Lerski und die Portraitfotografie der Zwischenkriegszeit*, Ausst. Kat. Albertina Wien, München 2021, S. 58–72, hier S. 60.

71 Siegfried Kracauer, *Theorie des Films. Die Errettung der äußeren Wirklichkeit* [1960], Frankfurt a. M. 2019, S. 220–221.

72 »Helmar Lerski at 75. Father of Facial Landscapes«, in: *Palestine Post*, 18. Februar 1946, S. 4.

»Exil« und »Heimat« nach dem 8. Mai 1945

1 Chaim Yaski, Brief an Erich Mendelsohn, Jerusalem, 11.01.1939, Erich Mendelsohn Archiv, KB B IV 5b.

2 Erich Mendelsohn, Brief an Chaim Yaski, o.D., zit. n. Gilbert Herbert, »The Divided Heart: Erich Mendelsohn and the Zionist Dream«, in: *Erich Mendelsohn in Palestine*, Ausst.Kat. Technion, Israel Institute of Technology, Haifa 1994, S. 13.

3 Erich Mendelsohn, *Palestine and the World of Tomorrow*, Jerusalem 1940; in deutscher Übersetzung in: Ita Heinze-Greenberg, Regina Stephan (Hg.), *Erich Mendelsohn. Gedankenwelten*, Ostfildern-Ruit 2000, S. 144–153, hier S. 152–153.

4 Gabriele Tergit, Brief an Jakob Edelstein und Hans Lichtwitz, Jerusalem, 28. August 1934, Teilnachlass Gabriele Tergit, DNB EB 93/178.

5 Lola Landau, Brief an ihren Mann Armin T. Wegner, Hafen von Jaffa, 2. September 1935, Nachlass Armin T. Wegner, DLA Nr. 78.1.308/1-54.

6 Lola Landau, Brief an Armin T. Wegner, Beth Hakerem, 9. März 1936, Nachlass Armin T. Wegner, DLA Nr. 78.1.308/1-54.

7 Lola Landau, »Heimweh nach Palästina«, unveröffentlichtes Typoskript o.D., Nachlass Armin T. Wegner, DLA Nr. 78.1.308/1-54.

8 https://kuenste-im-exil.de/KIE/Content/DE/Personen/landau-lola.html (abgerufen am 01.09.2022).

9 Ebenda.

10 Martin Feuchtwanger, *Zukunft ist ein blindes Spiel. Erinnerungen*, Frankfurt a. M./Berlin 1989, S. 348–349.

11 »V-Day Gaiety in Jerusalem«, in: *Palestine Post*, 09. Mai 1945, S. 1.

12 Jenny Aloni, Tagebucheintrag vom 8. Mai 1945, in: dies., *»Ich muss mir diese Zeit von der Seele schreiben«. Die Tagebücher 1935–1993*, Paderborn u. a. 2006, S. 328–329.

13 Lea Grundig, *Gesichte und Geschichte*, Berlin 1964, S. 275.

14 Arnold Zweig, Brief an Lion Feuchtwanger, Haifa, 7. Mai 1945, in: *Lion Feuchtwanger/Arnold Zweig: Briefwechsel*, Leipzig 1984, Bd. 1, S. 315–316.

15 Paul Mühsam, »Warum ich nicht nach Deutschland zurückkehren möchte«, undatiertes Typoskript, Nachlass Paul Mühsam, DLA Nr. 90.21.118.

16 Ebenda.

17 *Walther Rathenau. Schriften*, mit einem Beitrag von Golo Mann, hg. v. Arnold Hartung, Berlin 1981, S. 114.

18 https://www.deutschlandfunkkultur.de/paul-muehsam-und-goerlitz-erinnerung-an-einen-vergessenen-100.html (abgerufen am 03.09.2022).

19 Hans Jonas, *Erinnerungen*, Frankfurt a. M. 2005, S. 216.

20 Julius Posener, *Fast so alt wie das Jahrhundert*, Berlin 1990, S. 272.

21 Ebenda, S. 276–277.

22 Julius Posener, Brief an Ludwig Posener, o.O. [Bocholt am Niederrhein], 8. Mai 1945, in: Matthias Schirren, Sylvia Claus (Hg.), *Julius Posener – ein Leben in Briefen*, Basel/Berlin/Boston 1999, S. 151–152.

23 Erich Mendelsohn, Brief an Richard Doecker, San Francisco, 11. November 1947, Erich Mendelsohn Archive, KB B IV 9.

24 Erich Mendelsohn, Brief an die Kuratoren der Darmstädter Ausstellung »Mensch und Raum«, San Francisco [o.D.] 1950, Erich Mendelsohn Archive, KB B IV 12.

25 Zit. n. Gideon Ofrat, »Lea Grundig in Palästina«, in: *Von Dresden nach Tel Aviv. Lea Grundig: 1933–1948*, Ausst.Kat. Tel Aviv 2014, S. 15–29, hier S. 19–20.

26 Karin Thalberg, »Die Malerin Lea Grundig«, in: *Orient – Unabhängige Wochenschrift Zeitfragen/Kultur/Wirtschaft*, 7. April 1943, S. 54–55, hier S. 54.

27 Lea Grundig, Brief an Hans Grundig, Tel Aviv 15.7.1946, zit. n. Andreas Schätzke, »›Unendlich viel Neues…‹. Lea Grundigs Rückkehr aus dem Exil«, in: *Lea Grundig. Jüdin, Kommunistin, Graphikerin*, Ausst.Kat. Ladengalerie Berlin, Berlin 1996, S. 56–67, hier S. 57.

28 Lea Grundig 1964, S. 304.

29 Lea Grundig, Brief an Hans Grundig, Prag 19.12.1948, zit. n. Schätzke 1996, S. 59.

30 Jeanette van Laak, zit. n. Katrin Löwe, »Flucht und Rückkehr: Das Leben der Lea Grundig«, in: *Campus Halensis. Das Onlinemagazin der Martin-Luther-Universität Halle-Wittenberg*, 16. Februar 2021, https://www.campus-halensis.de/artikel/flucht-und-ruckkehr-das-leben-der-lea-grundig/ (abgerufen am 01.09.2022).

31 Eckhart Gillen, »Jüdische Identität und kommunistischer Glaube. Lea Grundigs Weg von Dresden nach Palästina zurück nach Dresden, Bezirkshauptstadt der DDR 1922–1977«, Vortrag bei der Fritz Ascher Society, New York, 5. August 2020, S. 1; https://www.hans-und-lea-grundig.de/wordpress/wp-content/uploads/2015/05/Lea-Grundig_Vortrag-E-Gillen.pdf (abgerufen am 01.09.2022).

32 Angelika Timm, »Lea Grundig - Gesichte und Geschichte«, in: *Von Dresden nach Tel Aviv. Lea Grundig: 1933–1948*, Ausst.Kat. Tel Aviv 2014, S. 7–14, hier S. 11.
33 Klaus Hillenbrand, *Fremde im neuen Land. Deutsche Juden in Palästina und ihr Blick auf Deutschland nach 1945*, Frankfurt a. M. 2015, S. 284.
34 Arnold Zweig, Brief an Lotte und Louis Fürnberg, Haifa, November 1946, zit. n. Wilhelm von Sternburg, *»Um Deutschland geht es uns« Arnold Zweig. Die Biographie*, Berlin 2004, S. 240.
35 Walter Zadek, »Bei Arnold Zweig in Berlin-Ost«, undatiertes Typoskript (vermutlich 1957), Nachlass Walter Zadek, DNB NL 026/EB 87/089 MSS.
36 Ebenda.
37 Ebenda.
38 Ebenda.
39 Zit. n. Deborah Vietor-Engländer, »Arnold Zweig in Palästina«, in: Études Germanique 4, 2008, Nr. 252, S. 909–921, hier S. 921.
40 Walter Zadek, Brief an Heinrich Böll, Holon, 11. Dezember 1978, Nachlass Walter Zadek, DNB Konvolut I.C.
41 Schalom Ben-Chorin, »Fremdheit und Verfremdung«, in: Walter Zadek (Hg.), *Sie flohen vor dem Hakenkreuz. Selbstzeugnisse der Emigranten. Ein Lesebuch für Deutsche*, Reinbek bei Hamburg 1981, S. 140–145, hier S. 145.

Epilog: Reparationsschiffe

1 Gilbert Herbert, *Symbols of a New Land. Architects and the Design of the Passenger Ships of ZIM*, Haifa 2006, S. 17.
2 Zit. n. Tom Segev, *Die siebte Million. Der Holocaust und Israels Politik der Erinnerung*, Reinbek bei Hamburg 1995, S. 287.
3 Ebenda, S. 289.
4 *The Architectural Review*, September 1957, Vol. 122, No. 728, S. 209–211.
5 Yeheskiel Gad, »Architecture and art aboard«, zit. n. Herbert 2006, S. 42.
6 Herbert 2006, S. 41.
7 Zit. n. Herbert 2006, S. 18.
8 Chaim Bar-Tikva, *ZIM Israel Navigation Company Ltd.: The fifty-years success story of a shipping company 1945–1995*, Haifa 1996, o.S.

Ausgewählte Bibliografie

Über die in den Fußnoten belegten Zitate hinaus, sind hier alle Werke aufgelistet, die in die vorliegende Studie unmittelbar als Informations- und Inspirationsquelle eingeflossen sind.

Abadzic Hodzic, Aida und Ines Sonder, »Ein kommunistischer Muslim im Lande Israel«, in: *Zeitschrift Bauhaus* 2, November 2011, S. 68–75.

Marianne Ahlfeld-Heymann. Und trotzdem überlebt. Ein jüdisches Schicksal aus Köln durch Frankreich nach Israel 1905–1955. Mit Erinnerungen an Paul Klee, hg.v. Erhard Roy Wiehn, Konstanz, 1994.

Alijah. Informationen für Palästina-Auswanderer, hg.v. Palästina-Amt der Jewish Agency of Palestine, 5. Aufl., Berlin Januar 1934.

Almanach des Schocken Verlags auf das Jahr 5694, Berlin 1933/34.

Almanach des Schocken Verlags auf das Jahr 5699, Berlin 1938/39.

Aloni, Jenny, *Zypressen zerbrechen nicht*, Witten/Berlin 1961.

dies., »Kristall und Schäferhund«, in: *Jenny Aloni. Lesebuch*, hg.v. Hartmut Steinecke, Köln 2012, S. 29–36.

Jenny Aloni, Gesammelte Werke in Einzelausgaben, 10 Bde., hg.v. Friedrich Kienecker und Hartmut Steinecke, Paderborn/München/Wien/Zürich 1990–1997.

Aloni, Jenny, »Ich muss mir die Zeit von der Seele schreiben«. Die Tagebücher 1935–1993: Deutschland – Palästina – Israel, hg.v. Hartmut Steinecke, Paderborn/München/Wien/Zürich 2006.

Alpert, Carl, *Technion. The Story of Israel's Institute of Technology*, New York 1982.

AlSayyad, Nezar (Hg.), *Hybrid Urbanism. On the Identity Discourse and the Built Environment*, Westport, Connecticut 2001.

Ansull, Oskar, »Aspekt einer schwierigen Identitätsfindung: Karl Emil Franzos, Walter Benjamin, Ludwig Strauß, Paul Celan«, in: *Sinn und Form: Beiträge zur Literatur* 70 (2018), 1, S. 134–136.

Arendt, Hannah, »We Refugees« [1943], in: Marc Robinson (Hg.), *Altogether Elsewhere: Writers on Exile*, Boston/London 1994, S. 110–119.

Ashkenazi, Ofer, »The Symphony of a Great Heimat: Zionism as a Cure for Weimar Crisis in Lerski's *Avodah*«, in: Jay Howard Geller und Leslie Morris (Hg.), *Three-Way Street: Jews, Germans, and the Transnational*, Ann Arbor 2016.

Baerwald, Alexander, »Neue Bauten in Palästina«, in: *Zentralblatt der Bauverwaltung* 46 (1926), 41, 1926, S. 462–463.

Bar-Tikva, Chaim, *ZIM Israel Navigation Company Ltd.: The fifty-years success story of a shipping company 1945–1995*, Haifa 1996.

Bauschinger, Sigrid, »Bücher in Rehavia«, in: *Jedioth Chadashot*, 23. März 1973, S. 8.

dies., *Else Lasker-Schüler. Biographie*, Göttingen 2004.

dies. und Helmut G. Hermann (Hg.), *Else Lasker-Schüler »Was soll ich hier?« Exilbriefe an Salman Schocken*, Heidelberg 1986.

Ben-Chorin, Schalom, *In dieser Zeit. Gedichte aus neun Jahren*, Jerusalem 1942.

ders., »Fremdheit und Verfremdung«, in: Walter Zadek (Hg.), *Sie flohen vor dem Hakenkreuz. Selbstzeugnisse der Emigranten. Ein Lesebuch für Deutsche*, Reinbek bei Hamburg 1981, S. 140–145.

ders., *Zwischen neuen und verlorenen Orten. Beiträge zum Verhältnis von Deutschen und Juden*, München 1988.

Faces, facades and more: the photographs of Alfred Bernheim, Ausst.Kat. Israel Museum, Jerusalem 1992.

Betten, Anne und Miryam Du-nour (Hg.), *Wir sind die Letzten. Fragt uns aus. Gespräche mit den Emigranten der dreißiger Jahre in Israel*, Gerlingen 1996.

Biographisches Handbuch der deutschsprachigen Emigration nach 1933, hg.v. Institut für Zeitgeschichte, München und von der Research Foundation for Jewish Immigration, Inc., New York unter der Gesamtleitung von Werner Röder und Herbert A. Strauss, München 1999.

Bischoff, Doerte u. a. (Hg.), *Exil Lektüren. Studien zu Literatur und Theorie*, Berlin 2014.

Blumenberg, Hans, *Schiffbruch mit Zuschauer. Paradigma einer Daseinsmetapher*, 8. Aufl., Frankfurt a. M. 2020.

Boesche-Zacharow, Tilly, (Hg.), *Nicht das letzte Wort. Eine Dokumentation. 30 Jahre Verband deutschsprachiger Schriftsteller in Israel (1975 bis 2005)*, Berlin/Haifa 2005.

Bormann, Antje, Doreen Mölders und Sabine Wolfram (Hg.), *Konsum und Gestalt. Leben und Werk von Salman Schocken und Erich Mendelsohn vor 1933 und im Exil*, Berlin 2016.

Borries, Friedrich von und Jens-Uwe Fischer, *Heimatcontainer. Deutsche Fertighäuser in Israel*, Frankfurt a. M. 2009.

Die Gedichte von Bertolt Brecht in einem Band, hg.v. Suhrkamp Verlag, Frankfurt a. M. 1981.

Born, Nora (Hg.), *Das Gesetz harmonischer oder dis-harmonischer Entsprechungen. Irma und Stefan Wolpe. Briefwechsel 1933–1972*, München 2016.

Brenner, Hedwig, *Jüdische Frauen in der bildenden Kunst. Ein biographisches Verzeichnis*, 2. Aufl., Konstanz 2022.

Brenner, Michael, *Geschichte des Zionismus*, München 2002.

Brüning, Jens, »Vorwort«, in: Gabriele Tergit, *Im Schnellzug nach Haifa*, hg.v. Jens Brüning, Frankfurt a. M. 1998, S. 9–13.

Brunner, José (Hg.), *Deutsche(s) in Palästina und Israel. Alltag, Kultur, Politik,* Tel Aviver Jahrbuch für deutsche Geschichte 41 (2013), Göttingen 2013.

Buber, Martin, »Von jüdischer Kunst« [1901], in: ders., *Die Jüdische Bewegung. Gesammelte Aufsätze und Ansprachen 1900–1914*, Berlin 1920.

ders., *Pfade in Utopia. Über Gemeinschaft und deren Verwirklichung,* hg. v. Abraham Schapira, 3. überarb. und erw. Aufl. Heidelberg 1985.

ders., Berthold Feiwel und Chaim Weizmann, *Eine Jüdische Hochschule*, Berlin 1902.

ders. und Franz Rosenzweig, *Die Schrift und ihre Verdeutschung*, Berlin 1936.

Chajes, Adolf und Schalom Ben-Chorin, *Die Ernte. Sammelheft jüdischer Dichtung*, Jerusalem 1936.

Cidor-Citroën, Ruth, *Vom Bauhaus nach Jerusalem. Stationen eines jüdischen Lebens im 20. Jahrhundert*, Berlin 2004.

Cohen, Brigid, *Stefan Wolpe and the Avantgarde Diaspora*, Cambridge/Mass. 2012.

Cohen-Hattab, Kobi, *Zionism's Maritime Revolution: The Yishuv's Hold on the Land of Israel's Sea and Shores, 1917–1948*, Berlin/Boston 2019.

Cohen-Schneiderman, Hila (Hg.), *The Lift. The Transfer (Haavara) Agreements: Artistic Research,* Ausst.Kat. Liebling House – The White City Center, Tel Aviv, and Bauhaus Dessau Foundation, Montreal/New York/Tel Aviv 2019.

Diner, Dan (Hg.), *Enzyklopädie jüdischer Geschichte und Kultur (EJGK),* Bd. 1, Stuttgart/Weimar 2011.

Davidi, Sigal, »By women for women: modernism, architecture, and gender in building the new Jewish society in Mandatory Palestine«, in: *arq* 20 (2016), 3, S. 217–230.

dies., »Architektinnen aus Deutschland und Österreich im Mandatsgebiet Palästina«, in: Mary Pepchinski u. a. (Hg.), *Frau Architekt. Seit mehr als 100 Jahren: Frauen im Architektenberuf*, Ausst.Kat. Deutsches Architekturmuseum Frankfurt a. M., Tübingen 2017, S. 49–57.

Davis, Antony, *The Patron: A Life of Salman Schocken, 1877–1959*, New York, NY 2003.

Dippel, Andrea-Beate, »Monica Bella Ullmann-Broner«, in: Patrick Rössler, Elizabeth Otto (Hg.), *Frauen am Bauhaus. Wegweisende Künstlerinnen der Moderne*, München 2019, S. 140–145.

»Documentary and Entertainement. A ›Ben Shemen‹ Film«, in: *Palestine Post*, 8. August 1947, S. 4.

Dogramaci, Burcu, *Heimat. Eine künstlerische Spurensuche*, Köln/Weimar/Wien 2016.

dies., Die Kunst der Flucht übers Wasser, in: dies. und Elizabeth Otto (Hg.), *Passagen des Exils/Passages of Exile*, München 2017, S. 334–352.

dies. und Elisabeth Otto (Hg.), *Passagen des Exils/Passages of Exile*, München 2017.

dies. und Berenika Szymanski-Düll und Wolfgang Rathert (Hg.), *Leave, Left, Left. Migrationsphänomene in den Künsten in aktueller und historischer Perspektive*, Berlin 2020.

Eckert, Brita, »Die Anfänge der Exilforschung in der Bundesrepublik Deutschland bis 1975. Ein Überblick«, in: *literaturkritik.de; Sonderausgabe: 1968 in der deutschen Literaturwissenschaft*, hg.v. Sabine Koloch (15.6.2018).

Edelmann-Ohler, Eva, »Publikationsbedingungen in Palästina/Israel«, in: Andreas Kilcher, Eva Edelmann-Ohler, *Deutsche Sprachkultur in Palästina/Israel. Geschichte und Bibliographie*, Oldenbourg 2017, S. 65–83.

Efrat, Zvi, »Arieh Sharon und die Architektur des neuen Staates Israel«, in: Philipp Oswalt (Hg.), *Hannes Meyers neue Bauhauslehre: Von Dessau bis Mexiko*, Basel 2010, S. 466–482.

»Was der Einwanderer wissen muß!«, in: *Alijah. Informationen für Palästina-Auswanderer*, hg.v. Palästina-Amt der Jewish Agency of Palestine, 5. Aufl., Januar 1934, S. 18–20.

Elon, Amos, »Kaufhauskönig Salman Schocken: Eine jüdische Heldensaga«, in: *Le Monde diplomatique*, 14. Januar 2005, S. 6–8.

Enzyklopädie jüdischer Geschichte und Kultur (EJGK), hg.v. Dan Diner, Stuttgart/Weimar 2011.

Faerber, Meir und Paul Tischler, »Wie eine Blume in der Wüste – Interview«, in: *Karmel – 40 Jahre Israel: Die deutsche Sprache, deutschsprachige Literatur und Presse in Israel. Impressum* 1 (1988), S. 34–42.

Feierstein, Liliana Ruth, »Das portative Vaterland: Das Buch als Territorium«, in: Bernd Witte (Hg.), *Topographien der Erinnerung. Zu Walter Benjamins Passagen*, Würzburg 2008, S. 216–225.

Feilchenfeld, Werner, Dolf Michaelis und Ludwig Pinner, *Haavara-Transfer nach Palästina und Einwanderung deutscher Juden 1933–1939*, Tübingen 1972.

Fenchel, Heinz, »Bericht aus Palästina aus dem Jahr 1937«, in: Chana Schütz (Hg.), *Abgedreht! Bühnenwelten – Lebenswelten. Chaim Heinz Fenchel 1906–1988*, Berlin 2015, S. 52–57.

Feuchtwanger, Martin, »In Praise of Tel Aviv. A Newcomer's Impression«, in: *Palestine Post*, 5 November 1939, S. 8.

Feuchtwanger, Martin, *Zukunft ist ein blindes Spiel. Erinnerungen*, Frankfurt a. M./Berlin 1992.

Fiedler, Jeannine (Hg.), *Social Utopias of the Twenties. Bauhaus, Kibbutz and the Dream of the New Man*, Wuppertal 1995.

Foucault, Michel, *Die Heterotopien/Der utopische Körper. Zwei Radiovorträge*, zweisprachige Ausgabe, übersetzt von Michael Bischoff. Mit einem Nachwort von Daniel Defert, Frankfurt a. M. 2005.

Sigmund Freud – Arnold Zweig: Briefwechsel, hg. v. Ernst L. Freud, Zürich 1980.

Gelber, Yoav, *New Homeland: Immigration and Absorption of Central European Jews 1933–1940*, Jerusalem 1990 (in hebr.).

Gensicke, Klaus, *Der Mufti von Jerusalem und die Nationalsozialisten. Eine politische Biographie Amin al-Husseinis*, Darmstadt 2012.

Gessen, Masha, *Leben mit Exil.* Über *Migration sprechen*, Berlin 2020.

Artur Glikson and the Making of Place: A Look at His Lasting Impact on Planning and Architecture, Sonderheft, *Journal of Architectural and Planning Research* 2 (2004), 21.

Godenschweger, Walter und Fritz Vilmar (Hg.), *Die rettende Kraft der Utopie. Deutsche Juden gründen den Kibbuz Hasorea,* Frankfurt a. M. 1990.

Goldenzweig, Ilse, »Die Zeit bei Luise und Erich Mendelsohn in der Jerusalemer Windmühle«, in: Ita Heinze-Greenberg und Regina Stephan (Hg.), *Luise und Erich Mendelsohn. Eine Partnerschaft für die Kunst*, Ostfildern-Ruit 2004, S. 135–139.

Graeve Ingelmann, Inka, *Ellen Auerbach. Das dritte Auge. Leben und Werk*, Berlin 2006.

Graf, Seraina, »Karla Grosch – Eine Spurensuche«, in: *Zwitscher-Maschine. Journal on Paul Klee/Zeitschrift für internationale Klee-Studien*, (2018), 5, S. 17–46.

Greif, Gideon u. a. (Hg.), *Die Jeckes. Deutsche Juden aus Israel erzählen*, Köln/Weimar/Wien 2000.

Gronemann, Sammy, »Zu meiner Entlastung«, in: *Jedioth Chadashot*, 30. März 1953, S. 13.

Gropius, Walter, »Programm des Staatlichen Bauhauses in Weimar«, in: Ulrich Conrads (Hg.), *Programme und Manifeste zur Architektur des 20. Jahrhunderts*, Braunschweig 1975, S. 47–50.

Grundig, Lea, *Gesichte und Geschichte,* Berlin 1964.

Hanoch, Gershon, *Die Jüdische Stadt Tel Aviv*, Jerusalem 1933.

Heimat und Exil. Emigration der Deutschen Juden nach 1933, hg.v. Stiftung Jüdisches Museum Berlin und Stiftung Haus der Geschichte der Bundesrepublik Deutschland, Frankfurt am Main 2006.

Heinrich Heine. Sämtliche Schriften, hg.v. Klaus Briegleb, Frankfurt a. M./Berlin/Wien 1981.

Heiner, Maria, *Lea Grundig. Kunst für die Menschen*, Reihe Jüdische Miniaturen, Bd. 184, Berlin 2016.

Heinze-Mühleib (Greenberg), Ita, *Erich Mendelsohn. Bauten und Projekte in Palästina (1934–1941)*, Diss. Universität Bonn, München 1986.

Heinze-Greenberg, Ita, »Von Berlin nach Tel Aviv. Zur Immigration deutsch-jüdischer Architekten nach Palästina«, in: *Das Münster,* 40 (1987), 2, S. 113–116.

dies., »Paths in Utopia: On the Development of the Early Kibbutzim«, in: Jeannine Fiedler (Hg.), *Social Utopias of the Twenties. Bauhaus, Kibbutz and the Dream of the New Man*, Wuppertal 1995, S. 80–89.

dies., »›Oft fürchte ich den Neid der Götter‹. Erfolg, Haus und Heim«, in: Regina Stephan (Hg.), *Erich Mendelsohn. Gebaute Welten*, Ostfildern-Ruit 1998, S. 200–213.

dies., »›Ich bin ein freier Bauer‹. Architektur in Palästina 1934 bis 1941«, in: Regina Stephan (Hg.), *Erich Mendelsohn. Gebaute Welten*, Ostfildern-Ruit 1998, S. 240–287.

dies., »Monument Kibbutz – Eine Annäherung in zwölf Bildern«, in: *Denkmale und kulturelles Gedächtnis nach dem Ende der Ost-West-Konfrontation*, hg.v. Akademie der Künste, Berlin 2000, S. 151–168.

dies., »Zionistische Architektur in Palästina. Bauen in einer unbekannten Heimat«, in: Bernd Nicolai (Hg.), *Exil und Architektur. Kulturtransfer und architektonische Emigration von 1930–1950*, Trier 2003, S. 87–100.

dies., »Anmerkungen zum Leben und Werk eines Orientalen aus Ostpreußen«, in: Regina Stephan (Hg.), *Erich Mendelsohn. Wesen Werk Wirkung. Beiträge zu den Erich Mendelsohn-Symposien in Berlin, Akademie der Künste, 29. Februar 2004 und in Manchester, School of Architecture, 1. November 2004*, Ostfildern-Ruit 2006, S. 18–27.

dies., »Bauten für Kibbuzim«, in: Winfried Nerdinger (Hg.), *Munio Weinraub, Amos Gitai: Architektur und Film in Israel*, München 2008, S. 90–91.

dies., »Projekte im Zuge der Wiedergutmachung«, in: Winfried Nerdinger (Hg.), *Munio Weinraub, Amos Gitai. Architektur und Film in Israel*, Ausst.Kat. Architekturmuseum TU München, München 2008, S. 164–169.

dies., *Erich Mendelsohn – »Bauen ist Glückseligkeit«*, Reihe Jüdische Miniaturen. Berlin 2011.

dies., *Europa in Palästina: Die Architekten des zionistischen Projekts 1902–1923*, Zürich 2011.

dies., »›Palästina verpflichtet!!!‹ Der Jerusalemer Emigrantenkreis um Else Lasker-Schüler, Salman Schocken, Erich Mendelsohn«, in: Burcu Dogramaci und Karin Wimmer (Hg.). *Netzwerke des Exils. Künstlerische Verflechtungen, Austausch und Patronage nach 1933*, Berlin 2011.

dies., »Entlassen, vertrieben, eingesperrt, ermordet, im Widerstand«, in: Winfried Nerdinger (Hg.), *Der Architekt. Geschichte und Gegenwart eines Berufsstandes*, Bd. 2, München/London/New York 2013, S. 623–633.

dies., »›Ein Symbol des Fortbestands‹. Die Knesset in Jerusalem«, in: Anna Minta und Bernd Nicolai (Hg.), *Parlamentarische Repräsentationen: Das Bundeshaus in Bern im Kontext internationaler Parlamentsbauten und nationaler Strategien*, Bern 2014, S. 213–236.

dies., »Erich Mendelsohn, Salman Schocken, Else Lasker-Schüler in Jerusalem«, in: Antje Borrmann u. a. (Hg.), *Konsum und Gestalt. Leben und Werk von Salman Schocken und Erich Mendelsohn vor 1933 und im Exil*, Berlin 2016, S. 345–359.

dies., »Bezalel und Bauhaus«, in: *David. Jüdische Kulturzeitschrift*, 29 (2017), 112, 48–51.

dies., *Die Europäische Mittelmeerakademie. Hendricus Th. Wjdeveld, Erich Mendelsohn und das Kunstschulprojekt an der Côte d'Azur*, Zürich 2019.

dies., »Zero Point: Birobidzhan and Tel Aviv. Annotations to a letter from Hannes Meyer to Arieh Sharon«, in: Laurent Stalder u. a. (Hg.), *Founding Myths, gta papers* 3, Zürich 2019, S. 83–93.

dies., »Bauhaus Tel Aviv – Übertragung und Vermittlung«, in: Thorsten Valk und Hellmut Seemann (Hg.), *Entwürfe der Moderne. Bauhaus-Ausstellungen 1923–2019*, Jahrbuch der Klassik Stiftung Weimar, Göttingen 2019, 279–299.

dies., »Heroic Narratives. Bruno Zevi and Eric Mendelsohn«, in: Casani Simonetti, Matteao und Elena Dellapiana (Hg.), *Bruno Zevi. History, Criticism and Architecture after World War II*, Mailand 2021, S. 128–149.

dies. und Regina Stephan (Hg.), *Erich Mendelsohn – Gedankenwelten. Unbekannte Texte zu Architektur, Kulturgeschichte und Politik*, Ostfildern-Ruit 2000.

dies. und Regina Stephan (Hg.), *Louise und Erich Mendelsohn. Eine Partnerschaft für die Kunst*, Ostfildern-Ruit 2004.

Herbert, Gilbert, *Gropius, Hirsch & the Saga of the Copper Houses*, Haifa 1980.

ders., *Symbols of a New Land. Architects and the Design of the Passenger Ships of ZIM*, Haifa 2006.

ders. und Ron Fuchs, »A Colonial Portrait of Jerusalem: British Architecture in Mandate-Era Palestine«, in: AlSayyad, Nezar (Hg.), *Hybrid Urbanism. On the Identity Discourse and the Built Environment*, Westport, Connecticut 2001, S. 83–108.

ders. und Ita Heinze-Greenberg, »The Anatomy of a Profession: Architects in Palestine during the British Mandate«, in: *architectura. Zeitschrift für Geschichte der Baukunst* 22 (1992), S. 149–162.

ders. und Silvina Sosnovsky, *Bauhaus on the Carmel and the Crossroads of Empire. Architecture and Planning in Haifa during the British Mandate*, Jerusalem 1993.

Herrmann, Hugo, *Palästina heute: Licht und Schatten*, Tel Aviv 1935.

Herzl, Theodor, »Der Judenstaat« [1886], in: Leon Kellner (Hg.), *Theodor Herzls Zionistische Schriften*, Berlin 1920.

ders., *Altneuland*, [Leipzig 1902], 8. Auflage, Berlin/Wien o.J.

Theodor Herzl. Briefe und Tagebücher, 7 Bde, hg.v. Alex Bein u. a., Berlin/Frankfurt a. M. 1983–1996.

Hillenbrand, Klaus, *Fremde im neuen Land. Deutsche Juden in Palästina und ihr Blick auf Deutschland nach 1945*, Frankfurt a. M. 2015.

Hirsch, Rudolf, *Patria Israel*, Rudolstadt 1983.

Hoba, Katharina und Joachim Schlör, »Die Jeckes – Emigration nach Palästina, Einwanderung ins Land Israel«, in: *Heimat und Exil. Emigration der Deutschen Juden nach 1933*, hg.v. Stiftung Jüdisches Museum Berlin und Stiftung Haus der Geschichte der Bundesrepublik Deutschland, Frankfurt am Main 2006, S. 103–105.

Ingersoll, Richard, *Munio Weinraub. Bauhaus Architekt in Eretz Israel*, Mailand 1994.

Ingianni Altmann, Laura, »Rationalisation and Flexibility – Erna Meyer and the Discourse on Kitchen and Daily Life in the 1920s«, in: *kritische berichte* 48 (2020), 2, S. 17–25.

dies., *Regierungsbaumeisterin in Deutschland. Die Architektin Hanna Löv (1901–1995)*, Basel 2021.

Jaeger, Roland, »Martin Feuchtwanger und sein Exilverlag ›Edition Olympia‹ in Tel Aviv«, in: *Aus dem Antiquariat*, NF 14 (2016), 2, S. 75–88.

»Jerusalem's Young Composers – Mr. Wolpe's Disciples«, in: *Palestine Post*, 28. Oktober 1938, S. 9.

Joffe, Ze'ev, »Erinnerungen an das Bauhaus«, in: *Israel Nachrichten*, 20. Juni 1980, S. 6 und 8.

Jonas, Hans, *Erinnerungen. Nach Gesprächen mit Rahel Salamander*, Frankfurt a. M. 2005.

Jünger, David, »An Bord des Lebens. Die Schiffspassage deutscher Juden nach Palästina 1933 bis 1938 als Übergangserfahrung zwischen Raum und Zeit«, in: *Mobile Culture Studies. The Journal* 1 (2015), S. 147–166.

Jütte, Robert, *Die Emigration der deutschsprachigen »Wissenschaft des Judentums«. Die Auswanderung jüdischer Historiker*, Stuttgart 1991.

Kaminka, Gideon, *»... ins Land, das ich Dir zeigen werde«. Geschichte einer ruhigen Auswanderung in stürmischer Zeit*, Zürich 1977.

Kilcher, Andreas und Eva Edelmann-Ohler, *Deutsche Sprachkultur in Palästina/Israel. Geschichte und Bibliographie*, Oldenbourg 2017.

ders., »Deutsche Sprachkultur in Palästina und Israel im 20. Jahrhundert«, in: ders. und Eva Edelmann-Ohler, *Deutsche Sprachkultur in Palästina/Israel*, Oldenbourg 2017, S. 9–63.

Victor Klemperer. Ich will Zeugnis ablegen bis zum letzten. Tagebücher 1933–1945, hg.v. Walter Nowojski und Hadwig Klemperer, Berlin 1995.

Klinger, Ruth (Hg.), *Art and Artists in Palestine*, Tel Aviv 1946.

dies., »Arbeiten mit Arnold Zweig in der Emigration«, in: Walter Zadek (Hg.), *Sie flohen vor dem Hakenkreuz. Selbstzeugnisse der Emigranten. Ein Lesebuch für Deutsche*, Reinbek bei Hamburg 1981, S. 136–139.

Klönne, Irmgard und Ilana Michaeli (Hg.), *Gut Winkel, die schützende Insel. Hachschara 1933–1941*, Berlin 2007.

Koestler, Arthur, *Promise and Fulfillment. Palestine 1917–1949*, London 1949.

Kracauer, Siegfried, *Theorie des Films. Die Errettung der äußeren Wirklichkeit* [1960], Frankfurt a. M. 2019.

Kraft, Christian, *Aschkenas in Jerusalem. Die religiösen Institutionen der Einwanderer aus Deutschland im Jerusalemer Stadtviertel Rehavia (1933–2004) – Transfer und Transformation*, Göttingen 2014.

Kraft, Werner, *Spiegelung der Jugend*, Frankfurt a. M. 1973.

Krauss, Marita, »Westliche Besatzungszonen und Bundesrepublik Deutschland«, in: Claus-Dieter Krohn u. a., *Handbuch der deutschsprachigen Emigration 1933–1945*, Darmstadt 2008, Spalte 1161–1171.

Kreppel, Klaus, *Nahariya. Das Dorf der Jeckes. Die Gründung der Mittelstandssiedlung für deutsche Einwanderer in Eretz Israel*, Tefen 2005.

Krohn, Claus-Dieter u. a., *Handbuch der deutschsprachigen Emigration 1933–1945*, Darmstadt 2008.

Kroyanker, David, *Die Architektur Jerusalems. 3000 Jahre Heilige Stadt*, Stuttgart 1996.

Kühne, Jan, »Deutschsprachige jüdische Literatur in Palästina/Israel«, in: *Handbuch der deutsch-jüdischen Literatur*, hg.v. Hans Otto Horch, Oldenbourg 2015, S. 201–220.

Landau, Lola, »Leben in Israel«, Typoskript, Mappe A: Wegner Landau, DLA Nr. 90.46.1.

dies., »Heimweh nach Palästina«, unveröffentlichtes Typoskript o.D., Nachlass Armin T. Wegner, DLA Nr. 78.1.308/1–54.

Langkau-Alex, Ursula, »Geschichte der Exilforschung«, in: Krohn, Claus-Dieter u. a., *Handbuch der deutschsprachigen Emigration 1933–1945*, Darmstadt 2008, Spalten 1195–1209.

Lasker-Schüler, Else, *Das Hebräerland*, Zürich 1937.

Else Lasker Schüler. »Was soll ich hier?«. Exilbriefe an Salman Schocken, hg.v. Sigrid Bauschinger und Helmut G. Hermann, Heidelberg 1986.

Else Lasker-Schüler. Die Gedichte 1902–1943, hg. v. Friedhelm Kemp, Frankfurt a. M. 1997.

Else Lasker-Schüler: Ich und Ich. Verse und Prosa aus dem Nachlass, hg.v. Werner Kraft, Frankfurt a. M. 2002.

Laws of the State of Israel, Vol. I, Ordinances, 5708 - 1948, (From 10th Iyar, 5708–19.5.48 to 26th Elul, 5708—30.9.48).

Leers, Peter, *Ramoth Hashavim 1933-1973,* Ramoth Hashavim 1974.

Lerski, Anneliese, »Zwei Jüdische Köpfe«, in: *Zürcher Illustrierte*, 8 (1932) 42, S. 1324-1325.

dies. (Hg.), *Der Mensch. Mein Bruder. Lichtbilder von Helmar Lerski*, Dresden 1957.

»Helmar Lerski at 75. Father of Facial Landscapes«, in: *Palestine Post*, 18. Februar 1946, S. 4.

LeVitte Harten, Doreet und Yigal Zalmona (Hg.), *Die neuen Hebräer. 100 Jahre Kunst in Israel*, Ausst.Kat. Martin Gropius Bau Berlin, Berlin 2005.

Loach, Judi und Raquel Rapaport, »Buber on (looking at) architecture«, in: *The Journal of Architecture*, 5 (2000), 2, S. 189-214.

Loewenson, Erwin, *Else Lasker Schüler: Als Person*, Typoskript, Nachlass Erwin Loewenson, DLA Nr. 68.1005/1-3.

Loewy, Ernst, *Literatur unterm Hakenkreuz. Das Dritte Reich und seine Dichtung*, Frankfurt a. M. 1966.

ders., *Exil. Literarische und politische Texte aus dem deutschen Exil 1933 - 1945*, Stuttgart 1979.

ders., »Zum Paradigmenwechsel in der Exilliteraturforschung«, in: *Exilforschung*, Bd. 9 *Exil und Remigration*, München 1991, S. 208-217.

ders., *Zwischen den Stühlen. Essays und Autobiographisches aus 50 Jahren*, Hamburg 1995.

Loewy, Hanno (Hg.), *Walter Zadek. Kein Utopia ... Araber, Juden, Engländer in Palästina. Fotografien aus den Jahren 1935 bis 1941*, Berlin 1986.

Loewy, Ronny, »Flucht oder Alija. Filmemigranten in Palästina«, in: *Exilforschung. Ein Internationales Jahrbuch. Band 21: Film und Fotografie,* hg.v. Gesellschaft für Exilforschung, München 2003, S. 85-94.

Lühe, Barbara von der, *Musik war unsere Rettung! Die deutschsprachigen Gründungsmitglieder des Palestine Orchestra*, Tübingen 1998.

Luft, Gerda, *Heimkehr ins Unbekannte. Eine Darstellung der Einwanderung von Juden aus Deutschland nach Palästina vom Aufstieg Hitlers zur Macht bis zum Ausbruch des Zweiten Weltkrieges 1933-1939*, Wuppertal 1977.

Madar, Gabi und Chaim Seligmann, *Kibbuz. Ein Überblick*, Bonn 1996.

Mahrer, Stefanie, *Salman Schocken. Topographien eines Lebens*, Berlin 2021.

Makropoulos, Michael, »Meer«, in: Ralf Konersmann (Hg.), *Wörterbuch der philosophischen Metaphern*, Studienausgabe, Darmstadt 2014, S. 240-252.

Mann, Barbara, *A Place in History. Modernism, Tel Aviv, and the Creation of Jewish Urban Space*, Stanford/CA 2006.

Mardor, Munya, *Strictly Illegal*, London 1964.

Mazar, Benjamin, u. a., *Guide to Tel Aviv-Jaffa*, Tel Aviv 1941.

Mendelsohn, Erich, *Der schöpferische Sinn der Krise*, Berlin 1932.

ders., *Palestine and the World of Tomorrow*, Jerusalem 1940.

ders., *Der neue Bezalel*, Typoskript, [Jerusalem], Februar 1941, KB Berlin, EM Mss 31.

Mendelsohn, Louise, *My Life in a Changing World*, San Francisco o.J., unveröffentlichtes Typoskript, Erich and Luise papers, GRI, Los Angeles, Acc.No. 880406.

Mendes-Flohr, Paul, *Martin Buber. Ein Leben im Dialog*, Berlin 2022.

Meyer, Erna, »Das Küchenproblem auf der Werkbundausstellung«, in: *Die Form. Monatszeitschrift für gestaltende Arbeit,* 2 (1927), 1, S. 299–307.

dies., *Wie kocht man in Erez-Israel*, Tel Aviv, o.J. [1936].

Meyer-Maril, Edina, »Drei Frauen, drei Wege, eine Moderne: Genia Averbuch, Judith Segall-Stolzer und Elsa Gidoni-Mandelstamm planen und bauen in Eretz Israel«, in: Jörg Stabenow und Ronny Schüler (Hg.), *Vermittlungswege der Moderne – Neues Bauen in Palästina (1923–1948)*, Berlin 2019, S. 69–82.

Michaeli, Jakob, »Der Kibbuz Hasorea. Zur Geschichte einer von Juden aus Deutschland gegründeten Gemeinschaftssiedlung«, in: Walter B. Godenschweger und Fritz Vilmar (Hg.), *Die rettende Kraft der Utopie. Deutsche Juden gründen den Kibbuz Hasorea,* Frankfurt a. M. 1990, S. 141–161.

Migge, Leberecht, *Jedermann Selbstversorger. Eine Lösung der Siedlungsfrage durch neuen Gartenbau*, Jena 1918.

Moser, Walter (Hg.), *Faces – Die Macht des Gesichts. Helmar Lerski und die Portraitfotografie der Zwischenkriegszeit*, Ausst.Kat. Albertina Wien, München 2021.

ders., »Verwandlungen durch Licht. Helmar Lerskis Fotografien als Experimentierfeld für den Film«, in: ders. (Hg.), *Faces – Die Macht des Gesichts. Helmar Lerski und die Portraitfotografie der Zwischenkriegszeit*, Ausst.Kat. Albertina Wien, München 2021, S. 58–72.

Moses, Siegfried, »Salman Schocken. Wirtschaftsführer und Zionist«, in: ders., *Deutsches Judentum. Aufstieg und Krise*, Stuttgart 1982, S. 144–184.

Mühsam, Paul, »Warum ich nicht nach Deutschland zurückkehren möchte«, undatiertes Typoskript, Nachlass Paul Mühsam, DLA Nr. 90.21.118.

Muthesius, Hermann, *Stilarchitektur und Baukunst. Wandlungen der Architektur im XIX. Jahrhundert und ihr heutiger Standpunkt*, Mühlheim/Ruhr 1902.

Nerdinger, Winfried und Irmel Kamp-Bandau (Hg.), *Tel Aviv – Modern Building 1930–1939*, Ausst.Kat. Bauhaus Archiv Berlin, Berlin 1994.

ders. (Hg.), *Munio Weinraub, Amos Gitai: Architektur und Film in Israe*l, München 2008.

Nieraad, Jürgen, »Deutschsprachige Literatur in Palästina und Israel«, in: *Exilforschung. Ein internationales Jahrbuch*, hg.v. Thomas Koebner u. a., Bd. 5, München 1987, S. 90–110.

Nitzan-Shiftan, Alona, »Contested Zionism – Alternative Modernism: Erich Mendelsohn and the Tel Aviv Chug in Mandate Palestine«, in: *Architectural History*, 39 (1996), 1, S. 147–180.

Nordau, Max, »Achad Haam über ›Altneuland‹«, in: *Die Welt*, 13. März 1903, S. 2.

Ohana, David, *The Origins of Israeli Mythology: Neither Canaanites nor Crusaders*, New York 2012.

Ofrat, Gideon, »ein zionistisches bauhaus«, in: *Bauhaus. Die Zeitschrift der Stiftung Bauhaus Dessau 2*, Themenheft Israel, November 2011, S. 48–55.

ders., »Lea Grundig in Palästina«, in: *Von Dresden nach Tel Aviv. Lea Grundig: 1933–1948*, Ausst.Kat. Igal Presler Museum Tel Aviv, Tel Aviv 2014, S. 15–29.

Osborn, Max, »Baukünstler und Bauten. Von Hitzig bis Mendelsohn«, in: *C.V.-Zeitung. Blätter für Deutschtum und Judentum. Organ des Central-Vereins deutscher Staatsbürger jüdischen Glaubens e.V.*, 10 (1931), 7–8, S. 1.

Oswalt, Philip u. a. (Hg.), *Kibbuz und Bauhaus. Pioniere des Kollektivs*, Leipzig 2012.

ders. (Hg.), *Hannes Meyers neue Bauhauslehre: Von Dessau bis Mexiko*, Basel 2019.

Paetz, Andreas und Karin Weiß (Hg.), *»Hachschara«. Die Vorbereitung junger Juden auf die Auswanderung nach Palästina*, Potsdam 1999.

Pauly, Wolfgang, *Martin Buber. Ein Leben im Dialog*, Berlin 2010.

Pepchinski, Mary, u. a. (Hg.), *Frau Architekt. Seit mehr als 100 Jahren: Frauen im Architektenberuf*, Ausst.Kat. Deutsches Architekturmuseum Frankfurt a. M., Tübingen 2017.

Philo-Atlas: Handbuch für die jüdische Auswanderung. Reprint der Ausgabe von 1938, Bodenheim bei Mainz 1998.

Phleps, Thomas, »Stefan Wolpe – eine Einführung«, in: ders., *Stefan Wolpe: Lieder mit Klavierbegleitung 1929–1933*, Hamburg 1993, S. 1–45.

Pilarczyk, Ulrike, *Gemeinschaft in Bildern. Jüdische Jugendbewegung und zionistische Erziehungspraxis in Deutschland und Palästina/Israel*, Göttingen 2009.

Posener, Julius, »Architekt in drei Ländern. Zum Tode von Heinz Rau«, in: *Bauwelt* (1965), 23, S. 656–657.

ders., *Fast so alt wie ein Jahrhundert*, Berlin 1990.

Julius Posener: Ein Leben in Briefen. Ausgewählte Korrespondenz 1929–1990, hg.v. Matthias Schirren und Sylvia Claus, Basel/Berlin/Boston 1999.

Julius Posener. Heimliche Erinnerungen. In Deutschland 1904 bis 1933, hg.v. Allan Posener, München 2004.

Walther Rathenau. Schriften, mit einem Beitrag von Golo Mann, hg.v. Arnold Hartung, Berlin 1981.

Rautenberg-Alianov, Viola, »Schlagsahne oder Shemen-Öl? Deutsch-jüdische Hausfrauen und ihre Küche in Palästina 1936–1940«, in: José Brunner (Hg.), *Deutsche(s) in Palästina und Israel. Alltag, Kultur, Politik*, Tel Aviver Jahrbuch für deutsche Geschichte 41 (2013), Göttingen 2013, S. 82–96.

Reinfelder, Georg, *MS »St. Louis«. Die Irrfahrt nach Kuba Frühjahr 1939. Kapitän Gustav Schroeder rettet 906 deutsche Juden vor dem Zugriff der Nazis*, Berlin 2002.

Robinson, Marc (Hg.), *Altogether Elsewhere: Writers on Exile*, Boston/London 1994.

Rohwer, Jürgen, »Jüdische Flüchtlingsschiffe im Schwarzen Meer (1934-1944)«, in: Ursula Büttner (Hrsg.): *Das Unrechtsregime*. Band 2: Verfolgung / Exil / Belasteter Neubeginn, Hamburg 1986, S. 197-248.

Rosenbaum, Siegfried, »Zur Notlage der jüdischen Aerzte«, in: *Jüdische Rundschau*, 27. April 1937, S. 5.

Gabriella Rosenthal. Zeichnungen. Drawings: Palestine/Israel 1938–1955, hg.v. Stiftung Neue Synagoge Berlin – Centrum Judaicum Berlin, Leipzig 2019.

Rosenzweig, Franz, »Die Einheit der Bibel. Eine Auseinandersetzung mit Orthodoxie und Liberalismus« (1927), in: Martin Buber und Franz Rosenzweig, *Die Schrift und ihre Verdeutschung*, Berlin 1936, S. 46–54.

Rotbard, Sharon, *White City: Black City. Architecture and War in Tel Aviv and Jaffa*, London 2015.

Rübner, Tuvia und Dafna Mach (Hg.), *Briefwechsel Martin Buber – Ludwig Strauß 1913*–1953, Frankfurt a. M. 1990.

Rundt, Arthur und Richard A. Bermann, *Palästina. Ein Reisebuch*, Leipzig 1923.

Arthur Ruppin: Tagebücher, Briefe, Erinnerungen, hg.v. Shlomo Krolik, Königstein/Ts. 1985.

Sadmon, Ze'ev W., *Die Gründung des Technions im Lichte deutscher Politik*, Berlin 1994.

ders., »Düsseldorf – Potsdam – Jerusalem. Die Historikerin Leni Yahil«, in: *Geschichte im Westen (GiW)*, Jg. 14, Köln 1999, S. 210–220.

Said, Edward W., *Orientalism. Western Conceptions of the Orient*, London 1978.

Salevsky, Heidemarie, »Zum Zusammenhang von Übersetzungstyp, Übersetzungstheorie und Bewertung bei Bibelübersetzungen«, in: Ina Müller (Hg.), *Heidemarie Salevsky: Aspekte der Translation*, Frankfurt a. M. 2009, S. 55–82.

Schapira, Abraham, »Werdende Gemeinschaft und die Vollendung der Welt. Martin Bubers sozialer Utopismus«, in: ders. (Hg.), *Martin Buber. Pfade in Utopia. Über Gemeinschaft und deren Verwirklichung*, Heidelberg 1985, S. 423–424.

Schätzke, Andreas, »›Unendlich viel Neues …‹. Lea Grundigs Rückkehr aus dem Exil«, in: *Lea Grundig. Jüdin, Kommunistin, Graphikerin*, Ausst.Kat. Ladengalerie Berlin, Berlin 1996, S. 56–67.

Schattenstein, Bronia, »Ein Lift fährt nach Erez Israel«, in: *Kinder-Rundschau. Beilage zur Jüdischen Rundschau*, 4, (1936), 22, S. 1–2.

Schenker, Anatol, »Der Schocken Verlag in Berlin«, in: Antje Bormann, Doreen Mölders und Sabine Wolfram (Hg.), *Konsum und Gestalt. Leben und Werk von Salman Schocken und Erich Mendelsohn vor 1933 und im Exil*, Berlin 2016, S. 222–234.

»Scherchen Conducts: P.S.O. Renders Unique Programme«, in: *Palestine Post*, 12. Mai 1939, S. 9.

Schlör, Joachim, *Tel Aviv. Vom Traum zur Stadt*, Frankfurt a. M. 1999.

ders., *Endlich im Gelobten Land. Deutsche Juden unterwegs in eine neue Heimat*, Berlin 2003.

ders., »Auf dem Schiff«, in: Moshe Zimmermann und Yotam Hotam (Hg.), *Zweimal Heimat. Die Jeckes zwischen Mitteleuropa und Nahost*, Frankfurt a. M. 2005, S. 121–124.

ders., »Towards Jewish Maritime Studies«, in: *Jewish Culture and History*, 13 (2012), 1, S. 1–6.

ders., »Reflexionen an Bord. Die Schiffsreise als Ort und Zeit im Dazwischen«, in: Burcu Dogramaci und Elizabeth Otto (Hg.), *Passagen des Exils/Passages of Exile*, München 2017, S. 54–68.

Schüler, Ronny, »Formen, Ideale und Methoden. Bauhaus-Transferprozesse im Britischen Mandatsgebiet Palästina«, in: *Wolkenkuckucksheim. Cloud-Cuckoo-Land*, 24 (2019) 39, 2019, S. 11–34.

Schütz, Chana (Hg.), *Abgedreht! Bühnenwelten – Lebenswelten. Chaim Heinz Fenchel 1906–1988*, Berlin 2015.

Schwarz, Johannes Valentin, »›Wie würde ich ohne Bücher leben und arbeiten können?‹: Ernst Simon (1899–1988)«, in: Ines Sonder, Karin Bürger und Ursula Wallmeier (Hg.), *›Wie würde ich ohne Bücher leben und arbeiten können?‹ Privatbibliotheken jüdischer Intellektueller im 20. Jahrhundert*, Berlin 2008, S. 332–351.

Segev, Tom, *Die siebte Million. Der Holocaust und Israels Politik der Erinnerung*, Reinbek bei Hamburg 1995.

Sharon, Arieh, *Kibbutz + Bauhaus: an architects way in a new land*, Stuttgart 1976.

Shepherd, Naomi, *Wilfred Israel*, Berlin 1985.

Siegemund, Anja (Hg.), *Deutsche und zentraleuropäische Juden in Palästina und Israel. Kulturtransfers, Lebenswelten, Identitäten. Beispiele aus Haifa*, Berlin 2016.

dies., »›Die Jeckes‹: Ein Klischee und Faszinosum neu verhandelt«, in: dies. (Hg.), *Deutsche und zentraleuropäische Juden in Palästina und Israel. Kulturtransfers, Lebenswelten, Identitäten. Beispiele aus Haifa*, Berlin 2016, S. 11–50.

Simon, Ernst, *Aufbau im Untergang. Jüdische Erwachsenenbildung im nationalsozialistischen Deutschland als geistiger Widerstand*, Tübingen 1958.

S.n., »Seltsame Laufbahn des Photographen Helmar Lerski«, in: *Zürcher Illustrierte*, 7 (1931) 49, S. 1592–1593.

Soden, Kristine von, »*Und draußen weht ein fremder Wind…« Über die Meere ins Exil*, Berlin 2016.

Sohnemann, Jasmin, *Arnold Zweig und Stefan Zweig in der Zwischenkriegszeit. Publizistisches Engagement, Beziehungsgeschichte und literaturwissenschaftliche Rezeption bis in das 21.* Jahrhundert, Berlin/Bern u. a. 2017.

Sonder, Ines, *Gartenstädte für Erez Israel. Zionistische Stadtplanungsvisionen von Theodor Herzl bis Richard Kauffmann*, Hildesheim/Zürich/New York 2005.

dies., *Lotte Cohn – Baumeisterin des Landes Israel. Eine Biographie*, Berlin 2010.

dies., »Von der UFA zum Dan-Hotel. Der Filmarchitekt und Interieur-Designer Heinz Fenchel«, in: Chana Schütz (Hg.), *Abgedreht! Bühnenwelten – Lebenswelten. Chaim Heinz Fenchel 1906–1988*, Berlin 2015, S. 39–47.

dies., Karin Bürger und Ursula Wallmeier (Hg.), *»Wie würde ich ohne Bücher leben und arbeiten können?« Privatbibliotheken jüdischer Intellektueller im 20. Jahrhundert*, Berlin 2008.

dies. und Werner Möller: *Vom Bauhaus nach Palästina: Chanan Frenkel – Ricarda und Heinz Schwerin*, Leipzig 2013.

dies. und Jochim Trezib, »Erkaufte Heimat. Die RASSCO und die Ansiedlung der Deutschen Alija in Erez Israel (1933–1948)«, in: *Zeitschrift für Religions- und Geistesgeschichte* 70 (2018), 1, 1-28.

dies., »Baumaterial aus Nazi-Deutschland in Tel Aviv«, in: *Bauwelt* 26 (2019) (StadtBauwelt 224), S. 58–60.

dies., »Was ist ein ›Juden-Lift‹? Die Memoiren des Fritz Seelig über seine Auswanderung nach Palästina«, in: Hila Cohen-Schneiderman (Hg.), *The Lift. The Transfer (Haavara) Agreements: Artistic Research*, Ausst.Kat. Liebling House – The White City Center, Tel Aviv, and Bauhaus Dessau Foundation, Montreal/New York/Tel Aviv 2019.

Soskin, Selig Eugen, *Kleinsiedlung und Bewässerung. Die neue Siedlungsform für Palästina*, Berlin 1920.

Sparr, Thomas, *Grunewald im Orient. Das deutsch-jüdische Jerusalem*, Berlin 2017.

Stabenow, Jörg, *Die Einheit der Künste in der »neuen Welt« Erich Mendelsohns: Zum Haus des Architekten am Rupenhorn in Berlin*, Stuttgart 2001.

ders. und Ronny Schüler (Hg.), *Vermittlungswege der Moderne – Neues Bauen in Palästina (1923–1948)*, Berlin 2019.

Steinecke, Hartmut, »›Kein Heim in dieser Welt‹. Zum Werk Jenny Alonis (1917–1993)«, in: Norbert Oellers (Hg.), *»Manche Worte strahlen«. Deutsch-jüdische Dichterinnen des 20. Jahrhunderts*, Erkelenz 1999, S. 111–124.

Steiner, Gershon Erich, *Die Geschichte der »Patria«*, Tel Aviv 1973.

Stephan, Regina, (Hg.), *Erich Mendelsohn 1887–1953. Gebaute Welten – Arbeiten für Europa, Palästina und Amerika*, Ostfildern-Ruit 1998.

Sternburg, Wilhelm von, *»Um Deutschland geht es uns.« Arnold Zweig. Die Biographie*, Berlin 2004.

Streit, Eva, *Die Itten-Schule Berlin. Geschichte und Dokumente einer privaten Kunstschule neben dem Bauhaus*, Berlin 2015.

Stüben, Jens, »›Geistige Existenz in zwei Welten‹. Manfred Sturmann aus Königsberg – ein Leben als deutscher und israelischer Autor«, in: Tobias Weger (Hg.), *Grenzüberschreitende Biographien zwischen Ost- und Mitteleuropa. Wirkung – Interaktion – Rezeption*, Frankfurt a. M. 2009, S. 115–156.

Sturmann, Manfred, *Abschied von Europa. Geschichten aus Israel*, Berlin/Stuttgart 1963.

Sucker, Juliane, »Der Weg in die Fremde. Gabriele Tergits Zeitdiagnosen des Transitorischen«, in: Burcu Dogramaci und Elizabeth Otto (Hg.), *Passagen des Exils*, München 2017, S. 97–108.

Tergit, Gabriele, *Käsebier erobert den Kurfürstendamm*, Berlin 1931.

dies., *Im Schnellzug nach Haifa*, hg.v. Jens Brüning mit einem Nachwort von Joachim Schlör, Frankfurt a. M. 1998.

Teut, Anna (Hg.), *Al Mansfeld. Architekt in Israel*, Berlin 1996.

Thalberg, Karin, »Die Malerin Lea Grundig«, in: *Orient. Unabhängige Wochenschrift Zeitfragen/Kultur/Wirtschaft* (7. April 1943), S. 54–55.

Timm, Angelika, »Lea Grundig – Gesichte und Geschichte«, in: *Von Dresden nach Tel Aviv. Lea Grundig: 1933–1948*, Ausst.Kat. Igal Presler Museum, Tel Aviv 2014, S. 7–14.

Tryster, Hillel, *Adamah: A Vanished Film*, Jerusalem 1998.

»V-Day Gaiety in Jerusalem«, in: *Palestine Post*, 09.05.1945, S. 1.

Vietor-Engländer, Deborah, »Arnold Zweig in Palästina«, in: *Études Germanique 4*, 2008, Nr. 252, S. 909–921.

Wagner, Friedrich A. (Hg.), *Der Maler Rico Blass. Leben und Werk*, Frankfurt a. M. 1982.

Warhaftig, Myra, *Sie legten den Grundstein. Leben und Wirken deutschsprachiger jüdischer Architekten in Palästina 1918–1949*, Berlin 1996.

dies., *Deutsche jüdische Architekten vor und nach 1933 – Das Lexikon*, Berlin 2005.

Weisl, Wolfgang von, *Der Kampf um das Heilige Land. Palästina von heute*, Berlin 1925.

Welter, Volker M., »The 1925 Masterplan for Tel Aviv by Patrick Geddes«, in: *Israel Studies*, 14 (2009), 3, S. 94–119.

Wingler, Hans M., »Die jüdische Komponente des Bauhauses«, November 1963; unpubliziertes Typoskript eines Forschungsantrags im Privatarchiv der Autorin.

Wiznitzer, Manuel, *Arnold Zweig. Das Leben eines deutsch-jüdischen Schriftstellers*, (2. korr. Aufl.), Frankfurt a. M. 1987.

»Die WIZO-Haushaltungsschule bei Tel Awiw«, in: *Jüdische Rundschau*, 27. März 1936, S. 13.

Yonin, Baruch »Salman Schocken as a passionate collector of Judaica and Hebraica«, in: Antje Borrmann u. a. (Hg.), *Konsum und Gestalt. Leben und Werk von Salman Schocken und Erich Mendelsohn vor 1933 und im Exil*, Berlin 2016, S. 209–221.

Yourgrau, Wolfgang, »Nach einer Bombe«, in: *Orient. Unabhängige Wochenschrift Zeitfragen/Kultur/Wirtschaft*, 7. April 1943, S. 1.

Zadek, Walter, »Sprich hebräisch – oder stirb!«, in: *Orient. Unabhängige Wochenschrift Zeitfragen/Kultur/Wirtschaft*, 3. Jg. Nr. 7, 15. Mai 1942, S. 17–18.

ders., »Bei Arnold Zweig in Berlin-Ost«, undatiertes Typoskript (vermutlich 1957), Nachlass Walter Zadek, DNB NL 026/EB 87/089 MSS.

ders. (Hg.), *Sie flohen vor dem Hakenkreuz. Selbstzeugnisse der Emigranten. Ein Lesebuch für Deutsche*, Reinbek bei Hamburg 1981.

ders., »Emigration und Wesenswandlung«, in: ders. (Hg.), *Sie flohen vor dem Hakenkreuz. Selbstzeugnisse der Emigranten. Ein Lesebuch für Deutsche*, Reinbek bei Hamburg 1981, S. 171–185.

Zevi, Bruno, *Erich Mendelsohn. The Complete Works*, Basel/Boston/Berlin 1999.

Zimmermann, Heidy, »Folk Song versus High Modernism: Stefan Wolpe's Song of Songs settings in the Context of New Palestine«, in: *Contemporary Music Review* 27 (2008), 2–3, S. 271–288.

Zimmermann, Moshe und Yotam Hotam (Hg.), *Zweimal Heimat. Die Jeckes zwischen Mitteleuropa und Nahost*, Frankfurt a. M. 2005.

Zimmer-Winkel, Rainer (Hg.), *Hadj Amin al-Husseini, Mufti von Jerusalem. Eine umstrittene Figur*, Trier 1999.

Zweig, Arnold, »Modell, Dokument, Dichtung«, in: *Jüdische Rundschau*, 25. November 1932, S. 457.

ders., »An Appreciation. By a friend and contemporary«, in: *Palestine* Post, 25. Februar 1942, S. 3.

ders., »Stefan Zweig« in: *Orient – Unabhängige Wochenschrift Zeitfragen/Kultur/Wirtschaft*, Nr. 6–7–8, 7. April 1943, S. 15–20.

Arnold Zweig, Beatrice Zweig, Helene Weyl. Komm her, wir lieben Dich: Briefe einer ungewöhnlichen Freundschaft zu dritt, hg.v. Ilse Lange, Berlin 1996.

Zweig, Max, *Lebenserinnerungen*, Gerlingen 1987.

Max Zweig. Autobiographisches und verstreute Schriften aus dem Nachlass, hg.v. Eva Reichmann, Oldenburg 2002.

Zweig, Stefan, *Die Welt von Gestern. Erinnerungen eines Europäers* [1942], Berlin/Weimar 1990.

Zysmann, R., »Rechtsanwälte in Palästina«, in: *Jüdische Rundschau*, 5. April 1934, S. 17.

Internetquellen (in der Reihenfolge ihrer Referenz im Text)

http://www.exilforschung.de/index.php?p=26

https://kuenste-im-exil.de/KIE/Web/DE/Navigation/Exil/Exilforschung/exilforschung.html

http://www.messageries-maritimes.org/patria.htm

https://digital.adk.de/ellen-auerbach-fotografisches-werk

https://juedische-geschichte-online.net/ausstellung/schiffsreisen#home

https://kuenste-im-exil.de/KIE/Web/DE/Home/home.html

https://db.saur.de/DGO/language/de/emigration.html

https://www.hagalil.com/israel/deutschland/witz.htm

https://www.dsm.museum/forschung/forschungsprojekte/liftprov-der-umgang-mit-uebersiedlungsgut-juedischer-emigranten-in-hamburg

http://whc.unesco.org/en/list/1096

http://www.independent.co.uk/news/people/obituary-mordecai-ardon-1533831.html

http://ada.evergreen.edu/~arunc/texts/music/WolpeOnProportions.pdf

https://www.bezalel.ac.il/en/about/milestones

https://www.bezalel.ac.il/en/about/campus

http://ema.smb.museum/de/briefe

https://monde-diplomatique.de/artikel/!652798

https://www.kj-skrodzki.de/Dokumente/Text_012.html

https://www.iccj.org/information/martin-buber-house/about-us/geschichte-des-martin-buber-hauses.html

https://bibel.github.io/BuberRosenzweig/ot/1.Mo_1.html

http://steinheim-institut.de:50580/cgi-bin/bhr?id=2158

https://www.fr.de/kultur/kunst/helmar-lerski-der-lichtbildhauer-90459259.html

https://collections.ushmm.org/search/catalog/irn504437

https://www.youtube.com/watch?v=9iXkhML3MHk

https://www.independent.co.uk/news/obituaries/obituary-tim-gidal-1352430.html

https://kuenste-im-exil.de/KIE/Content/DE/Personen/landau-lola.html

https://www.hans-und-lea-grundig.de/wordpress/wp-content/uploads/2015/05/Lea-Grundig_Vortrag-E-Gillen.pdf

https://www.campus-halensis.de/artikel/flucht-und-ruckkehr-das-leben-der-lea-grundig/

https://www.rbb-online.de/doku/s-t/schalom-neues-deutschland.html

https://www.bpb.de/shop/zeitschriften/izpb/juedisches-leben-348/juedisches-leben-348/341615/juedisches-leben-in-der-ddr/

https://www.moderne-regional.de/fachbeitrag-helmut-goldschmidt/

Archive

Archiv des Architekturmuseums der TU München

Deutsches Literaturarchiv Marbach (DLA)

Erich and Luise Mendelsohn Papers, Getty Research Institute, Los Angeles (GRI)

Archiv der Akademie der Künste, Berlin

Bauhaus-Archiv: Museum für Gestaltung, Berlin

Jenny-Aloni-Archiv an der Universität Paderborn

Erich Mendelsohn Archiv, Kunstbibliothek, Staatliche Museen zu Berlin, Preußischer Kulturbesitz (KB)

Deutsche Nationalbibliothek, Deutsches Exilarchiv 1933–1945, Frankfurt a. M. (DNB)

Central Zionist Archives, Jerusalem (CZA)

Avie and Sarah Arenson Built Heritage Research Center, Technion Haifa

Interviews / Gespräche

Leo Baumann, Jerusalem

Trude Dothan, Jerusalem

Amos Gitai, Haifa

Ilse Goldenzweig, Tel Aviv

Ze'ev Joffe, Tel Aviv

Ruth Kaiser-Cohn, Jerusalem

Esther Mendelsohn-Joseph, San Francisco

Louise Mendelsohn, San Francisco

Irena Mitelman, Tel Aviv

Shmuel Mestechkin, Tel Aviv

Julius Posener, Berlin

Moshe Raviv, Safed

Naftali Rostowski, Tel Aviv

Uriel Schiller, Tel Aviv

Hillel Schocken, Tel Aviv

Ricarda Schwerin, Jerusalem

Myra Warhaftig, Haifa/Berlin

Personenverzeichnis

Alle im Text eingehender behandelten, in den Jahren 1933–1941 nach Palästina emigrierten Künstler, Schriftsteller und Architekten sind mit kurzen biografischen Angaben hervorgehoben. In der Regel werden sie hier unter ihrem in Palästina/Israel geführten Namen genannt.

Abarbanel, Don Yizchak 166
Achad Ha'am, siehe: Ginsberg, Ascher Hirsch
Adenauer, Konrad 275
Adorno, Theodor A. 11
Agnon, Samuel 175
Ahlfeld-Heymann, Marianne (geb. Marianne Heymann), Holzbildhauerin, Bühnenbildnerin und Maskenschnitzerin, geb. 1905 in Köln, gest. 2003 in Haifa; künstlerische Ausbildung am Bauhaus Weimar; ab 1949 in Israel. 118–119
Alcharisi, Juda 166
Al-Husseini, Mohammed Amin 50
Albers, Anni 141
Albers, Josef 141, 147
Aloni, Jenny (geb. Jenny Rosenbaum), Schriftstellerin, geb. 1917 in Paderborn, gest. 1993 in Ganei Yehuda; Studium der Literatur und Philosophie in Jerusalem; ab 1939 in Palästina. 11, 47–49, 52–54, 72, 192–193, 216, 254
Altermann, Nathan 164–166
Ardon, Mordechai (geb. Max Bronstein), Künstler, geb. 1896 in Tuchów, Österreich-Ungarn (heute Polen), gest. 1992 in Jerusalem; Studium der Malerei am Bauhaus Dessau; ab 1933 in Palästina. 7, 114, 118, 137–142, 146–147, 149, 280
Arendt, Hannah 33–35, 38–39
Auerbach, Ellen (geb. Ellen Rosenberg), Fotografin und Filmemacherin, geb. 1906 in Karlsruhe, gest. 2004 in New York; Kunststudium in Karlsruhe und Stuttgart, danach fotografische Ausbildung in Berlin; ab 1934 in Palästina; 1936 Emigration über London in die USA. 17–19, 33
Auerbach, Walter 18
Ausländer, Rose 39
Averbuch, Genia 104–106, 131
Avnon, Naftali (geb. Naftali Rubinstein), Fotograf, geb. 1910 in Pinsk, Russisches Kaiserreich (ab 1920 Polen), gest. 1977 in Tel Aviv; Studium der Fotografie und des Grafikdesigns am Bauhaus Dessau; ab 1936 in Palästina. 120
Axelrod, Nathan 236
Bach, Johann Sebastian 150–153, 165
Bacon, Francis 21
Baeck, Leo 178
Baer, Rudolf, Kunsthistoriker aus München; ab Mitte der 1930er-Jahre in Palästina. 115
Baerwald, Alexander 82–86
Bahir, Chanan 58
Balázs, Béla 237
Balfour, Arthur James 45
Barkai, Sam 125

Baruch, Franziska, Kalligrafin und Gestalterin hebräischer Schriften, geb. 1901 in Hamburg, gest. 1989 in Jerusalem; Studium der Grafik und Buchkunst in Berlin; ab 1933 in Palästina. 175–176
Baumann, Leo, Architekt und Bauingenieur, geb. 1911 in Leipzig, gest. unbekannt, Studium der Architektur am Bauhaus Dessau, Bauingenieurwesen in Oldenburg; ab 1936 in Palästina. 122
Bauschinger, Sigrid 170, 205
Beethoven, Ludwig van 151
Begin, Menachem 276
Bein, Alex(ander), Historiker, Archivar und Autor, geb. 1903 in Steinach an der Saale, gest. 1988 in Stockholm; Geschichtsstudium mit Promotion in Erlangen und Berlin; ab 1933 in Palästina. 205
Ben-Chorin, Schalom (geb. Fritz Rosenthal), Schriftsteller, Religionswissenschaftler, geb. 1913 in München, gest. 1999 in Jerusalem; Studium (abgebrochen) der Germanistik und Vergleichenden Religionswissenschaften in München; ab 1935 in Palästina. 190, 205–207, 209, 213–214, 222, 271–272
Ben-David, Shlomo (geb. Ernst Georg Gross), Fotograf, geb. 1906 in Bad Harzburg, gest. 1968 in Tel Aviv; Studium der Fotografie und des Grafikdesigns am Bauhaus Dessau; ab Ende der 1920er in Palästina. 120
Ben-Dov, Ya'acov 236
Ben Gabirol, Shlomo 166
Ben-Gurion, David 136, 276
Ben-Jaacov, Johanan, Maler und Bildhauer, geb. 1913 in Berlin, gest. 2003 in Hasorea; Kunststudium an der Bezalel Kunstgewerbeschule, ab 1933 in Palästina. 108–109, 114–115
Ben-Jehuda, Eliezer 198
Benjamin, Walter 39, 168, 208
Ben Maimon, Moshe, auch: Maimonides 168
Berendsohn, Walter A. 213
Bergmann, Hugo 206, 233
Bermann, Richard A., alias Arnold Höllriegel 126
Bernheim, Alfred, Fotograf, geb. 1885 in Tiengen, gest. 1974 in Jerusalem; Fotografenlehre in Berlin; ab 1934 in Palästina. 155, 160, 165, 242
Bernstein, Shlomo, Architekt, geb. 1907 in Vilnius, damals russisches Kaiserreich, gest. 1969 in Tel Aviv; 1925 Einwanderung nach Palästina; Architekturausbildung am Bauhaus Dessau; 1933 Rückkehr nach Palästina. 122
Bezalel, eigentlich: Bezalel Ben Uri 142–143
Birnbaum, Uriel 206
Blass, Rico, Künstler, geb. 1908 in Breslau, gest. 2002 in Frankfurt am Main; Kunststudium an der Kunstgewerbeschule in Breslau; Architekturstudium auf der Baugewerkschule Breslau; ab 1934 in Palästina; 1957 Remigration nach Frankfurt am Main. 55, 98–100, 130
Blumenthal, Siegfried 211
Boesche-Zacharow, Tilly 216
Bonatz, Paul 90
Brecht, Bertolt 33–34, 138, 221
Breslauer, Alfred 190

Brod, Max, Schriftsteller, Dramaturg, Theater- und Musikkritiker, geb. 1884 in Prag, gest. 1968 in Tel Aviv; Jurastudium mit Promotion in Prag; ab 1939 in Palästina. 205–206, 210, 213, 232
Bruckner, Anton 150
Buber, Martin, Schriftsteller und Philosoph, geb. 1878 in Wien, gest. 1965 in Jerusalem; Studium der Nationalökonomie, Philosophie, Germanistik, Kunstgeschichte, Psychiatrie und Psychologie in Wien, Leipzig, Zürich und Berlin; ab 1938 in Palästina. 80–81, 111–112, 114, 169, 173, 177–189, 204, 208, 210, 220, 240
Buber, Paula, (geb. Paula Winkler), Schriftstellerin, geb. 1877 in München, gest. 1958 in Venedig; Studium der Germanistik in Zürich; ab 1938 in Palästina. 177, 182–183
Budko, Joseph, Künstler, geb. 1888 in Płońsk, russisches Kaiserreich, gest. 1940 in Jerusalem; Kunststudium in Wilna und Berlin; ab 1933 in Palästina. 145–146
Bukofzer, Werner, Schauspieler und Schriftsteller, geb. 1903 in Berlin, gest. 1985 in Zichron Ja'akow; Ausbildung an der Schauspielschule von Max Reinhardt; ab 1939 in Palästina. 206
Busoni, Ferruccio 150
Campanella, Tommaso 21
Carmi, Dov 125
Caspari, Hedwig 206
Cassirer, Ernst 170
Chlenov, Benjamin 125
Cidor-Citroën, Ruth (geb. Franziska-Margarete Vallentin), Textilkünstlerin, geb. 1906 in Berlin, gest. 2002 in Jerusalem; Studium des Textildesigns am Bauhaus Weimar; ab 1952 in Israel. 120
Cohn, Lotte 86, 102, 106, 125, 167
Comeriner, Erich, Fotograf, geb. 1907 in Wien, gest. 1978 in Tel Aviv; Studium der Fotografie und des Grafikdesigns am Bauhaus Dessau; ab 1934 in Palästina. 120
Corinth, Lovis 146
Dajani, Jussuf Wahab 182–183
Dan, Käthe 91, 153
Davidi, Sigal 106
Dayan, Reuven (geb. Rudi Deutsch), Grafiker; spätestens ab Mitte der 1930er-Jahre in Palästina. 145
De Haan, Jacob Israel 225
Dessau, Paul 244
Dicker, Israel 125
Doerner, Max 138
Döcker, Richard 90
Dungert, Max 227
Edelstein, Jakob 250
Efrat, Zvi 135
Ehrenstein, Albert 206
Eichmann, Adolf 24, 26
Einstein, Albert 233
Eisler, Hanns 138
Eitan, Dov 75
Elon, Amos (geb. Amos Sternbach), Schriftsteller, geb. 1926 in Wien, gest. 2009 in Buggiano, Italien; Studium der Geschichte und Rechtswissenschaften in Tel Aviv, Jerusalem und Cambridge; ab 1933 in Palästina. 160–161
Engelmann, Paul, Architekt und Möbeldesigner, geb. 1891 in Olmütz, gest. 1965 in Tel Aviv; Architekturausbildung an der TH Wien, Schüler von Adolf Loos; ab 1934 in Palästina. 232
Faerber, Meir Marcel, Schriftsteller, geb. 1908 in Mährisch-Ostrau, gest. 1993 in Tel Aviv; Ausbildung an der Handelshochschule Brünn; ab 1934 in Palästina. 207, 212, 214
Fanck, Arnold 237

Fenchel, Chaim (geb. Heinz Fenchel), Architekt, Set-Designer, geb. 1906 in Berlin, gest. 1988 in Tel Aviv; Studium der Architektur und des Bühnendesigns in Berlin; ab 1937 in Palästina. 43, 233–236
Feininger, Lyonel 114, 138
Feiwel, Berthold, Schriftsteller, Publizist, Politiker, geb. 1875 in Pohrlitz, Österreich-Ungarn (heute Pohořelice, Tschechische Republik), gest. 1937 in Jerusalem; Studium der Rechtswissenschaften und Nationalökonomie in Wien und Zürich; ab 1933 in Palästina. 179
Feuchtwanger, Lion 55, 221, 253, 255
Feuchtwanger, Martin, Schriftsteller, Publizist und Verleger, geb. 1886 in München, gest. 1952 in Tel Aviv; (abgebrochenes) Literaturstudium in Berlin und München; ab 1939 in Palästina. 7, 55, 97–99, 129–131, 133, 207, 252–253
Feuchtwanger, Trude 55
Fischer, Theodor 86
Foucault, Michel 21
Frenkel, Chanan (geb. Hans-Hermann Frenkel), Architekt, geb. 1905 in Halle, gest. 1957 in Gedera; ab 1928 in Palästina; 1930 Rückkehr nach Deutschland, Architekturausbildung am Bauhaus Dessau; 1933 Rückkehr nach Palästina. 122, 125
Freud, Sigmund 217, 220, 233
Freund, Peter, Verleger und Buchhändler, geb. 1906 in Berlin, gest. 1982 in Jerusalem; Studium mit Promotion an der Philosophischen Fakultät in Berlin; ab 1939 in Palästina. 207
Friedland, Zwi 231
Fürnberg, Lotte 268
Fürnberg, Louis, Schriftsteller, Journalist, Komponist und Diplomat, geb. 1909 in Iglau, Mähren, gest. 1957 in Weimar; Ausbildung an der Deutschen Handelsakademie in Prag; ab 1941 in Palästina; 1946 Emigration nach Prag, danach nach Weimar. 213, 225, 263, 268
Gad, Dora (geb. Siegel), Innenarchitektin, geb. 1912 in Câmpulung, Rumänien, gest. 2003 in Israel, Architektur- und Ingenieurstudium an der TH Wien; in Palästina ab 1936. 277–279
Gad, Yeheskiel (geb. Heinrich Goldberg), Architekt, geb. 1911, gest. 1958 in Israel; Architekturstudium an der TH Wien; ab 1936 in Palästina. 277–279
Gaon, Saadia ben Joseph 166
Geddes, Sir Patrick 128, 133
George, Heinrich 234
Georges-Picot, François 45
Gerson, Martin 57
Gerstel, Moshe, Architekt, geb. 1886 in Lemberg, Österreich-Ungarn (heute Ukraine) gest. 1961 in Haifa; Architekturstudium in Wien bei Max von Ferstel; ab 1935 in Palästina. 24
Gessen, Masha 32
Gidal, Tim N. (geb. Ignatz Nachum Gidalewitsch), Fotojournalist, geb. 1909 in München, gest. 1996 in Jerusalem; Studium der Geschichte, Kunstgeschichte und Nationalökonomie in München, Berlin und Basel; in Palästina ab 1936; 1948 Emigration in die USA, 1970 Rückkehr nach Israel. 242–243, 247–248

Gidoni-Mandelstamm, Elsa (geb. Elsa Mandelstamm), Architektin, Innenarchitektin; geb. 1899 in Riga, Russisches Reich (heute Lettland), gest. 1978 in Washington, USA; Studium der Architektur in St. Petersburg und in Berlin; ab 1933 in Palästina; 1938 Emigration in die USA. 102, 104–107
Gilm zu Rosenegg, Hermann von 162
Ginsberg, Ascher Hirsch 80, 178
Ginsburg, Shlomo 104–105
Gitai, Munio (geb. Munio Weinraub), Architekt, geb. 1909 in Szumlany, Österreich-Ungarn, gest. 1970 in Haifa; Architekturausbildung am Bauhaus Dessau; ab 1934 in Palästina. 116–117, 122–124, 276–279
Glas, Eri (geb. Erich Glas), Künstler, geb. 1897 in Berlin, gest. 1973 in Haifa; künstlerische Ausbildung am Bauhaus Weimar; ab 1934 in Palästina. 118
Glikson, Artur (geb. Artur Glücksohn), Architekt, Stadtplaner und Architekturtheoretiker, geb. 1911 in Königsberg, gest. 1966 in Tel Aviv; Studium der Architektur in Berlin; ab 1935 in Palästina. 92–93
Goebbels, Josef 233
Goethe, Johann Wolfgang von 47, 161, 168, 170, 184
Goldmann, Nahum 275
Goldschmidt, Helmut 276–277
Goral, Arie (geb. Walter Sternheim), Dichter und Maler, geb. 1909 in Rheda, gest. 1996 in Hamburg; kaufmännische Lehre in Hamburg; landwirtschaftliche Ausbildung in Norddeutschland; ab 1934 in Palästina; 1951 Remigration nach Hamburg. 207
Granach, Alexander 138
Gronemann, Sammy, Schriftsteller, Journalist und Rechtsanwalt, geb. 1875 in Strasburg, Westpreußen, gest. 1952 in Tel Aviv; Jura-Studium in Berlin; ab 1936 in Palästina. 206–207
Gropius, Walter 64, 77–78, 95, 108, 117, 143–144
Grosshut, Friedrich Sally (eigentl. Salomon Mantel), Schriftsteller und Jurist, geb. 1906 in Wiesbaden, gest. 1969 in North Bergen, New Jersey; Jurastudium in Frankfurt am Main; ab 1933 in Palästina; 1948 Emigration in die USA. 195, 213, 225
Grosshut, Sina 195
Gründgens, Gustaf 234
Grundig, Hans 24, 262–264, 266
Grundig, Lea (geb. Lea Langer), Malerin und Grafikerin, geb. 1906 in Dresden, gest. 1977 während einer Mittelmeerreise; Kunststudium in Dresden; ab 1940 in Palästina; 1948 Remigration via Prag nach Dresden. 7, 9, 23–28, 107, 225, 230, 240, 255, 262–266, 268, 271
Gumbel, David Heinz, Designer, Silberschmied, geb. 1906 in Sinsheim, gest. 1992 in Jerusalem; kunstgewerbliche Ausbildung in Berlin, Düsseldorf und Stockholm; ab 1936 in Palästina. 145
Ha-Levi, Yehuda 166
Häring, Hugo 90
Harvey, Lilian 234
Hed, Edgar (geb. Edgar Hecht), Architekt, geb. 1904 in Kattowitz, gest. 1956 in Tel Aviv; Architekturausbildung am Bauhaus Dessau; ab 1935 in Palästina. 122
Heidegger, Martin 261
Heine, Heinrich 39, 168

Herlitz, Georg, Historiker und Archivar, geb. 1885 in Oppeln, gest. 1968 in Jerusalem; Studium der Geschichte, Philosophie und semitischen Sprachen in Berlin und Halle; ab 1933 in Palästina. 9–10, 12
Herrmann, Hugo, Schriftsteller und Verleger, geb. 1887 in Mährisch-Trübau, Österreich-Ungarn (heute Tschechische Republik), gest. 1940 in Jerusalem; Germanistik- und Philologiestudium in Prag und Wien; ab 1934 in Palästina. 69
Herzl, Theodor 21–22, 39–42, 45, 80, 82, 142, 197, 205, 217, 219–220, 233, 274
Hesse, Hermann 111, 193
Hilberseimer, Ludwig 117
Hildesheim, Benjamin 244
Hillenbrand, Klaus 259
Himmelreich, Alfons, Fotograf, geb. 1904 in München, gest. 1993 in Tel Aviv; Ausbildung zum Textilfachmann in München; ab 1933 in Palästina. 40, 55, 130
Hindenburg, Paul von 153
Hirsch, Rudolf, Schriftsteller, geb. 1907 in Krefeld, gest. 1998 in Berlin; Ausbildung zum Kaufmann; ab 1939 in Palästina; 1946 Rückkehr nach Deutschland (DDR). 28, 225, 263
Hitler, Adolf 10, 13, 17, 24, 33, 35, 44, 47, 50, 85, 94, 104, 110, 139, 146, 150, 153, 199, 202, 221, 224–225, 231, 234, 250
Höger, Fritz 94
Hörbiger, Paul 234
Hofmannsthal, Hugo von 217
Hotam, Yotam 37
Huberman, Bronislav 150
Husserl, Edmund 174
Ibn Esra, Abraham 166
Israel, Wilfrid 115, 120
Itten, Johannes 114, 138, 146, 227
Joffe, Ze'ev (geb. Wolf Joffe), Maler, Innenarchitekt, Lehrer, geb. 1908 in Lettland, gest. unbekannt in Tel Aviv; 1926 Einwanderung nach Palästina; künstlerische Ausbildung am Bauhaus Dessau; 1935 Rückkehr nach Palästina. 122
Jonas, Hans, Schriftsteller und Philosoph, geb. 1903 in Mönchengladbach, gest. 1993 in New Rochelle; Studium der Philosophie in Freiburg, Berlin, Marburg; ab 1935 in Palästina; 1949 Emigration nach Kanada, später in die USA. 174–175, 257–258
Kaiser-Cohn, Ruth, Textilgestalterin, geb. 1909 in Berlin, gest. unbekannt, Studium der Textilgestaltung am Bauhaus Dessau, ab 1935 in Palästina. 118, 120, 147
Kaléko, Mascha 13, 247
Kalitzki, Bruno, Architekt, geb. 1890 in Chemnitz, gest. 1953 in Haifa; Studium der Architektur in Berlin und Dresden; ab 1933 in Palästina. 75
Kalter, Itzhak 131, 135, 279
Kaminka, Gideon, Architekt, geb. 1904 in Wien, gest. 1984 in Tel Aviv; Architekturstudium an der TH Wien; ab 1933 in Palästina. 70
Kandinsky, Wasili 114, 138
Kastein, Josef (geb. Julius Katzenstein), Schriftsteller, geb. 1890 in Bremen, gest. 1946 in Haifa; Jurastudium in München, Freiburg, Berlin und Göttingen; 1926 Auswanderung in die Schweiz, ab 1935 in Palästina. 206
Kauffmann, Richard 86, 167

Kaufmann, Oskar, Architekt, geb. 1873 in Újszentanna, Österreich-Ungarn, gest. 1956 in Budapest; Architekturstudium in Budapest und Karlsruhe; ab 1933 in Palästina; 1939 Rückkehr nach Budapest. 93–94

Keiner Forchheimer, Julia (geb. Keiner), Textilgestalterin, geb. 1900 in Berlin-Wilmersdorf, gest. 1992 in Mamaroneck, NY; künstlerische Ausbildung an Kunstgewerbeschulen in Nürnberg, Frankfurt a. M. und München; ab unbekanntem Datum in Palästina; Emigration in die USA. 146, 280

Klarwein, Ossip Joseph, Architekt, geb. 1893 in Warschau, gest. 1970 in Jerusalem; Studium der Architektur in München und Berlin; ab 1933 in Palästina. 94

Klee, Paul 114–115, 119, 138

Klein, Alexander, Architekt, geb. 1879 in Odessa, Russisches Kaiserreich (heute Ukraine), gest. 1961 in New York City; Architekturstudium in St. Petersburg; ab 1920 in Berlin; ab 1933 in Palästina. 95

Klein, César 234

Klemperer, Victor 52

Klinger, Ruth, Schauspielerin, Kabarettistin, geb. 1906 in Prag, gest. 1989 in Zürich; Ausbildung an der Schauspielschule der Deutschen Akademie für Musik und darstellende Kunst in Prag; ab 1933 in Palästina; ab 1948 im diplomatischen Dienst im Ausland. 227, 229, 271

Kluger, Zoltan, Fotograf, geb. 1896 in Kecskemet, Ungarn, gest. 1977 in New York City; Ausbildung zum Fotografen bei den österreichisch-ungarischen Fliegertruppen; ab Ende der 1920er-Jahre in Berlin; ab 1933 in Palästina. 22, 55, 94, 113

Kracauer, Siegfried 243

Kraft, Werner, Bibliothekar, Schriftsteller, Lyriker und Literaturwissenschaftler, geb. 1896 in Braunschweig, gest. 1991 in Jerusalem; Studium der Philologie und Philosophie in Berlin; Ausbildung zum Bibliothekar; ab 1934 in Palästina. 162, 173–174, 203

Krakauer, Leopold 203

Krauss, Karl 217

Kurrein, Max 199

Landau, Lola (eigentl. Leonore Landau), Schriftstellerin, Lyrikerin, geb. 1892 in Berlin, gest. 1990 in Jerusalem; ab 1936 in Palästina. 200, 251–252

Landau, Paul, Schriftsteller, Kunstkritiker, geb. 1880 in Namslau, Schlesien, gest. 1951 in Tel Aviv; Studium der Rechtswissenschaften, Geschichte, Kunst- und Literaturgeschichte mit abschließender Promotion in München, Leipzig und Breslau; ab 1935 in Palästina. 263

Landauer, Georg 259

Lang, Fritz 238

Langer, Ilse 271

Lasker-Schüler, Else, Lyrikerin, Schriftstellerin, Malerin, geb. 1869 in Elberfeld (heute Wuppertal-Elberfeld), gest. 1945 in Jerusalem; Autodidaktin; 1934 und 1937 Aufenthalte in Palästina; dazwischen wohnhaft in der Schweiz, ab 1939 dauerhaft in Palästina. 9, 12, 67, 137, 157–159, 161–163, 169–170, 193, 203–206, 213

Le Corbusier, eigentlich Jeanneret-Gris, Charles-Édouard 129

Leger, Fernand 121

Lehmann, Siegfried 243–244

Leni, Paul 237

Lerski, Anneliese 238, 240

Lerski, Helmar (geb. Israel Schmuklerski), Fotograf und Filmregisseur, geb. 1871 in Straßburg, gest. 1956 in Zürich; als Fotograf und Filmemacher Autodidakt; ab Ende 1932 in Palästina; 1948 Remigration nach Zürich. 233, 237–245
Lessing, Gotthold Ephraim 239
Levin, Michael 131
Levi-Mühsam, Else 131
Lichtwitz, Hans 250, 259
Loewy, Ernst, Bibliothekar, Publizist und Exilforscher, geb. 1920 in Krefeld; gest. 2002 in Frankfurt a. M., abgebrochene Gymnasialausbildung; ab 1936 in Palästina, 1956 Remigration in die Bundesrepublik Deutschland. 11–12, 51, 225
Loewy, Joseph 63–66
Loos, Adolf 232
Luft, Gerda 29, 38, 42, 45
Lychenheim, Otto 214
Mandelstam, Ossip 104
Mann, Thomas 111, 127, 161, 192, 221, 233
Mansfeld, Al(fred), Architekt, geb. 1912 in St. Petersburg, gest. 2004 in Haifa; Architekturstudium in Berlin und Paris; ab 1935 in Palästina. 116, 276–279
Mardor, Munya 28
Marx, Leopold, Schriftsteller, geb. 1889 in Cannstatt, gest. 1983 in Shavei Zion; kaufmännische und technische Ausbildung in Barmen mit Aufenthalten in London und Paris; ab 1939 in Palästina. 207
Masereel, Frans 227
Mayer, Andreas 66
Meidner, Ludwig 227
Mendelsohn, Erich, Architekt, geb. 1887 in Allenstein (heute Olsztyn, Polen), gest. 1953 in San Francisco, USA; Architekt; Studium der Architektur in München; ab 1934 in Palästina mit Zweitwohnsitz bis 1939 in London; 1941 Emigration in die USA. 7, 9, 12, 19–20, 74, 80, 91, 125, 129, 132, 148–163, 172, 179, 201–202, 242, 247–249, 260–262
Mendelsohn, Luise (geb. Luise Maas), Musikerin, geb. 1894 in Mannheim, gest. 1980 in San Francisco, USA; Ausbildung zur Cellistin in Leipzig und Berlin; ab 1934 in Palästina mit Zweitwohnsitz bis 1939 in London; 1941 Emigration in die USA. 19, 149–150, 153, 157, 159, 161, 201, 248
Mendes-Flohr, Paul 177
Mestechkin, Shmuel, Architekt, geb. 1908 in Vailkov, Ukraine, gest. 2004 in Tel Aviv; 1923 Einwanderung nach Palästina; Architekturstudium am Bauhaus Dessau; 1933 Rückkehr nach Palästina. 122, 124–125
Meyer, Erna (geb. Pollack), Volkswirtschaftlerin, Publizistin und Haushaltsexpertin, geb. 1890 in Berlin, gest. 1975 in Haifa; Studium der Volkswirtschaftslehre in Berlin; ab 1933 in Palästina. 99–103
Meyer, Friedrich Andreas 203
Meyer, Hannes 122, 134–136, 147
Mies van der Rohe, Ludwig 101, 117, 122, 147
Migge, Leberecht 65
Mitelman, Irena 106–107
Mitelman, Ruben 106–107
Morus, Thomas 21
Moses 41, 148

Moses, Margarethe (geb. Orthal, Pseudonym: Jizchak Toral), Schriftstellerin, geb. 1890 in Kempten, Allgäu, gest. 1980 in Jerusalem; Ausbildung als Musikerin; ab 1935 in Palästina. 206
Mosse, Rudolf 108
Muche, Georg 138
Muthesius, Hermann 84
Mühsam, Erich 194
Mühsam, Paul, Schriftsteller, Übersetzer und Jurist, geb. 1876 in Brandenburg an der Havel, gest. 1960 in Jerusalem; Jurastudium in Freiburg, München, Berlin; ab 1933 in Palästina. 194 - 195, 207, 256-257
Nachtlicht, Leo 104
Nedivi, Yehuda 130
Neufeld, Joseph, Architekt, geb. 1899 in Monasterzyska, Österreich-Ungarn, gest. 1980 in New York; 1920-1923 in Palästina; danach Rückkehr zum Architekturstudium in Rom und Wien; ab 1933 in Palästina; 1941 Emigration in die USA. 125
Nietzsche, Friedrich 161
Nordau, Max 80
Offenbach, Jacques 204
Oppenheimer, Franz 142
Oprecht, Emil 157, 206
Ossietzky, Carl von 213
Oud, Jacobus Johannes Pieter 101
Ozenfant, Amédée 148
Pap, Gyula 138
Pavell, Lilit, Lyrikerin; geb. 1912 in Stettin; gest. 2007 in Tel Aviv; Studium (abgebrochen) der Musik- und Theaterwissenschaft, Kunstgeschichte und Philosophie; ab 1934 in Palästina. 216
Perret, Auguste 116
Peterhans, Walter 17-18, 120
Pilarczyk, Ulrike 113-114
Poelzig, Hans 92, 94, 234
Polgar, Alfred 217
Politzer, Heinz, Schriftsteller und Literaturwissenschaftler, geb. 1910 in Wien, gest. 1978 in Berkeley/Ca.; Studium der Germanistik und Anglistik in Wien und Prag; in Palästina ab 1938; Emigration 1947 in die USA. 205, 207
Posener, Julius, Architekt und Architekturkritiker, geb. 1904 in Berlin-Lichterfelde, gest. 1996 in Berlin; Studium der Architektur in Berlin; ab 1935 in Palästina; 1946 Emigration nach Großbritannien, darauffolgend Malaysia, ab 1961 zurück in Berlin mit Tätigkeit als Hochschullehrer. 91-92, 95, 125, 129, 148, 155-156, 257-258, 260
Posener, Ludwig 258
Prinz Jussuf, siehe: Else Lasker-Schüler
Querido, Emanuel 206
Ramban, Akronym für: Rabbi Moshe ben Nahman 165
Ramon, Amnon 165
Rashba, Akronym für: Rabbi Salomo ben Abraham Adret 166
Rathenau, Walter 257
Rau, Heinz, Architekt, geb. 1896 in Berlin, gest. 1965 in Bad Teinach; Ausbildung als Tischler, danach Architekturstudium an der Unterrichtsanstalt am Kunstgewerbemuseum in Berlin; ab 1933 in Palästina; 1962 Emigration nach Großbritannien. 91-92
Raviv, Moshe (Künstlername: Moï Ver, geb. Moses Worobeitschik), Fotograf, geb. 1904 in Lebedewo, Weißrussland, gest. 1995 in Safed; Studium der Malerei in Vilnius; ab 1927 am Bauhaus Dessau, später an der École de photo et du cinéma, Paris; ab 1934 in Palästina. 120-122

Rechter, Ze'ev 92, 125
Reifenberg, Elise, siehe: Tergit, Gabriele
Reifenberg, Heinrich Julius, Architekt, geb. 1894 in Berlin, gest. 1968 in London; Architekturstudium in Berlin, Darmstadt und Stuttgart; ab 1933 in Palästina; 1938 Übersiedlung nach London. 29, 31, 190, 250
Reinert, Robert 237
Reznik, David 92
Rilke, Rainer Maria 233
Rolland, Romain 233
Rosenbaum, Max 92
Rosenbaum, Siegfried Shimon 60
Rosenstrauch, Salomon 195
Rosenthal, Gabriella, Karikaturistin, Malerin, geb. 1913 in München, gest. 1975 in Jerusalem; Ausbildung im Antiquariatsbuchhandel, Kunststudium in Paris, ab 1935 in Palästina. 209
Rosenthal, Harry, Architekt, geb. 1892 in Posen, gest. 1966 in London; Architekturstudium in München und Berlin; ab 1933 in Palästina; 1939 Emigration nach England. 221
Rosenzweig, Edith 187
Rosenzweig, Franz 185–189
Rotbard, Sharon 132–133
Roth, Joseph 217
Rothschild, Lionel Walter, 2. Baron Rothschild 45
Rubin, Carl 125
Ruppin, Arthur 62
Said, Edward W. 45, 182
Sakashansky, Maxim 229
Salinger, Paul 190
SANAA 148
Schapira, Abraham 184
Schatz, Boris 142–144
Schawinsky, Alexander »Xanti« 141
Scherchen, Hermann 150, 154
Schlemmer, Oskar 119
Schlomann, Else 138
Schmitthenner, Paul 90
Schneider, Lambert 172, 186, 188
Schneurer, David, Bühnenbildner und Plakatmaler, geb. 1905 in Przemyśl, Österreich-Ungarn (heute Polen), gest. 1988 in Israel; aufgewachsen in München; Kunststudium in Paris, danach Anstellung in München; ab 1933 in Palästina. 55
Schnitzler, Arthur 217, 233
Schocken, Salman, Kaufmann, Verleger, Bibliophiler, geb. 1877 in Margonin bei Posen (heute Polen), gest. 1959 in Pontresina, Schweiz; Kaufmännische Lehre in Zwickau; ab 1934 in Palästina; Emigration 1940 in die USA. 54, 57, 59, 74–75, 154, 158–165, 171–173, 175–177, 179, 186, 188–189, 242
Schocken, Simon 57
Scholem, Gerschom 13, 168, 173–175, 177, 189, 210, 259
Schönberg-Wolpe, Irma 140
Schopenhauer, Arthur 161
Schüfftan, Eugen 238
Schütte-Lihotzky, Margarete 101
Schwarz-Gardos, Alice, Schriftstellerin und Journalistin, geb. 1915 in Wien, gest. 2007 in Tel Aviv; Medizinstudium (abgebrochen) in Wien; ab 1940 in Palästina. 211–212
Schwerin, Heinz, Architekt und Spielzeugdesigner, geb. 1910 in Kattowitz, Oberschlesien (heute Polen), gest. 1948; Architekturstudium am Bauhaus Dessau; ab 1935 in Palästina. 60, 122–123

Schwerin, Ricarda (geb. Ricarda Meltzer), Fotografin, geb. 1912 in Göttingen, gest. 1999 in Jerusalem; künstlerische Ausbildung am Bauhaus Dessau; ab 1935 in Palästina. 60, 120, 123
Segev, Tom 60, 276
Seghers, Anna 221
Sharett, Moshe 275
Sharon, Arieh (geb. Ludwig Kurzmann), Architekt, geb. 1900 in Jaroslau, Galizien, gest. 1984 auf einer Reise in Paris; 1924 Emigration nach Palästina; 1926 nach Deutschland, Architekturstudium am Bauhaus Dessau; 1932 Rückkehr nach Palästina. 120, 122, 124–125, 129–131, 134–137
Shemer, Naomi 131
Simon, Ernst, Schriftsteller, Philosoph, geb. 1899 in Berlin, gest. 1988 in Jerusalem; Studium der Germanistik, Geschichte und Philosophie in Berlin, Heidelberg und Frankfurt a. M.; 1928 Emigration nach Palästina; 1934 erneuter Aufenthalt in Deutschland; 1934 endgültige Rückkehr nach Palästina. 168–170, 173, 177–178, 181, 202
Simon, Toni 168–169
Soglowek, Reinhard Abraham 66
Sommerfeld, Adolf 64–65
Soskin, Eugen Selig 64–66, 142
Sparr, Thomas 10, 173
Spinoza, Baruch 39
Stalin, Josef 136
Steinbeck, John 253
Steiner, Gershon (geb. Erich Steiner), Schriftsteller, geb. 1906 bei Brünn; ab 1940 in Palästina. 28
Steinhardt, Jakob, Maler und Grafiker, geb. 1887 in Zerkow, Kreis Jarotschin (heute Polen), gest. 1968 in Nahariya; künstlerische Ausbildung in Berlin und Paris; ab 1933 in Palästina. 146
Stern, Gerson, Schriftsteller, geb. 1874 in Holzminden, gest. 1956 in Jerusalem; Ausbildung zum Kaufmann; ab 1939 in Palästina. 206–207
Stern, Grete 17
Sternburg, Wilhelm von 225
Sternheim, Walter, siehe: Goral, Arie
Stölzl, Gunta 147
Stonborough-Wittgenstein, Margarethe 232
Storfer, Berthold 24
Strauss, Hilda 66
Strauss, Richard 66
Strauß, Eva 111–113
Strauß, Ludwig, Schriftsteller, Lyriker, Literaturwissenschaftler, geb. 1892 in Aachen, gest. 1953 in Jerusalem; Studium der Germanistik, Literaturgeschichte und Philosophie in Berlin und München; ab 1935 in Palästina. 111–113, 115, 173, 191, 205–209
Struck, Hermann 83, 221, 226–227
Sturmann, Manfred, Schriftsteller, geb. 1903 in Königsberg, gest. 1989 in Jerusalem; Studium der Volkswirtschaft, Germanistik und Kunstgeschichte an den Universitäten Königsberg, Breslau und München; ab 1938 in Palästina. 192, 206–208
Sykes, Mark 45
Taut, Bruno 64, 90

Tergit, Gabriele (geb. Elise Hirschmann, verh. Elise Reifenberg), Journalistin und Schriftstellerin, geb. 1894 in Berlin, gest. 1982 in London; Studium der Geschichte, Soziologie und Philosophie in Berlin, München, Heidelberg und Frankfurt am Main; ab 1933 in Palästina; 1938 Übersiedlung nach London. 7, 29–32, 41, 167–168, 190, 196, 222, 249–250
Tschaikowski, Pjotr Iljitsch 151
Tschechowa, Olga 234
Ullmann-Broner, Monica Bella (geb. Ullmann), Textildesignerin, geb. 1905 in Nürnberg, gest. 1993 in Stuttgart; künstlerische Ausbildung am Bauhaus Dessau; von 1936–1938 in Palästina, 1938 Emigration in die USA, 1968 Rückkehr nach Deutschland. 120
Ungers, Oswald Matthias 276–277
Uschatz, Leo 243
Van de Velde, Henry 125
Vitruv, eigentlich: Marcus Vitruvius Pollio 148
Vivaldi, Antonio 151
Wallace, Edgar 234
Warburg, Otto 142
Warhaftig, Myra 85–87, 90, 95, 102
Wassermann, Samuel 203
Wauchope, Sir Arthur 150
Wegner, Armin T. 251–252
Weinraub, Munio, siehe: Gitai, Munio
Weisl, Wolfgang von 126
Weißgerber, Andreas 237
Weizmann, Chaim 19–20, 179
Weltsch, Felix, Schriftsteller, Philosoph und Bibliothekar, geb. 1884 in Prag, gest. 1964 in Jerusalem; Studium der Philosophie und Jurisprudenz mit Promotionen in Prag; ab 1939 in Palästina. 206
Weltsch, Robert, Publizist und Journalist, geb. 1891 in Prag, gest. 1982 in Jerusalem; Studium an der juristischen Fakultät der Deutschen Universität in Prag; ab 1938 in Palästina; 1945 Emigration nach England; 1978 Rückkehr nach Israel. 259
Werfel, Franz 206
Wertheimer, Stef 66–67
Wijdeveld, Hendricus Theodorus 148, 153
Wilson, Woodrow 44
Wingler, Hans M. 117–118
Wittgenstein, Ludwig 232
Wittkower, Rudolf J. 90
Wittkower, Werner J., Architekt, geb. 1903 in Berlin, gest. 1997 in Tel Aviv; Studium der Kunstgeschichte und Archäologie in Berlin und Heidelberg, Studium der Architektur in Stuttgart; ab 1933 in Palästina. 90–91
Wolfenstein, Alfred 206
Wolpe, Stefan, Musiker, geb. 1902 in Berlin, gest. 1972 in New York City, USA; musikalische Ausbildung in Berlin, Gasthörer am Bauhaus Dessau; ab 1934 in Palästina; 1938 Emigration in die USA. 138–140
Wolpert, Ludwig Yehuda, Bildhauer und Kunsthandwerker, geb. 1900 in Hildesheim, gest. 1981 in New York; Studium der Bildhauerei an der Kunstgewerbeschule in Frankfurt a. M.; ab 1933 in Palästina; 1956 Emigration in die USA. 145
Yaski, Chaim 248

Yourgrau, Wolfgang, Journalist, Physiker und Sozialpsychologe, geb. 1908 in Kattowitz, gest. 1979 in Denver, Colorado; Studium der Chemie, Physik (Promotion), Philosophie und experimentelle Psychologie; ab 1933 in Palästina; 1948 Emigration nach Südafrika, später in die USA. 212–214, 225

Zadek, Walter, Publizist, Journalist, Redakteur, Antiquar, Fotograf, geb. 1900 in Berlin, gest. 1992 in Tel Aviv; Ausbildung zum Buchhändler und Antiquar; ab 1933 in Palästina. 55, 61, 75, 111, 128, 130, 146, 191, 197, 200, 207, 213, 225, 240–242, 269–272

Zimmermann, Moshe 37

Zuckermann, Moshe 37

Zweig, Arnold, Schriftsteller, geb. 1887 in Glogau, Schlesien, gest. 1968 in Ost-Berlin (DDR); Studium der Germanistik, Philosophie, Psychologie, Kunstgeschichte und Nationalökonomie in München, Berlin, Göttingen und Rostock; ab 1934 in Palästina; 1948 Remigration in die Sowjetische Besatzungszone Deutschlands (DDR). 7, 9, 206, 213, 216–217, 220–227, 229, 249, 255, 263, 268–271

Zweig, Beatrice, Malerin, geb. 1892 in Berlin, gest. 1971 in Ost-Berlin (DDR); Malerei Studien in Privatakademien in München und Paris; ab 1934 in Palästina; 1948 Remigration in die Sowjetische Besatzungszone Deutschlands (DDR). 226–229, 269–270

Zweig, Lotte 216, 218

Zweig, Max, Dramatiker, geb. 1892 in Prossnitz, Östrreich-Ungarn, gest. 1992 in Jerusalem; nach Promotion in Jura freier Schriftsteller in Wien und Berlin; 1934 Auswanderung nach Prag; ab 1938 in Palästina. 216, 229–232

Zweig, Stefan 216–220, 229, 232–233

Zysmann, R. 60–62

Abbildungsnachweis

S. 16 Archiv der Autorin; S. 20 Erich Mendelsohn Archiv, Kunstbibliothek Staatliche Museen zu Berlin – Preußischer Kulturbesitz; S. 22 wikimedia commons; S. 23 © VG Bild-Kunst, Bonn 2022; S. 27 Sammlung Igal Presler, Tel Aviv; S. 30 Moses Mendelssohn Stiftung, Berlin; S. 40 Sammlung Igal Presler, Tel Aviv; S. 43 Chaim Fenchel; S. 49 Jenny-Aloni-Archiv an der Universität Paderborn; S. 51 NL Ernst Loewy, EB 95/075, Deutsche Nationalbibliothek, Deutsches Exilarchiv 1933–1945, Frankfurt a.M.; S. 58 Archiv Givat Brenner, Israel; S. 61 Loewy 1986; S. 63 BNA Photographic/Alamy Stock Photo; S. 66 Central Zionist Archives, Jerusalem; S. 68 Privatarchiv Andreas Meyer; S. 74 © Jewish Images; S. 76 Borries/Fischer 2009; S. 78 Gabriel Tuchler, Haifa; S. 83 The Avie & Sarah Arenson Built Heritage Research Center, Technion Haifa; S. 89 Archiv der Autorin; S. 94 wikimedia commons; S. 100 Deutsche Nationalbibliothek, Deutsches Exilarchiv 1933–1945, Frankfurt a.M.; S. 103 Fotoalbum Erna Meyer, Teilnachlass Erna Meyer, EB 2014/041, Deutsche Nationalbibliothek, Deutsches Exilarchiv 1933–1945, Frankfurt a.M.; S. 105 Library of Congress, Washington D.C.; S. 111 Jüdisches Museum Hohenems; S. 113 wikimedia commons; S. 119 Foto aus dem Archiv der Autorin; S. 121 Foto aus dem Archiv der Autorin; S. 123 Archiv Tom Segev, Jerusalem © Tom Segev, Jutta Schwerin; S. 124 Archiv der Autorin; S. 127 Central Zionist Archives, Jerusalem; S. 128 © Jewish Images; S. 131 Kalter collection, Tel Aviv Museum of Art; S. 135 Kalter collection, Tel Aviv Museum of Art; S. 143 Central Zionist Archives, Jerusalem; S. 145 bpk/The Jewish Museum of NY/Art Resource, NY/Richard Goodbody; S. 146 © Jewish Images; S. 151 Erich Mendelsohn Archiv, Kunstbibliothek Staatliche Museen zu Berlin – Preußischer Kulturbesitz; S. 155 Erich Mendelsohn Archiv, Kunstbibliothek Staatliche Museen zu Berlin – Preußischer Kulturbesitz; S. 156 Historic Collection/Alamy Stock Photo; S. 159 Jüdisches Museum Frankfurt, Foto: Jüdisches Museum Frankfurt, Herbert Fischer; S. 160 Schocken Archives, Jerusalem; S. 165 Alfred Bernheim Archive, Israel Museum, Jerusalem; S. 166 Thomas Sparr; S. 172 Erich Mendelsohn Archiv, Kunstbibliothek Staatliche Museen zu Berlin – Preußischer Kulturbesitz; S. 176 Haaretz Archiv; S. 180 Foto- und Planarchiv der Hebräischen Universität, Skopusberg Jerusalem; S. 186 https://lambert-schneider.com; S. 193 Jenny-Aloni-Archiv an der Universität Paderborn; S. 197 Jüdisches Museum Hohenems; S. 203 Album des Bauunternehmens Solel Boneh Ltd., The Avie & Sarah Arenson Built Heritage Research Center, Technion Haifa; S. 204 Else Lasker-Schüler Archive. The National Library of Israel; S. 215 Archiv der Autorin; S. 218 Archiv der Autorin; S. 222 Deutsches Literaturarchiv Marbach, Teilnachlass Gabriele Tergit, Nr. 86.411,1-2; S. 224 Sammlung Igal Presler, Tel Aviv; S. 228 Sächsische Landesbibliothek, Dresden; S. 230 Sammlung Igal Presler, Tel Aviv; S. 235 Familie Chaim Fenchel; S. 239 Archiv der Autorin; S. 242 © Jewish Images; S. 245 https://www.filmaffinity.com; S. 248 Erich and

Luise Mendelsohn papers, The Getty Research Institute for the History of Art and Humanities, department of Special Collections and Visual Resources; S. 254 wikimedia commons; S. 260 Archiv der Autorin; S. 266 wikimedia commons; S. 274 https://www.kulturkreis-finkenwerder.de; S. 279 Familie Weinraub-Gitai

Trotz sorgfältiger Recherche ist es nicht immer möglich, die Inhaber von Urheberrechten zu ermitteln.
Berechtigte Ansprüche werden selbstverständlich im Rahmen der üblichen Vereinbarungen abgegolten.